森　茂暁著

鎌倉時代の朝幕関係

思文閣史学叢書

思文閣出版

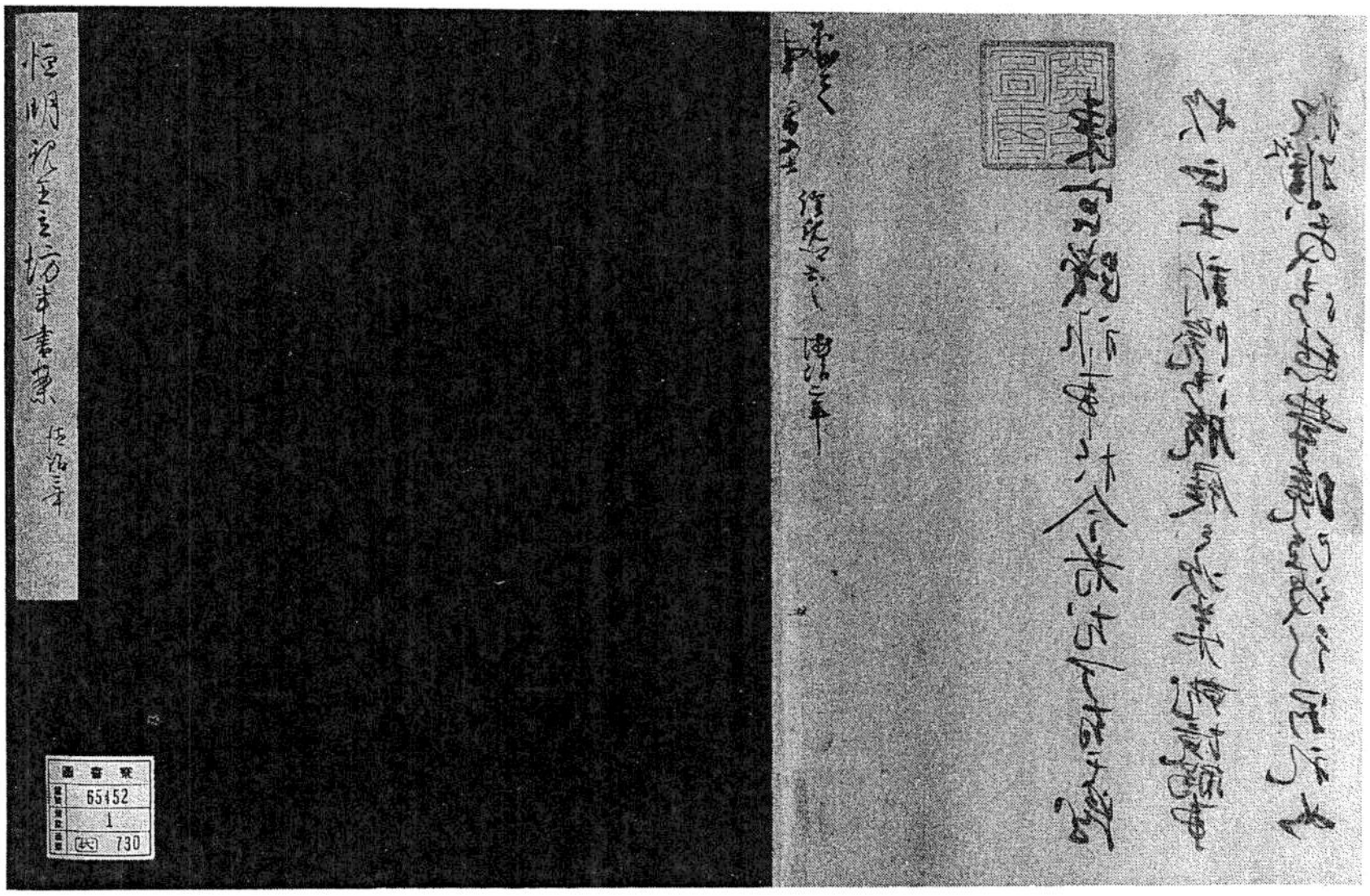

「恒明親王立坊事書案　徳治二年」(宮内庁書陵部所蔵)　（本書236～8頁参照）

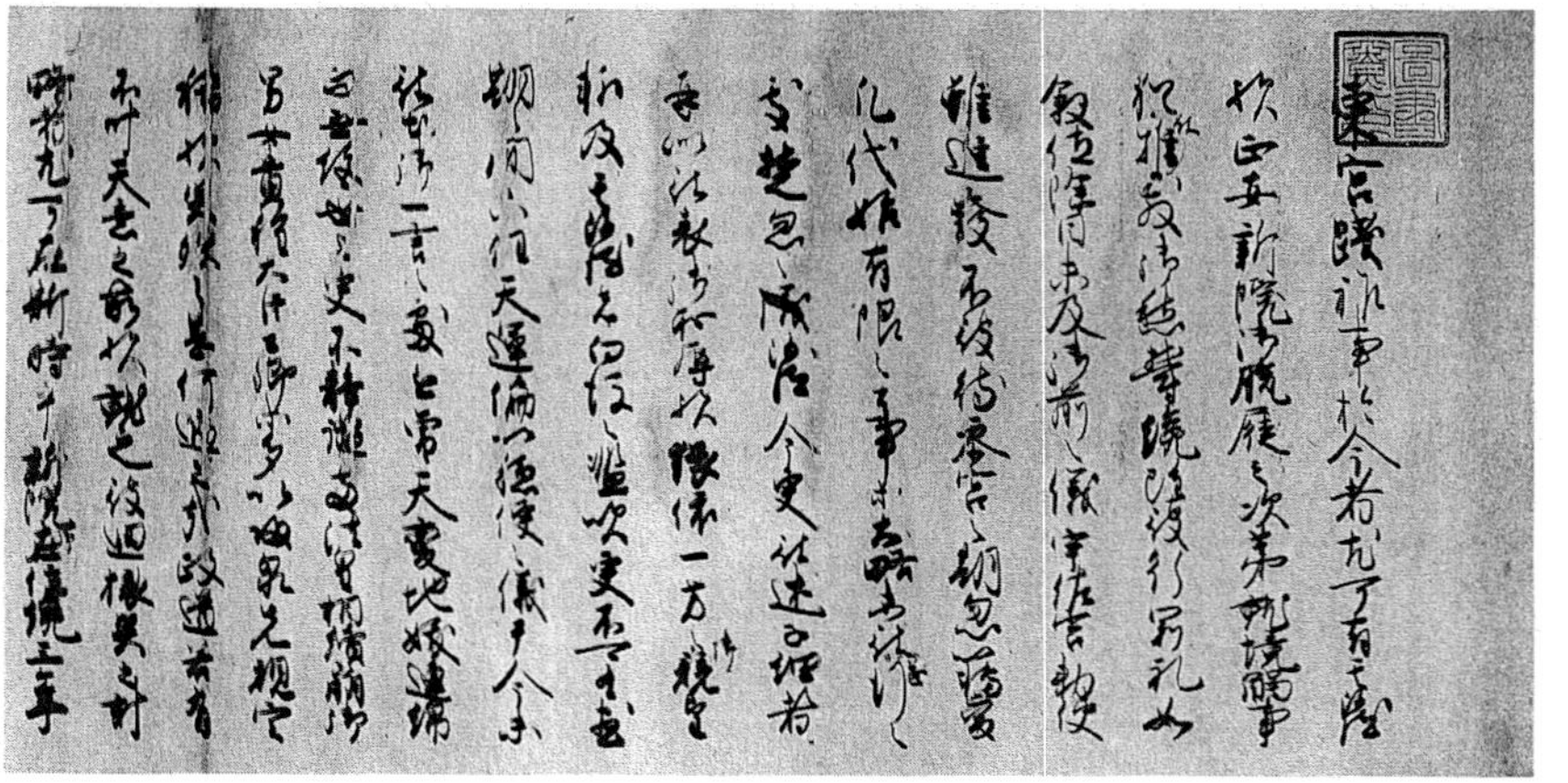

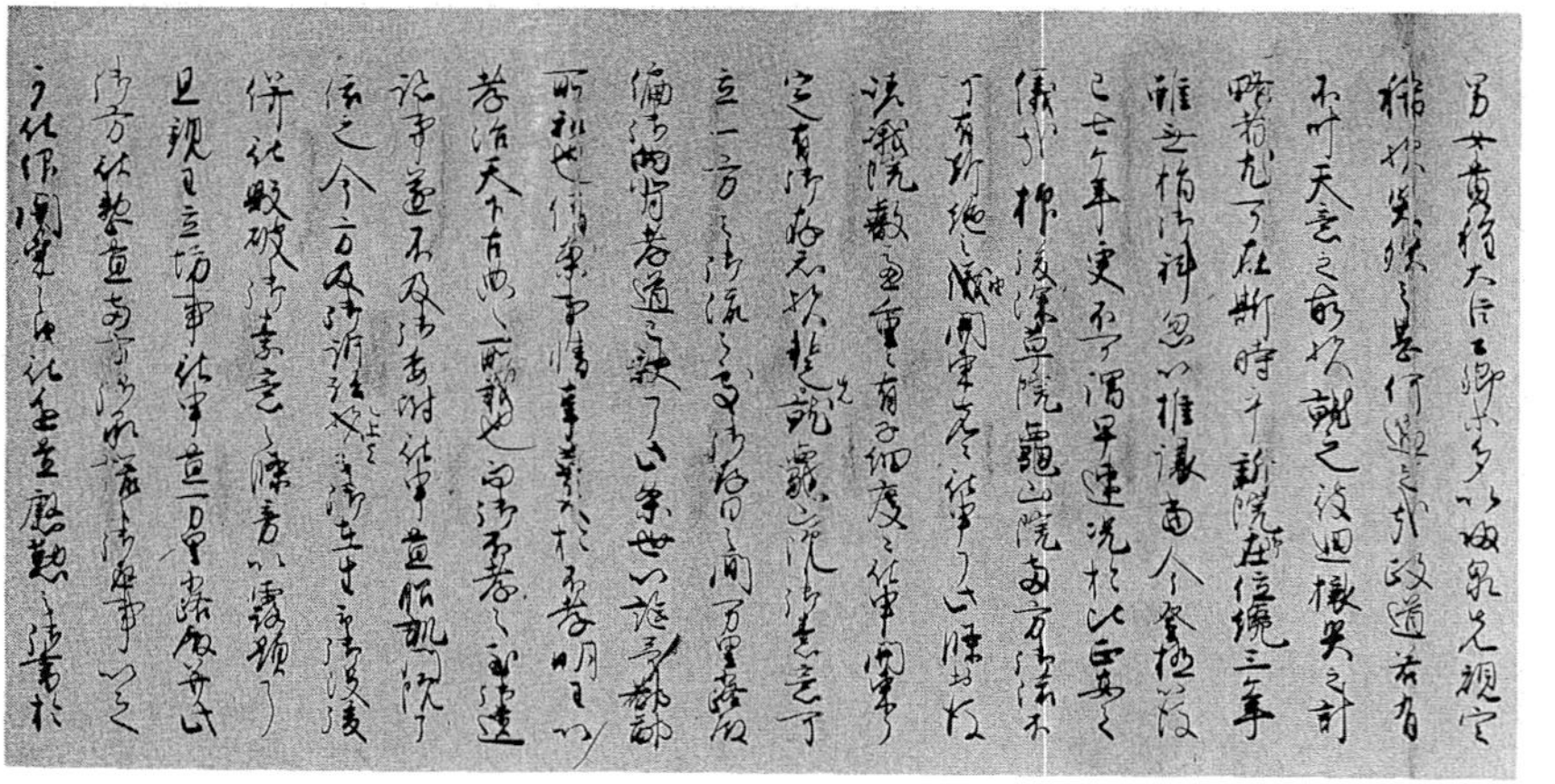

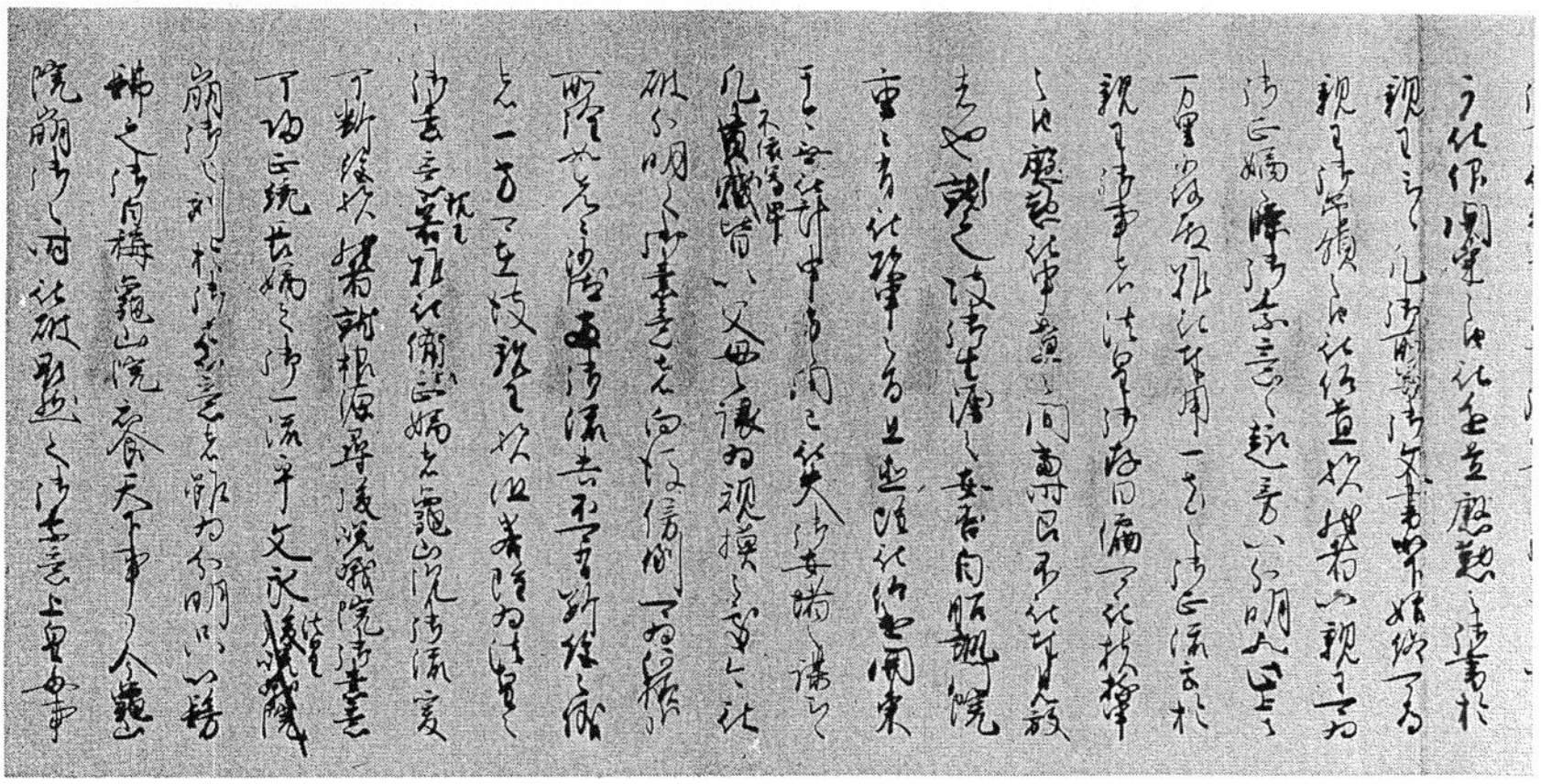

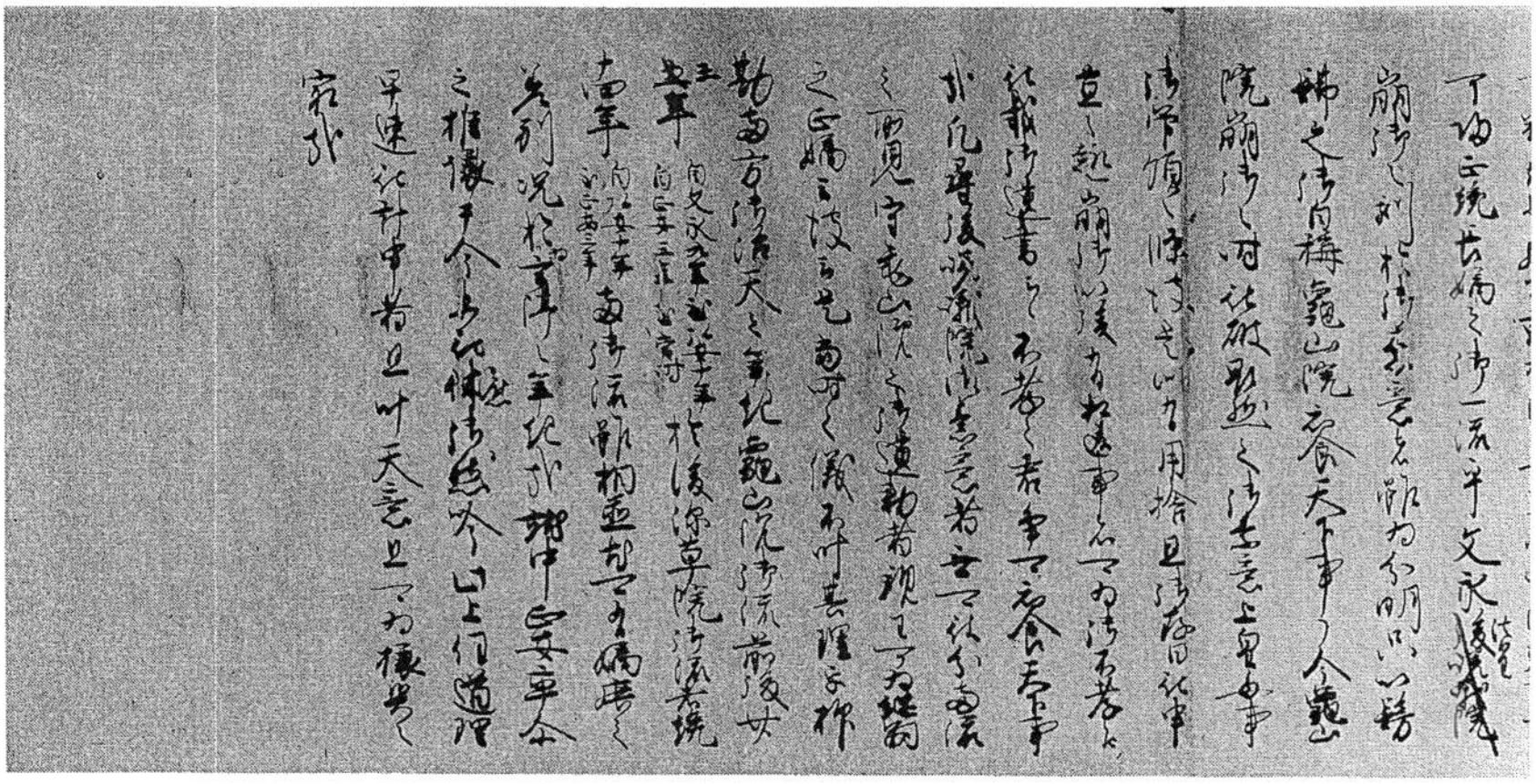

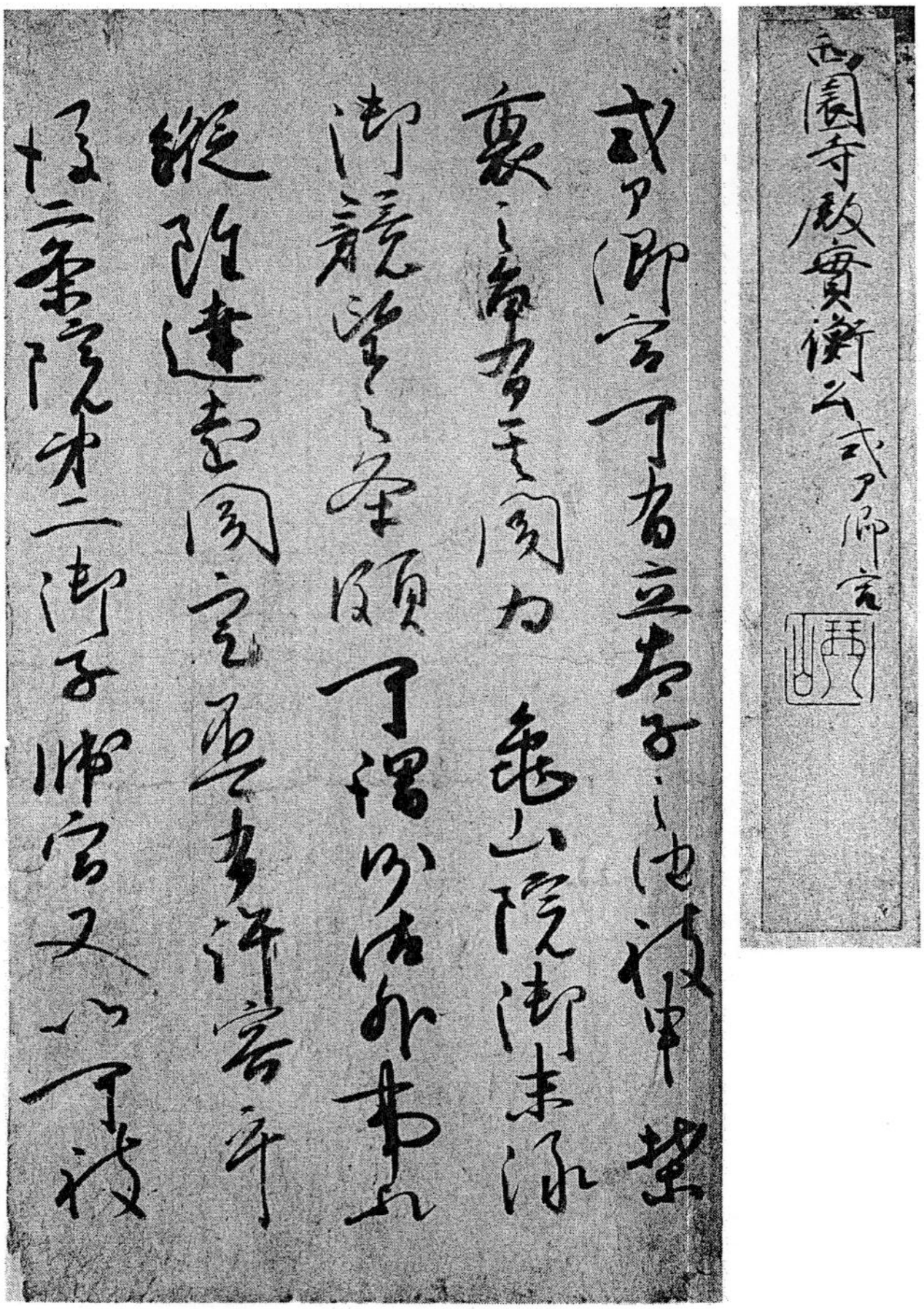

某書状（宮内庁書陵部所蔵「古文書雑纂」）

（本書76頁参照）

まえがき──研究史の整理──

本書は、筆者が昭和五十九年六月に上梓した『南北朝期　公武関係史の研究』（東京・文献出版）に引き続いて、鎌倉時代の公家と武家との関係を研究テーマとしたものである。筆者年来の日本中世の公武関係史研究は、ここに一応、鎌倉時代─南北朝時代と連続したものになった。今回、「朝幕関係」の表記を使用したのは、寺社・公家権門と幕府の関係にまで言及することができず、「公武関係」の文字の使用をはばかったためである（右書においても同様だが、その旨断っている）。

右書の「はしがき」において、鎌倉─南北朝時代を通した、当該テーマに関する研究史を簡単に整理しておいた。ここでは再説をできる限り避け、それ以降の新しい研究成果、研究動向を中心にして、概略述べておきたい。

近年、朝廷と幕府の関係についての研究は目立ちこそしないが、着実に進展している。最近それは特に顕著で、おそらくそのことは、昭和から平成への移行、およびその前後の状況に触発された天皇制論議のたかまりと無縁ではなかろう。今日的問題からの遡及である。昭和五十九年十月の『歴史公論』（雄山閣）一〇七号は「朝廷と幕府」というテーマで特集を組み、鎌倉時代から江戸時代末にわたり、朝廷と幕府の関係を主題としたいくつかの論稿を収めている。また、日本史研究会では、『日本史研究』二七七号（一九八五年九月）で「近世国家と朝廷・寺社」という特集を組み、幕藩制国家における天皇（朝廷）・寺社の役割を究明しようとしたし、また一九八八年度大会では統一テーマに「『安定期』における秩序の構造」を掲げ、室町時代と江戸時代における天皇と将軍、朝廷と幕府の関係についての報告がなされた（富田正弘・高埜利彦両氏による。報告内容はのちに『日本史研究』三一九号〈一九八九年三月〉に論文として掲載。富田氏「室町殿と天皇」、高埜氏「江戸幕府の朝廷支配」）。それらは、まさに天皇制問題への関心からの企画といってよい。加えて、今谷明氏『室町の王権――足利義満の王権簒奪計画――』（中公新書、平成二年七月）は、「日本国王」足利義満の「天皇制度」に対する政治的意図に着目し、「天皇家存続の謎を解くカギ」を追究した。同書は、室町初期の公武関係史研究として逸することのできぬ成果である。

さて、日本中世の朝幕関係についてのこれまでの研究成果は、どちらかと言えば、鎌倉時代に厚く、南北朝・室町時代には薄い。以下、本書に直接関係する鎌倉時代のそれについて見てみよう。

昭和五十年代末以降の朝幕関係研究の特徴の一つは、交渉の媒介役たる関東申次に焦点をあて、その役割・政治的動向に着目したことである。関東申次西園寺氏と幕府（北条氏）との関係については、例えば『太平記』に、「承久以後、相模守（北条氏の意）代々西園寺ノ家ヲ尊崇」（巻一）し、逆に西園寺氏の方は、一家の繁栄は「偏《ひとえ》ニ関東贔屓《ひいき》ノ厚恩也」（巻一三）と北条氏への報謝の念を忘れなかったというふうに描かれている。関東申次という職務を媒介とした西園寺氏と鎌倉幕府の密接な関係をうかがわせる。

さて、その関東申次についての研究としては、山本博也氏「関東申次と鎌倉幕府」（『史学雑誌』八六―八、昭和五十二年八月）、梶博行氏「中世における公武関係――関東申次と皇位継承――」（『鎌倉』三二、昭和五十四年九月）がすでにあったが（梶氏論文には関係史料・論文目録を載せる）、昭和五十九年のうちに美川圭氏「関東申次と院伝奏の成立と展開」（『史林』六七―三、昭和五十九年五月）、西山恵子氏「関東申次をめぐって」（『京都市歴史資料館紀要』一、同年六月）、拙稿「鎌倉期の公武交渉関係文書について」（『金沢文庫研究』二七三、同年九月。補訂して、本書第一章第三節に収録）が相次いで公表された。美川氏論文は、前記山本氏論文を批判したもので、幕府開創期の京都と鎌倉間の授受文書を検討して交渉のルールを明確にし、また寛元四年（一二四六）の交渉手続きの改変の背後に九条道家がいたこと、などを指摘した。同年十月には、先述の雑誌『歴史公論』の「朝廷と幕府」特集をみる。同誌所載の諸論稿は短いものだが、問題の所在を知るのによい。官職を媒介とした広い意味での朝幕関係研究としては、平泉隆房氏「鎌倉御家人の朝官補任について」（『藝林』三三―四、昭和五十九年十二月）、青山幹哉氏「王朝官職からみる鎌倉幕府の秩序」（『年報中世史研究』一〇、昭和六十年五月）、上杉和彦氏「鎌倉幕府と官職制度――成功制を中心に――」（『史学雑誌』九九―一一、平成二年十一月）がある。

鎌倉時代の公武関係を文書の伝達を通して考えようとした先の筆者の小論のあと、外岡慎一郎氏「鎌倉後期の公武交渉について――公武交渉文書の分析――」（『敦賀論叢』創刊号、昭和六十二年一月）が著され、発給文書を使用しての朝廷↓幕府の交渉の具体的様相が一層明らかにされた。外岡氏はその後、昭和六十三年十月、日本古文書学会大会（於富山県民会館）において「鎌倉時代後期の鎌倉と京――訴訟関係文書の分析から――」と題して研究報告を行った。大会当日配布された発表要旨によれば、この時の報告の眼目は「『本所勢力』を訴人とする『東国』を舞台とする訴訟関係文書の動きとその背景」であった。結論として「『東国』に関する訴訟は基本的に鎌倉の幕府に直接提訴され、王朝権力（関東申次を含む）や六波羅探題がこれに介在することはなかったようである」とした。このような朝幕関係の多角的究明は重要である。

筆者はこの後、公武交渉の実際的担当者とその役割について考えた。その成果が、幕府より直接派遣され、重要事項を取り扱う「東使」「関東使」を追いかけた「東使考――鎌倉期の公武交渉の一側面」（『日本中世史論攷』昭和六十二年三月。本書第二章第一節）、および、日常的に公家側との折衝の最前線に位置する、幕府の京都出先たる六波羅探題に即した「公武交渉における六波羅探題の役割――『西国成敗』とその周辺――」（『古文書研究』二八、昭和六十二年十二月。補訂して、本書第三章第二節）、「同――『洛中警固』とその周辺――」（『日本歴史』四七

七、昭和六十三年二月。補訂して、本書第三章第一節）である。ほぼ同じころ、森幸夫氏「南北両六波羅探題についての基礎的考察」（『国史学』一三三、昭和六十二年十二月）が公表された。この論文では朝廷と六波羅探題との関係にも触れられており、とくに関東申次施行状の初見を弘安五年十一月九日のもの（『東南院文書』）とした点、注目される。そのころ、筆者は宮内庁書陵部所蔵「恒明親王立坊事書案徳治二年」という史料を基礎にして「『恒明親王立坊事書案』について」（『東アジアと日本　歴史編』、昭和六十二年十二月。補訂して、本書第二章第三節）を著し、徳治年間ころの両統（持明院統・大覚寺統）対立の様相と幕府の対応を考えた。

朝廷と六波羅探題の関係についての研究は、京都市政の側面から、検非違使庁―六波羅探題の関係が重要な論点になるが、この点についての関係論文としては、森幸夫氏「鎌倉幕府による使庁からの罪人請取りについて」（『日本歴史』五〇五、平成二年六月）がある。

他方、朝幕関係史研究と近縁関係にある朝廷訴訟制度に関する研究としては、藤原良章氏「公家庭中の成立と奉行――中世公家訴訟制に関する基礎的考察――」（『史学雑誌』九四―一一、昭和六十年十一月）が著された。公家訴訟制度における担当奉行制の実態を明らかにし、「庭中」について奉行を飛び越した直訴だと指摘した点、注目される。筆者の「鎌倉後期における公家訴訟制度の展開」（『制度史論集』昭和六十一年十一月。補訂して、本書第四章第一節）もほぼ同じころに執筆したものである。また、本郷和人氏は「鎌倉時代の朝廷訴訟に関する一考察」（『中世の人と政治』、吉川弘文館、昭和六十三年七月）、「亀山院と鷹司兼平」（『古文書研究』三二、平成二年四月）を著し、公家政治史と訴訟制度史とを融合するような形で、朝廷訴訟の展開過程を究明した。

鎌倉時代に即して言えば、大体以上のようである。

すでに述べたように、朝幕関係の研究は室町時代・江戸時代に即しても次第に興起しようとしている。最近の江戸時代のそれについては、いま一つ、久保貴子氏「近世朝幕関係史研究の課題」（『歴史評論』四七五、平成元年十一月）が著された。従来の武家伝奏や禁裏小番などの制度史的研究に加えて、久保氏の指摘されたような研究がますます進展すれば、鎌倉時代から江戸時代に至る朝幕関係史、ひいては公武関係史が通史として叙述できるようになろう。それは日本史の総体的理解に資すること大であろうし、新たな日本史像を切り開くことであろう。

最後に、二つお断りをしておきたい。

一つは、「公武」と「朝幕」、それに「関係」と「交渉」という文字の使用についてである。本書では「公武関係」「朝幕関係」、「公武交渉」「朝幕交渉」の言葉があたかも表記の統一を欠くように、無造作に登場する。これについて一言付言しておきたい。まず「公武」といった場合、大きく公家勢力と武家勢力といった意味で用い、公家の中には寺社勢力も場合によっては含ませている。これに対し、「朝幕」といった場合は、狭く公家勢力の中核たる朝廷と武家勢力のそれたる幕府を直接的には指している。さらに「関係」と「交渉」については、「関係」は「交渉」を包摂した、総体としてのかかわりという広い意味で用い、「交渉」は文書のやりとりなどを通して、特に動き・動作が意識される場合に使用したつもりである。とは言え、実際にやや混乱ぎみなのは否めない。

もう一つは、南北朝時代を対象とした『南北朝期　公武関係史の研究』には、時代ごとに分けるならば、当然鎌倉時代を扱う本書に収録すべきものが入っている。同書の第一章第一節、第二節がそれである。同書を刊行する時点では、とても鎌倉時代分を別立てで出す余裕も考えもなかったが、しかし、この二つの節はまさに「南北朝成立前史」として同書にとって必要な部分と考えている。従って、これらは、鎌倉時代関係ではあるが、あえて本書に再録しなかった。

鎌倉時代の朝幕関係※目次

まえがき——研究史の整理——

第一章　朝幕関係と関東申次

第二章　朝幕関係上の諸問題

第一章　朝幕関係と関東申次

第一節　西園寺実氏「関東申次」指名以前の朝幕交渉

はじめに

山本博也氏は論文「関東申次と鎌倉幕府」(1)で、関東申次研究の意義を、以下のように指摘した。

鎌倉時代、朝廷には幕府との連絡交渉にあたる役として関東申次なるものが存在した。鎌倉時代の政治過程が朝廷と幕府との交渉を軸にして展開するものである以上、この関東申次の考察は鎌倉時代政治史にとって、さらには鎌倉幕府論あるいは中世国家論にとっても、一つの要であるといえよう。

この指摘はまことに的確である。同氏の論文は三浦周行氏や龍粛氏の研究(2)の段階にとどまっていた関東申次研究を一歩推し進めた。その後、いくつかの関東申次関係の論文が出た(3)。

いまそれら先行研究に学びつつ、既往の関東申次研究を整理し、あわせて問題点を指摘してみたい。ただ、関東申次の制度が確立するのは西園寺実氏以降と考えられること、既往の研究はだいたい寛元四年の実氏指名以前に比重がかかっていることなどから、叙述の都合上、本節ではこの寛元四年(一二四六)の時点より以前の時期を扱い、実氏以降については、次節において扱うことにする。

最近の関東申次研究は具体的事実に即した、すぐれて実証的なものであるが、議論が別れている点もある。その代表的な例が、文治年間以来の吉田経房から関東申次とみなすか、それとも寛元四年に西園寺実氏が指名された時点をもって関東申次の開始と見るかという見解の対立で、この相違は関東申次をどう捉えるかという基本的な問題に係わってくるようにも思われるが、しかし、この見解の相違は制度的に必ずしも整っていなかった分まで含めて関東申次の職称を使用するか、あるいは幕府が正式に制度として設置したのちのそれを関東申次と称するかの違いによるものであって、いわゆる広義と狭義の相違と考えられ、それほど深刻な対立ではない。

関東申次の性格は、つまるところそれぞれの歴史的段階における公武関係のありように規定されたと考えるべきであって、逆に関東申次の性格の変遷を通して、公武関係の推移を推し量ることが可能であろう。寛元四年十月、西園寺実氏が関東申次に指名されて以降、この職務は同氏の世襲となるが、それ以前の段階では、関東申次を誰が勤めるかはすぐれてその当時の複雑な公武間の政治状況に規定されている。したがって、関東申次に誰が据えられているかということを指標として、北条時頼政権の成立までの政治史を見ていくのも方法としては有効といえよう。

本節では、通説に従って、吉田経房以降を関東申次と見なす広義の見方をとり、関東申次の性格・機能の変遷に留意していきたい。

以下に示す史料は、葉室定嗣の日記『葉黄記』にみえる著名な記事であるが、「関東申次」制度創設期の沿革を包括的に指し示すほぼ唯一の史料と言ってよい。やや長文にわたるが、行論上必要であるからまずこれを掲出しておく。(4)

①(寛元四年三月十五日条)甲辰、被妨来賓等、及申斜参院、爲御使参入道殿東山殿、条々有被申合事、

一、関東申次、年来重事、(九条道家)入道殿下被仰遣之、細々雑事、修理大夫経雅卿奉殿下仰、々遣了、勅定猶彼卿伝仰

了、
（頭書）「五月以後事変、太相国（西園寺実氏）可勤関東申次、然者他院司直不及仰遣、禅定殿下（九条道家）被伝仰之時ハ、細々事毎度御伝奏不可然、仍院司直可仰之由有沙汰き、」
後鳥羽院御時、坊門内府（坊門信清）幷入道相国（西園寺公経）等一向申次之、奉行院司等御教書、各遣彼申次人了、就今度院中儀、有時議、先日被仰合子細於関東、件返事到来、一昨日入道殿（一条実経）被進之、大納言入道（藤原頼経）御返事也御名行賀改名歟、去六日状也、秘事重事者入道殿下可被伝仰、僧俗官等事ハ可申摂政、於雑務者、奉行院司直可書下院宣之由也、謂奉行者定嗣事也、

②（寛元四年八月二十七日条）……関東申次之仁、追可計申之由也、

③（寛元四年十月十三日条）自関東時頼（北条）使安藤左衛門光成上洛、関東申次可為相国（西園寺実氏）之由、是定云々、

右記の史料は寛元四年十月に西園寺実氏が正式に「関東申次」に指名されるまでの関東申次制度の沿革を示す直接史料である。

文治元年（一一八五）の守護地頭問題と廟堂粛清問題の公武関係史上にしめる意義を検討した上横手雅敬氏は「文治元年は今後の公武交渉の起点としての重要性をもっている」と指摘したことがあるが、(5)右記の『葉黄記』の記事は、この公武交渉の起点から関東申次の沿革を指し示しているわけではない。現に、山本氏の指摘のように、源頼朝時代のことは触れられていない。山本氏はこのことについて「その時代には関東申次といった役職が特に意識されていなかったことを語るものだといってよいだろう」(6)としている。

「後鳥羽院御時」とは、後鳥羽院政開始の建久九年（一一九八）一月をさほど下らぬ頃から、同院政停止の承久三年（一二二一）六月（実質的には五月）までの二十余年間を指そう。また「年来」とは、承久の乱以降、寛元四年三月までの期間と思われる。

以下、この記事を基本に据えて、実氏指名までの関東申次制度の沿革を、時間的経過に従い交渉の窓口に焦点をあわせて逐次述べていくことにしたい。

一　「後鳥羽院御時」以前

手順としては、まず「後鳥羽院御時」以前から始めるべきだろう。検討の対象となるのは吉田経房である。彼は、「(源頼朝が経房を)ハジメヨリ京ノ申次ニセント定メ申テアリケレバ」(7)、「新藤中納言経房卿者、廉直貞臣也、仍二品(源頼朝)常令通子細給」(8)、「経房者、当時卿相之中、頗為下人之由、年来存之、依此事頗見其心操了、雖為少事、顕心底者也」(9)、「廉直の姓世に顕れ、忠貞の誉無隠ければ、源二位(頼朝)今度院奏しけるは、大小事、向後以経房卿可奏聞之由被申たり。(中略)故太政入道(平清盛)の法皇(後白河)を鳥羽殿に籠奉りし後、院伝奏おかれし時は、八条中納言長方と此大納言(経房)と二人をぞ別当には被成ける」「此卿(経房)は、権右中弁光房朝臣息男、十二歳時父光房に後れ、孤子にておはしけれ共、(中略)誠に隠れなかりければ、源二位(頼朝)まで被憑給けり」(10)などという史料表現の中に登場する。これらの文章は、公家としてはさほどの高い家柄の出身ではない吉田経房が、「廉直」「忠貞」のゆえに、源頼朝の信頼を得、対公家交渉の窓口に据えられた様子をうかがわせるが、頼朝の経房に対するあつい信任は建久元年(一一九〇)八月、院庁官康貞が経房を「希有讒臣」「諸人為彼可損亡」と源頼朝に訴えた時、頼朝は「有良臣之聞之上、関東事連々伝奏之間、未知其不可」(11)と、これを容れなかった事実によく現れている。

吉田経房が関東申次の役割を果たしていたことは、おおよそ認められているようである。しかし、その立場が院伝奏か否かについては議論があり、経房が院伝奏の立場から申次の仕事に係わったという山本氏の意見に対して、美川圭氏は経房を「院伝奏」と記す『源平盛衰記』のテキストクリティークを通して、経房を「院伝奏」とみなすことの不可を論じた。経房を初代の関東申次とみなす美川氏は、関東申次は「それ以前からの制度とは一線を画する『特殊な存在』なのであ」り、「伝奏と頼朝との間の中継行為を行う公家政権側の窓口こそ関東申次の実体である」とした。(12)

美川氏の論文の独創的な点の一つは、従来、制度的に未整備ということでほとんど検討されることのなかった文治・建久年間の朝廷―幕府間交渉、もっと限定した言い方をすれば後白河上皇と源頼朝の交渉の実態を、授受文書の整理を通して具体的に究明したことである。その結果、源頼朝と院伝奏（藤原定長・高階泰経）の間に、文書を取り次ぐ役目を果たす吉田経房が介在することがわかったが、これこそ関東申次の職務活動の具体的あらわれとした。同氏は、「関東申次は源頼朝によって創設され」、「その時期は文治元年末の高階泰経失脚後、議奏公卿制の設置と同時期」と推定し、あわせて、頼朝が設置した目的は経房に「法皇の恣意を掣肘しながら、円滑、敏速、確実な奏事奏聞をはた」させること、「院の恣意から生まれた院周辺の非制度的状況に対処すること」であったとした。(13)

吉田経房を正式な関東申次とみなすか否かは別として、彼が関東申次的な役割を果たしていたことについては異論はない。ただ、山本氏が交渉の仕方を、制度のルート（公的ルート）と政治のルート（私的ルート）との二つの種類に分類したが（経房の係わりは前者に含まれる）、これに対し、美川氏はそのような区別を確認することはできないとしている。

のち、関東申次の制度が完成し職務内容が明確化すると、伝達内容の面で、重要事項とそうではない比較的軽い事項との区別が、そして担当者の係わり方の面では、関東申次自身が行うか、それとも側近・家司が代行するかという区分がかなりはっきりしてくる。例えば、皇位や摂政・関白の人事は内容の性格上、秘密裡の交渉が行われ、当然関東申次自身がこれに係わり、他人に代行させるというようなことはまずない。これに対して、例えば訴訟関係事項の中には、代行可能のものも含まれよう。関東申次が公武間の諸事を伝達する時、その伝達ルートには二種類があるようにみえるが、それは制度と政治、あるいは公的・私的の相違によるのではなく、あくまで当該事項の内容的性格、およびその伝達方法の違いに起因しているのである。

文治・建久年間には、おそらくそのような区別はなく、まさに手探り状況で公武交渉が行われたと言った方が実態に近かろう。

すでに述べたように、吉田経房を「廉直」「忠貞」の廷臣とのべる二、三の史料はあるが、彼を源頼朝に結び付けた決定的な理由についてはこれを示す史料がない。のちに述べるように、経房の後その役割を担った坊門信清と西園寺公経が共に、院および将軍家と縁戚関係にあることを思えば、経房の立場は特異である。しかし、源頼朝の廟堂内の経房への肩入れには強いものがあり、経房は元暦元年（一一八四）九月、頼朝の吹挙によって参議から権中納言に昇り、さらに文治三年（一一八七）六月には頼朝は「膠漆《こうしつ》御知音」(14)経房の望申によって任大納言を計らい申さんとした（本書一五六頁参照）。経房も源頼朝の支持を背景にして廟堂における昇進を遂げているから、両者の関係は政治的要因に媒介された連携とみられる。公卿クラスの公家との間に婚姻関係をいまだ取り結んでいなかった頼朝にとって、その政治的意思を王朝に伝達してもらうには親しい「御知音」に頼るしかなかったのである。

さて、頼朝の院奏状を検討した美川氏は、それが「定長（藤原――引用者注）には直接宛てられず、経房に宛てられる原則が存在したことを疑うことはできない」(15)とした。おそらくそれが通例であったろうが、関東状が飛脚によって九条兼実のもとにもたらされ、兼実の手を経由して、吉田経房に伝達された事実もある（『吾妻鏡』文治元年十二月三十日条）。鎌倉から朝廷への申し入れの方式・手続きが必ずしも定式化していなかった事情を物語るものと考えられる。

『猪隈関白記』には、吉田経房の最期の様子が簡単にかきとめられている。正治二年（一二〇〇）二月三十日条に「後聞、民部卿経房卿大納言、所労火急、仍今夜出家云々、今朝辞退所職云々」と、そして同年閏二月十一日条に「〇或人云、民部卿入道(吉田経房)去夜薨卒云々、年五十八」と見える。(16) 正治二年閏二月十日に五十八歳で没した経房の生年は、康治二年（一一四三）と逆算される。

経房没は頼朝没の翌年であるから、経房の公武交渉への係わりは頼朝とともにあったとみてよい。

頼朝の没後、幕府より朝廷に向けての申し入れに関する史料所見は著しく減少する。幕府を維持していくための基礎がおおよそ出来上がっていたことと、幕府がその後政局の混乱期に入ったことと関係していよう。

二　「後鳥羽院御時」

前掲の『葉黄記』の記事から「後鳥羽院御時」（後鳥羽院政期は建久九年正月より承久三年六月まで）に関係する部分を取り出し、内容を簡単に整理すると、以下のようになろう。

〇坊門内府(坊門信清)幷入道相国(西園寺公経)(17)等一向申次之、
〇奉行院司等御教書、各遣彼申次人了、

「申次」の仕事は坊門信清と西園寺公経が「一向」これを担当する。「奉行院司等御教書」、つまり奉行院司が奉ずる関東向けの後鳥羽上皇院宣は「彼申次人」、つまり坊門信清と西園寺公経に遣わす（両人を介して関東に送る）。『愚管抄』巻六に見える「年ゴロ申次シテ、シウト（源実朝の舅）ノ信清ノ君アリシカド、公経ノ大納言ノ申次ハ又相違ナカリキ」というくだりは、そのような信清・公経両人の申次としての活動状況を示していると思われる。

源頼朝の没とともに円滑を欠いてきた公武関係は、三代将軍実朝の登場によって再び安定期を迎えることになる。(18) 実朝と後鳥羽上皇との関係は親密であって、実朝は同上皇に対して臣従の姿勢を崩さなかった。

建仁三年（一二〇三）九月、「頼家卿一腹舎弟《（千幡）》」は十二歳で征夷大将軍・従五位下に叙任され、「実朝」と名乗ることになるが、この「実朝」なる名字は同上皇の定めるところであったし、[19]また実朝は翌元久元年（一二〇四）十月に武門の足利義兼の女を拒否し、京都の公家坊門信清の女と結婚するのであるが[20]（時に信清、前権大納言）、その背後に同上皇の介在を想定するにさほどの不自然さはない。

「後鳥羽院御時」の安定した公武関係は、こうした後鳥羽上皇と鎌倉将軍源実朝との融和的関係の上に築かれたと言って過言ではあるまい。その時代の公武交渉の窓口として、諸事を申し次いでいたのが、坊門信清と西園寺公経だったのである。『葉黄記』が両人を「申次人」と記している点も注意される。まだ「関東申次」という言葉は登場しない。

この時期の申次は、以下述べるように、上皇と将軍家の縁戚に連なるという点に特徴があり、前代の「御知音」から縁戚関係へと結び付きの原理が転換していることを見落としてはなるまい。

両人の公武交渉上の具体的事績について、まず坊門信清から述べよう。

坊門信清は右に述べたように源実朝の舅で、同時に「上皇《（後鳥羽院）》御外舅」（『吾妻鏡』建保四年三月二十四日条）「院ノ御外舅、七条院（高倉後宮藤原殖子）ノ御弟」（『愚管抄』）で、「大秦内府」と号した（『尊卑分脈』）。建保四年（一二一六）三月に五十八歳で没しているから（『仁和寺日次記』『尊卑分脈』。ただし『公卿補任』は五十七歳に作る）、生年は平治元年（一一五九）と逆算される。

『愚管抄』に「信清ノヲトヾノムスメニ西ノ御方トテ、院ニ候ヲバ、卿二位《（藤原兼子）》子ニシタルガ腹ニ、院ノ宮《（冷泉宮頼仁親王）》ウミマイラセタルヲ、スグル御前ト名付テ、卿二位ガヤシナイマイラセタル……」とみえ、坊門信清の女「西ノ御方」が後鳥羽院の皇子を生んだことが知られる。一方『尊卑分脈』には、この「西ノ御方」の表記はみえないが、信清の子女たちの中に「後鳥羽院女房、号坊門局」と注記された娘がいる。「西ノ御方」がこの「坊門局」である可能性は高いが、今一つ確証を欠く。

つまり、後鳥羽上皇と将軍家を縁戚関係で結ぶ、格好の位置にいたのが信清だった。

さて、本論に戻ろう。まず、建久九年（一一九八）正月の後鳥羽院政開始と同時に、西園寺公経・土御門通親らとともに院別当となった坊門信清が、[21]関東申次の役割を果たしていたことについては異論がない。しかし、信清の公武交渉上の役割評価については議論がある。山本博也氏は、

信清の関東申次としての活動を示す史料はいまだ見い出し得ていないが、その活動は院司としての朝幕間の単なる取次ぎ以上には出なかったであろう。

とし、彼を経由する公武間の交渉は「私的なルート」であったろうとした。[22]

これに対し、美川圭氏は、建永二年（一二〇七）六月、仁和寺道法法親王よりの和泉・紀伊守護職停止要求が坊門信清の手を経て、幕府に申し入れられたこと（『吾妻鏡』同年六月二十二、二十四、七月二十三日条）を踏まえて、「公武間の政治折衝の窓口となったのは、信清以外には考えられない」とし、信清も西園寺公経と同様の立場にあったのであって、単なる取次にすぎなかったとは考えられないし、また両人の活動に性格の違いを認めることは難しいと、山本氏の意見を批判した。[23]

山本氏が述べるように、関東申次としての信清の足跡は皆無といってよいと思われる。美川氏は、右に述べたように御室よりの令旨を幕府に「執申」した信清の行為を関東申次のそれのように扱っているが、この交渉はあくまで御室―幕府間のそれであるから、厳密に言えば、信清の係わりは関東申次としてのそれとは言いがたい。山本氏の言のとおりといわざるを得ないのが実情である。しかし、同時に美川氏の言のとおり、信清・公経両人の職務の区分を明確にできないのも事実で、あえて区分する必要はないように思われる。[24]

すでに述べたように、坊門信清は将軍源実朝の舅（かつ後鳥羽院の外舅）、また西園寺公経は一条能保と源頼朝の

実妹との間に生まれた女を妻にした人物で、[25] ともに将軍家と縁戚関係にある上流クラスの廷臣だった。身分や門地、それに将軍家との関係にも、両人の間に職務上の区別を引き起こすような差異は認められない。[26]

さて、次は西園寺公経である。「常磐井入道太政大臣」（『吾妻鏡』嘉禎二年二月二十二日条）、「今出川入道相国」（同、寛元元年十月二十一日条）、「一条入道大相国」（『尊卑分脈』一）などと称された彼について、佐藤進一氏が「承久の乱後、王朝の政局を左右したのは西園寺公経であった」[27] と述べておられるように、彼は承久の乱より仁治までの、いわば実朝以後崩壊した公武関係が後嵯峨天皇の擁立によって修復されるまでの時期、公武関係の中枢に位置していた。

また、西園寺公経の室全子は「一条の中納言能保といふ人の女」、かつ「其母（全子の母）は故大将（源頼朝）のはらから」（いずれも『増鏡』新島守）。そして公経の叔母陳子は後鳥羽院の兄後高倉院の室であった。承久の乱の後、後高倉院の擁立に大きな役割を果たしたのがこの公経だったことは、早く龍粛氏の指摘したところであるが、[28] そのことを可能にしたのは、公経と皇室・将軍家との間の緊密な縁戚関係であったことは言うまでもない。

公経については、同時代の公家の手になる評伝がある。平経高の日記『平戸記』寛元二年（一二四四）八月二十九日条である。公経はこの日、七十四歳で没した。従って、公経の生年は承安元年（一一七一）と逆算される。公経は坊門信清より十二歳年下ということになる。

> 今日殿下（九条道家子、二条良実）御渡禅門（公経）云々、及申剋遂以閉眼云々、京中物忩、春秋七十四云々、年来富貴栄華、皆以如夢、哀哉々々、朝之蠧害、世之奸臣也、春宮（久仁親王、のちの後深草天皇）外曽祖、関白殿（良実）・右（左カ）大臣殿（実経）外祖也、於身不賤、然而無常之理難遁歟、前右府（実氏）以下子息等皆以喪籠云々、近年大旨任意行世事、上下側目、遂以如此、天譴猶可恐云々、事之次第不遑具記而已、[29]

右の評伝の中で、とくに注目されるのは「年来富貴栄華」「朝之蠧害、世之奸臣」「近年大旨任意行世事、上下側目」などといった表現である。公経の卓越した権勢のさまが描かれ、同時に逆の立場の者たちからの辛辣な批判が浴びせられている。権謀術数によってのしあがった公経の辣腕政治家ぶりを彷彿させる。

西園寺公経が朝幕間の交渉にあたった実例として、山本氏は六例を挙げている。[30] おおよそそれに尽きるが、広い意味での公経の係わりとして、以下の三例も付加できよう。①承久二年（一二二〇）二月、東大寺衆徒の訴え申す伊賀国河波・広瀬両庄地頭職停止を関東に「仰遣」わせとの後鳥羽上皇院宣が「右大将」（公経）に充てられた。公経は一件を完了させ、同五月に北条義時請文を添えて、そのことを上皇に報じている。[31] ②承久二年五月、伊勢国和田庄堺相論の実検のために関東使を差し副えようということで、関東にそのことが「仰遣」わされることになった。報告を受けた九条道家は「此条大事也、可仰遣大将（公経）之許」と、公経を通した関東への「仰遣」を指示した（しかし、公経からは「只自其御方（道家）、可被仰遣」と辞退した[32]）。③承久三年五月討幕計画を着々と実行に移しつつあった後鳥羽上皇の動向を、公経は京都守護伊賀光季に告げた（この光季が同月十五日に発遣した飛脚が同月十九日に鎌倉に到着し、事変の第一報を伝えた[33]）。

公経が朝幕間交渉に係わった実例を通覧してまず気付くのは、それらがすべて後鳥羽院政の後半期に属することである。山本氏が挙げた例の中で最も時期的に早いものでも建保元年（一二一三）十月まで下る（「西国御領等臨時公事」の事前通知のこと。典拠は『吾妻鏡』）。それ以前の公経の申次の状況を知る史料に恵まれない。もう一人の申次坊門信清が建保四年三月に没しているから、この時点から承久三年（一二二一）までは「申次人」としては、公経しかいなかったとみざるをえない（たとえ、九条道家が特別に係わることがあったとしても）。

ここで最も興味深いのは、承久の乱へ向かって緊迫する朝幕関係の中で、公経がどのような係わりを見せたかであろう。この時期、朝幕各自、またその間にはいろいろ問題があったようである。実はこのことを考える上で、建保五年十一月八日、後鳥羽上皇の院勘によって、公経（ときに権大納言・正二位、四十七歳）が籠居を命ぜられた事件が注目される（主として『愚管抄』）。近衛大将のポストを権大納言大炊御門師経と争った公経が、不利となるや「実朝ニウタエン」と放言、これに立腹した後鳥羽上皇は公経を「コメラレ」たというのである。これを聞いた実朝は驚き、とりなした結果、翌年許された。慈円が「コノ事ハ大将ノアラソイバカリニハアラジ。フカキヤウ有ゲナリ」と、事件の背景について官職争いだけではなく、本当の深いわけは他にありそうだと述べたのは暗示的である。「院ノ御跡ヲ当今《(順徳)》ノ外ニツガバヤト思ハセ給フ宮ダチナドヲハシマス。スジ〳〵アルニヤ。ハカバカシクハシラネ共、院ハコノ内《(順徳)》ヲ御アトツグベキ君トハヒシトヲボシメシタルニナン」とも記され、公経の籠居一件はポスト後鳥羽の問題も絡んでいたように思われる。後鳥羽は自分の後継ぎを順徳（その妃は九条道家姉の東一条院立子）と決めていたが、ポスト後鳥羽を狙う宮たちがいたというのである。縁戚関係から見て、後鳥羽の宮たちの中でその筆頭にあげられるのは、冷泉宮頼仁親王ではあるまいか。頼仁の母は坊門信清の女「西ノ御方」で、源氏とも縁戚関係にある。ここにもう一人、「卿二位」藤原兼子が介在する。彼女は後鳥羽院の乳母で、「ヒシト世ヲ取リタリ」（『愚管抄』）と言われるほどの権勢を持ち、しかも頼仁を養育した人物である。あるいは、兼子は公経と計って頼仁擁立をもくろみ、それが実現の可能性なきまま露顕しそうになったため、公経が大将をめぐって師経と争ったとき「実朝ニウタエン」と言ったということに引っ掛けて、罪を公経に負いかぶせてしまったのかもしれない。実朝と公経とは「シタシケレバ」、実朝は「今ヲイコメラルベキ様ナシト思テ」、「卿二位」兼子を「ヒシト敵ニトリテ、口惜シキ由ヲ云」ったところ、兼子は「驚サハギテ」、公経赦免の運びとなった。『愚管抄』のこのくだりは、以上のような兼子―公経の関係を想定すれば、理解しやすいのではあるまいか。こののち実朝の後継ぎとして幕府が頼仁の東下を要請したとき、後鳥羽は「イカニ将来ニコノ日本国ヲ二ニ分クル事ヲバシヲカンゾ」とこれを拒否したが、これは単に一親王という理由以上に、頼仁の将軍家との縁戚関係を意識したからと考えられる。

他方、鎌倉の将軍源実朝に目を転ずれば、実朝の官位昇進が建保年間の中ごろからめざましいことに気付く。建保四年（一二一六）六月、それまで非参議だった実朝は権中納言に任ぜられた。『吾妻鏡』（建保四年九月二十日条）によれば、この日、実朝の昇進について諫言を呈した大江広元に対し、実朝は「源氏正統縮此時畢、子孫敢不可相継之、然飽帯官職、欲挙家名云々」と反論した。広元もそれ以上は諫めず、その由を「相州」北条義時に報じた。諫言が執権北条義時に発していることは明らかで、それは鎌倉に結集する御家人たちの総意だったろう。しかし、実朝はその諫めを聞かず、官職はいよいよ高まった。建保六年正月任権大納言、同三月兼左大将、同十月任内大臣、同十二月任右大臣、といった具合である。そして翌承久元年（一二一九）正月の暗殺ということになる。

幕府の主師でありながら、御家人層の支持を次第に失っていく実朝の姿を彷彿させるが、公経は実朝との関係を維持しつつ、御家人勢力をたばねる執権北条義時との関係も深めていったものと考えられる。現に公経への申し入れを、家司「主税頭」三善長衡宛ての北条義時書状でもって行った実例もある。[34] 院―幕府の関係は次第に悪化していったが、院と実朝の関係は実朝の院崇敬の意識も手伝って良好だった。実朝が自らの存立基盤から沸き上がる声に耳を傾けず、ひたすら院に顔を向けていれば、幕府内の実朝の地位は危ういものとなろう。実朝暗殺はある意味では不可避だったとも言えよう。

公経が朝幕交渉上に足跡を残している建保年間半ば以降は、右に述べたように、院と幕府の関係が緊張の度を加えていく時期に当っていた。そのような状況の中で、公経は幕府側に傾きながらも、朝幕間の交渉に当っている。

一方、九条道家は祖父兼実没の翌年、承元二年（一二〇八）四月に公経の女綸子と結婚。道家の姉立子は承元四年十月に順徳の女御、同五年正月には中宮となる（『女院小伝』）。建保六年十月には懐成親王（仲恭天皇）が生まれる。天皇家との関係、さらには権臣西園寺公経との関係をも深めながら、九条道家も政界への出番を待っていた。承久二年五月にはすでに触れたように、公経に代わって道家が幕府に朝命を「仰遣」わしたことがある。

この時期の最後にいわゆる承久の乱が起こる。この乱は幕府創立以来の朝幕間の矛盾に起因するものであって、乱の後、朝幕関係の様相は大きく変わる。

三　「年来」――承久三年より寛元四年三月

承久の乱は、鎌倉の勝利、京都の敗北という形で終わった。幕府が後堀河天皇の擁立とその父後高倉上皇の院政開始を決定づけたことが、以降の朝幕関係のありようを規定することになった。後高倉の擁立に西園寺公経が重要な役割を果たしたことについてはすでに触れた。

朝幕の当局者にとって新たな交渉の仕組みの構築が必要とされたろう。『葉黄記』寛元四年（一二四六）三月十五日条にはすでに述べた「後鳥羽院御時」に続けて、「年来」のことが記されている。その「年来」の方式を例のごとく整理してみよう。

○重事、入道殿下（九条道家）被仰遣之、
○細々雑事、修理大夫経雅卿奉殿下仰、々遣了、
○勅定、猶彼卿（経雅）伝仰了、

重事（皇位関係などの重要事項だろう）は九条道家が「仰遣」わす。それ以外の「細々雑事」（訴訟などがその中核だろう）については高階経雅が道家の仰せを奉じて「仰遣」わす。「勅定」についても経雅がこれを「伝仰」す。

まず問題となるのは、「年来」の起点が定かでないこと、そして西園寺公経の名が見いだせないことである。最初に、「年来」とは寛元四年の時点からさかのぼって言うのだから、おおまかに二十余年前の承久の乱（承久三年）以降と考えてよかろう。従って「年来」とは、承久の乱以降、寛元四年三月の間とみられる。次に公経の名が記事に留められていないことだが、このことについては説明を要しよう。

結論的に言って、公経が従来どおり申次の職務にいたことは疑いない。以下述べるように、公経は朝幕交渉の職務を通じて、権勢を維持した。承久の乱を機に一時逼塞した女婿九条道家は、東下した子息頼経が将軍に任ぜられるころから復権し、往時の権勢を回復した。公経と道家との関係は連携的だったが、たとえば、四条天皇の践祚を関東に伝えたのが道家だったように、「重事」の「仰遣」はどちらかといえば、道家の担当するところだったらしい。関東申次の職務は、次第に道家の方に比重がかかっていったと見られる。さらに寛元二年に公経が没すると、道家の果たす役割はますます重くなり、かつ独占的となった。葉室定嗣が右記記事を日記に記した寛元四年三月の段階で、往時公経の果たした役割はかなり影うすいものになっていたであろうことは推測に難くない。そのように考えると、「年来」の方式に公経が脱落していても不思議ではない。

では、この二人の公武交渉上の事蹟を跡づけてみよう。承久の乱（承久三年、一二二一）後、寛元年間（一二四三〜四六）までの二十数年間の公武交渉の軸となるのは、公経に加えて、九条道家の復権、および鎌倉将軍として東下した子息頼経の父に呼応した動向、そして四条天皇の急逝に伴う後嵯峨天皇の擁立に係わる諸事情であろう。それぞれは相互に関係を持ちつつ、朝幕関係史を織りなしていった。

まず、九条道家についてみよう。順徳の義弟として一時不利な立場に陥った九条道家であったが、彼の将来の権勢獲得にとって最初のあしがかりとなったのは、承久元年（一二一九）六月以来源実朝の跡を継ぐ形で東下していた子息三寅（『愚管抄』は「祖父公経ノ大納言ガモトニヤシナヒケル」「二歳ナル若君」と記す。のちの将軍九条頼経）

である。三寅は嘉禄元年（一二二五）十二月元服、頼経と称した。翌二年正月には正五位下、右少将、征夷大将軍に任ぜられる。時期的にはちょうど北条泰時の執権政治期に当っていたが、頼経は成長するにつれて（寛喜二年十二月、頼経は故源頼家の女「竹御所」と結婚）、袖判下文や政所下文を多く発し、[35] 将軍としての権力を強固なものにしていった。北条嫡流家（得宗）の権力が確立しておらず、執権の代替わりのたびに抗争を繰り返していた当時の幕府にあって、反執権派勢力がこの将軍頼経を核に結集しないはずはあるまい。執権派・反執権派の勢力は泰時の生前にはさほど表面化しなかったが、泰時の没した仁治三年（一二四二）以後、後継問題も絡んで、北条嫡流家と庶家との対立・抗争が表面化していった。この反嫡流派勢力結集の核となったのが将軍九条頼経であって、この頼経の動向と京都の父道家のそれとは連動していたとみなければならない。[36]

安貞二年（一二二八）末より関白の職にあった道家は、二年半後の寛喜三年七月関白を長子教実に譲り（教実は翌年十月から摂政）、自らは「大殿」と称して、権勢の絶頂に到達した。

次に天皇家との縁戚関係についてみれば、道家は女竴子（母は公経の女綸子）を後堀河天皇の妃に入れたことが知られる。竴子は寛喜元年（一二二九）十一月女御となり、同二年二月中宮となった（『女院小伝』）。竴子は寛喜三年二月に秀仁（のちの四条天皇）を生んだ。秀仁は同年十月立太子、翌貞永元年十月践祚（時に二歳）。道家は同時に四条天皇の外祖の地位を獲得した。『御譲位幷御即位記』（近衛兼経記）と『民経記』には、その四条践祚のいきさつ、道家・公経の係わりが記されている。[37] 後堀河天皇は秀仁誕生の日から譲位の意志を持っていたが、四条天皇即位を計った張本は祖父の九条道家であった。道家は前月の閏九月例のごとく関東に践祚のことを伝えた。関東からは「不快」の意思表示がなされたが、道家はこれを容れず、十月二日道家の一条第で譲位のことを議した後、践祚は同四日に決行された。この皇位交替劇において、道家が発揮した主導ぶりは「此間世上謳歌云、一向大殿（道家）爲外祖可令張行給歟」という巷説にもあらわれているが、道家の同志として公経がいたことは、これに続く

「唯相国（公経）禅門幷大殿等大略令骨張給云々[38]」のくだりに明らかである。

貞永元年（一二三二）は貞永式目制定の年として著名であるが、京都側では道家が公経に支えられて四条天皇の外祖の地位を獲得し、公家政界のリーダーシップを握った年でもあった。他方、将軍頼経（道家子息）はこの年、非参議・従三位に叙任され、袖判下文に代えて政所下文を出し始めるが、このことも、以上のような公武の政治的動向とつなげて考えねばならない。将軍としての権力を強化した頼経の存在は、これまで幕政を主導してきた北条氏にとって危険因子以外の何物でもなかったろう。言わば、それは京都政界の実力者九条道家によって東国武家政権の中枢に打ち込まれたクサビだったのである。公経とは異なり本来申次の任になかった道家が朝廷と幕府の連絡に当るようになった背景には、こういった特別の事情があったものと見ざるをえない。

西園寺公経については、すでに道家との関係で少し述べるところがあったが、その朝政における権勢には目をみはるものがあった。道家との間は協力関係と言ってよい。承久三年閏十月大納言から内大臣に、貞応元年（一二二二）八月には太政大臣に昇進した（翌年四月上表）公経の権勢のさまを示す史料表現を当時の公家日記に探してみると、例えば、『明月記』寛喜三年（一二三一）三月二十二日条の「超過福原平禅門（清盛）歟[39]」、『故一品記』仁治三年（一二四二）六月三日条の「当世之重臣無可比肩之人、諸事如思之人也[40]」などが目につく。公経は鎌倉将軍頼経にとって「外祖父」（母綸子は公経の女）に当り、また頼経は「在京之時」つまり承久元年の東下以前、公経によって「養育」されていたのである[41]。公経も道家同様、頼経との間に血縁関係を持っていた。他方、幕府が公経に期待するところがあったことは、貞応元年（一二二二）十月、北条政子が内府公経の昇進を内々「執申」したこと[42]、嘉禄元年六月、幕府が公経一族の禁裏祗候を申し入れたこと[43]などに明らかである。

かくして『五代帝王物語』は当時の道家と公経との関係、道家の権勢のさまを次のように描いているが、内容的に特に疑うべき点はない。

かくて今は院《（後堀河）》もわたらせ給はず。主上《（四条）》も幼稚におはしませば、外祖にて大殿《（道家）》世を行ひ給ふ。将軍頼経卿は御子なれば、武家にもかたがた因縁あり。前相国公経公後院の別当なるうへ大殿のしうとにて、これも関白一躰の人なれば、二人申合て行はれけり。大殿は帝の外祖なるうへ摂政幷征夷将軍の父なれば、世の従ひ恐事、吹風の草木をなびかすよりも速なり。(44)

そうは言っても、道家とて悲運に見舞われることはあった。道家の女中宮竴子が藻璧門院という院号を受けたばかりの天福元年（一二三三）九月、出産がもとで没（時に二十五歳）、そののち二年も経たない嘉禎元年（一二三五）三月には、子息の摂政教実が二十六歳で没した。ここで「大殿」道家は摂政として三度目の登板となる。ちなみに、九条道家は仁治二年（一二四一）十二月、九歳になる子息教実の女彦子を十一歳の四条天皇の女御とした。外戚の地位を継続させようとの意図から出たものだが、『増鏡』（三神山）は「天の下はさながら大殿《（道家）》の御心のまゝなれば、いとゆゝしくなん」と描く。しかし、このもくろみは四条天皇の急逝によって実現しなかった。

さて、四条天皇没（仁治三年正月）を時間的区切り目として、それ以前の朝幕間の接触（六波羅探題との係わりも含む）の様子を具体的に見てみよう。まず、公経が係わった事例として以下が知られる。(45)

①嘉禄二年（一二二六）十一月、「関東挙状」を「相国」（公経）に申すにより、源資通侍従に補さる（『明月記』同月四日条）。

②貞永元年（一二三二）九月、「大相国」（公経）、中宮竴子（道家女。頼経姉）の皇女平産を将軍家に申す（『吾妻鏡』同月十三日条）。

③貞永元年十二月、「大相国」（公経）、京都のことを幕府に報ず（『吾妻鏡』同月二十四日条）。

④（天福二年カ〔一二三四〕）三月、将軍頼経、定親僧都の道快僧都院務についての言上を「西園寺殿」（公経）に

取り次ぎ、「可有御計」きことを依頼する（『東大寺文書』三月二十三日将軍頼経書状案）[46]。
⑤嘉禎二年二月、公経の重ねての所望により、小鹿島公業の伊予国宇和郡の領掌を止め、その所領となす（『吾妻鏡』同月二十二日条）。

他方、道家の係わりは以下のようである。

①寛喜元年（一二二九）十二月、八幡宮寺の申す山崎神人等の訴につき、申請の旨に任せ下知せしむべしとの綸旨を受け、これを六波羅探題北条時氏に伝えしむ（「疋田家本離宮八幡宮文書」「寛喜元」十二月二十五日殿下九条道家御教書）[47]。
②寛喜二年正月、執権北条泰時・連署同時房は別個に書状を進め、阿野実直が上洛し申すこと（昇進のことか）につき「付便宜可然之様可有披露由」、道家のもとに言上す（『明月記』寛喜二年一月五日条）[48]。
③貞永元年閏九月、四条天皇の践祚のことを関東に「仰遣」わし（『民経記』同月十九、二十九日条）、十月、道家邸で後堀河天皇の譲位を議す（「御譲位并御即位記」同月四日条）。関東への伝達はおそらく道家が行ったものと推測される。
④嘉禎元年七月、日吉神輿の入洛に伴う神人と防御の武士との衝突・刃傷事件の処理についての奏聞のため、幕府、「御教書」を二条中納言定高に遣わす（『吾妻鏡』同月二十九日条。この場合、定高を介して道家に届けられたのであろう[49]。同記の「忠高」の注記は「定高」の誤りか。しかも正確には「前」権中納言）。
⑤嘉禎元年八月、「殿下」道家、鎌倉に在った舞人多好氏の帰洛を命ず。将軍頼経、自筆請文をしたため、これに応ず（『吾妻鏡』同月十八日条）。
⑥嘉禎二年十一月、「殿下」道家、内々に「御教書」を幕府に遣わし、鶴岡別当僧正定豪をもって東寺長者に補さん意を伝う。補長者は「関東眉目」たり（『吾妻鏡』同月十五日）。

事項の内容の上で、公経と道家の間にさほどの相違はなく、両人の公武交渉上の役割がほぼ同等だったようにも思われるが、しかし、皇位問題は道家が担当していると考えられること、そしてこの期間の現存史料に徴するかぎり、六波羅の機構を動かすための綸旨（勅裁）は摂政のポストにあった道家と近衛兼経(50)（兼経は嘉禎三年正月道家の女仁子と婚し、同三月摂政職が道家から兼経に譲られた）のもとに宛てられていることから考えると、公経より道家の係わりの方がより重かったと言えないこともない。のちの西園寺氏に見るような、武家側宛て勅裁が同氏に独占的に宛てられるという事態はいまだ到来していない。このように見れば、「殿下」（摂政道家）と「前相国」（公経）とは連携的ながらも、両人の間には微妙な役割の違いもあるようである。

こうして道家・公経コンビの求心力は、京都はもとより、頼経を媒介として鎌倉にも強く及ぶようになった。暦仁元年（一二三八）二月十七日、頼経は執権北条泰時・連署同時房をはじめとして、多くの鎌倉武士を率いて入洛、新造の六波羅御所に着いた。同二十二日、初めて外出した頼経は、まず第一に外祖父公経を訪れ、その次に実父道家のもとに参じている（『吾妻鏡』）。同年十月まで滞在した頼経はその間、春日社はじめ賀茂・祇園・北野・吉田の各社を参詣し、参内を果たした。三月には権大納言に任ぜられたが、翌月にはこれを辞している。この九か月にも及ぶ長期滞在がその後の鎌倉と京都をめぐる政治的動向といかなるつながりを持つかは、興味深い問題である。ちなみに、道家はこの間の四月二十五日、法性寺殿において出家。法名行慧。道家の出家は引退を意味したのではない。彼は以後「入道殿下」として、これまで以上に派手な政治的活動を繰り広げる。

仁治三年（一二四二）正月九日の四条天皇急逝は、公武双方に重大な政治的波紋を及ぼした。鎌倉将軍の父九条道家の京都政界における権力が強大だっただけに、皇位を誰が獲得するかで公武関係は大きく変わる岐路にあった。候補として順徳院の皇子忠成王と土御門院の皇子邦仁王とがあがったことは周知のとおりである。京都よりの働きかけとこれに対する関東の対応は、鎌倉時代の公武関係史上の一つのハイライトといってよい。道家はこれまで権勢の源泉としていた四条天皇に替えて、鎌倉将軍頼経に期待をつなごうとしていた。

道家に主導される京都公家界の支持が忠成にあったことは、順徳中宮が道家の姉立子だったことを思えば理解できよう。道家は公経の協力を得て、忠成支持をとりつけるため関東に働きかけた。しかし、大方の予想を裏切り、幕府は邦仁を後嗣に指名したため、道家のあては外れた。忠成の践祚が佐渡からの順徳院の帰京、院政開始につながることを恐れた幕府は、北条泰時・重時と縁戚関係にある源（土御門）定通の推す邦仁を支持したのである。定通の妻は泰時・重時の姉妹（つまり義時の女）であって、定通の姪通子と土御門院（定通の姉在子と後鳥羽院の間の子）の間の皇子が邦仁なのである。しかも、定通の弟通方の妻は一条能保の女だから、土御門家を媒介として、源家将軍・北条執権家双方に縁戚関係を持つ皇子が邦仁だった。

仁治三年正月十九日入洛した東使安達義景・二階堂行義は、まず使者を「前内府」土御門定通のもとに遣わして邦仁擁立のことを打診した後、夜に入って、道家、公経の順で面謁した。邦仁指名という幕府の決定を伝えられた道家・公経は「共以不請之気炳」、つまり不同意の色をみせたという（主として『平戸記』による）。この時点までは少なくとも、公経は道家と同一歩調をとっていたと言えよう。幕議が道家・公経の推す忠成王を排除して邦仁王指名に決する過程で、将軍頼経がどのような係わりを示したか興味あるところだが、これをうかがわせる史料は目につかない。

かくして、邦仁王は翌二十日、元服（時に二十三歳）。ただちに践祚の儀がとりおこなわれた。後嵯峨天皇である。

この後、道家は反執権派に支えられた将軍頼経と呼応しつつ、勢力拡大のためのいくつかの手立てを講じてゆくのであるが、道家と公経との間は次第に乖離してゆくのも事実といわねばなるまい。仁治三年四月には三井寺訴訟に関して「彼両所之奇謀」と言われた策謀をやってのけた両人だったが（『平戸記』同二十二日条）、公経は後嵯峨の践祚後まもなくの仁治三年六月、孫娘姞子を入内させ、天皇家の外戚の地位を獲得、道家との間に一線を画してしまう。仁治三年から寛元四年（一二四六）にいたる政治史は、京都における後嵯峨・公経—道家の関係、鎌倉における将軍派と執権派の抗争、および双方の相互関係を軸として展開する。

鎌倉の将軍頼経は寛元二年四月には将軍を辞し六歳の子息頼嗣と交替し、翌三年七月には久遠寿量院で出家（法名行智）したが、頼経は「大殿」「大納言入道」と称してなお鎌倉に留まり、隠然たる勢力を誇っていた。この頼経の勢力が強固であるうちは、京都の父道家の地位も安泰だった。道家は京都における勢力挽回をはかり、頼経の力を頼って、皇位の交替を画策した。寛元三年三月ころより、しきりに関東よりの使者が道家第や六波羅に到着し、関東の危急を報じた。泰時のあとを継いだ執権経時が病弱で、強いリーダーシップを振るえなかったことも異変生起の一因だった。

後鳥羽院政期以来、四十年余の長きにわたり、朝幕間の交渉・連絡をつかさどった西園寺公経は寛元二年八月二十九日、七十四歳で没した。公経没後、朝幕間の交渉・連絡はひとり道家のつかさどるところとなった。『平戸記』同年十月二十六日条には、「入道殿（道家）可有天下御計」との幕府よりの申し入れがあったと伝える。この京都への申し入れの背後に、鎌倉の「大殿」頼経の攻勢を想定するのは容易である。

道家は早速行動を開始した。『平戸記』寛元三年六月十八日条に以下の記事がみえる。

日没之後、参殿下（二条良実）、先是大蔵卿（菅原為長）参候、秉燭之間、依召両人参御出居、近被召寄、世間事被仰也、関東事等也、怖畏不少、経時（北条）所労大事云々、又重事、入道殿（道家）奉綸旨、一日被仰遣関東、明年許可有此儀之由、被仰遣之処、件御返事云、善悪左右不能計申、只可在御計云々、依之早速可有沙汰云々、被仰遣候趣、已以相違如何、如此事付惣別被仰、不能委記、

執権経時の重病のこと、そして、なんといっても記事中の「重事」が明年の後嵯峨天皇の譲位、久仁親王（の

ちの後深草天皇）の践祚決行を意味し、しかもそのことを道家が後嵯峨の意を奉じて、幕府に「仰遣」わしたところ、幕府はとかくいう筋合いではないから御意のままに、と返事している点に注目したい。幕府の内訌は高まっており、とても皇位問題に係わる余裕がなかったものと考えられる。頼経が父道家の申し入れに反対するはずもなかろう。病身の経時を擁する執権派は時をかせぎつつ、態勢の立て直しに必死だったろう。こうして萌芽するのが、新執権時頼（経時の弟）に主導された得宗（北条氏嫡流）専制志向の新体制であることは言をまたない。経時の没に先立つこと約一ヵ月の寛元四年三月二十三日、時頼は五代目の執権に就任する。時頼はこの日、経時亭で開かれた「深秘御沙汰」（のちには寄合内談）で執権に指名されたのであるが、このことは以降の幕府政局が閉鎖的になるさきがけだったと見ることもできよう。

久仁親王が践祚すれば、外祖の地位は西園寺氏に握られる。にもかかわらず、道家が久仁の践祚に積極的だったのは、おそらく不仲の子関白良実を辞めさせ、愛子実経を摂政の地位につけ、将軍頼経を頼りに捲土重来を期そうという魂胆だったのだろう。(51) 久仁の践祚に先立ち、しぶる良実は無理やり罷免され（関東に「仰遣」した結果でもあった）、実経が関白に補された。寛元四年三月、道家は摂政に移った実経に関東申次の仕事のうち「僧俗官等事」を担当させた。まさに筋書どおりの措置とみなされる。

公経の没に伴って朝幕の交渉の任務を専掌することになった道家が、関東の政局の混迷に乗じて、子息「大殿」頼経と示し合わせて、権力の拡大を図ろうとしたとしても不自然ではない。道家による朝幕間の交渉方式の再編成は、このような背景的事情のもとで考えねばならない。道家のもとで手足になって働く高階経雅は道家の申次と考えられるから、(52) 道家は関東申次の職務と権限を独占したと言って過言ではない。

要するに、承久の乱後、寛元四年三月までの期間、朝幕間の交渉連絡の役は九条道家（その女婿摂政近衛兼経が仁治ころ代行したらしい）と西園寺公経とが担当したが、「重事」は主として道家が係わったらしい。公経没の寛元二年八月からは、道家の独占体制に入った。

四　寛元四年三月以降

寛元四年（一二四六）三月以降については、何段階かの変遷がある。

(イ)「今度」（寛元四年三月から同年五月）

○秘事重事者、入道殿下（九条道家）可被伝仰、

○僧俗官等事ハ可申摂政（一条実経、道家の子息）、

○於雑務者、奉行院司（定嗣）直可書下院宣之由也、

「秘事重事」（「年来」での「重事」に相当しよう）は道家が「伝仰」す。「僧俗官等事」（僧侶や俗人の官位関係）は道家子息の実経が担当し、「雑務」（「年来」での「細々雑事」に相当しよう）は奉行院司葉室定嗣が直接院宣を書き下す。

(ロ)寛元四年「五月以後」――「事変」後

○太相国（西園寺実氏）可勤関東申次、

○然者、他院司直不及仰遣、

関東申次の任務は西園寺実氏がこれを勤める。他の院司が直接院宣を書いて「仰遣」わすには及ばない。

(ハ)寛元四年八月……関東申次は追って計らい申す。

(ニ)寛元四年十月……関東申次は西園寺実氏たるべしと「定」む。

まず(イ)だが、この解釈はかなりむずかしい。道家と後嵯峨上皇の係わりをどう評価するかが、解釈の分かれ目となる。『大日本史料』第五編之二十（一一九頁）はこの記事を踏まえて「上皇、関東申次ノコトニツキテ、幕府

ニ諮リ給ヒ、重事秘事ハ、入道前摂政道家ニ、僧官俗官等ノコトハ、摂政実経ニ、雑務ハ、院司藤原定嗣ヲシテ、各コレヲ行ハシメ給フ」という綱文を立てている。朝幕間交渉の仕組みを改変した主体は、後嵯峨天皇とみる解釈である。佐藤進一氏は、この見方をさらに強く打ち出し、以下のような理解の仕方を示した。

寛元四年正月、後嵯峨は皇位を西園寺の外孫たる皇子久仁（後深草天皇）に譲って、院政を創め、早速幕府に申入れて関東申次の業務を三分して、秘事重事（帝位や摂関の交代等）は従前通り道家に伝え（道家から関東に伝える）、僧俗の人事は摂政に伝え、雑務（訴訟関係）は院司が院宣を以て直接幕府と折衝することとした（『葉黄記』、寛元四年三月十五日条）。即ち関東申次の権限を大幅に削減して、院と幕府の直接交渉に道を開いたのである。(53)

これに対し、美川圭氏は「関東申次の業務の三分とは言っても、摂政とは道家が強引にその地位につかせた愛子実経であり」「道家の代理人に過ぎ」ず、院司にしても道家に祗候する葉室定嗣のことであるから、院と幕府との直接交渉という面を強調するのは疑問であって、改変についての京都側への関東の返事が前将軍頼経から父道家のもとにもたらされたことなどを挙げて、この改変が道家の意思で行われた可能性の大きいことを論証した。(54)その上で、以下のように述べている。

道家は、自らの側近でありながら上皇の信頼も厚い定嗣に雑務の申次を代行させて上皇との対立を避ける一方、西園寺実氏が関東申次に就任して北条得宗家との連絡を密にするのを、実経の申次就任によって阻止しようとしたのである。関東申次が二人であった慣習を盾に、自分と子の実経の二人を申次にし、その地位を子孫に相伝世襲させようとしたのではないかと思われる。(55)

確かに、後嵯峨上皇の政治志向とその役割を等閑視するわけにはゆかないが、道家を取り巻く朝幕の政治状況は、美川氏の言う道家主導説を支えてくれるように思われる。このたびの機構改変が京都の「入道殿下」道家―

鎌倉の「大殿」頼経の線で推進・実行された可能性は高い。

この期間の道家の係わった朝幕交渉の実例としては、『葉黄記』寛元四年閏四月二十八日条に、葉室定嗣が後嵯峨上皇の使者として「東山殿」道家のもとに参じ、「東大寺造営勧進上人未定之間、可被仰付定親法務事、可被申関東之由、有御定」と伝え申し、関東への「仰遣」を依頼している事実が知られる。本件が僧事に属するとすれば、実経の担当事項として関東に伝えられただろう。また「雑務」関係で定嗣が奉行院司として奔走している姿は『葉黄記』にみえているが、定嗣が武家側に発した院宣の実例はいまだ管見に及ばない。

次に(ロ)について。「事変」とは言うまでもなく、『鎌倉年代記裏書』に「今年寛元四閏四月以後鎌倉中騒動」「宮騒動」[56]と記された北条庶流の名越光時の乱である。五月には乱は時頼勝利で決着がついたが、光時は前将軍頼経と通じていたから、光時の敗北とともに頼経は失脚を余儀なくされた。頼経は同年七月十一日鎌倉を立ち帰洛の途に着き、同二十八日入京、六波羅北条重時の若松第に入った。与同の嫌疑は当然道家にも及んだ。道家は六月以来、一件との関係を否定するために何度も陳弁したのち、九月には西山に籠居、その政治生命はほぼ絶たれた。

こうした道家の失脚のあと、とりあえず関東申次を勤めるように幕府から指名されたのが公経の子息実氏であった。実氏は幕府の支持を受けて、朝幕間の交渉連絡をつかさどる要職に就いた。院司による直接交渉は一切排除されたから、「重事」から「雑務」「細事」まで武家側との接触はすべて関東申次西園寺実氏の所轄するところとなった。

しかし(ハ)に見るように、八月の段階で関東申次は追って計らい申すと幕府から言って来ているから、(ロ)での指名は恒久的なものではなかった。右に「とりあえず」と記したのはそのような理由からである。幕府ではなお、関東申次の人選と制度のあり方についていて検討を重ねていたものと考えられる。

かくして㈡に見るように、十月になって幕府は実氏を関東申次として正式に指名し、これを伝達した。ここに西園寺氏による関東申次の世襲制がスタートする。実氏以降歴代の関東申次の活動状況については、次節で述べる。

おわりに

以上、寛元四年(一二四六)十月、西園寺実氏が幕府によって関東申次に指名されるまでの朝幕間交渉の実態を、特にその窓口についての沿革を明らかにする作業を通して考えてみた。その結果、関東申次の制度は朝幕間の交渉が始まった当初から整っていたのではなく、両者の政治的関係の中でさまざまに変化を遂げながら、形を成してきたことが知られた。京都から遙かに離れた鎌倉に樹立された幕府の発展・展開にとって、朝廷との交渉は不可避だったし、朝廷にとっても幕府と連絡のパイプを通しておくことは大切なことだった。そのような政治的事情の中では、おのずと両者の連絡交渉にあたる者が出てこよう。申次の役目を負う者にとっても、その役得があったから、勤めたのである。しかし、この役目は両者に対して全く縁もゆかりもない者には勤まらなかった。

関東申次としての先駆的役割を果たしたのは吉田経房であったが、彼は源頼朝と「膠漆御知音」の関係にある廷臣だった。次の坊門信清と西園寺公経は後鳥羽院政期ともに関東申次の役目にあった。両人は将軍家と縁戚関係にある廷臣であった。ここに関東申次という職務を成立させる原理は知音から縁戚へと変化を遂げた。

承久の乱以降、寛元四年五月までの期間は、朝幕の政治的変動の影響を受けて、関東申次の制度がもっとも変化に富んだ様相をみせる。この時期の関東申次としてはまず前代以来の西園寺公経がいる。彼は寛元二年八月に没するまでこの職務に就いていた。しかし、彼の女婿九条道家はその卓越した政治的立場を活用して絶大な権勢を築き上げ、やがて朝幕間の連絡交渉にも重きをなすようになる。おそらく道家は公経に優越していたろう。この道家の係わりも関東申次の範疇で理解すべきだろう。

寛元二年八月以降は、関東申次の職務と権限は道家一人が独占することになった。彼は鎌倉の前将軍頼経と示し合わせつつ、権力の拡大をはかり、朝幕間交渉の仕組みを改変したが、このもくろみは同四年閏四月頼経派勢力の敗北によって頓挫した。道家は関東申次の役職から追われ、失脚した。

鎌倉の異変をほぼ鎮定した執権北条時頼は寛元四年十月、使者を派遣して、西園寺実氏を関東申次に正式に指名した。西園寺氏によって世襲される関東申次の制度はここに確立する。さきに述べた成立原理は、縁戚からさらに幕府による指名制へと変化したのである。つまり、幕府からみた場合、関東申次を存立させた原理は、知音、縁戚、指名の三段階を経て、完成したと言えよう。そのことは、同時に幕府の朝廷に対する政治的影響力が強まっていった過程と即応している。

（1）『史学雑誌』八六―八、昭和五十二年。以下、山本氏論文と略称する。引用文は同論文二頁、同氏「六波羅探題と関東申次」（『歴史公論』一〇―一〇、昭和五十九年）も参照。

（2）三浦周行氏「鎌倉時代の朝幕関係」（同氏『日本史の研究』、岩波書店、大正十一年初版）、龍粛氏「後嵯峨院の素意と関東申次」（同氏『鎌倉時代・下〔京都〕』、春秋社、昭和三十二年）。

（3）梶博行氏「中世における公武関係――関東申次と皇位継承――」（『鎌倉』三二、昭和五十四年）、美川圭氏「関東申次と院伝奏の成立と展開」（『史林』六七―三、昭和五十九年。以下、美川氏論文と略称する）、西山恵子氏「関東申次をめぐって」（『京都市歴史資料館紀要』一、昭和五十九年）、拙稿「鎌倉期の公武交渉関係文書について――朝廷から幕府へ――」（『金沢文庫研究』二七三、昭和五十九年）〈本章第三節はこれを補訂したもの〉、外岡慎一郎氏「鎌倉後期の公武交渉について――公武交渉文書の分析――」（『敦賀論叢』一、昭和六十二年）など。

（4）『史料纂集 葉黄記　一』八一～二、一九二、二〇三頁。

（5）上横手雅敬氏『日本中世政治史研究』（塙書房、昭和四十五年）三〇一頁。

（6）山本氏論文九頁。

(7) 岩波日本古典文学大系『愚管抄』二七六頁。
(8) 『吾妻鏡』文治元年九月十八日条。
(9) 『玉葉』文治元年十二月三十日条。
(10) 『源平盛衰記』（有朋堂書店、明治四十五年）七二四〜五頁。『平家物語』（角川文庫本、下巻二四五頁）にも同様の記事あり。
(11) 『吾妻鏡』建久元年八月二十八日条。
(12) 美川氏論文三一頁。
(13) 美川氏論文三三〜四頁。
(14) 「膠漆」とは「離れがたいほどに親しい間柄のたとえに用いる」（小学館『日本国語大辞典』4、四九四頁）。
(15) 美川氏論文三〇頁。
(16) 『大日本古記録猪隈関白記　二』、八六、八九頁。
(17) この「入道相国」の人名比定については、『史料纂集葉黄記　一』の校訂者は大炊御門頼実と推定しているが、すでに山本博也氏が指摘したように、西園寺公経とみるのが妥当である（山本氏論文三頁）。
(18) 河内祥輔氏『頼朝の時代――一一八〇年代内乱史――』（平凡社、平成二年）二二五頁。
(19) 『猪隈関白記』建仁三年九月七日条に「名字実朝云々、自院被定云々」とみえ、『愚管抄』には「実朝ト云フ名モ京ヨリ給ハリテ」（岩波日本古典文学大系本、三〇二頁）とみえる。
(20) 『吾妻鏡』元久元年八月四日、十月十四日条。
(21) 『史料大成三長記補遺』建久九年正月十一日条。山本氏論文五頁参照。
(22) 山本氏論文五頁。
(23) 美川氏論文三六〜七頁。
(24) 山本氏論文では、信清について「私的なルート」（五頁）としながら、他方では「制度のルート」「公的ルート」（七〜八頁）ともし、やや表現上の混乱がある。
(25) 『愚管抄』は、西園寺公経について「ソノイモウト（一条能保に嫁した源頼朝の妹）ノ腹ノムスメニ、ムコニトリタリシ公経中将」と記す（岩波日本古典文学大系本、二七六頁）。

(26)『玉葉』建久六年九月十一日条には、信清が「振外戚之威、闕最重之神事」いたことが記されているが、このことからも信清の権威が院との縁戚関係に淵源したであろうことがうかがわれる。

(27) 佐藤進一氏『日本の中世国家』（岩波書店、昭和五十八年）一六三頁。

(28) 注(2)所掲龍氏著書、二〇七〜八頁。

(29)『史料大成平戸記』同日条。『大日本史料』五—一八、三〇頁。

(30) 山本氏論文六頁。

(31)『東大寺要録』二。本書一三五〜六頁参照。

(32)『玉蘂』承久二年五月二十日条。本郷和人氏「鎌倉時代の朝廷訴訟に関する一考察」の注(59)（石井進編『中世の人と政治』、吉川弘文館、昭和六十三年、一九九頁）参照。

(33)『吾妻鏡』承久三年五月十九日条。『太平記』巻十三は、このことを「承久ノ合戦ノ時、西園寺ノ太政大臣公経公、関東へ内通ノ旨有シ」と記す。

(34)（承久元年）八月二十三日北条義時書状写、『鎌倉遺文』四巻二五四三号。宛所の「主税頭」については、『吾妻鏡』承久三年五月十九日条に「右大将（公経）家司主税頭長衡」とみえる。

(35) 源実朝の将軍としての権力を、特に将軍家政所下文の分析を通して考察した五味文彦氏は、頼経の場合について、以下のように述べている。

わずか二歳で鎌倉に下向し、実朝の跡をうけて鎌倉殿となった頼経は、やがて成長するとともに鎌倉殿下文に加判し、政所下文を出すにいたり、執権北条泰時の晩年には政所別当を泰時一人から七人にと増やしていった。こうした将軍権力の高まりが、幕府内に緊張を生み、政争をもたらし、ついに頼経の帰京へと結果したのだが、……（同氏『吾妻鏡の方法』、吉川弘文館、平成二年、一五四頁）

嘉禄二年正月に将軍となった頼経の袖判下文と政所下文の発給状況はおおよそ以下のとおりである。文書の検索は『鎌倉遺文』による。同遺文所収の将軍九条頼経袖判下文は、嘉禄二年二月二十六日付（「神主大伴氏文書」、『鎌倉遺文』五巻三四六六号文書）から寛喜三年十月十八日付（「書上古文書十一」、『鎌倉遺文』六巻四二三三号文書）までの全一八点。他方、政所下文は翌貞永元年五月二十六日付（「春日社神事日記」、『鎌倉遺文』六巻四三二七号文書）から寛元元年九月二十一日付（「豊前末久文書」、『鎌倉遺文』九巻六二三七号文書）まで全二七点。この間、袖判下文はみられない。

貞永元年からの政所下文の登場は、頼経が同年二月二十七日に非参議・従三位に叙任されたことを契機としていること、また政所下文が寛元元年半ばすぎのものを最後に跡を断っているのは、頼経が執権北条経時と衝突して、翌二年四月に将軍の座を去ったことと関係することはいうまでもあるまい。

(36)『鎌倉遺文』をみると、頼経の父九条道家も寛喜元年から寛元元年にかけて、御教書を少なからず発給していることが知られる。この時期は注(35)でふれたようにちょうど将軍家政所下文の残存状況からみて、頼経の権力の上昇期と考えられるから、両者の動向は相呼応していると考えられる。

(37)『大日本史料』五―八、三三〇～五六頁。

(38)『民経記』貞永元年閏九月二十九日条。『大日本古記録』では同記第五巻二一五頁。『大日本史料』では五―八、三三八頁。

(39)『明月記』三、二九七頁（国書刊行会刊）。

(40)『大日本史料』五―一四、三九二頁。

(41)『玉蘂』嘉禎四年二月二十一日条。（今川文雄氏校訂『玉蘂』四八九頁）。

(42)『吾妻鏡』貞応元年十月二十六日条。

(43)『明月記』嘉禄元年六月三十日条。『大日本史料』五―二、六七七～八頁。

(44)『群書類従』三、四二八頁。他方、『増鏡』（藤衣）にも「(嘉禎元年に摂政の子息教実が二十六歳で没すると）摂政殿にも、大殿（道家）たちかえり成給ぬ。かくて三度政事をおさめ給ぬるにや。北政所（綸子）の御父は、公経の大臣なれば、かの殿（道家）とひとつにて、世は弥御心のまゝなるべし」と描かれている（岩波日本古典文学大系本、二八九頁）。

(45)これらのうち、①④は山本氏論文六頁で掲出されている。

(46)『鎌倉遺文』七巻四六三五号。

(47)『島本町史』史料編、四八七頁。本書一三七頁参照。

(48)美川氏論文四〇頁に指摘あり。

(49)二条定高については、美川氏が「朝幕間の連絡にあたっている例が寛喜以降数例見られる」こと、「道家邸での評定のメンバー」、「道家にきわめて近い関係にあり、特に信頼されていた人物」で、「関東申次である道家の代理人として細々雑事の申次を行ったと考えられる」と指摘されている（美川論文四〇〜一頁）。

定高は、暦仁元年（一二三八）四月子息忠高の任参議を見ぬまま、同年正月に前権中納言で没する。定高の足跡としては、まず建保七年（一二一九）二月に後鳥羽上皇院宣の奉者になっている事実がある。寛喜年間に入ると、美川氏の挙例のように（美川氏論文五一頁注7）、寛喜二年十一月の「関東請文案」が定高に宛てられ（『禅定寺文書』）、文暦二年（一二三五）七月には、六波羅に宛てて「関東御教書」を定高に言上すべきことが指令された事実が知られ、定高が朝幕間の交渉をつかさどっていた道家の側近としてたちふるまっていた様子がうかがえる。定高が道家の家司的役割を果たしていたことは、道家の日記『玉蘂』文暦二年（嘉禎元年）二月十八日条に、文筆系関東御家人中原師員（今川文雄氏校訂本、四〇〇頁では「師貞」に作るが、これは『吾妻鏡』に頻出する中原師員だろう）が上洛し、道家邸を訪れて「関東条々」を申し入れたとき、「定高卿申次也」の文字に明らかなように、定高はこの申し入れ事項を道家に「申次」いだことにもうかがえる。このほか、幕府が定高を通じて京都側に申し入れをした事実としては、山門神輿入洛問題に関して、文暦二年七月「関東奏状」を定高に宛てて披露を依頼したこと（「天台座主記」、『鎌倉遺文』七巻四八〇八号）が知られ、六波羅との関係では、嘉禎二年（一二三六）九月、春日社司が「春日社旬日幷日次御供」運上の途上、武士の違乱なきようにと六波羅へ申し入れた際、定高はその連絡仲介役を果たしている（「春日社司祐茂日記」、『鎌倉遺文』七巻五〇五一号など）。他方、朝廷から定高を介して六波羅に申し入れをした事実は『民経記』寛喜三年記に多くみられる。こういった定高の行為は、関東申次の役割を負っていた道家（同時に公経もそうだった）の側近として係わりだったと考えられる。この時期、道家の活発な活動状況が御教書の多数発給を通してうかがわれることは注(36)でもふれた。なお、注(32)所掲本郷氏論文、一九二頁、二四九頁表5参照。
(50)『吾妻鏡』仁治二年正月十九日条所引文書。本書三三一〜二頁参照。
(51)金沢正大氏「寛元四年正月京洛政変について」（上・下）（『政治経済史学』六二、六三、昭和四十三年）参照。
(52)注(32)所掲本郷氏論文、一九八頁注(55)。
(53)注(27)所掲佐藤氏著書、一六五頁。
(54)美川氏論文四二頁。
(55)美川氏論文四三頁。
(56)『増補　続史料大成』五一（「鎌倉年代記」、他二種）四八頁。

第二節　関東申次をめぐる朝幕交渉——西園寺実氏以降——

はじめに

前節で寛元四年（一二四六）十月に「関東申次」に指名された西園寺実氏以前の沿革とその具体的様相について述べたから、本節では、引き続きそれ以降の歴代「関東申次」の活動を指標にしつつ、朝幕間の交渉の諸相を順次みていきたい。そのことを通して、鎌倉時代の公武関係の中核的部分ともいえる朝廷と幕府の結び付きの特質が明らかとなろう。

朝廷と幕府の交渉のルートは単一ではない。王朝の主催者たる天皇・院と、幕府（実質的には執権・得宗）との間には、前者に近接して関東申次が、そして後者に近接して六波羅探題が位置しそれぞれの役目を果していた。しかし、伝達の方法がその事項の性格によって異なるのは当然であり、中間の一、二を経由する必要がなく飛び越えるケース、あるいは経由しつつも関与を許さぬケースもあった。従って朝廷と幕府・六波羅探題間の意思・命令伝達のルートにはさしあたり以下の四つの組み合わせが考えられよう。

①天皇・院——関東申次——六波羅探題——幕府

②天皇・院――関東申次――幕府
③天皇・院――関東申次――六波羅探題
④天皇・院――幕府

双方とも特使を直接相手方に派遣して交渉を行うこともあった。当時の史料はこの特使を「東使」とか「関東使」とか称しているが、幕府が京都に派遣した使者をさす事例が圧倒的に多い。東使の役割と機能については後節で詳しくのべる（第二章第一節）。東使の派遣は②（幕府より発遣）、および④のケースとみられる。

両者の交渉の窓口（と言っても朝廷側に設置されたものだが）、なかだち的な役割を果したのが関東申次である。両者が距離的に懸隔した鎌倉時代にあっては、朝幕間の重要な政治的局面で関東申次が果たす役割は実に大きく、任務は重かった。とくに皇統が二流に別れて皇位を争奪した鎌倉後期、皇位決定権を事実上掌握する幕府との折衝を専管する関東申次はひときわ強大な政治力を発揮した。

前節で触れたように、西園寺実氏以降、関東申次は幕府側への伝達一切をとりしきることになったが、おそらくその取り扱う事項は大きく二つに分けられたであろう。

一つは、特に皇位関係の事柄、および官位や役職。僧侶の僧官・僧位などもこれに準じてよいだろう。これは先に九条道家・実経が分担した「秘事重事」「僧俗官等事」に相当し、ルートとしては主に②を経由したろう。いま一つは主として訴訟関係の事項で、「雑務」に相当する事柄である。それは朝廷での決定、つまり勅裁を幕府側に伝えて、係争の解決を幕府に委ねるという性格の行為である。手続きとしては、勅裁をまず関東申次に伝達し、関東申次の手から鎌倉の幕府なり六波羅探題なりへ仰せ遣わす。ルートとしては②③を経由している。関係の文書史料を多く今日に残しているのはこの種のケースであり、政道の興行が「雑訴」（主に所領関係訴訟）の円滑な処理にかかっていた当時、朝廷にとってこのルートがいかに重要であったかということを物語っている。

幕府は武力を提供して京都の治安・警察を担っていただけでなく、このような面においても朝廷の存立基盤を強力に支えていたと言っても過言でないのである。関東申次の機能に即していえば、勅裁を鎌倉幕府の執行機構の上にのせ、これを作動させるためのキーの役目を果したのが、彼の発する施行状であった。

ちなみに、具体例に即して一言。①は例えば、延慶元年（一三〇八）幕府が「円覚寺額」として伏見上皇の「宸筆」を入手した時使用されているが、[1]他方、元弘元年（一三三一）得宗北条高時が光厳天皇の朝廷に対し後醍醐天皇出奔後の内裏から「蛮絵御手箱」を探し出すよう依頼した時は①を経由しつつも、六波羅探題と関東申次の関与を許さなかったから、実質的にはこれは④の事例である。[2]とくに④は極秘文書の伝達の場合用いられたと考えられる。

いま一つ全体的なことを述べておこう。それは鎌倉時代の朝幕関係を考える場合、両者を必然的に対立的関係にあるものとの先入観をもってはならないことである。むろん、承久の乱とか正中・元弘の変など両者の間に波風が立ったのは事実で、皇位問題などで幕府が口入してくることは公家にとって不快な思いであったに違いない。しかし、事変関係の皇族の処分にしても新たに擁立された政権担当者に対して奏聞し、その裁可を受けたうえでの措置であって、幕府が独断専行したものではない。皇位継承に幕府が決定的な指名権を持ったといっても、それはまったくフリーハンドの指名権ではなく、誰を指名してもよいというわけでは決してないのである。従来の朝幕関係の捉え方は、頭から両者は対立関係にあるべきものという先入観にとらわれたむきがあるように思う。

現に、以下述べる西園寺実氏に即して言えば、宮内庁書陵部所蔵「葉黄記」（写本、伏七四九）宝治二年（一二四八）七月一日条に、中原友景という実氏近侍の者（彼は関東派遣の使者となっている）が現れ、この友景に「相国後見武家事、問答之仁歟」という割注が付されている。「相国」とは前相国（前太政大臣）西園寺実氏のことと考えられるが、「後見武家」とはその実氏が幕府を後見するという意味にしかとれない。実氏が関東申次に指名された寛元四年の時点で、実氏は五十三歳だが、関東の将軍九条頼嗣はわずか八歳、執権北条時頼にしても二十歳にすぎない。実氏にしてみれば関東申次の任務を、まさに武家、つまり幕府の後見と受け取ったとしてもいっこうに不思議ではない。さきの記事はその指名にいたる交渉のために友景が関東に派遣されたという意味に解される。ほぼ同じころ幕府では「公家御事、殊可被奉尊敬」ということが「寄合」（幕府の秘密会議）で沙汰されている。(3) 要するに両者持ちつ持たれつの関係も深かったわけであって、関東申次の設置によって損をしたのは公家、得をしたのは幕府、というような先入観は捨ててかかる必要がある。

さて、本節では右に記した朝幕間の諸交渉の実態を、特に歴代関東申次の活動の足跡と関連させながら通覧し、もって朝幕関係の具体相を見て行くこととしたい。なお、朝廷↓幕府の勅裁伝達、および幕府の執行という特に文書の伝達を通じての朝廷↓幕府の交渉という側面の考察は本章第三、四節で、また関東申次の係わった事柄を中心に据えての考察は本章第五節で行うから、それらについては本節ではできるだけたちいらないことにする。「はしがき」でふれた梶博行氏「中世における公武関係――関東申次と皇位継承――」は、西園寺実氏以降の関東申次が皇位継承の問題にどうかかわったかをおおまかに整理している。

一　西園寺実氏

西園寺実氏は公経の嫡子。文永六年（一二六九）に七十六歳で没しているから（『尊卑分脈』一）、生年は建久五年（一一九四）と逆算される。

前述のように、実氏が関東申次に指名されたのは寛元四年（一二四六）十月。これより文永六年六月に没するまでの二十三年間、その職務にあった。彼は指名される直前の寛元四年三月四日、前右大臣より太政大臣に任ぜられたが、同年十二月九日には辞任。従って、実氏は関東申次在任中はおおむね前太政大臣という地位にあり、

「常磐《(盤)》井殿」「常磐《(盤)》井入道相国」「今出川の大殿」などと称された。『愚管抄』は実氏を「詩作リ、歌ヨミ、メデタキ誠ノ人ナル」と評している。慈円と実氏の年齢関係からみて、若き日の実氏の一面を伝える表現と察せられる。「九条満家公引付」（図書寮叢刊『九条家歴世記録』二）には「故《(実氏)》常盤井入道殿ハ、殊鷹ヲヨクサウセサセ給ケリ」とみえ、実氏の鷹好きを伝える。

また、『徒然草』の作者吉田兼好は西園寺実氏と同時代人ではないが、その第九四段に実氏について述べた挿話がある。その概要は、太政大臣西園寺実氏が出仕したとき自分と会った北面が「勅書を持ちながら下馬し」たことを非難し、「勅書を馬の上ながら捧げて見せたてまつるべし、下るべからずとぞ」なる戒訓を示すというものであるが、この挿話の中には勅書の権威を尊重する実氏の姿勢がよく現れていると言ってよい。先にふれた『愚管抄』の「メデタキ誠ノ人ナル」の評と一脈通じるところがある。

実氏が関東申次に指名された理由としては、彼が例えば承久元年（一二一九）正月の鶴岡八幡宮での源実朝右大臣拝賀に参加・扈従したこと（『吾妻鏡』『愚管抄』『神皇正統記』）や、寛喜三年（一二三一）六月、高野法印貞暁の遺跡を「内府《実氏》公若公」（公相カ）に譲補するにあたって、幕府（時の執権は北条泰時）の承認を受けた事実（『吾妻鏡』）などからうかがえるように、実氏がもともと鎌倉有縁の親幕府公家の一人だったこともあるが、なんといっても彼の長女（『吾妻鏡』では「嫡女」）姞子（大宮院）の入内・立后に負うところが大きい。姞子が後嵯峨天皇のもとに女御として入内したのは仁治三年（一二四二）六月三日（『平戸記』によれば当時十九歳。『増鏡』は十八歳とする）、「おなじ年八月九日、后にたち給」（『増鏡』）うという異例の厚遇をうけた。一方、後嵯峨天皇に即して言えば、姞子の立后にかけて「源大納言《(通方)》の家に、無品親王とてあやしう心細げなりし御ほどには、たはぶれにも思ひよりきこえ給はざりけん」と描いているのを見れば、姞子の入内・立后は後嵯峨にとってもこよなき浮上の契機となったものと推測される。実氏は仁治三年の後嵯峨天皇即位に際して「男帝御冠」を新調した（『公衡公記』弘安十一年〔一二八八〕二月二十一日条頭書。なおそれはのち弘安十一年伏見天皇の即位の際にも使用された）。

姞子は翌寛元元年（一二四三）六月十日に後嵯峨天皇の長子久仁（のちの後深草天皇）を出産。久仁は同月二十八日の親王宣下、同年八月十日の立太子を経て、寛元四年正月二十九日には早くも践祚。ここに後嵯峨上皇の院政が開始された。皇位に係わるめまぐるしい変動が短期間のうちに起きたが、当時武者の府鎌倉でも、北条泰時卒去のあと執権派勢力と将軍を擁する反執権派勢力（その背後には頼経の父九条道家がいた）とのきびしい緊張関係が続いていた。

寛元四年閏四月一日、前執権北条経時は没したが、この月のなかごろから両派の確執は急速に表面化し、翌五月に執権派が勝利をおさめるまで、鎌倉は騒乱のまっただなかにあった。いわゆる「宮騒動」である。この事件の結果、前将軍九条頼経を擁する反執権派勢力は大幅な後退をよぎなくされた。頼経は鎌倉を追い出され、京都に戻された。

京都の父九条道家は頼経と深く結びあっていたから、受けた痛手も甚大だった。幕府は、関東申次の任務を道家から取り上げ、西園寺実氏にこれを勤めさせた。道家はひたすら弁明し、身の安泰をはかるしかなかった。さすがの道家もここで失脚した。

姞子が建長元年（一二四九）五月後嵯峨上皇の第二子恒仁親王を産み、同親王が後深草天皇に替わって正元元年（一二五九）十一月践祚（すなわち亀山天皇）すると、実氏は後深草・亀山両院の外祖父としての立場を獲得するとともに、後深草上皇の院執事に補された。[4] この間の正嘉元年（一二五七）正月には「太政大臣の第二の御女」「女院（姞子）の御はらから」（『増鏡』おりゐる雲）、つまり実氏の次女公子が後深草天皇の皇后となる。実氏の得意は推して知るべしで、その隆盛の様は『増鏡』に余すところなく描かれている。[5] このような立場が彼の関東申次としての職務遂行と直接的な関係を有したことは言うまでもあるまい。文応元年（一二六〇）十一月出家、法名実空。

「常盤井とて、大炊御門京極なる所にぞ、おりおり住み給」と『増鏡』（北野の雪）は描く。

関東申次としての実氏の活動はその指名に至った事情に実質的には規定されたとみてよかろう。大変著名な記事であるが、『葉黄記』寛元四年十月十三日条の「自関東時頼（北条）使安藤左衛門光成上洛、関東申次可為相国（実氏）之由、是定云々」なる文言によって、実氏の関東申次指名が得宗北条時頼によって断行されたことがまず知られる。美川圭氏はこの記事などを踏まえて、

経房（吉田＝筆者注）の時以来、関東申次は将軍による指名が原則であったと考えられ、（中略）、時頼による指名はこの原則を打破し、関東申次の指名権を将軍から得宗家が奪ったことになり、公家政権との交渉権も得宗家が把握したと考えられる。(6)

と述べているが、これはまさに当を得た指摘と思われる。ただ、公家政権との交渉権云々については、これ以後の王朝への使者派遣の際、得宗家からの使者（得宗被官）はきちんとその身分が明示されており、御家人身分の使者とは区別されている点からみれば、たとえ形式的であれ正使はあくまで将軍の直臣、つまり御家人身分の者が勤めるという意識は継続したものと思われ、得宗家は必ずしも公家政権との交渉権を把握しきっていないようである。

朝廷では寛元四年十一月、院政下の最高議決機関のメンバーたる評定衆の人選を幕府の承認をうける形で行ったが、「太相国」西園寺実氏はその一員となっている。

実氏の関東申次在任期間は、鎌倉幕府の執権の代でいえば、北条時頼の執権期（就任は寛元四年三月）、同長時・同政村の執権期（ただし幕政の実権は弘長三年〔一二六三〕までは出家の身の時頼にあった）、同時宗の執権就任後約一年間を含んでいる。鎌倉幕府の政治形態に即して言えばいわゆる得宗専制体制の成立・展開の時期と重なっている。実氏の関東申次としての職務の遂行と得宗による専制政治の展開とは表裏の関係にあると考えないわけにはゆか

ない。

さて、当面の問題はこの西園寺実氏の関東申次としての活動と朝幕関係との係わりである。実氏の執務状況・態度を考えるとき、『公衡公記』（実氏の玄孫公衡の日記）弘安六年（一二八三）七月二十一日条にみえる「故入道殿（実氏）御時、故太政大臣（公相、実氏息）殿曾無令申次給事、入道殿毎度老骨令参給」という記事は参考になる。これは当時の関東申次西園寺実兼（公相息）が病気のため東使が院参する日に出仕が困難という状況の中で、余人に代替させようという案も出てきた時、結局これを受け入れなかった実兼が述べた言葉である。すなわち、祖父実氏は関東申次の職務を子息など余人に代替させたことはなく、毎度本人が老骨に鞭うってこれを勤めたし、今更その儀にたがってはならないというのである。関東よりの申し入れの上奏は関東申次自身がこれを行うのが「御定」だとまで言いきっている点も、この職務が専門職化、家職化した様子を示していて興味深い。このとき実兼は病を押して院参、その任務を果している。

実氏の仕事ぶりを史料に即して具体的に見てみよう。関東申次指名から二か月後の寛元四年十二月二十五日、実氏が幕府に派遣していた使者が帰洛した。葉室定嗣の日記『葉黄記』同日条に「前相国（実氏）遣関東友景去夜帰洛、有秘事等歟」と記されている。その「秘事等」とは、同記翌五年（二月二十八日に宝治と改元）正月十八日条の記事によって、摂政一条実経（九条道家息）を罷免し、近衛兼経をこれに据えるための折衝であったことが知られる。注目されるのは「去年御拝任事、起於叡慮、且以宸筆御書、被仰合関東、今又如此、於　上皇御意者、頻被惜思食歟」というくだりである。そこには、寛元四年正月一条実経を自らの意思で摂政に任命する時、後嵯峨上皇は自筆書状をもって関東に「仰合」わせたのに、わずか一年後の今またこのような仕儀になったこと、そしてこの摂政交替人事が後嵯峨上皇の本意でなかったことが述べられている。兼経任命の際、「宸筆御書」が遣わされたとは考えられない。従って、兼経任命は五月の政変失敗で窮地に陥った「東山殿」九条道家に敵対する「仙洞権臣等」が「関東景気」と称して上皇に執奏、上皇はやむなくこれに同意したものと察せられる。兼経は正月十九日に摂政に任ぜられ、実経は閉門した。

本件を通じて関東申次の役割を見れば、使者中原友景の関東派遣は「関東景気」をうかがうという形をとりながら、実は公家政界の声をある程度踏まえてはいるものの、関東申次自身の意思から発したものとみて差し支えあるまい。公家の側にあって関東との通常の交渉を専管する関東申次の恣意が政治・人事面に入り込む余地があったことを指し示している。

このほか、主な実氏関係の対武家（幕府・六波羅探題）交渉記事を内容・性格に即して整理すれば次のようになろう。

まず、対幕府関係である。

①宝治元年（一二四七）三月、高野山伝法院のことに関して関東に仰せ遣わすことになり、奉行吉田爲経（伝奏・中納言）がそのための「御教書」を書き「相国」（西園寺実氏カ）[7]のもとに遣わしたが、文案に不都合があって書き直した。しかし、それでもなおまずかったので、今度は「相国」が案を書いて爲経に与えた（『葉黄記』同十七日条）。「御教書」とは吉田爲経が奉ずる後嵯峨上皇院宣であり、関東申次家に宛てられたであろう。

②宝治二年十二月十日、「高野事」（伝法院カ）と「久我相国（源通光）遺跡事」が関東に仰せ遣わされることになったが、前者については「相国」（実氏カ）の「計申」に任せ院司葉室定嗣が院宣を書き、これを「相国」のもとに遣わした。その「相国」の「計申之趣」は「関東之所存」に背き、「其上又似不尽子細」と陰口を叩かれていたにもかかわらずにである（『葉黄記』同月六・十二日条）。

③筑前香椎宮神官は壱岐島守護代の狼藉を訴え、「関東之院宣」を賜りたいと申し出たが、この訴は建長八年（一二五六）四月二十日、後嵯峨上皇に上奏され「仰、可仰相国」との裁可をみた。これはおそらく「相国」に

対して本件についての関東向けの院宣、つまり「関東之院宣」を遣わすようにとの指示であろう（『経俊卿記』同日条）。「相国」とは「前相国」実氏とみたい。

④同年六月二日には「越中国中条々」について、関東に仰せ遣わすべきことが「相国」（実氏カ）に指示された（『経俊卿記』同日条）。

⑤正嘉二年（一二五八）三月園城寺の戒壇院設置要求をめぐる紛争で、[8] 山門と寺門との間にはさまれ苦慮した後嵯峨上皇は、当件を「聖断」つまり公家の専管事項と主張する幕府に対して改めて処置を講ずる依頼をする院宣を西園寺実氏に遣わした。その院宣には「京都御沙汰不可事行、関東被定申候者、衆徒定不申子細歟、何様可候哉之由可被申関東」と記されていた（『天台座主記』[9]）。

次は対六波羅探題関係である。

①宝治二年七月一日、南都の永円・玄芸が使庁のもとより六波羅探題に召し渡されたが、その手順は、まず「前相国」西園寺実氏が同探題北条長時にその旨を仰せ遣わす。その後長時は使者を派遣して両人を請け取るという具合であった（『葉黄記』同日条）。

②宝治二年八月、後嵯峨上皇は院宣を武家すなわち六波羅探題北条長時に遣わし、六波羅の武力によって興福寺内での合戦を制止させようとしたが、長時はその要請をすんなりとは受けなかった。このとき上皇と六波羅探題の交渉の窓口役は実氏（字面は「相国」だが、正しくは「前相国」だろう）が果たした（『葉黄記』同十二日条）。

③建長八年五月十六日、後嵯峨上皇は「東大寺衆徒事」につき急ぎ尋ね沙汰すべきことを六波羅探題に仰せ遣わすように「相国」（実氏カ）に命じたが、そのことを伝えに「相国」邸を訪れた院司吉田経俊に対し、「相国」は「賜御教書、可仰遣之由」を示した（『経俊卿記』同日条）。「賜御教書」とは「相国」に対して後嵯峨上皇の院宣を下して本件の六波羅探題への伝達を指示せよという意味と解される。関東申次西園寺実氏が徹底した文書主義をとって

いる様子がうかがえよう。

④同年六月十六日、清水寺衆徒が祇園社を襲撃しようとした時、後嵯峨上皇は「且可止両方喧嘩之由、可仰武家」と仰せ下し、この命令は直ちに「相国《（実氏カ）》」に仰せ遣わされた（『経俊卿記』同日条）。

⑤正嘉元年三月二十七日、園城寺戒壇院設置をめぐる問題で、不許可の勅裁を受けた園城寺衆徒が離寺しようとしたとき、後嵯峨上皇はこれを制止するため六波羅探題よりの使者派遣を依頼することにした。院司吉田経俊はその旨を伝えるため「相国《（実氏カ）》」のもとに赴いたが、「相国」は「賜院宣、可申之由申之」、つまり後嵯峨上皇の院宣でもって示せと返事した。経俊は上皇のもとに帰り、院宣を「書遣」わすこととなった（『経俊卿記』同日条）。

もう一つは、幕府・六波羅探題からの申し入れである。

①宝治元年六月五日付の書状によって、執権北条時頼は三浦氏の乱（宝治合戦）の鎮圧、首謀者・与党の誅罰完了を王朝に報告した。時頼書状では六波羅探題北条重時に宛てて「可令申入冷泉太政大臣殿給候」と命じており、一件は幕府→六波羅探題→冷泉太政大臣→摂政・上皇の順で伝達されている。「冷泉太政大臣」とは西園寺実氏と見たい[10]（『吾妻鏡』同六・五日条）。

②宝治元年八月十八日夜、東使両人（二階堂行泰・大曽禰長泰）が前相国西園寺実氏のもとに向かった。両人は実氏とともに院参し、中門で「相国」源通光と直に問答をした。東使の上奏事項は徳政興行のこと、院への所領寄進（三浦泰村知行の筑前宗像社・肥前神崎庄）のことなど七か条であった（『葉黄記』同日条）。

③建長二年（一二五〇）三月五日、幕府は評定の場で「山門僧徒寄沙汰事」を誡めることを議決し、その旨を内々「富小路殿《（実氏）》」に申し入れるよう六波羅探題に指示した（『吾妻鏡』同日条）。

④阿弥陀堂供養日に門々を守護する武士の派遣についての交渉が幕府―六波羅探題長時―実氏のルートでなされている（『経俊卿記』建長五年十二月一日条）。

⑤正嘉元年九月二十日、「南都若徒党夜討事」について「相国《実氏カ》」に届けられていた「武家中状」つまり六波羅探題の申状が院に進められた（『経俊卿記』同日条）。

⑥正元元年（一二五九）五月二十八日、関東使二階堂行綱・武藤景頼両人が「将軍御書」すなわち鎌倉将軍宗尊親王の書状を携えて上洛、王朝に申し入れるところがあった。その内容は逐一知られないが「園城寺間事」（戒壇院関係か）を含んだ、王朝側に「重事」と意識された事柄であった。西園寺実氏はこのとき東使との直接交渉に当ってはいないが、関東への後嵯峨上皇の直筆返書は上皇自身の意向とは裏腹に、後日のためという理由でいちいち実氏に「見合」せられ、彼の意見が聴されている（『経俊卿記』同年五月二十九日、六月一〜六日条）。

②や⑥のような、東使（関東よりの使者）を派遣しての交渉・報告の事例は枚挙に遑ない。実にさまざまの事柄が京都に持ち込まれている（東使の役割については第二章第一節参照）。しかし史料の文面にはそれが関東申次西園寺家に申し入れられたかどうか必ずしも明記されてはいないのでいかんともしがたいが、実氏の係わった事例も少なくなかったろう。この間の諸事例の中でひときわ目を引くのが、建長四年二月の将軍九条頼嗣廃立に伴う後任招請であるが、「仙洞《後嵯峨上皇》御鍾愛之第一宮」（『吾妻鏡』同年八月五日条）宗尊親王に決定をみるにあたって、おそらく実氏の内側からの助力があったとみるのが自然だろう。その他、特に実氏が係わったことがらについてみれば、文永三年（一二六六）七月、東使二階堂行一・安達時盛（道洪）両名が常盤井殿（実氏邸）に参じ、「将軍若宮《宗尊》」惟康王を将軍に任ずるよう申し入れ（『新抄』同月二十二日条）、文永五年二月には、幕府は高麗使者のもたらした高麗・蒙古国書を京都に転送するとき、東使を派遣してこれを実氏邸に持参させた(11)（『師守記』貞治六年〔一三六七〕五月九日条、『深心院関白記』文治五年〔一一八九〕二月七日条）事実がある。

以上のような西園寺実氏の活動は関東申次としての職務とみてよい。そこから導かれる実氏段階での関東申次の制度としての特質はどのようなものであろうか。まず言えるのは、当然と言えばそれまでだが、関東申次が朝廷と幕府・六波羅探題間の交渉の正式・公的な窓口になっていること。幕府や六波羅探題に宛てられる院宣は関東申次のもとを経由して伝達された。幕府から王朝への申し入れはおおむね六波羅探題を通してまず関東申次に伝えられたと考えられるが、特に東使を派遣しての王朝との直接交渉の場合はその限りではなく、六波羅探題は基本的に関与しなかったものと思われる。また、実氏が関東宛ての勅裁の文面を担当奉行に書き与えた事実、後嵯峨上皇が実子の鎌倉将軍宗尊親王へ親書を遣わすに当って、上皇自身がそれを実氏に見せる必要はないというのに、後日のためにという側近の意見に押し切られた事実、それらのことがらは朝幕交渉の手続きをほぼ専掌した実氏の地位と職務の専門職化を物語っている。しかも先に見たように、関東の所存に背いて「計申」したり、上皇の意思に必ずしも沿わない点もあったから、実氏の職務にはある程度の独自性、裁量権が備わっていたものと考えられる。

いまひとつ交渉手続き上注目に値すると思われるのは、六波羅探題宛ての勅裁を伝達してもらうために関東申次のもとを訪れた院司に対して、実氏は「御教書」「院宣」を賜うように要請していること。この種の文書は、やがて上皇（天皇）が関東申次家に宛てて出す院宣（綸旨）の形をとって、朝廷から幕府・六波羅探題への交渉のための手続き文書の一つとして定立する。実氏の段階ではまだ定立するに至っていなかったというべきか。

実氏段階での実例をみると、関東申次として係わった事項としては、いわゆる「雑務」関係が多いようである。皇位や摂政人事などいわゆる「重事・秘事」としては、先述のように寛元五年（一二四七）一月の摂政更迭がある。正元元年（一二五九）五月に幕府より示された「重事」の中にも何らかの重要事項が含まれていたと思われるが、明確ではない。

『増鏡』（内野の雪）には、建長二年十月十三日後深草天皇が鳥羽殿に滞在中の父後嵯峨上皇・母大宮院姞子のもとに朝覲行幸に赴いたときの様子を描くくだりがある。後深草天皇は実氏の外孫、その母姞子が実氏の女であ

ることは言うまでもない。実氏はこの時五十七歳であったが、自分の至福に「喜びの涙ぞ人わろきほど」流し、

　ためしなき我身よいかに年たけて　かゝるみゆきに今日つかへつる

と詠んだ。この前後が実氏の得意の絶頂期だった。また『増鏡』（おりゐる雲）は康元二年（一二五七・三月十四日に正嘉と改元）正月の実氏次女公子の立后にかけて「大臣《実氏》の御さかへなめり」と称えている。子息公相・公基は右内両大臣のポストを占めていた。

しかし、「冷泉相国」（『尊卑分脈』一）、「冷泉の太政大臣」（『増鏡』北野の雪）と号した嫡子前太政大臣公相は実氏に先だって文永四年十月、四十五歳で没。公相の女嬉子は亀山天皇の中宮であったが、父の服喪で退出したまま再び参内しなかった。翌文永五年八月には亀山院皇子世仁親王（のちの後宇多天皇）が立坊、次期天皇の地位が確約された。世仁親王の母は実氏の弟実雄（洞院祖）の女京極院佶子であって、天皇家の外戚としての立場を重要な軸として形成された西園寺一門の権勢の中心はこの実雄の洞院流に移る気配も濃厚となってきた。実氏は文永六年六月没、七十六歳。

二　西園寺実兼〈第一期〉

西園寺実氏のあとは孫実兼によって継がれた。実氏の嫡子公相は先述のようにすでに死去していたのである。実兼は元亨二年（一三二二）九月十日、七十四歳で没しているから（『花園天皇宸記』『尊卑分脈』）、生年は建長元年（一二四九）と逆算される。「後西園寺（入道）相国（太政大臣）」と号す（『尊卑分脈』一、『帝王編年記』巻二六、『太平記』巻一）。

実兼は西園寺の家督を襲うと同時に、関東申次の任務も受け継いだものと考えられる。おそらくそのことで関東との間で何らかのやりとりがあったものと思われるが、裏付け史料は見当らない。文永六年当時、実兼の官位

は権中納言・左衛門督、正二位、年齢は二十一歳。歴代関東申次の中でもっとも大きな権力を誇ったのは、この西園寺実兼である。父公相が実兼を「けしうは侍らぬをのこ」（出来の悪い子ではない、という意）と評したという話が『増鏡』（北野の雪）にみえる。

実兼の卓越した地位と権勢は『花園天皇宸記』元亨二年九月十日条（この日没）裏書および別記に記された実兼の評伝[12]によって容易にうかがい知ることができる。やや長文にわたるけれども、実兼の事績の輪郭をつかむうえで有益であるから、これをはじめに挙げておくことにしたい。

此相国(西園寺実兼)者、朝之元老、国之良弼也、仕自後嵯峨之朝、為数代之重臣、頃年以来雖遁跡於桑門、猶関東執奏不変、又於重事者預顧問、上皇(後伏見)誠有外祖之義、於身(花園)又為曽祖之義、旁以不可不歎、何況国之柱石也、文才雖少、久仕数代之朝、閲天下之義理多矣、為朝為身悲歎尤深者也、（以上、裏書）

藤原朝臣(西園寺実兼)者、故前太政大臣公相之子也、兄実康朝臣夭折之後、為嫡嗣、性質朴少文才、而仕数代之朝、閲天下之義理多矣、又有戚里之寄、為二代之后父、久掌朝政、是以人重之、学琵琶、達其芸、師于伏見院幷太上(後伏見)天皇・今上(後醍醐)等、文永中拝中納言、正応始任内大臣、永仁任太政大臣、正安出家法名空性、隠居西園寺之別業、深厭世事、譲家於故左大臣(西園寺実衡)、々々薨去之後、更為武家之執奏、雖逃跡於桑門、猶預朝廷之顧問、始学達磨之宗不達、晩年専帰弥陀、偏修念仏、自去冬有不食之疾、遂以薨去、正念不乱、口唱弥陀之名号、怡然而逝、于時七十四、（以上、別記）

右記史料の記事内容については、以下の行論の中で必要に応じてふれる。

一方、当時の文芸史料にも実兼の人物像を考えるうえで参考になるものがある。それは吉田兼好の随筆『徒然草』である。兼好は西園寺実兼と比べて三十歳ほど年下の同時代人だが、その中には実兼の風貌を伝える挿話が二つ含まれている。

一つは第一一八段。(13)「中宮（後醍醐天皇妃禧子、実兼女）の御方の御湯殿の上の黒御棚に雁」を見た「北山入道殿」（実兼）が、すぐに手紙で「かやうのもの、さながらその姿にて御棚にゐて候ひし事、見習はず、さまあしき事なり。はかばかしき人さぶらはぬ故にこそ」などと申し送ったというもの。いま一つは第二三一段。(14)「さうなき庖丁者」たる「園の別当入道」（藤原基藤）が「この程百日の鯉をきり侍るを、今日欠き侍るべきにあらず。枉げて申し請けん」と、もったいぶった言い方をして「いみじき鯉」を得て料理したことを聞いた「北山太政入道殿」（実兼）は、「かやうの事、己《おのれ》はよにうるさく覚ゆるなり。『切りぬべき人なくは、給べ。切らん』と言いたらんは、なほよかりなん。何条、百日の鯉を切らんぞ」と揶揄したという話。これらの挿話は、伝統的な価値観の持ち主、飾り気を嫌う実直なタイプの人間像を思わせる。ちなみに『問はず語り』に登場する「雪の曙」とはこの実兼といわれている。

さて関東申次という任務に即してみれば、右に挙げた『花園天皇宸記』の記事からも察せられるように、実兼は二度関東申次の任に就いている。一度目は、祖父実氏の後を受けた文永六年（一二六九）から嘉元二年（一三〇四）までの約三十五年間、そして二度目は、嫡子公衡没後を引き取る形での正和四年（一三一五）から元亨二年（一三二二）までの約七年間である。通算では四十余年の長きにわたる。

本節では、右記の実兼の関東申次在任期間のうち、前者を第一期、後者を第二期とし、各々について考えてみたい。従って、ここではまず第一期について述べ、第二期については後述する。

実兼の関東申次在任の第一期約三十五年間は、幕府側に即して言えば、おおよそ執権・得宗北条時宗・貞時の執政時代にあたる。この時期はいわば得宗専制の全盛期であって、特に貞時は「およそ執権にせよ、得宗にせよ、貞時ほどの強権を握った人は、鎌倉幕府史上だれもなかったであろう」(15)と評されている。

この間、公武のあいだに実にさまざまの難題が生起した。それらの問題の連絡・調整が関東申次の仕事であったことはいうまでもない。また逆にこれらの問題への対応を通して、実兼代の関東申次職の特質が形成されたことも自明だろう。他方、実兼の昇進の具合をみれば、文永八年（一二七一）三月権大納言、正応二年（一二八九）十月内大臣、翌三年四月辞内大臣、正応四年十二月太政大臣、翌五年十二月辞太政大臣。正安元年（一二九九）六月出家、法名空性。

その問題を類型化していくつかを列挙すれば、まず第一に、持明院・大覚寺両統間の皇位および政務の権（治天下）獲得をめぐる抗争である。皇位の決定権を実質的に幕府が握っていた関係から、両統は皇位獲得のために盛んに幕府に働きかけた。その交渉の窓口が他ならぬ関東申次だったのである。後深草上皇・亀山天皇間の治天の権獲得をめぐる抗争は、文永九年二月に父後嵯峨院の没後まもなく開始された。そのことは『問はず語り』巻一の「御四十九日にもなりぬれば、御仏事などはてて、みな都へかへりいらせおはしますほどより、御政務のことに、関東へ御使下されなどすることも、わずらはしくなり行くほどに、あはれ、さつきになりぬ」というくだりに明らかである。この皇位をめぐる両統の対立・抗争、公武間の交渉はひとり関東申次を間に挟んだ朝廷―幕府間の問題にととまらず、ひろく当代政治史の展開にとって一つの重要な基軸となったといってよい。

第二は、蒙古問題への対応である。蒙古皇帝フビライの最初の国書の到来は文永五年正月。同六年六月までは祖父実氏が関東申次を勤めていたが、蒙古問題が最も緊迫した時期にはすでに関東申次の職務は若年の実兼に移っていた。蒙古問題をめぐる公武間の交渉に実兼の果たした役割の大きさは計り知れない。

第三は、特に京都・奈良の寺社権門間の所領問題などをめぐる熾烈な抗争への係わりである。朝廷がこの種の抗争を調停・解決することができず、いきおい幕府に持ち込まれたため、公武間で交渉が行われ、そこに関東申次の係わりが生じたのである。その抗争の代表的事例が山城国大住・薪両庄をめぐる興福寺―石清水八幡宮間の訴訟であって、しばしば嗷訴という手段をとって京都を混乱におとしいれたため、公武の深く憂慮するところとなった。

そして第四はその他。まず王朝の政道刷新（「徳政興行」）に関する申し入れ。これはこの段階で初めて登場するものではなく、すでに幕府は、寛元四年（一二四六）十月の実氏関東申次指名と抱き合わせの格好で「徳政」を行うべきことを申し入れたことがあるが（『葉黄記』）、弘安十一年（一二八八）には広範囲にわたる重大な申し入れを行っている。幕府が関東申次を通して王朝の政道刷新を図っていると目されること、それはさらに王朝における訴訟制度の展開、および武家機構による勅裁の強制執行方式の制度化と内的に関連していると考えられることは注目に値しよう。次に、幕府支配体制の拡充・整備に係わることがら。文永三年に将軍宗尊親王を廃して、その子惟康王を後継に定めた鎌倉幕府は大きな代償を払って蒙古問題を乗り切り、自らの進むべき方向を模索したが、そのときもやはり王朝との関係が重要なかぎとなった。そんな時、幕府が王朝に対してどのような申し入れ、要求をしているかはその方向を考える手がかりを与えよう。そのほか、対六波羅探題の面でも一、二ふれるべきことがある。

以下、めぼしい事例に即して具体的に見ていきたい。

まず皇位関係から見よう。この場合は践祚と立坊とがある。

①建治元年（一二七五）十月十八日、東使二階堂行一・曽禰遠頼両名が入洛し、「立太子事、執柄事、所々荘々押領事」について申し入れた（『一代要記』壬集、『続史愚抄』）。「立太子事」とは熙仁親王（のちの伏見天皇）の立坊を指し、同親王は翌十一月五日に立坊した（ちなみに、「執柄事」は摂政の交替を指し、摂政のポストは同年十月二十一日一条家経から鷹司兼平に移った）。

②弘安十年九月二十五日に入洛した東使佐々木宗綱は西園寺実兼の屋敷に盛んに出入りし、「東宮践祚事」「春

宮受禅事」、つまり東宮煕仁親王の践祚を申し入れ、同十月二十一日煕仁親王の践祚が実現（すなわち伏見天皇）、同時に後深草上皇による院政が開始された（『新抄』『勘仲記』『実任卿記』〈『歴代残闕日記』一〇〉）。『実躬卿記』同年十月十二日条に、

今日東使下向云々、但先向常盤井（実兼）、東宮御即位事也、即大夫（実兼）持参御書於富小路殿（後深草院の御所か）、殊驚歎入、人々驚耳目、自可歎可惜、末代作法口惜事也、御使節直下向云々、未刻許大夫参此御所、此間事申入歟、

とみえ、「東宮御即位」のことが東使帰東の土壇場で突然王朝側に示されたことがわかる。両統間の皇位をめぐる確執が厳しかったため、東使は十七日間に及ぶ滞在中容易に提示することができず、下向の寸前になってこれを一方的に実兼に示したものと察せられる。

③正応二年（一二八九）四月十一日関東より「御函事書」が実兼のもとに進められたが、その内には「立坊内裏宮（胤仁）・執柄左右大臣以下等事」が含まれていた（『公衡卿記』同月十三日条）。この申し入れによって、同四月二十五日胤仁親王が立坊した（摂政のポストは四月十三日二条師忠から近衛家基へ移った）。本件には関東申次西園寺実兼・公衡父子が深く係わっていた（同記）。

④永仁六年（一二九八）八月、関東より後宇多上皇第一皇子邦治親王の立坊が「計申」され、同月十日実現した（『続史愚抄』）。

⑤持明院統の治世（後深草・伏見）が足掛け十五年目に入った正安三年（一三〇一）正月十七日に東使佐々木時清・二階堂行貞が上洛し、交渉にとりかかった。関係記事は『歴代皇紀』『吉口伝』『興福寺略年代記』『続史愚抄』などにも見えるが、特に三条実任の日記『実任卿記』（別名『継塵記』）同月十八日条の記事を引いてみよう。(16)

未刻、東使両人余（参カ）今出川第（実兼の屋敷）、入道相国（実兼）招引吉田前中納言経長、院（後宇多）幷禅林寺法皇（亀山）執権・中御門前中納言爲方卿、法皇（後深草）幷新院（伏

見)、執権中入重事譲国事、御治世院(後宇多)可爲御管領事、可申両御所之由、関東命云々、

この記事は皇位をめぐる交渉における実兼の役割をたいへんよく表している。東使両人が実兼の屋敷に入り来意を告げると、実兼は大覚寺・持明院両統のそれぞれの院執権たる吉田経長、中御門為方を招き、皇位交替（後伏見天皇譲位、後二条天皇践祚）および後宇多上皇の治天下たるべきことを「関東命」として、双方の御所に伝えよと申し渡しているのである。後二条天皇の受禅は同月二十一日に行われ、同時に父後宇多上皇の院政が開始された。『増鏡』（さしぐし）はその間の様子を次のように描く。

又《(正安三年)》の年正月の比、御しめ《(しめ縄)》のおり給へるは、いかなるべきことにかなど、忍びてさゝめく程こそあれ、東より御使ひのぼるとて、世の中さはぎて、禅林寺殿《(亀山院)》見奉り給ふ世にとや、正月廿一日、春宮《(邦治親王)》位に即かせたまひぬ。おりゐの御門《(後伏見院)》十四にて、太上天皇の尊号あり。いときびわに（大変若くて）いたはしき御事なるべし。わづかに三年にて降り給へれば、なに事のはへもなし。

持明院統の治世が伏見・後伏見両天皇の間、連続約十五年に及んだのは、西園寺実兼が伏見天皇の妃永福門院鏱子の父、後伏見天皇の外祖父という外戚関係と無縁ではあるまい。また実兼の官位が、正応元年十一月に権大納言から大納言に転じたのを皮切りにして（同時に子息公衡も中納言から権大納言に進んだ。『暦応康永記』〈内閣文庫所蔵〉に載せられた「父子同日昇進例」〈左大史小槻雅久の注進〉に例示されている）、正応四年十二月に太政大臣に昇り詰めるまで順調な昇進を続けているのも、こうした実兼の天皇家との外戚関係と深い係わりがあるとみてよいだろう。実兼の女には鏱子の他に、亀山后の瑛子（昭訓門院）、後醍醐后の禧子（後京極院。「女院小伝」によれば、女御となるのは文保二年〔一三一八〕七月、立后は元応元年〔一三一九〕八月）がいるが、その所生の皇子は即位することはなかった（禧子には皇子なし）。従って、実兼の外孫で天皇となったのは後伏見のみである。このことは閨閥関係の中での実兼の動きを考える上で注意しておいてよい。

実兼の祖父実氏の関東申次在任期間には、摂政人事に係わる案件はあったが、皇位交替や立坊に係わるものはなかった。むろんそれは皇位をめぐる抗争が生起していなかったからであって、実兼時代の政治状況との相違を際立たせている。

つぎに、文永五年（一二六八）の年頭より始まる蒙古問題への係わりであるが、実兼が直接係わっているのは、文永六年六月に父実氏が没してより以降である。外交問題が危機的状況にたち至った文永後半期から弘安前半期に実兼は年齢でいえば二十歳代から三十歳代はじめという若年であった。蒙古問題をめぐる公武関係については別に節をあらためて論ずるので（第二章第二節）、ここではたちいらない。

つづいて、寺社権門の問題との係わりを見よう。

①建治二年（一二七六）、興福寺学侶は神木を入洛させ、悪党宗兼・宗政なる者の処罰を摂関家に訴えた。学衆は宗兼が逐電したので宗兼の縁者を流罪に処すよう要求し、六波羅探題の力を借りて実現させた。当の宗兼は仙洞門守護を命ずる「関東御教書」を帯び、自らが関東御家人であることを誇示したため、一件は幕府をも巻き込むことになった。『勘仲記』『春日神社文書』などによってたどれるこの事件の経過の中で、西園寺実兼が二度登場する。一度は、宗兼の父随阿（学侶が処罰の対象とした宗兼縁者の一人か）が「武家領」に居住しているというので、守護代に命じて捜査がなされたが、すでに逐電しているという守護代の請文（報告書）が建治二年七月、六波羅探題より「西園寺大納言」（実兼）のもとに提出されたとき（『勘仲記』同年七月三日条）。いま一度は、宗兼の処分を一任されたとき、および王朝側の対応の場面においてである。すなわち、先に述べた宗兼の関東御家人役負担のことなどに関して王朝側から院宣が遣わされたとき、幕府は負担を命じた「（建治二年）去年四月十四日状」を「召返」し、宗兼の処分を「聖断」つまり王朝の裁断に任せるという処置をとった。この将軍惟康親王の意を伝える建治三年七月二十六日北条時宗書状[17]は、西園寺実兼の家司「右馬権頭入道」に宛てられ、これ（「関東状」）を受け

た実兼は同年八月五日書状を[18]「新大納言」中御門経任（亀山上皇の院執権か）に宛てて披露を指示している。王朝ではこの幕府の返事を受けて、宗兼・宗政の伊豆国配流を決め、院宣によって幕府に伝達した。この院宣は現存していない。実兼は同年八月九日、本件に関し「以此旨、早可申関東候」と某所に宛てて指示した[19]。某所とは六波羅探題と考えられる。つまり勅裁は関東申次の手より六波羅探題を経由して関東に伝達されたわけである。実兼は同年九月十二日付で王朝に宛てて請文を提出した[20]。一方、興福寺の学侶に対しても宗兼・宗政の流罪を告げ神木帰坐を命ずる院宣が出された。これも残っていない。この院宣は同年九月十二日付、別当僧正御房（性誉）宛ての藤氏長者鷹司兼平宣[21]によって学侶側に伝えられた。関東に遣わされた院宣案と実兼の請文が副えられたことも注意される。かくして同年九月二十日執権北条時宗は王朝に対して請文を出し、北条時国（彼はこの時点ですでに六波羅探題としての役割を果たしていた）に命じて宗兼・宗政を「召下」させることを上申した[22]。宛て名は記されていないが、西園寺実兼の可能性が高い。この一連の公武間の交渉過程をとおして、直接的には摂関家という一権門内部の問題であっても、王朝や幕府・六波羅探題が係わる場合、朝幕間の連絡は関東申次が担うところであったことをうかがうことができる。

②山城国大住庄（興福寺領）と薪庄（石清水八幡宮領）との訴訟の調停のために京都に派遣された東使佐々木氏信・長井時秀は、弘安五年（一二八二）七月四日、春宮大夫西園寺実兼の第に向かったが、実兼は東使と対面の後、亀山上皇のもとに参じ、関東の申し入れ事項を奏聞した。その晩、院執権と目される権大納言中御門経任は院の意を受けて殿下鷹司兼平のもとを訪れ、双方を六波羅探題に召喚して尋決を行うことを告げ、藤原氏の管轄下の興福寺三綱を召すべく手続きをとることを要請した（『勘仲記』同年七月四日条）。この訴訟指揮が関東の意に発すること疑いあるまい。また詳細は不明だが、同年十二月五日夕参洛した東使佐藤業連は、翌六日西園寺実兼第を訪れた。実兼は「関東之子細」を含んで院に参じた、という所見もある（同記、十二月六日条）。これらの事例から推

測すれば、幕府は東使を派遣して奏事を関東申次に直接的に付し、関東申次はこれをしかも幕府の意をくんだ形で奏聞するという幕府→王朝方向の意思伝達のルートが定立していたものと思われる。むろん幕府よりの申し入れは東使だけでなく、六波羅探題を介して行われることもあった（第三章第二節参照）。この申し入れ方法の相違は多分案件自体の重要性と喫緊性によるのであろうが、いずれの場合も媒介役を果たすのは関東申次であって、その役割の重要さは言うまでもないところである。

③弘安六年正月、延暦寺衆徒が天王寺別当職を山門に付すべきことを要求して神輿を奉じて入洛、狼藉に及んだ。手に負えぬとみた王朝は幕府に対して院宣を二度下し、対応を依頼した。二度目の院宣を受けた幕府は同年三月九日付の執権北条時宗・同業時（『鎌倉年代記』によれば、業時の連署就任は翌四月十六日）の連署書状（史料上の表現は「関東請文」。裏花押）で「早速以使者可言上」きことを王朝に伝えるよう関東申次西園寺実兼に指示、実兼は伝奏・院執権中御門経任を通してその旨奏聞させた。(23)

かくして同年六月三十日入京した東使安達長景・二階堂行一によって、本件に対する幕府の措置が王朝に申し入れられた。以下の典拠史料は『公衡公記』である。同記の記主西園寺公衡は関東申次実兼の嫡子であり、父の仕事を補佐していた関係から、同記七月記には東使とこれに対面した実兼とのやりとりが詳しく書き留められている。その模様は次のとおりである。東使二人は七月一日に関東申次西園寺実兼第に参じ、実兼と対面、関東よりの申し入れを伝えた。東使は「関東状」（執権・連署連名の書状か）をもたらしたが（正文は直ちに御所に持参され、東使はその案文を持ってこなかったため、公衡の書き留めるところとならなかった）、「事書」は提出せず、ただ口頭で伝達した。公衡は父実兼の命により東使の伝達内容を暦記に注記した。その内容は、(イ)天王寺別当職を一宗門に付すわけにはゆかぬこと。(ロ)最源（入道太政大臣藤原良平息）の仰木門跡管領を止むべきこと、であった。神輿帰坐については ふれるところがなかったので、実兼が「関東沙汰之趣」を東使に知らぬかと問うたところ、東使は

「不存知之」と答えたが、その件は山門訴訟を裁許しないかぎりむずかしかろうと密かに語っている。以上のほかに、東使の口頭での言上が「使者申詞」として五か条にわたって書き留められている。それは内容的にみれば、先の二つの事柄を内容的に補完するものである。概要を示そう。①山門衆徒が大訴に及ぶという大事の最中に「山務」（天台座主のポスト）を辞退したのは「自由之至」「太狼藉」、その罰として仰木門跡を止めること。②今回の神輿入洛の張本・下手人を召し出すべきこと。③神輿の入洛を許したのは六波羅探題・守護武士たちの怠慢の故であるが、近日蒙古襲来の風聞もあるので防御の兵員確保のために彼等の罪科をゆるす。④天王寺は「聖徳太子草創之上、為仏法最初地」る由緒ある寺であるから、諸寺の末寺となるのは理に背く。⑤天台座主の任命は以上の条々が解決してのち行うべきか。

これらの東使の申し入れはこの夕、参院した実兼によって亀山上皇に上奏された。これに対して王朝側からは、同月（七月）十日、亀山上皇の「勅書」と「梶井宮幷妙法院法印請文」（張本・下手人の召出しに応じるという内容か）が実兼のもとにもたらされ、実兼はこれを一見した後、家司観証をして東使のもとに持参させた。そして同月二十二日、東使は亀山上皇の御所「靡殿」に召された。実兼の参会のもとに東使は上皇に申し入れるところがあり、実兼はそれを取り次いだ（史料表現は「執奏」）ものと思われる。この日、青蓮院・梨下・妙法院三門主が進めた張本人の交名（名前を書き出したリスト）が東使に下された。「重事執奏」は関東申次自身が勤めるものとして、子公衡に代替させることを拒み、実兼が病身を押して参院したことはすでにふれたが（四二頁参照）、それはまさしくこの時のことである。張本人についての調査は、翌八月上皇の意を受けて、六波羅探題に指示された。それは神輿入洛当時「寺務之仁」たる延暦寺執当法眼兼覚と、関東に使節として差遣された権寺主法眼定意の二人を六波羅探題に召し置いて、二人から「造意結構之輩」「狼藉張行之族」を聞き出そうというものであった。上皇の命は実兼に伝えられ、実兼が家司奉書でもって、六波羅探題北条時村に対して指示している。ここにも関東申次の重要な役割の一つが示し出されている。

つづいて、先にその他としてくくったグループについて見よう。まず、政道興行についての幕府の申し入れである。弘安十一年（一二八八）正月十八日東使伊勢入道行覚（二階堂盛綱）が入洛した[24]。このため予定されていた後深草上皇の石清水八幡宮御幸は二十六日に延期された。東使行覚は墨染衣袴のていで西園寺第を訪れ、実兼と対面した。東使は実兼の家司「右馬権頭入道」（三善為衡）に宛てた、同月四日付の執権北条貞時・連署同宣時両人連署の書状（史料表現は「関東状」）を持参し、「事書一通」を進上した。東使はこの事書の他に亀山上皇への幕府の返書（「関東御返事」。去冬、同上皇が幕府に対して弁明した書状に対する返事）も持参しており、それの転送も実兼に委託された。翌十九日[25]、実兼は「関東状」と「事書」とを時の治天下後深草上皇の御所常盤井殿へ、そして「関東御返事」を亀山上皇の御所万里小路殿へ進めた（実は東使は関白二条師忠にも関東よりの書簡を持参した）。亀山上皇に宛てた幕府の文書が直接同上皇にもたらされず、関東申次の窓口を経由していることは、実兼が両皇統（持明院統・大覚寺統）へパイプを通じていたことを示しており、注意してよい。亀山上皇の返書も実兼を経由して東使に渡された。

さて幕府が示した条々は、執柄に諸事計らい申すべきこと、議奏・評定衆を選ぶべきこと、任官・加爵のこと、僧侶・女房の政事口入停止のこと、諸人相伝所領の事、御所のこと、新院（後宇多上皇）御分国事の七か条から成っており、いずれも施政・人事の基幹にかかわるものであった。加えて、任官・叙位・所領の事について「関東之所存」と称してみだりに所望する輩がいるが、そのような者の言うことは一切信受しないよう申し入れた（全文は一七四～五頁で掲出）。これに対して王朝側では関白二条師忠や関東申次西園寺実兼らが返事について相談し（『伏見天皇宸記』同二十五日条）、同月二十六日に関東より示された条々に対する返答を東使に渡した。返答内容の基調は、幕府の意向をすべて受け入れ、関東の指示を仰ぐといった方針によって貫かれており、後深草院政を担う評定衆候補を四名列挙し（その中に実兼は含まれる）、幕府の意向を尋ねたり、上皇の耳目として仕える伝奏人事にしても「猶可被計申歟」という始末であった。この王朝の対応の中には、過度といってよいほど幕府に対する配慮が濃厚であるが、それは裏を返して言えば、政治・経済の両面で関東からの一層の庇護を受けようとする態度のあらわれと見られる。王朝政治の根幹に関東の意思が強く及ぶようになると、公武交渉の窓口たる関東申次の任務と役割の中にも自ずからそれまでとは違った面が現れるだろう。

次に、鎌倉将軍の官職・身分との関係でみれば、文永三年（一二六六）父宗尊親王と将軍職を交替した惟康王の例がある。惟康は文永七年十二月、源姓を賜り臣下の列に連なり、弘安十年六月には中納言・右大将に任ぜられた（『公卿補任』）。同七月、執権北条貞時は「大将御慶」を申すための「御作法次第等」を教えてもらうため、「頼綱入道」（得宗被官平頼綱カ）の奉書（史料表現は「関東状」）を六波羅探題経由で「殿下」鷹司兼平・「二条左大臣」師忠のもとにもたらした（『勘仲記』弘安十年七月十八日条）。しかし、こののち将軍惟康の身辺は急変し、今度はこれを辞すことになった。同年九月二十五日に入洛した東使佐々木宗綱（道光）が伏見天皇受禅についての申し入れを東帰まぎわに実兼に付したことはすでにのべたが、この東使宗綱のもう一つの任務は将軍源惟康の辞大将・納言、それにかわる親王宣下の申し入れであった。宗綱は翌日実兼第に参じ、文筥を進めた（『新抄』）。かくして惟康は同年十月四日、二品親王に身分変更された。成年に達した親王・摂家将軍は都へ追い返されるのが常だが、この惟康親王も例外ではない。正応二年（一二八九）九月、「文永三年より今年まで廿四年、将軍にて、天下のかためといつかれ給へれば、日の本のつは物を従へてぞおはしましつるに、今日は彼らにくつ返されて、かくいとあさましき御有様にてのぼり給」（『増鏡』さしぐし）う結末を迎えた。惟康の失脚はともかくとして、弘安十年に源姓から親王に転じた事実は幕府政治史の中で深く検討する余地を有しているし、またその身分変更の申し入れが東使によって関東申次のもとに持ち込まれたことも注意される。

続いて、六波羅探題との関係について簡単にふれたい。結論のみをいえば、関東申次と六波羅探題との日常での相互連絡の関係は一層緊密になったものと思われる。一、二例を挙げよう。文永九年二月九日六波羅探題（北方北条義宗・南方北条時輔）が後嵯峨上皇の病気見舞いに訪れ、「面々になげき申すよし、西園寺《（実兼）》の大納言披露せらる」（『問はず語り』巻一）。また弘安六年七月四日、亀山上皇が東使の到来により一旦居所を「靡殿」に移したとき、大番武士を調達するため、実兼は上皇の意をうけて六波羅探題にその旨指示した（『公衡公記』同日条）。

以上によって、実兼の関東申次としての任務遂行の特質についてみれば、その係わった事項の範囲の広さと深さは祖父実氏の比ではないと言ってよいであろう。むろんそれは前述したように、実氏と実兼の時代の相違でもあった。国内問題、対外問題の多く生起する時代の中で、関東申次の役割は一層重要性を増し、その分このポストに依拠した政治的な発言権も強化されたとも考えられよう。

ちなみに、実兼の王朝訴訟制度における役割について一言。『勘仲記』によれば、伏見天皇は正応六年六月、記録所に庭中を置き雑訴沙汰の整備を図るなど、公家訴訟制度に大きな改変を加えたが（本書第四章第一節参照）、この時発表された三番制の雑訴結番交名の第二番局の頭人「前相国」は実兼と考えられる。子息公衡は一番局に張りつけられている。

嘉元二年（一三〇四）夏、五十六歳に達した実兼は関東申次の職務を子息公衡と交替した。時に公衡四十一歳、前右大臣。実兼は公衡没後ふたたび関東申次に就任するが、そのことについては後述する。

三　西園寺公衡

西園寺公衡は正和四年（一三一五）九月、五十二歳で没しているので（『尊卑分脈』一）、生年は文永元年（一二六四）と逆算される。公衡は「竹林院左府」と号し、応長元年（一三一一）八月、四十八歳のとき出家、法名を静勝と称した（同前）。

公衡の関東申次在任期は前述のように、嘉元二年夏から正和四年（一三一五）九月の卒去まで十一年に及ぶ。この時期は幕府執権の代でいえば、北条師時・同宗宣・同煕時・同基時の代に当たる。出家していた北条貞時（崇演）の卒去は応長元年十月のことで、それは公衡の関東申次在任期間のほぼ中間点である。つまり幕府政治史の展開過程でいえば、得宗北条貞時の専制時代の末期から、執権のめまぐるしい交替に象徴される政局中枢の混乱時代を経て、次期得宗北条高時の登場直前までの期間である。

公衡の外戚関係を見れば、父実兼は後伏見天皇の外祖父だったが、公衡はその女寧子（広義門院）を後伏見の妃に入れたものの、その所生の皇子量仁[26]（のちの光厳天皇）・豊仁（のちの光明天皇）が即位したのは公衡の没後だった。いっぽう西園寺家から分出した洞院家は、祖実雄（実氏の弟。文永十年没）の女佶子（京極院）が亀山妃におさまり後宇多を生み、愔子（玄輝門院）が後深草妃となり伏見を生み、そして季子（顕親門院）が伏見妃となり花園を生むなど、天皇家との外戚関係の広がりでは本家たる西園寺家を凌ぐ様相を呈した。公衡が関東申次であった時期は彼と直接的な外戚関係を有しない天皇が立ったわけで、この点注意しておく必要がある。

さて、西園寺公衡の公家社会における立場、両皇統の対立の中での心情をよくうかがわせるのは公衡自筆の「後深草院崩御記」嘉元二年（一三〇四）七月十六日条の記事[27]である。公衡の立場を知るための基本史料と思われるので、さしあたり必要な部分を引こう。その中には、公衡が関東申次に就任した事実とそのいきさつを直接的に示す文言も見える。

故院（後深草）先年有御約諾之旨、其詔慇懃、所詮御万歳之後事、一向可執沙汰之由也、予（公衡）又深存其旨、而近曾予奉内裏（後二条天皇）御乳父事、御本意已可相違歟之由、法皇（後深草カ）常有御遺恨之気、然而於其条者、暫譲補他人、奉行凶事之条、不可有子細之由、中心存之、又奏其由了、而自去夏比、関東執奏事自東方申之旨、予已奏之、最前喪籠、奉行凶事之条、於身有憚、又関東所存殊猶予之子細非一事、仍入道《(実兼)》殿令申其由給之処、院《(伏見カ)》仰云、法皇《(後深草)》御意已堅固也、中々御病中申此儀者可為御心神違乱之基、誡所申難儀、皆所密示合也、只可奉行之躰ニて御閉眼以後可被仰仰《(衍カ)》他人云々、仍予可奉行之由、被載御遺誡、又被入素服人数了、御閉眼以前、内々被仰試具守《(堀川)》卿法皇執事処、申可奉行之由、而御閉眼以後忽以変改、仍只為方卿一人可管領云々、凡予昵近故院《(後深草)》之後、多年之間、於事雖有快然之気、一事而未拝不快之天気、而今不奉行御没後事、不喪籠、不纏縗麻、生前之本意相違、遺恨何事如之哉、筆端更難及者哉、

後深草上皇はこの日、富小路殿において六十二歳の生涯を閉じた。公衡は生前の後深草上皇とのことをいろいろ思い浮かべたにちがいない。右記記事で当面必要なのは、公衡は多年後深草上皇と昵近であったこと、公衡は「去夏比」つまりこの年嘉元二年の夏ころ、幕府から直接「関東執奏」就任の打診を受け、その由を上奏していたこと、である。つまり幕府は持明院統の後深草上皇と懇意の公衡を嘉元二年夏、実兼の後任として関東申次に指名したことが知られるわけである。

公衡は後深草上皇との関係から、始めから持明院統に近い立場にいたものと思われる。『増鏡』にはこの公衡の性格や政治的立場を描くところがある。まず正応三年（一二九〇）三月浅原為頼の宮中乱入事件が起こり、亀山上皇に嫌疑がかかったとき、公衡は後深草上皇の前で「この事は、なを、禅林寺殿《(亀山)》の御心あはせたるなるべし。（中略）心よからず思すによりて、世を傾け給はんの御本意なり。（中略）院をまず六波羅に移し奉らるべきにこそ」と、亀山上皇の処分を強硬に主張したという話。そしていま一つは、正安三年（一三〇一）三月の後二条天皇の即位行幸のとき、御剣の役を勤めた花山院三位中将家定がまちがって逆さまに内侍に渡したのを公衡が見とがめて、出仕を止めるべきだと進言したという話（いずれも『増鏡』さしぐし）。右の二つの公衡にまつわる挿話は裏付けとなる史料を欠くけれども、公衡の性格と持明院統に近い政治的立場をある程度反映した挿話として、捨

てがたいものを持っている。ただ、公衡と後宇多上皇との間がしっくりいかなかったのは事実のようであるが、亀山上皇との関係については速断できず、検討の余地がある。

公衡は嘉元二年夏に関東申次になってまもなくの嘉元三年閏十二月、時の治天下後宇多上皇より勘気を被り、処分を受けた。この事件は西園寺公衡の政治的立場を具体的に映し出しており、また彼の関東申次としての動向の特徴を考える上でも参照さるべき事実であるから、すこし掘り下げてみたい。関係史料には以下のようなものがある。(28)

①『公卿補任』第二編　嘉元三年条　西園寺公衡（前右大臣・従一位）の項

（嘉元三年）壬十二月廿二日、伊豆・伊与両国、左馬寮等被召放云々、依院勅勘也、但武家申云々、

②同右、嘉元四年（十二月十四日に徳治と改元）条、同人の項

（嘉元四年）二月廿日勅免、同廿四日始出仕云々、伊与・伊豆両国御厨鳥羽院（殿カ）左馬寮、以五通院宣返賜之、依関東執申也、

③『歴代皇紀』巻五（『改定史籍集覧』一八所収）

（嘉元三年）閏十二月廿一日西園寺前右府公衡公朝息（恩カ）被召之、勅勘、

（嘉元）四年二月五日、関東使（城介時顕〈安達〉・能登入道行海〈二階堂政雄〉）参殿下（九条師教）、西園寺勅勘事中之歟、廿日、西園寺朝息（恩カ）等被返付之由、被下院宣、廿四日、前右府（公衡）並大納言公顕（公衡弟）卿出仕云々、

細かな点で①②と③の記事の間に異同はあるが、嘉元三年閏十二月公衡は院の勅勘を被って、恩領召上げ・出仕停止の処分を受けたこと、翌四年二月になって幕府のとりなしによって赦免、院宣によって恩領は返付され出仕も回復したこと、といった大筋では一致する。③では、とりなしのために幕府から派遣された東使の名前、安達時顕、二階堂行海が記されている点注目される。①に見える「院勅勘」の「院」が、後宇多上皇をさすことは

まちがいない。当時、正安三年正月の後二条天皇の践祚を機に始まった後宇多上皇の院政の最中であった。

では、いかなる理由で公衡が勅勘の憂き目にあったかについてみれば、それは「亀山院鍾愛之御末子」(29)恒明親王の処遇をめぐる問題以外に考えられない。恒明親王は嘉元三年九月十五日の「あけぼの」(『増鏡』さしぐし)に没した亀山上皇と寵妃瑛子(昭訓門院)との間に乾元二年(一三〇三・八月五日に嘉元と改元)五月九日に生まれた。恒明の母瑛子が公衡の妹であったから、公衡と恒明とはおじとおいの関係にあったわけである。亀山上皇にはこの恒明を将来の皇儲にとの意向が強かった。その遺志は公衡に託され、(30)しかも公衡はその実現に乗り気だったから、皇位を自らの子孫に留めようとする後宇多上皇との衝突はある意味では避けられなかったと言ってよかろう。このトラブルを通して、関東申次西園寺公衡の役割のうえで注目すべきは、皇位継承問題に対して関東申次が相当の発言権を有したのではないかということであって、それは父祖の同ポストを媒介とした皇位問題への深い係わりを踏まえて形成されたものと考えられる。そのような事情を想定しなければ、公衡と後宇多上皇との衝突の必然性を説明することはできまい。しかし、「出る杭は打たれる」とはよく言ったもので、そのような公衡の外戚関係の再編をもにらんでの恒明擁立工作は、治天の君たる後宇多上皇の強い反対に会って、一旦はつぶれてしまった。ここでもし関東申次のポストにいる公衡に対する幕府の支持がなかったら、公衡は更迭されたか、最悪の場合は他の門流に同ポストが移ったかもしれない。しかし、関東申次としての西園寺氏の実績を評価する幕府の同氏に対する支持は揺るがず、幕府はまもなく東使を派遣して、赦免を申し入れているのである。幕府の要請とあらば上皇も無礙にこれを拒否するわけにはいかず、公衡の地位と身分は回復された。ちなみに、右にあげた史料のうち、①の末尾に見える「但武家申云々」の文字はあるいは錯簡かとも思われるが、「武家申」の頭に「但」字があるところからみると、この公衡の処分は院勅勘によるのだけれども、その前提として幕府の承認・了解をえているのだとのニュアンスを含ませた表現である。いずれにしてもこの事件の背後にある複雑な政治的事情をうかがわせる。

恒明親王の立坊工作はこれでついえさったのではない。宮内庁書陵部所蔵の徳治二年「恒明親王立坊事書案」はそのことを立証してくれる。この史料自体、およびこれに見られる恒明親王の立坊問題、徳治前後の皇位継承をめぐる持明院・大覚寺統の抗争などについては、のち（第二章第三節）に改めて述べることにするが、公衡が関東申次に就任してまもなくこのような事件を引き起こしている事実は、以降の公衡の動向を考える上で注意しておいてよい。

さて、次に公衡の関東申次としての足跡を具体的にたどって見よう。まず皇位関係である。徳治三年（一三〇八・十月九日に延慶と改元）八月二十五日後二条天皇（大覚寺統）が二十四歳で没すると、翌日花園天皇（持明院統）が践祚、こののち父伏見上皇による院政が開始された。問題となったのはむろん次期天皇たる東宮に誰を据えるかであった。ここでまた鎌倉幕府の使者が入洛した。関係史料のひとつが、[31]次に示す藤井孝昭氏所蔵「東寺長者補任」の延慶元年の記事である。[32]

九月四日、東使入洛、向西園寺亭、御治世事申入持明院殿、東宮坊事、可爲法皇叡慮、仍中務卿親王尊治立坊事、有沙汰、

他の史料によって「東使」とは鎌倉御家人長井道潤（前日か前々日には入洛）であることが知られる。なお「法皇」は後宇多上皇、「持明院殿」は伏見上皇、そして「中務卿親王尊治」は言うまでもなくのちの後醍醐天皇である。要するに、幕府は伏見上皇の政務と尊治親王の立坊とを抱き合わせて申し入れることによって、持明院統と大覚寺統の競望を調整しようとしている。東使が「西園寺亭」すなわち西園寺公衡の邸に入ったことは従来と変わりない。

『公卿補任』によれば、嘉元三年（一三〇五）から徳治二年にかけて、京都側は幕府に対して使者をしきりに派遣していることが知られる。嘉元三年十一月八日に権中納言六条有房が「院御使」として、翌徳治元年四月十

八日に権中納言吉田定房が「院御使」として、同年五月二十三日、同年七月八日に前権中納言葉室頼藤が「昭訓門院御使」として、また徳治二年二月十日には前権中納言平経親が「――御使」として、それぞれ関東に下向している。[33] 六条有房と吉田定房の場合の「院」は後宇多上皇をさすと考えられるから、両人はいずれも同上皇の命を受けて関東下向し、おそらく次期東宮に同上皇第二子尊治親王を据える交渉をしたのであろう。他方、葉室頼親の場合の「昭訓門院」とは恒明親王の母瑛子であるから、瑛子の意を受けて同親王の立坊を計ったものと察せられる。また平経親の場合は彼が伏見上皇の近臣（「洞院家廿巻部類」十五所収、「御代々執事」の伏見院の項に「平中納言経親」見ゆ。経親については本書二四一頁参照）と考えられることから、つきつめて言えば伏見上皇の使者だろうが、恒明親王の立坊は即東宮富仁親王（伏見上皇の皇子）の践祚を意味したので、双方（伏見と瑛子）合同の使者のような形で関東下向したのであろう。[34] 先に見た、徳治三年九月に入洛した東使のもたらした伏見上皇の政務・尊治親王の立坊の申し入れは、そのような働きかけに対する幕府の返答だったのである。恒明親王側の要請は切り捨てられた格好となった。同親王の伯父で後見人のような立場に立っていた関東申次西園寺公衡のもくろみはまたもや頓挫した。

　公衡の関東申次在任期には、南都・北嶺の係わる問題も起きた。詳しいいきさつについては省くが、徳治二年十二月南都衆徒は春日神木を奉じて入洛、翌延慶元年（一三〇八）半ばになっても帰坐するけはいがなかったため、幕府は解決に乗り出し、東使二階堂時綱・矢野倫綱が派遣された。東使は同年六月晦日、「前備中入道頼綱法師」の尾張国配流、「達磨寺勧進僧仙海」の三河国配流、「宇治橋警固武士狼藉」の尋究・注進という形で、南都よりの三カ条の訴に応えたのであったが、この事書はまず西園寺第にもたらされ、院宣によって寺家に示された。これによって衆徒は愁眉を開き、神木は七月帰坐の運びとなった。関東申次の役割について見れば、幕府の申し入れを後宇多上皇のもとに取り次ぐ役目を果しているわけである（以上、『興福寺略年代記』による）。いま一

つ、北嶺関係の事例をあげよう。『花園天皇宸記』正和三年（一三一四）六月三日条には、

今日聞、昨日東使（長崎四郎左衛門）以入道左府（西園寺公衡）申、座主公什僧正被改所職、所領悉可被召、又新日吉喧嘩人張本、被仰三門跡、可被召云々、

とみえる。幕府は、前月新日吉社で起った日吉神人と武士との乱闘の責任を問うて、天台座主公什の辞任と、天台三門跡に指示して喧嘩の張本の召出しを東使を派遣して王朝に申し入れたが、それはまず関東申次のもとに持ち込まれたのである。これらの事例によって、公衡も父祖同様、寺社権門の問題についても関東申次として幕府と治天の君との連絡の役目を果たしていることが知られる。

また、関東申次と皇位をめぐって抗争中の持明院・大覚寺両統との文書伝達の関係について見れば、公衡の父実兼が関東申次の時、持明院・大覚寺両統宛ての幕府文書を関東申次が一括受理した事例を挙げて、実兼が両統と幕府とをつなぐパイプ（ただし公的なパイプ）のような役割を果たしたことについてはすでに述べたが、この役割は公衡の代になっても変化していない。そのことは、正和四年三月十六日、公衡が、鎌倉の大火を見舞う後伏見上皇院宣・伏見上皇院宣、それに後宇多上皇院宣を関東へ転送するよう六波羅探題に依頼している事実に明らかである（『公衡公記』同日条。記事は本書一三四頁に掲出）。

いまひとつ、これはのちに詳しくのべることであるが、京都の紅梅殿社跡地の地子納入をめぐる北野社と在地人たちとの間の訴訟の展開過程のうち、嘉元四年から正和元年までの分が北野天満宮所蔵「紅梅殿社記録」（『北野天満宮史料　古記録』所収）によって細かく知られる。両者の抗争はついに刃傷沙汰を引き起こし、訴えによって六波羅探題の関与するところとなったが、六波羅探題と王朝との間に立って、訴訟進行のための連絡役を勤めたのも関東申次西園寺公衡であった（第四章第二節参照）。

これまでみてきたことからわかるように、公衡の関東申次としての活動は基本的に父実兼のそれとさほど変わ

らない。しかしすでにふれたように、公衡の場合は天皇との外戚関係に支えられる活動の基盤が弱体であり、これを強化しようとして自身が甥の恒明親王の立坊に肩入れしたため、皇位継承問題に泰然として対処することが難しく、むしろこの問題に翻弄されたきらいさえあった。

公衡は嘉元二年（一三〇四）の関東申次就任時に前右大臣であったが、これより延慶二年までの約四年間全く昇進していない。むろん後宇多上皇の治世であったことと関係が深かろう。延慶元年には伏見上皇の院政が開始され、その翌年の延慶二年三月十九日、公衡は前右大臣から左大臣に昇進した。しかし、公衡は同年六月十五日これを辞し、約二年後の応長元年（一三一一）八月二十日に出家した。出家後も公衡は関東申次としての仕事を継続している。

公衡の官位の昇進の具合について父祖と比較してみれば、公経―実氏―公相―実兼と代々太政大臣に到達しているのに、公衡は左大臣で終わっている。このことを『徒然草』第八三段は、

竹林院（西園寺公衡）入道左大臣殿、太政大臣にあがり給はんに何の滞りかおはせんなれども、「珍らしげなし。一上にてやみなん」とて、出家し給ひにけり。

と描いている。しかし実態としては、太政大臣まで到達することが難しかった事情を想定することも困難ではあるまい。公衡以降の代についてもそれぞれ該当個所で述べるが、関東申次西園寺氏当主で太政大臣に到達しない最初の例は公衡であった。公衡没後しばらく在任する実兼は別として、公衡の子実衡も、その子公宗も関東申次の職を継いだが、それぞれ内大臣、権大納言どまりである。このことは、関東申次という職務の性格が実兼以前と公衡以後では落差があることを示唆しているのではないだろうか。

『尊卑分脈』によれば、公衡は父実兼に先だち、正和四年九月二十五日没、五十二歳。ここで再び実兼の登板となる。実兼ときに六十七歳。

四　西園寺実兼〈第二期〉

公衡没後、元亨二年（一三二二）九月までの西園寺実兼二度目の関東申次在任期である。公衡の嫡子実衡は正和四年（一三一五）にはすでに二十六歳に達していたが、出番ではなかった。おそらく関東申次の仕事が若い実衡にはとても耐えられまいとの判断がなされたためと察せられる。実兼の再登場のいきさつを示す史料は管見に及ばない。

この時期の幕府政局の様子を執権の代替わりを通して垣間見よう。正和四年七月十一日執権となった(35)北条基時は翌五年七月九日(36)これを辞し、同年十一月十九日三十一歳で出家した。得宗北条高時が次代の執権に就任したのは正和五年七月十日(37)、ときに十四歳。翌文保元年（一三一七）三月十日、左馬権頭高時は幕府最高の権力を飾る相模守に補されるのであるが、『花園天皇宸記』同日条には「今日有小除目、是左馬権頭高時爲任相模守也、仍武家殊忩申云々」と見え、この任官が倉卒のうちのできごとであったことが知られる。高時が幼少だったこともあり、いわゆる得宗被官の専権がいよいよ強まってきた。こうした幕府政局の一層の混迷期がちょうど実兼の第二回目の関東申次在任時期にあたる。

この時期の公武交渉における最も重大な問題は、幕府を間にはさんだ花園天皇の譲位をめぐる大覚寺・持明院両統の抗争、いわゆる「文保の御和談」であることは言を待つまい。この世上著名な事件をめぐる公武関係については、いま一つの重要関係史料たる宮内庁書陵部所蔵「御事書幷目安案」（嘉暦三年・一三二八）の紹介をかねて、すでに別の機会に述べたことがあるが(38)、ここでは特に関東申次西園寺実兼の動きに注目してみよう。そのことをうかがう上で好都合なのは『花園天皇宸記』元亨元年十月十三日条裏書であり、そこには実兼の動きのみならず、「文保の御和談」の真相が切々と語られている。やや長文にわたるが、以下に引用する。

此事重事中之重事也、記而無益、然可為後日要須之間、粗記之、凡文保元年親鑑為使節上洛、両御流皇統不可断絶之上者、有御和談、可被止使節往返云々、依之当時可有譲国歟、将又不差時分歟之由、有御尋之処、非当時之由親鑑申之、入道相国(西園寺実兼)以自筆書進了、就之御問答于大覚寺殿(後宇多上皇)之処、条々非和談之儀之間、自此御方者、御和談無子細之間、被申大覚寺殿之処、如此御問答、已有御和談之義歟、此上可為何様乎之由、被仰使者之処、又進事書云、春宮(尊治親王)践祚後、々二条院一宮(邦良親王)可有立坊、其後、新院(後伏見上皇)一宮(量仁親王)可有立坊云々、此事諸人不審、内々以禎覚被尋親鑑之処、所詮御和談不事行之間、春宮今禁裏也(後醍醐天皇)践祚似無其期、仍為慰法皇(後宇多)御意、申未来立坊事云々、此事無文書、似不足支証、然而事義又不背歟、此後関東無申旨之間、譲国事不沙汰而止了、而先院(伏見上皇)崩御以後、文保二年正月自法皇被申譲国事、入道相国(実兼)申云、先度已関東令申了、両度猶不沙汰之条、定可背東風歟云々、仍譲国事、量仁親王立坊不可有相違者、可有御承諾之由、欲被申之処、入道相国(実兼)云、立坊次第已関東定申了、不可被乱云々、此事太不可然、無御和談之間所申入也、於今者有御和談之上者、不可似以前之儀歟、何況今一度被仰合関東之条、豈非正理乎、而猶強申此儀之間、立坊事、関東定申之上者、雖何事和談一途可承存云々、此事入道相国(実兼)僻案歟、親鑑所存至極問答定存知歟、而今及僻案尤不智也、無智者豈為国家之輔佐乎、若存不忠者又沙汰外也、二途共不足為国家之輔佐之器、如何々々、

右記史料の中で入道相国西園寺実兼が四度登場する。まず文保元年四月七日東使中原親鑑が上洛し、関東申次を介して交渉が開始された。東使よりの「両御流皇統不可断絶之上者、有御和談、可被止使節往返云々」との申し入れに対して、持明院統はそれが即刻譲位を意味するのか否かを東使に尋ねたところ（関東申次を介したのは明らか）、西園寺実兼は「すぐさまというわけではないと東使は言っている」旨の自筆書状を進めた。大覚寺統は東宮尊治親王の践祚の後、立坊は邦良親王、次が量仁親王といった具合に、践祚と立坊の順を決めた関東の事書を獲得したなどと持明院統に告げたりしているけれども、花園天皇が「此事無文書」と疑義をさしはさんでいる

ように、真偽のほどは定かでない。関東の譲位勧告の真意をめぐって両統が押し合いをしているうちに東使は五月二十日関東へ帰り、譲位のことは沙汰やみになった。この段階では、実兼の対応の仕方は必ずしも大覚寺統寄りとは言えない。

実兼の二度目、三度目の登場は次の場面である。持明院統の大黒柱だった伏見上皇が没したのち（同上皇は文保元年九月三日没）、文保二年正月になって、後宇多法皇は再び譲位のことをむしかえし、花園天皇に退位を迫った。関東申次実兼は「（譲位のことは）先度已関東令申了、両度猶不沙汰之条、定可背東風歟云々」と申すなど、この時点ではすでに後宇多側の立場に立っていることは明らかである。持明院統は、量仁親王の立坊を確約すれば譲位に応じようと妥協したけれども、実兼は「立坊次第已関東定申了、不可被乱」とつっぱねた。

践祚・立坊をめぐっていろいろの憶測やデマが乱れ飛んだけれども、最終的に後宇多に勝利をもたらしたのは、六波羅探題の使者が関東から持参した文書だった。実兼も係わっているので、いま簡単にその経過をたどってみよう。『実任卿記』（『歴代残闕日記』一〇所収）文保二年二月二十一日条に「去月廿二日六波羅両方使者、以勅書下向関東、而南方陸奥守維貞使者木所、去夜以御返事帰洛、北方使者糟屋依所労逗留云々」とみえ、これによって、文保二年正月二十二日、六波羅南北探題より木所・糟屋両名の使者が「勅書」、つまり後宇多法皇の書状を関東に持参し、翌二月二十日に南方探題の使者木所が関東の返事を携えて帰洛したことが知られる。(39) 同記は、このことに続けて、同日のうちに六波羅探題の使者「縫殿頭貞重」（長井）がその「関東御返事」の入った「文函」を「北山第」、つまり実兼の別荘に持参したこと、その函には表書がなかったため、実兼は中身を披見せぬまま、吉田定房（後宇多上皇の院執権(40)）を招き、彼に託して後宇多法皇に届けさせたことを記す。同様のことは「按察大納言公敏卿記(41)」文保二年二月二十一日条にもみえるが、「世間曰、践祚・立坊事、共以此御方之条治定云々」と記されているように、ここで天皇・東宮ともに大覚寺統で占めることが確定的となったものと思われる。果たして、尊治親王は二月二十六日に践祚（即ち後醍醐天皇）、邦良親王は三月九日に立太子した。ここで関東申次西園寺実兼の動きに注目しよう。「勅書」を関東に伝達するように六波羅探題に指示する時、ふつう関東申次が係わることを想起すれば、この一件は関東申次西園寺実兼をだきこんだ後宇多法皇によって仕組まれたとみるのが自然であろう。先に引いた『花園天皇宸記』の記事中で、実兼の名が見える四度目は花園上皇によって「入道相国僻案歟」「不足爲国家之輔佐之器」と批判された個所だが、その批判は実兼の右のような行為に対してぶつけられたものと推測される。いわゆる「文保の御和談」の過程で決定的な役割を果たしたのは関東申次西園寺実兼と言っても過言ではあるまい。持明院統側は元応二年（一三二〇）に「立坊・践祚事」について幕府に申し入れた。これに対する幕府の返事が同年十月二十八日西園寺実兼の手を介して、持明院統側に執進されている（『花園天皇宸記』同日条）。同統は翌元亨元年（一三二一）にも、最仁立坊のことを幕府に働きかけた。日野俊光が院使として持参することになったその「御事書」は事前に西園寺実兼に見せられ、その意見が聴されている（同記元亨元年九月二十八日、十月十三日条）。

また西園寺実兼は幕府を動かすことによって、同家庶流の洞院実泰の一品位記の日付改訂に一役買ったという所見もある。洞院実泰は文保元年六月二十一日右大臣を止められるとともに従一位に叙されたが、所望でなかったためその位記を一旦返上した。ところが翌文保二年六月左大臣近衛経平が没したため、同年八月二十四日実泰は左大臣に任ぜられた。位階の方はどうかといえば、文保二年八月二十三日に文保元年六月二十一日付の一品位記をもらっていたが、実泰は西園寺実兼を通して幕府を動かし、文保二年十月十九日、その日付を去年六月二十一日にさかのぼらせるのに成功した。幕府より東使二階堂行譲（時綱）が派遣され、この日、一件を関白二条道平に申し入れている（以上「公敏卿記」『公卿補任』『尊卑分脈』による）。位記日付を改訂した理由は、実泰が大嘗会における節下大臣の役を勤めるための便宜だったようである。

さらに「文保三年記」によれば、幕府は元応元年（一三一九）八月、東使二階堂行海・佐々木賢親を派遣して南都・北嶺の所領・関所・嗷訴・罪科人処分など広範囲にわたる寺社統制策を後宇多上皇に奏聞している。(42)例によって西園寺実兼を通しての申し入れであったろう。

翌元応二年七月、幕府は、惟宗氏女代成宝と権右中弁堀河光継雑掌とが相論する尾張国甚目寺庄のことについての幕府の裁断を「両仙洞」に申し入れるべく、西園寺実兼に言上せよと、事書一通を示し六波羅南方探題北条維貞に指示している。(43)

二期にわたって通算四十年間関東申次の職務にあった西園寺実兼は、元亨二年九月十日七十四歳の生涯を閉じた。『花園天皇宸記』同日条に載せられた実兼の評伝はすでに紹介したが（四九頁）、そこに見える「朝之元老」「国之良弼」「国之柱石」といった言葉は実兼が公家社会に占めた枢要の地位と役職を象徴的に表しているし、「頃年以来雖遁跡於桑門、猶関東執奏不変」「公衡薨去之後、更爲武家之執奏、雖逃跡於桑門、猶預朝廷之顧問」といった文章は、実兼が関東申次として公武間の交渉をとりしきった様子を端的に表現している。龍粛氏はかつて「関東申次の政治的権威は西園寺実兼をもって終末を告げた」(44)と述べられたが、うなずける意見である。

五　西園寺実衡

西園寺実兼は元亨二年（一三二二）正月に入って病に倒れた。増減両気をくりかえすうち、実兼は関東申次を孫実衡と交替する意向を固めたらしい。幕府の許可を得るべく、使者が関東へ派遣された。その使者によって幕府の同意が京都に伝えられるのであるが、『花園天皇宸記』元亨二年八月二十五日条裏書にその様子が記されている。以下に引く。

武家執奏事、以基仲法師使、仰関東之処、実衡卿無相違云々、又右大臣（兼季）辞大将云々、入道（実兼）相国内挙実衡云々、

誠理運敗、

武家執奏、すなわち関東申次は実兼の「内挙」によって、幕府の承認を経て、孫実衡（公衡子息。当時大納言・中宮大夫）に継承されることになった。『公卿補任』によれば、実衡は当時三十三歳（従って、生年は正応三年〈一二九〇〉。『尊卑分脈』によれば一年早まる）。西園寺家嫡流に承け継がれる同ポストの性格の一面がよく現れている。実衡にとって叔父にあたる兼季が辞した（『公卿補任』によると八月二十三日）右大将のポストには、実衡が翌元亨三年正月十三日に就任する。

実衡の性格については当時のラディカル派公卿の一人日野資朝と対比する形で『徒然草』第一五二段に挿話がある。吉田兼好と西園寺実衡はまさに同世代人であるから、その記事は信憑性が高い。挿話の概略は以下のとおり。すなわち、西大寺の静然上人の「腰かゞまり、眉白く、誠に徳たけたる有様にて、内裏へまゐられたりける」姿を見て、西園寺内大臣（実衡）が「あなたふとの気色や」といたく感じ入ったのに対し、日野資朝は「年のよりたるに候」と言い放ち、後日「浅ましく老いさらぼひて、毛はげたる」むく犬を、「この気色尊くみえて候」と実衡に献上した、という話。そこには伝統的な価値観の持ち主たる実衡と、因襲にとらわれない新しい価値観の持ち主たる資朝との性格の違いをみごとに描き出している。このような実衡の性格はすでに見た実氏・実兼ら父祖に通じるものである。

西園寺実衡の関東申次在任は、元亨二年八月末より嘉暦元年（一三二六）十一月（同月十八日没、三十七歳）までの約四年余である。時間的には短いけれども、公武ともに政治的に繁忙を極めた時期であって、京都からは、後醍醐天皇・東宮邦良・後伏見上皇三方より別々の使者が幕府に向けて遣わされ、それぞれ幕府と直接交渉する場面も見られた。関東申次は元来このような公武間交渉の調整を職務としたから、実衡の役割はおのずと低下していったことであろう。また、『花園天皇宸記』元亨三年七月十三日条によれば、北条宣時死去に際して、弔意を関東に伝えよという内容の後宇多上皇院宣は右衛門督花山院師賢に宛てられており、関東申次実衡のもとを経由していない。おりしも、京都では後醍醐天皇によるクーデター未遂事件、いわゆる正中の変が起こる。実衡が、この事件の事後処理に六波羅探題との間にどのような係わりをもったかも注意される。

例によって、実衡の関東申次としての仕事内容を具体的にたどってみよう。まず、皇位関係である。嘉暦元年三月二十日東宮邦良親王が早世し、立太子問題が起こったことが関東申次の出番を作ることになった。

以下の後欠文書は、実衡が関東申次として立太子問題に係わったことを示す史料として特に注目される。宮内庁書陵部所蔵「古文書雑纂」（谷　三六八）に含まれている文書で、料紙は楮紙。縦三十二・五センチ、横十七・五センチ。未紹介史料と思われるので、原文を掲出する。行替わりは」で示す。

（極札）「西園寺殿実衡公式部卿宮印」

式部卿宮可有立太子之由、被申　禁」裏之旨、（「旨」の下に抹消の跡あり）有其聞、爲　亀山院御末流、」御競望之条、頗可謂沙汰外事歟、」縦雖達遠聞、定不可有許容乎、」後二条院第二御子帥宮又以可被」（以下、欠）

一見しただけでは誰の文書か、いつのものかも分からない。極札《きわめふだ》（縦十四・二センチ、横二センチ）に押された四角の黒印の文字は「琴山」（近世の古筆鑑定家）と読め、古筆家「琴山」は同文書を西園寺実衡のものと鑑定したわけである。しかしそれを無批判に採用するわけにはゆかない。やはり短冊の文言を参考にしつつ、文書自体の内部徴証によって推測していくしか方法はあるまい（あとに述べるように、筆者はこの文書を実衡の書状と推測する）。

文書が正文か案文かについては、同文書の原本を閲覧させていただいたが、速断できるものでもない。紙背に文字はない。確実な実衡の筆跡とつきあわせてみるのも一つの有効な手段だが、今筆者にそこまでの余裕はない。実衡の自筆か否かという問題も含めて、今後の調査に委ねたい。

はじめに登場人物の実名比定を試みよう。つまりは「式部卿宮」「禁裏」「後二条院第二御子帥宮」が誰かということであり、これが確定すれば、文書の年次もおおよその範囲がしぼられてくる。まず「式部卿宮」だが、これがはっきりしない。次に「後二条院第二御子帥宮」だが、これは『花園天皇宸記』元亨元年九月二日条にみえる、前日大宰帥に任ぜられた邦省親王（後二条院第二皇子。邦良親王の弟）にほかなるまい。従って、この文書は元亨元年九月以降、しかも邦良の弟邦省が東宮候補に上がっているのだから、邦良没の嘉暦元年三月以降のものでなくてばならない。そのような条件のもとで「式部卿宮」が誰かを推測すれば、亀山上皇の末流で、しかも東宮の地位をねらっているとなると、恒明親王あたりが考えられる。恒明が当時式部卿だったことを裏付ける史料は見当らないが（『増鏡』〔春の別れ〕は、嘉暦二年のくだりで恒明を「常盤井の式部卿宮」と記している）、建武二年（一三三五）十一月二十六日の式部卿就任が、建武元年十二月十七日の中務卿就任同様再任だった可能性もあろう。あるいは中務卿のポストを尊良親王（後醍醐天皇一宮）に譲った正中二年（一三二五）ころ式部卿に転じたとは考えられまいか。そのように見れば、「禁裏」は後醍醐天皇ということになる。

全体として言えば、この文書は、恒明親王を立太子させるよう禁裏に申し入れられたという風聞もあり、関東の耳（「遠聞」とは幕府がその情報をキャッチすることを言うか）にもあるいは達しているかもしれないが、恒明の立太子を許容してはならないこと、また邦省親王も同様であること（立太子の対象外ということ。「又以」の文字は恒明同様の扱いということを示唆している）を進言したものとみるべきであろう。それでは、その進言先はどこかということになる。それは立太子に関して「許容」、つまり認可の権限を持つものということだから、幕府をおいて他にあるまい。結論を言えば、筆者は、この文書は関東申次西園寺実衡が東宮候補として恒明・邦省両親王の不可なることを幕府に対して告げた書状とみたい。

かくして『鎌倉年代記裏書』嘉暦元年七月条に「以持明院本院第一宮量仁親王為東宮、東使摂津右近大夫将監親秀」とみえ、[45] 結局、幕府は後伏見上皇の皇子量仁親王を東宮に指名したことが知られる。このことを踏まえて、先の文書の後欠部分を推測すれば、後の部分に量仁を推す旨のことが記されていたのかもしれない。また文書の年記について推測すれば、以上のことがらによって、嘉暦元年三月から同年七月の間のものということになる。もし実衡による東宮推薦書だとみる筆者の推測が当っていれば、実衡は嘉暦元年十一月に没するから、卒去直前にしたためられた文書と言える。量仁の母が実衡の妹寧子（広義門院）であったことも、実衡が量仁を推す理由の一つとなりえよう。この後欠文書は、関東申次が関東に対して東宮候補の適・不適の進言、ないし推薦といってもいいようなことを行っていたことを示す貴重な史料、と筆者は考えている。短冊の表記は的外れでないわけである。

『花園天皇宸記』によって見れば、実衡はずいぶん持明院統に接近しているように思われる。例えば、後醍醐天皇と持明院統の間で争われた室町院遺領についての訴訟は関東にもちこまれたが、その件に関して、持明院統から幕府に向けての連絡に実衡が当った所見があるし（同記、元亨三年九月三日条）、実衡が屋形船を後伏見上皇に献じ、同上皇および花園上皇が乗船、興じたということもみえる（同記、同年十二月二十一日条）。関東との対決を密かに準備しつつあった後醍醐天皇と西園寺実衡との折り合いが芳しくなかったであろうことは十分想像できよう。

さて、実衡にとってもっとも煩わしかったと思われる、正中の変の事後処理に関する動きをみてみよう。『花園天皇宸記』元亨四年（一三二四、十二月九日に正中と改元）九月十九日条裏書に、

（前略）即又奏聞資朝・俊基可被召下之由也云々、或談、主上（後醍醐天皇）頗令迷惑給、勅答等前後依違云々、彼両人早旦参北山、入夜向武家、即午二人預置郎従等云々、

とみえ、六波羅探題は事件の張本人として日野資朝・同俊基を召し取るべく後醍醐天皇に奏聞したこと、同天皇は事件との関係を頭から否定したこと、資朝と俊基はこの日早旦北山の西園寺実衡第に参じ、夜に入って六波羅

に向かい、そこで二人とも郎従に預け置かれたこと、が知られる。奏聞は実衡を介して行われただろうし、二人が六波羅に拘禁される前に実衡のもとに参じたのも、実衡が関東申次だったことによろう。後醍醐天皇は同月二十三日、近臣の権中納言万里小路宣房を勅使として関東に派遣し、すべてを二人におしかぶせる形で陳謝し、窮地を切り抜けた。資朝・俊基の身柄は幕府に移され、尋問された。その結果と処分内容は翌正中二年二月七日、東使二階堂忠貞によって関東申次西園寺実衡に伝えられ、同月十九日には東使は禁裏に参じ、対応を仰せつかった万里小路宣房と問答している。実衡の役割についてみれば、なおも公武交渉の正式な中継ぎ役の立場に立ってはいるが、度々の朝幕間の直接交渉は彼の出る幕を少なくし、その役割を軽くしたことは否めまい。

西園寺実衡は嘉暦元年十一月十八日没、三十七歳（三十八歳とも）。

六　西園寺公宗

実衡が没すると、西園寺家門は嫡子公宗によって継がれ、関東申次のポストも公宗に移った。公宗ときに権中納言・春宮大夫、十八歳。ちなみに、元徳二年（一三三〇）二月任権大納言、元弘元年九月止春宮大夫。

公宗はこれより元弘三年（一三三三）五月隠岐から脱出した後醍醐天皇によって官職を解かれるまでの約七年間、関東申次のポストにあった。後醍醐天皇の第二次討幕計画はいよいよ本格化する。いわゆる元弘の変で一旦頓挫したかにみえつつも、護良親王らの力によって、討幕運動は新たな高まりを見せ、ついに鎌倉幕府の崩壊をもたらした。文字どおり激動の時期であった。

この間の公宗の関東申次としての仕事内容をみよう。まず、皇位関係である。元弘元年八月、後醍醐天皇は突如内裏を脱出し、大和に近い山城南部の笠置に拠った（「光明寺残篇」によれば、六波羅探題はそのことについて西園寺家に実否を尋ねた）。同九月、幕府は東使安達高景・二階堂道蘊を派遣して、践祚・立坊について申し入れた（『鎌倉年代記裏書』)。『増鏡』(むら時雨)は「さて例の東より御使ひのぼれり。代々のためしとかやとて、秋田の城の介高景、二階堂の出羽の入道道雲とかやいふ物ぞまいれる。西園寺大納言公宗に事のよし申て、春宮御位に即き給」と描き、関東申次公宗の介在を書き落としていない。東宮量仁親王は九月二十日践祚した。すなわち光厳天皇である。東宮には十一月八日、故邦良親王の子康仁親王が据えられた。

周知のように、後醍醐天皇は同年九月末、幕府側に捕えられた。元弘の変はこうして終結するが、幕府による処分は前回の正中の変のときに比べて格段に厳しく、同天皇をはじめ、皇子たち、多くの与同公家・僧侶が処分の対象となった。公宗は六波羅探題に招かれて後醍醐の見知に立ち会ったし(『花園天皇宸記』元弘元年十月九日条)、配所への出発を前に出家する意思の有無を尋ねる(同記、同年十二月二十七日条)など、幕府側の意向を拘禁中の同天皇に伝える仕事もしている。討幕与同の者たちに対する処分内容は元弘二年四月十日、東使によってまず公宗に申し入れられた。

幕府と朝廷の交渉は原則として関東申次を介している。元弘元年十月二十日、「践祚事」「政務事」「立坊事」の三カ条からなる公家事書は公宗の手より東使(高景・道蘊)に渡されたし(『花園天皇宸記』同日条)、逆に翌十一月二十五、二十六日に相次いで入洛した東使太田道大(時連)・長井高冬は公宗第に参じ、朝廷への事書三通を公宗に託した。そのうちの一通は、「先帝《(後醍醐)》御事、緇素罪名已下十余个条」を書き連らね、その処分について「可爲聖断之由」を申す内容のものであったが、朝廷側は「可爲関東計」と返答した。そういった返事は院執権がこれを書くのがふつうだが、今度のことは重事だという理由で「執奏」、つまり関東申次西園寺公宗が書くことになった(『花園天皇宸記』同年十一月二十八日条)。後醍醐出奔後の内裏から「蛮絵御手箱」を捜すようにと得宗北条高時が光厳天皇に充てて書状を出したこと、しかもそれは六波羅探題・関東申次の披見を許さぬものであったことを本節「はじめに」で触れたが、それはまさにこのような状況のもとになされたのである(『花園天皇宸記』

元弘元年十一月十日条)。

もちろん、右のような事柄だけではない。幕府に持ち込まれた公家訴訟に関して幕府の裁断を京都側に伝えるときには、関係文書が六波羅探題経由で関東申次のもとにもたらされた。その実例として、七条院領摂津国仲庄・筑前国殖木庄を四辻宮（尊雅王カ）に返付するようにとの内容の嘉暦四年（一三二九）の事書[46]、それに仏名院々主職・寺領摂津国野鞍庄について、大覚寺二品親王（性円）の管領を止めよという内容の六波羅探題宛ての元徳三年六月二十一日関東御教書など[47]がある。それらは関東申次を通して、王朝に申し入れられたのである。

ちなみに、西園寺公宗は建武二年（一三三五）六月、廷臣と計り、後伏見上皇を擁立しようとしたとして、勅勘により召し捕られ、八月誅された。『神皇正統記』はそのことを次のように描いている。

建武乙亥（二年）の秋の比、滅びにし高時（北条）が余類謀叛をおこして鎌倉にいりぬ。（中略）都にも、かねて陰謀の聞えありて、嫌疑せられける中に、権大納言公宗卿召をかれしも、このまぎれに誅さる。承久より関東の方人にて、七代になりぬるにや。

このくだりでは、特に西園寺家を「承久より関東の方人」と記した点も興味深い。こののち一時、西園寺家門は公宗の謀叛計画を密告したという弟公重に移る。

おわりに

以上、西園寺実氏から同公宗までの六代五人の関東申次の足跡を具体的にあとづけてみた。そのことによって、そのときどきの関東申次が時代の持つ諸問題に規定されながら、自らの性格を形造ってきたことが知られた。

先にのべた「御事書幷目安案」（嘉暦三年）という文書の中に、以下のようなくだりがある。

承久以後、関東代天、被計申重事之条、綷起自冥慮、已爲公私之佳例、

承久以後、関東の幕府が天に代わって、重事を計らい申すということは、冥慮より起こったことで、しかもすでに公私の佳例となっているのだ、ということの言葉は、皇位獲得に必死の持明院統から鎌倉幕府に対して後醍醐天皇への譲位勧告を依頼するという文脈の中に登場するのであるが、それはまさに承久の乱以後の朝廷と幕府との基本的関係を端的に表現していると言ってよい。「重事」とはそれこそ皇位継承問題を主たる内容としている。「天に代わって」「綷、冥慮より起こる」「公私の佳例」などの言葉は朝廷と幕府の関係が、幕府の絶対的主導のもとに整序されていた実態を示唆している。右の表現は鎌倉時代の公武交渉の極点を示しているとみてよい。あわせて、そのような関係の形成・展開において、両者の交渉を媒介した関東申次の役割を第一に評価しないわけにはゆかないであろう。

（1）「円覚寺文書」（延慶元年）十一月七日金沢貞顕書状。『鎌倉遺文』三一巻二三四四五号文書。
（2）『花園天皇宸記』元弘元年十一月十日条。
（3）『吾妻鏡』宝治元年六月二十六日条。
（4）宮内庁書陵部所蔵「洞院家廿巻部類」十五の中の「御代々執事」の項。
（5）岩波日本古典文学大系『神皇正統記・増鏡』三一三頁。
（6）美川圭氏「関東申次と院伝奏の成立と展開」（『史林』六七―三、昭和五十九年）四四頁。
（7）史料纂集本は久我通光と比定している。「相国」は太政大臣の唐名であるから、『公卿補任』の宝治元年の項をみると、確かに太政大臣は久我通光しかいない。しかしここは「前」字が脱落しているとみて、「前相国」西園寺実氏を当てることにしたい。文意もこの方がずっと生きてくる。
（8）寺門の宗風については「凡薗城寺所学者天台之流、所受者東大寺之戒也」（『経俊卿記』正嘉二年閏三月一日条）なる記事が注目される。教学は天台、戒は東大寺というのである。園城寺が延暦寺より受戒を忌避し、独自の戒壇院を創設しようとした事情は理解できる。
（9）『校訂増補天台座主記』（比叡山延暦寺開創記念事務局、昭和十年）二三二頁。

(10) 国史大系本は久我通光と比定している。筆者が実氏と見る理由は注(7)と同じ。ただし『大日本史料』五—二十二、七四頁は実氏と比定する。
(11) 本書二一六頁参照。
(12) 『史料纂集花園天皇宸記　二』二三九～四〇頁。
(13) 岩波日本古典文学大系『方丈記・徒然草』一八五頁。
(14) 同右、二七四頁。
(15) 佐藤進一氏『日本の中世国家』(岩波書店、昭和五十八年)一五六頁。
(16) 『歴代残闕日記』一〇、二六五～六頁。
(17) 『春日神社文書　一』二五七号文書、年号は付年号である。ちなみに、荻野三七彦氏編著『大乗院文書の解題的研究と目録』上　五八～九頁には本文書の写真を載せ、関連の記述がある。同書では「右馬権頭入道」に北条時国を比定されるが、これは誤りで、三善為衡とみるのがよかろう。
(18) 『春日神社文書　一』二三二号文書。『鎌倉遺文』一七巻一二八〇三号文書。
(19) 『春日神社文書　一』二三一号文書。『鎌倉遺文』一七巻一二八一四号文書。
(20) 「大橋文書」、『鎌倉遺文』一七巻一二八五六号文書。同遺文は文書名を「亀山上皇院宣」とするが、これは誤り。
(21) 「大橋文書」、『鎌倉遺文』一七巻一二八五七号文書。
(22) 「雨森善四郎蒐集文書」、『鎌倉遺文』一七巻一二八六七号文書。
(23) 「経任卿記」(中御門経任の日記『歴代残闕日記』一〇所収)弘安六年三月十七日条。
(24) 『増補史料大成伏見天皇宸記』弘安十一年正月十八日条。
(25) 『公衡公記』の該当部分には何日の条かを示す表記が欠けている。しかし『伏見天皇宸記』弘安十一年正月十九日条の記事と内容の上で合致することから、同日の記事と判断することができる。
(26) 量仁は正和二年(一三一三)七月九日生まれであるが、量仁の誕生を喜んだ公衡はこの日書状をしたためてその平産に「効験」のあった琳海を賞している(「大覚寺文書」同日西園寺公衡書状写、『尼崎市史』四、四〇九頁)。ちなみに、「量仁」の訓みについては、「トキヒト」と訓む史料もあるが(例えば、内閣文庫所蔵「人王百代具名記」〈「日本書紀私抄第二」、函番号一三七—六四の内〉、文保二年正月二十日後伏見上皇願文案(伏見宮旧蔵、『鎌倉遺文』三四巻二六五二七号）に「かすひとの親王」と見えるから、これは「カズヒト」と訓むのが正しかろう。なお、西園寺寧子入内をめぐる内廷問題については、橋本芳和氏「広義門院西園寺寧子の基礎的考察——入内及び女院号宣下の背景——」（『政治経済史学』二六〇、昭和六十二年）に詳しい。

(27)『史料纂集公衡公記　四』二〇〜一頁。

(28) 以下に挙げる『公卿補任』、「歴代皇紀」の記事の他に、「興福寺略年代記」（『続群書類従』二九輯下所収）当該日条にもみえる。幕府よりのとりなしを「関東執奏」と表記している点、注意される。

(29)『園太暦』観応二年九月六日条（同四巻、二五頁）。

(30) 嘉元三年八月五日亀山上皇置文（「佐々木信綱氏旧蔵文書」『宸翰英華』七〇頁、『鎌倉遺文』二九巻二二二九六号）。

(31)「興福寺略年代記」（『続群書類従』二九輯下所収）徳治三年九月二日条、『続史愚抄』同三日条、「歴代皇記」巻五（『改定史籍集覧』一八所収）同日条など。

(32) この記事は網野善彦氏『中世東寺と東寺領荘園』（東京大学出版会、昭和五十三年）七三頁で紹介されている。

(33)『公卿補任』二、三七八、三八四、三八五、三九一の各頁。

(34) 龍粛氏『鎌倉時代』下（春秋社、昭和三十二年）二四五頁。

(35)「北条時政以来後見次第」（東京大学史料編纂所影写本）による。『鎌倉年代記』は八月十二日に作る。

(36・37)「北条時政以来後見次第」、『鎌倉年代記』。

(38) 拙著『南北朝期公武関係史の研究』（文献出版、昭和五十九年）第一章第一節。

筆者はかつてこの「御事書并目安案」が関東申次西園寺公宗の作成するところではなかったかと推測したことがある（同右拙著、二〜八頁）。いまふりかえって思えば、公宗は当時二十歳に過ぎず、問題がある。筧雅博氏は柳原資明とみなしている（同氏「道蘊・浄仙・城入道」『三浦古文化』三八、昭和六〇年、四頁）。この文書はのち『鎌倉遺文』三〇一四二号として三九巻に収録された。

(39) 内閣文庫所蔵「按察大納言公敏卿記」文保二年二月二十日条には、

天晴、大臣殿御参大覚寺殿、及晩、自慈厳僧正許告云、東使南方木所自関東帰洛云々、仍進彼状於大覚寺殿、

とみえる。この記事は未紹介と思われる。「公敏卿記」は『歴代残闕日記』一二に文保二年二月および十月の分を収めているが、右記の内閣文庫所蔵（自筆本かもしれぬ）の二月記と比較すれば、記事に出入りが認められる。

ちなみに、右の「按擦大納言公敏卿記」文保二年二月十三日条に、「今日出来客人、慈厳僧正・八条宰相・前藤宰相・賢俊賢助僧正使・実富朝臣・桓守法印」とみえる。「賢俊」とはかの三宝院賢俊のことであり、この記事は賢俊の初見史料と思われる。

(40) 注(4)と同じ。
(41) 注(39)参照。
(42) 『鎌倉遺文』三五巻二七一九七号。
(43) 「勧修寺文書」(『大日本史料』六―二、一二〇～一頁)。
(44) 注(34)龍氏著書、二五一頁。
(45) 『増補　続史料大成』51、六三頁。
(46) 「東寺百合文書」ほ(『鎌倉遺文』三九巻三〇七一二号)。
(47) 「醍醐寺文書」(『鎌倉遺文』四〇巻三一四四七号)。

第三節　幕府への勅裁伝達と関東申次

はじめに

「円覚寺文書」に次のような金沢貞顕書状が収められている。(1)

円覚寺額事、任被仰下之旨、可令申入　仙洞(伏見上皇)、給由、内々伺申西園寺殿(公衡)候之処、悉被下　宸筆候、子細定長崎三郎左衛門入道(思元)令言上候歟、以此旨、可有洩御披露候、恐惶謹言、

(延慶元年)十一月七日　　越後守(金沢)貞顕(花押)

進上　尾藤左衛門尉殿

この文書は、関東の命により円覚寺の額に伏見上皇の宸筆を頂くべく、時の六波羅探題北条（金沢）貞顕が内々に関東申次西園寺公衡を通じて伺いを立てたところ、悉く宸筆を下されたことを関東に伝えたものである。宛所の尾藤左衛門尉が得宗北条貞時の被官であることは言うまでもない。(2)

この史料によって、鎌倉期に幕府—六波羅探題—関東申次—朝廷という公武交渉のルートがあり、伏見上皇の宸筆額拝領の一件もこのルートをたどって伝達されたことが知られる。そこで、このような公武間をゆききする

個々の文書の性格と役割とを明らかにすれば、鎌倉期の公武交渉の重要な一側面が浮び上がるであろう。

本節では、ひとまず、朝廷より幕府側（関東および六波羅探題）に向けての文書発給に限定することとしたい。右のようなことに思い至ったのは次の理由による。筆者はさきに、南北朝期における公武関係について考えたとき、(3)まず北朝から室町幕府へ向けての勅裁の遵行移管の仕方を究明するために、勅裁たる綸旨・院宣、これを幕府へ伝える武家執奏の文書、およびこれらの文書を受けての幕府の文書、といった三点一組をなす事例を収集した。その結果、北朝と室町幕府との間のこの種の交渉は少なくとも建武四年（一三三七）から永徳二年(4)（一三八二）までの四十五年間にわたって、鎌倉期のそれと同様の方式をとっていることを知ることができた。(補注1)

それ以来、気にかかっていたのは、ではそのような方式は鎌倉期のどの段階に成立したのだろうかという素朴かつ当然の疑問であった。従って、本節での作業は、筆者の問題関心の生起の順序でいえば、南北朝期から逆にさかのぼるという性格のものである。

つまり、本節は以上のような視点から、南北朝期の公武交渉の方式へ連続する、言わばその前段階としての鎌倉期の公武交渉の実態を、関係文書の機能論的操作によって考察しようとするものである。なお、叙述の順序は歴代関東申次の順に従った。

関東申次とはいまさら言うまでもなく、公武間の交渉を司る任務のために、公家側に設けられた重職であった。朝廷と幕府が距離的にもへだたっているという地理的条件(5)も幕府との連絡事務を専掌する西園寺家の廟堂における権勢拡大に役立ったものと考えられる。

関東申次を媒介とする朝幕関係については、早くは三浦周行氏の研究、(6)それを一層深めた龍粛氏の研究(7)があるが、近年でも単発的ながら、山本博也・梶博行・美川圭氏らの研究(8)があらわれた。このうち山本・美川論文は鎌倉幕府開創以来、寛元四年（一二四六）の西園寺実氏（公経の子）の指名に至るまでの、関東申次在任者の確定についての考証を主として行い、また梶論文は特に関東申次の皇位継承への関与に着目して、鎌倉時代の公武関係について論じた。(補注2)

本節で取り扱おうとするのは、もうすこしのちの関東申次の活動状況、しかも文書を本格的に発するようになって以降のそれである。

西園寺実氏を正式の関東申次と認めることに異論はあるまい。実氏の関東申次就任は確かに鎌倉期の公武関係史上の画期的事件であった。実氏以前の関東申次についての研究は多くを公家日記をはじめとする記録類の記事に負っているが、それは関東申次として発給した直接文書が残っていないためでもある。

筆者の関係文書収集による限り、関東申次が幕府側に向けて勅裁の伝達をなした実例が確実に残るようになるのは、実氏の次代の実兼（実氏の孫。公相の子）になってからである。実兼以前にも、勅裁を幕府側に伝達した形跡がわずかながらあるが、とても制度として確立した方式の存在をうかがわせる文書とは考えにくいし、なお検討を要するものである。

本節の着目するのは、この関東申次の発給文書とその周辺である。関東申次の発給文書を媒介とした公武の文書授受の方式は同時に鎌倉期における命令伝達のしくみをも指し示すであろう。

本節では、いきなり実兼の時期から考察を開始する。なぜ実兼のときに関東申次の施行状発給が本格化するのかという問題は、その政治的背景についての究明を含めて、別途詳論せねばならない。

以上のような視点で本節を執筆するために収集した関係史料は、勅裁（綸旨・院宣）・関東申次の施行状・関東の発給文書・六波羅探題の発給文書という四つの種類に分類して、後掲の一覧表に整理しておいた（一一七〜三二頁参照）。(補注3)管見に及んだのは七十三例にすぎず脱漏を危惧するが、以下ひとまずこの一覧表に示した事例に即して論を進めて行きたいと思う。

一　西園寺実兼〈第一期〉

西園寺実兼は祖父実氏のあとを継いだ文永六年（一二六九）以来、二期にわたって計約四十年の間、関東申次の職にあった。歴代関東申次のなかでも最も強大な権勢を誇ったのはこの実兼であり、そのさまは『花園天皇宸記』元亨二年（一三二二）九月十日条（この日、七十四歳で没）にしるされた評伝に如実に示されている。(9)

此相国者（西園寺実兼）朝之元老、国之良弼也、仕自後嵯峨之朝、爲数代之重臣、頃年以来雖遁跡於桑門、猶関東執奏不変、又於重事者預顧問、上皇（後伏見）誠有外祖之義、於身（花園上皇）又爲曾祖之義、旁以不可不歎、何况国之柱石也、文才雖少、久仕数代之朝、閑天下之義理多矣、爲朝爲身、悲歎尤深者也、

管見の限り、関東申次西園寺氏の施行状（文書中では「西園寺殿御施行（或いは御消息）」などと表記）は、この実兼の時期に確立する。

本項では西園寺実兼の第一期（文永六年～嘉元二年）を取り扱い、第二期（正和四年～元亨二年）については後述する。後掲一覧表に整理した事例のうち、実兼第一期に属するものは1～17の十七例である。

現在知られている西園寺実兼による施行の最初は、「東南院文書」三に収める（弘安五年・一二八二）十一月九日西園寺実兼消息（沙弥観証奉。東大寺領伊賀国黒田庄悪党のことに付き、子細を六波羅探題北条時村に伝う）(10)と思われるが、(補注4)これが伝えた勅裁は「左大弁宰相奉書」であったことはわかるものの（西園寺実兼消息の中の表現）、勅裁自体の残存はいまだ確認されていない。以下に示す事例は、時間的にその次に配列されるものであるが、勅裁と施行状とがペアで残存している早期の例であるので、この方を掲出することにした。いずれも『公衡公記』（実兼の子公衡の日記）弘安六年八月二十二日条に収められている。

①延暦寺執当法眼兼覚・同三綱権寺主定意等召遣武家事、経氏朝臣（藤原）奉書如此、子細見状候歟、仍執達如件、

(弘安六年)八月廿二日　申剋　大宰権帥経任奉

謹上　(西園寺実兼)春宮大夫殿

②延暦寺執当法眼兼覚・同三綱権寺主定意等被召遣由事、院宣如此、子細見状候歟之由、(西園寺実兼)春宮大夫殿可申之旨候也、恐々謹言、

(弘安六年)八月廿二日　沙弥観証奉

謹上　(北条時村)武蔵守殿

①は亀山上皇院宣。延暦寺僧兼覚・定意を「召遣」さるべきことを関東申次を通じて、六波羅探題（北方）北条時村に依頼したもの。②はその旨を伝達した西園寺実兼の家司奉書。文書名は当時の表現を借りれば「西園寺家御消息」、機能からいえば施行状である。②で注意すべきは、まず、勅裁を受けた関東申次が発する施行状は、家司の奉書形式をとる場合（つまり関東申次自身の直状ではない場合）、「……子細見状候歟之由、……殿可申之旨候也」という文言を鎌倉期をとおして具備していること（むろん、前述の弘安五年の消息も同様）。次に、この方式は南北朝期に至っても踏襲され、康永年間（一三四二〜五）に勧修寺経顕がこの任に就く[11]までの約六十年間にわたって続いていること。つまり、関東申次（その後身の武家執奏を含めて）の施行状の形式はおそくとも弘安五、六年には確定していたことが知られるのである。関東申次の施行状が成立する以前、勅裁が幕府へどのように伝達されたかについて、別途検討する必要がある。しかし、ここで少なくとも言えることは、関東申次の施行状を介した朝廷から幕府への伝達方法の確立が、公武間の交渉を円滑にしたであろうこと、そしてひいては公武関係の安定に寄与したであろうこと。逆の言い方をすれば、公武関係の緊密化がそのような文書を生み出したものとみられる。関係文書の現存初見が弘安の役直後というのも、あながち偶然とは言えず、示唆的である。

西園寺実兼が勅裁を伝達した十七例の内訳は、関東へ二例、六波羅探題へ十五例。筆者の貧しい史料収集によ

る限り対六波羅探題の実例が圧倒的多数を占めている。おそらく当時公家と六波羅探題との交渉が頻繁であったことを反映するであろう。このことは六波羅探題の地位・役割を考えるうえで看過できない。

むろん、このような関東申次の施行状の成立自体、これを受ける六波羅探題の制度的発展と密接な関係を有している。勅裁を関東へ伝えるか、あるいは六波羅探題へ伝えるかは、すでにその勅裁の中に明示されているが、この伝達先と内容に注目することによって、当時の関東と六波羅探題との管轄区分・所轄関係をうかがうことができよう。

関東へ伝えられた二例は、大隅国台明寺に対する在庁の狼藉（後掲一覧表の3。以下同じ）、横川霊山院聖寂真の申す召功のこと（13）である。台明寺のことについて関東が指令を発したのはいまだ鎮西探題が成立していない当時、九州に対する命令は関東から六波羅探題へと伝達されていたからである。[12]寂真の召功関係のことがらに関東が係わっているのはおそらく寂真が関東関係者であったからではあるまいか。

他はすべて関東を経ないで、直接に六波羅探題に宛てられたものであり、六波羅探題の所轄権において処置されている。これは言うまでもなく、当該時点で、当案件の所轄権が六波羅探題にあったためである。[13]

次に勅裁を受ける西園寺家の窓口を一覧表に即してみよう（最上段の勅裁の欄参照）。表示した各事例の中の勅裁を欠くものには、不明としておくほかないものもある。

実兼の関東申次在任の第一期において、確実に実兼自身に宛てられているのは正応六年（一二九三）八月二十二日の2および永仁二年（一二九四）の10である。この二例は権大納言（2の時点）前太政大臣（10の時点）西園寺実兼に宛てて、いずれも前権大納言・大宰帥中御門経任が奉じた院宣であるから、書札礼（「弘安礼節」[14]）の規定によってそのような形をとったと考えられる。なお、1のケースの勅裁にあたる「左大弁宰相奉書」は管見に入らないが、参議（宰相）が奉じた院宣であるから、実兼本人に宛てられた可能性が高い。

宛所確実なもののうち、以上のほかはすべて家司宛てである。こちらの場合も勅裁の奉者と実兼の官位との関係を調べ、書札礼にあてはめてみれば一応納得がいく。家司としては、第一期に弾正大弼、伊予守がみえる。続いて、西園寺家から発される文書についてみよう（一覧表の二段目）。この種の文書を当時、西園寺実兼の「施行状」とか「消息」と称した。一覧表にみるように、残存の具合はよくない。表に掲載した事例はすべて家司による奉書形式の施行状であり、その家司としては特に三善師衡の活動がめざましい。(15)師衡は前越前守、左京権大夫を称している。沙弥観証、沙弥観悟、沙弥玄証という沙弥号を持つ法体の者もみえる。(16)彼らの系譜関係は明確ではない。六波羅探題へ発せられる西園寺家の施行状が家司の奉書形式をとっているのも、関東申次と六波羅探題との間の書札礼の規定によると見てよい。(補注5)従って、関東宛ての施行状はまた別の形、おそらく西園寺実兼の執権北条氏宛て直状形式をとったであろう。

最後に、西園寺実兼の官歴と施行状の成立との関係について。実兼は弘長元年（一二六一）正月、十三歳で非参議・従三位、文永三年（一二六六）十月、十八歳のとき参議を飛び越して権中納言となり、同年三月任権大納言、正応元年（一二八八）十月転正、翌二年十月任内大臣、同三年四月辞、同四年十二月には太政大臣となる。実兼は翌年十二月にこれを辞し、正安元年（一二九九）六月に出家。実兼の官位の昇進・辞退は実にめまぐるしいが、昇進は時期的にみて文永〜正応の間に集中している。これはおそらく、公武関係の急速な深まりが関東申次の地位を急上昇させたことと無関係ではあるまい。勅裁を幕府側へ伝える施行状はこうした状況の中で成立したとみてよいであろう。ちなみに、１・２は実兼が権大納言のとき、３〜６は前内大臣のとき、７・８は太政大臣のとき、９〜16は前太政大臣のとき、そして17は出家後の事例である。

二　西園寺公衡

西園寺公衡は、父実兼が正安元年六月に出家したのちの嘉元二年（一三〇四）夏に関東申次に就任した。「後深草院崩御記」（『史料纂集　公衡公記　四』所収）嘉元二年七月十六日条に「而自去夏比、関東執奏事、自東方申之」とみえることに明らかなように、鎌倉幕府の申し入れによる就任であった。従って、父実兼は出家ののち五年間、依然として関東申次の任務にあったわけである。公衡は、これより正和四年（一三一五）九月父に先んじて没するまでの約十年間関東申次の職務にあった。

公衡は『公衡公記』という大部の著名な日記を残しており、本項のために多くのしかも重要な関係史料を提供してくれるだろうとの期待をいだかせるが、実はそのような記事はさほど多くは含まれていない。

関東申次西園寺公衡の係わった事例は、一覧表でいえば、18～41の二十四例である。まず勅裁についてみれば、関東に対しての伝達を指示したもの十一例（39もこれに含めた）、六波羅探題に対しての伝達を指示したもの十三例である。筆者の収集の限りで言えば、対関東の占める割合が実兼期にくらべて高くなっている。勅裁の宛所としては「伊予守」「伊豆守（前司）」「前民部権大輔」がみえている。いずれも西園寺家の家司とみられるが、最も多いのは「伊豆守（前司）」宛てで、宛所がはっきりしている二十二例中の十七例を占めている。対関東のものと対六波羅探題のものとの両様がある。

窓口となる家司の異動について実兼第一期と比較すれば、弾正大弼と伊予守のうち、前者は引退、後者は公衡期にも留任し、特に六波羅探題にむけての勅裁受理に当っている。

関東と六波羅探題との管轄事項の区分を考える上で好個の事例がこの期の分に含まれている。大和の「大宮文書」に収まっている（嘉元四年）七月二十二日付の八通の後宇多上皇院宣（20～27）である。他に西園寺公衡請文二通が含まれている。筆者は『大和古文書聚英』に収録されているもの（以下に示すもののうち①および[1]）[17]を除いて、他はすべて外岡慎一郎氏論文所掲の一覧表摘録によって初めてその存在を知ることができたのであるが、ほとんど未刊史料のようであるから、既刊の一通を含めて以下に示すことにしたい。拠ったのは東京大学史料編纂所所蔵写真帳「大宮文書」三（架蔵番号6171．65-25-3）である。

①興福寺申和泉木津木守春日社禰宜等罪科糺明事、関白消息副宗親僧正申状如此、子細見状候歟、依之及神木遷坐候□（了カ）、為寺社大訴云々、任道理、急可有其沙汰旨、可被申関東之由、御気色所候也、定房恐惶謹言、

（嘉元四年）七月廿二日　右衛門督定房

進上　伊豆守殿

②興福寺申遠流寺僧赦免事、関白消息副宗親僧正申状如此、子細見状候歟、可被申関東之由、御気色所候也、定房恐惶謹言、

（同）七月廿二日　右衛門督定房

進上　伊豆守殿

③興福寺申大和国住人政康跡地頭職事、関白消息副宗親僧正申状如此、子細見状候歟、可被申関東之由、御気色所候也、定房恐惶謹言、

（同）七月廿二日　右衛門督定房

進上　伊豆守殿

④興福寺西院菩提院衆徒厚免事、関白消息副宗親僧正申状如此、子細見状候歟、可被申関東之由、御気色所候也、定房恐惶謹言、

（同）七月廿二日　右衛門督定房

進上　伊豆守殿

⑤春日社禰宜十一人厚免事、関白消息副宗親僧正申状如此、子細見状候歟、可被申関東之由、御気色所候也、定房恐惶謹言、

(同)七月廿二日　右衛門督定房

進上　伊豆守殿

⑥興福寺申伊賀国河合郷土作地頭代実忠春日社禰宜殺害刃傷事、関白消息副宗親僧正申状如此、子細見状候歟、可被仰遣武家之由、御気色所候也、定房恐惶謹言、

(同)七月廿二日　右衛門督定房

進上　伊豆守殿

⑦興福寺申武家使者入部大和国事、関白消息副宗親僧正申状如此、子細見状候歟、可被仰遣武家之由、御気色所候也、定房恐惶謹言、

(同)七月廿二日　右衛門督定房

進上　伊豆守殿

⑧興福寺申春日社領摂津国垂水牧内榎坂村住人助村与党等禰宜殺害以下狼藉事、関白消息副衆徒僉議状如此、子細見状候歟、可誡沙汰之旨可被仰(ママ)武家之由、御気色所候也、定房恐惶謹言、

(同)七月廿二日　右衛門督定房

進上　伊豆守殿

なお、「大宮文書」に収まっている西園寺公衡請文は以下の二通であるが、ついでに示しておく。院宣との対応関係については、[1]は①に、[2]は②にそれぞれ対応する。これらは勅裁を関東へ施行する文書ではなく、関係

文書を受け取ったことと、きちんと関東へ伝達する意向とを朝廷側へ伝える請文とみられる。

1興福寺申和泉木津木守春日社禰宜等罪科糺明事、関白消息副宗親僧正申状具書給候了、以被仰下之旨、早可申関東候、
仍執達如件、

（嘉元四年）七月廿二日　（西園寺公衡）[18]（花押）

2興福寺申遠流寺僧赦免事、関白消息副宗親僧正申状具書給候了、早可申関東候、仍執達如件、

（同）七月廿二日　（同）（花押）

①〜⑧はいずれも共通に「関白消息副宗親僧正申状」（⑧は「関白消息副衆徒僉議状」）という文言を含んでいることなどから知られるように、訴えはすべて興福寺衆徒から興福寺々務宗親僧正[19]を経由して関白九条師教へ上申され、さらに関白の手から朝廷へ提出されたのである。従って、朝廷に提出される時点で、衆徒申状（⑧の「衆徒僉議状」のごときもの）および寺務宗親僧正申状、それに関白消息、以上三通の文書が作成されていた。文面から察するところ、関白九条師教は①〜⑦の件に関しては宗親僧正申状を副えて、また⑧の件に関しては衆徒申状を副えて、自らの消息を朝廷へ提出している。

これらを受理した朝廷側では、それぞれの案件の性格に応じて関東へ、或いは六波羅探題へと伝達を指示する勅裁（院宣）を関東申次西園寺公衡の家司伊豆守に宛てて発した。そのうち、関東への伝達を指示されているのは①〜⑤、六波羅探題への伝達を指示されたのは⑥〜⑧である。院宣の奉者はいずれも吉田定房、当時権中納言、従三位。一方、西園寺公衡は前右大臣、従一位。院宣の書式は厚礼である。

さて、肝心の管轄の面についてみよう。まず、関東への伝達を指示された事項は「和泉木津木守春日社禰宜等罪科糺明事」（①）、「遠流寺僧赦免事」（②）、「大和国住人政康跡地頭職事」（③）、「興福寺西院菩提院衆徒厚免事」（④）、「春日社禰宜十一人厚免事」（⑤）、そして六波羅探題への伝達を指示された事項は「伊賀国河合郷

土作地頭代実忠春日社禰宜殺害刃傷事」（⑥）、「武家使者入部大和国事」（⑦）、「春日社領摂津国垂水牧内榎坂村住人助村与党等禰宜殺害以下狼藉事」（⑧）である。これらだけによって関東と六波羅探題との所轄権の区分を明確にするのはむずかしい。それは個々の要請された措置がいかなる性格のものか、つまり最終的決定なのか、捜査などの単なる準備的段階なのか、はっきりしないためである。しかし、地頭職任免権を関東が持っていたこと、また罪科の軽減はおそらく関東でしか処置できなかったろうことを思えば、②③⑤が関東所管であったことは一応納得できるし、また⑦については、六波羅探題よりの使者に関することであるから、これが六波羅探題の所轄であったのは自然であろう。

論を続けよう。つぎに公衡施行状を公衡の官歴との関係でみれば、18～30は前右大臣・従一位のとき、31～35は前左大臣・従一位のとき、そして36～41は出家後のものである。(20) 公衡の施行状の実例は目下五通しか管見に及んでいないが、宛所についてみれば、対関東二通（30・36）、対六波羅探題三通（33・34・40）である。文書形式についてみれば、前者は関東申次西園寺公衡の鎌倉執権宛て直状、一方後者は西園寺家々司（沙弥玄証・沙弥静貞）の六波羅探題宛て奉書を採用している。公衡による施行も、父実兼同様、関東に対しては直状、六波羅探題に対しては家司の奉書、という方式を採用しているように見受けられる。鎌倉執権宛ての施行状が公衡の直状形式をとることができたのは執権の官位が直状を受けるにたえたからである。(補注6) 施行状が残存していないその他の場合も、勅裁がどちらへの伝達を指示しているかを見れば、施行状の形式は自らわかってこよう。

公衡に宛てられた勅裁では、管見の及んだ限りでいえば、関東への伝達を指示する事例の割合が実兼期に比べて高いことを前述したが、それらの伝達ルートは、朝廷（院）→関東申次→鎌倉幕府（→六波羅探題）の順である。つまり当該案件の所轄権は関東の幕府にあり、幕府は場合によってはその施行を六波羅探題に命じたのである。理解しやすくするために、具体的事例を一つ示しておこう。「東寺百合文書　ホ」(21) に収まっているもので、一覧表の番号で言えば36である。

①丹後国大内庄預所職事、道円申状副具書如此、子細載状歟、可被仰関東之由、院御気色所候也、仍進上(ママ)如件、
経親誠恐頓首謹言、
付正和二
四月十二日　(平)経親上
進(ママ)　伊豆前司殿

②丹後国大内庄預所職事、前中納言(経親)奉書如此候、仍執達如件、
(正和二年)四月廿三日　在判
(北条熙時)相模守殿

③丹後国大内庄雑掌申、当庄地頭已下輩、得正舜語、致濫妨狼藉由事、注進既了、早任　院宣、可沙汰居雑掌之状、依仰執達如件、
正和二年五月十六日　(北条熙時)相模守在判
(北条貞顕)武蔵守殿
(北条時敦)越後守殿

④丹後国大内庄雑掌道円・々成等申、当庄地頭代以下輩、得正舜語、致濫妨狼藉由事、去年五月十六日関東御教書如此、早任被仰下之旨、矢部孫次郎入道相共、可沙汰居雑掌於庄家、且載起請之詞、可被注進也、仍執達如件、
正和三年二月廿六日　(北条時敦)越後守
(北条貞顕)武蔵守
堤五郎殿

①は伏見上皇院宣。丹後国大内庄における地頭以下輩の濫妨を関東に訴え、これを停めてもらおうとしたもの。②は①の勅裁、文書中の表現で言えば「前平中納言奉書」を幕府の執権に伝達するための西園寺公衡施行状。[22] しかも公衡の直状である。③は①②を受けて、濫妨人を排除して下地を雑掌に渡付すべきことを六波羅探題に命じた執権単署の関東御教書。そして④は③を受けた六波羅探題が堤五郎に対して下地の遵行を命じた六波羅施行状。

この例からもうかがわれるように、関東申次の施行状は勅裁を関東→六波羅探題の命令下達機構の上にのせる上で重要な役割を果していたのである。

関東へ伝達される案件は関東の所轄とみてよい。関津の升米・津料徴収に関する沙汰権などはもとより関東に属していたとしても、先の丹後国大内庄のことが関東より六波羅探題へ下命されているのは、当該期の関東—六波羅探題の所轄関係を考える上で興味深い。

三　西園寺実兼〈第二期〉

西園寺公衡が正和四年（一三一五）に没すると、公衡の父実兼が再び関東申次に就任することになった。実兼の関東申次第二期である。公衡の嫡子実衡は当時すでに二十代の半ばに達していたが、関東申次を継ぐには何らかの支障があったのだろうか（内閣文庫「按察大納言公敏卿記」文保二・二・二三条に「(実衡は)未練故障」とあり）。

一覧表において、実兼第二期に属するのは42〜56の十五例である。すでに述べた第一期分を合わせてみれば、一覧表に示した全事例の半分近くに達しており、鎌倉期の公武交渉に占める実兼の卓越した役割をあらためて痛感する。

第二期関係分についてみよう。勅裁では、52を除いてすべて六波羅探題向けの事項である。52の「播磨国福泊嶋修固」が六波羅探題でなく関東に向けて伝達されたのは、福泊嶋が交通の要衝であったためであろう。勅裁の宛所としては「(前)伊予守」「持明院前中将」が見えるが、元応～元亨期になると実兼自身宛ての勅裁が俄然多くなる。48～50、52～56の七通の勅裁の宛所が「北山殿」実兼となっているのは、むろん奉者たる権大納言吉田定房から入道太政大臣実兼（実兼は正安元年六月に出家）への書札であったことにもよるが、元応～元亨という時期における公武間の事情もあながち無関係ではあるまい。

西園寺家の施行状はほとんど残存しておらず、筆者は目下三通（42・43・51）しか見出していない。それらはいずれも家司「前伊与守春衡」の奉書という形をとっている。実兼第一期・公衡期・実衡期の勅裁の宛所に散見する「(前)伊予守」とは、この三善春衡[23]を指そう。春衡がすでに述べた師衡と近縁関係にあることは明らかだろう。これらが家司奉書なのは六波羅探題宛てであることによると考えられる。しかし、52だけは関東向けの内容なので、その施行状は関東申次実兼の直状の形をとったであろう。

実兼の第二期には、いわゆる文保の和談、後宇多上皇院政の停止、後醍醐天皇親政の開始といったような公武間の重要事件が山積しており、それだけに関東申次の役目にはひときわ重いものがあったろう。

四　西園寺実衡

元亨二年（一三二二）九月実兼が没すると、関東申次の任務は関東の承認を得て、孫実衡の継承するところとなった[24]。時に実衡三十三歳[25]。元亨四年（十二月九日に正中と改元）四月に内大臣に昇進[26]、二年半後の嘉暦元年（一三二六）十月に上表、翌十一月十八日没（『公卿補任』）。従って関東申次在任期間は六年半に過ぎず、歴代の中で最も短い[27]。

実衡の時期に属するのが確実なのは一覧表の57～61の五例で、内容はすべて六波羅探題向けのことがらである。なお、62は関東向けの内容であるけれども、採取の要件を満たすか否か検討の余地があり、しかもたとえ採用できても時期的に実衡の没する直前のものであり、実衡自身が担当したかどうか問題が残る。

まず勅裁では57、59〜61の四例が残存している。そのうち宛所の明確な事例に即して、文書の授受者の官位の関係に注目すれば、57は蔵人頭・正四位下―大納言・正二位の関係、59は蔵人・正五位下―大納言・右大将の関係、そして61は正四位下―内大臣（或いは前内大臣）・正二位家の家司という関係である。書札礼はおおむね「弘安礼節」の規定に準拠している。これでいけば宛所を欠落させている60の勅裁はおそらく家司宛てと見てよかろう。次に施行状(28)では、現存する三通すべて家司沙弥静悟による奉書、宛て先は六波羅探題南方。ここでも六波羅探題へは家司奉書という従来の原則が踏襲されている。

実衡期に属する事例の中で、特に鎮西探題とのかかわりで興味深いのは「薩藩旧記」に収める60である。(29) 個々の文書の伝達過程をみるために、関係史料を引用する。

①菅三位（菅原長宣）家雑掌宗清謹言上、

欲早被経御　奏聞、被下和与綸旨於武家、安楽寺領薩摩国々分寺下地幷年貢事、

副進

一通　先度綸旨安（案）

一通　領家菅三位家和与御状

一通　友貞請文

右、当御領者、菅三位家御相承之地、爰御家人国分助次郎友貞募武威、有限御年貢公事等抑留之間、先雑掌友任申成綸旨於武家及鎮西、沙汰之処、友貞令紕返年々抑留物、毎年御年貢捌拾伍石公事用途拾陸貫伍百文、簾文革二枚節供用途等、任承元請所之例、無懈怠可致沙汰之由、進請文之間、被出領家和与御状畢、然者、早被下知（和カ）与綸旨於武家、於鎮西申給和与御下知、備後証亀鏡、為全来御年貢、恐々言上如件、

正中二年二月　日

②安楽寺領薩摩国々分寺領下地幷年貢事、先度申下　綸旨於武家、致沙汰候之処、友貞望申和与之儀候之間、令承諾候畢、且雑掌解副具書如此候、向後可存其旨之由、被下綸旨於武家候之様、可有申御沙汰候畢、恐惶謹言、

(正中二年)二月晦日　(菅原)長宣

蔵人次官殿

③安楽寺領薩摩国々分寺和与事、菅三位状副雑掌申状具書如此、子細見状候歟、可被仰遣武家之由、天気所候也、以此旨、可令洩申給、仍言上如件、光顕誠恐頓首謹言、

(正中二年)三月二日　勘解由次官光顕上(30)

④安楽寺領薩摩国々分寺和与事、綸旨副具書如此、子細見状候歟之由、(西園寺実衡)内大臣殿可申之旨候也、恐惶謹言、

(正中二年)三月三日　「西園寺家」沙弥静語(悟)(31)

謹上　(北条貞将)越後前司殿

⑤菅三品雑掌宗清申、薩摩国々分寺領家与友貞和与事、今年三月三日(ママ)綸旨・内大臣家御消息副具書如此、子細載状候、仍執達如件、

正中二年三月十三日　(北条範貞)左近将監御判

(北条貞将)前越後守御判

(北条英時)武蔵修理亮殿

①は菅三位(菅原長宣)家雑掌宗清申状。雑掌宗清が安楽寺領薩摩国々分寺下地幷年貢をめぐる御家人国分友貞との争いにおいて和与の運びとなったので、「早被下知(和カ)与綸旨於武家(32)」ることによって、「備後証亀鏡、為全来御年貢」

め、鎮西探題による「和与御下知」を得ようとするものであるが、その手続きとしては、綸旨を六波羅探題に発し、六波羅探題の指令を受けて鎮西探題の下知が出されるというしくみになっていたのである。

①の申状は②の菅原長宣挙状によって、王朝の裁判所へ提出された。受理の窓口が蔵人次官であることも注意される。一件は後醍醐天皇綸旨によって認可され（これを①では「和与綸旨」と称している）、旨を六波羅探題に伝えよと関東申次に下命されたのである。この命を受けて出されたのが④の西園寺実衡消息。④は六波羅探題北条貞将宛てのため、西園寺家々司による奉書形式をとった。

これを受理した六波羅探題は⑤の六波羅施行状を発し、鎮西探題北条英時に対して「綸旨・内大臣家御消息」（①②）を示して、和与一件の処置を命じたのである。かくして正中二年（一三二五）七月二十五日、「此上者不及異議、守彼状、相互可致沙汰矣者、依仰下知如件」なる鎮西下知状が探題北条英時より下されたのである（本文は長文にわたるため引用省略）。

右の一件における関係文書の動きを通して、特に鎮西探題に関して知られることは、関東申次の施行状が直接に鎮西探題に宛てられることはなかったこと、つまり、鎮西探題は管轄の上では完全に六波羅探題から独立していても、幕府官制の全体的わくぐみのなかでは旧来の所轄関係を脱していないことである。[補注7] このことは鎌倉幕府の官制上における鎮西探題の一面をよくあらわしている。また58は豊後国大野庄宇佐宮仮殿造営料に対する譴責停止についての事例であるが、60と同様のルートを通じて沙汰されたものと推測される。

五　西園寺公宗

西園寺公宗の確実な史料上の初見は、おそらく『花園天皇宸記』文保三年（一三一九）三月二十七日条の、後伏見・花園両上皇が花見岡第に御幸したとき「公宗実衡卿息小童也」らが供奉したという記事であろう。参議として公卿の仲間入りをしたのが元亨四年（一三二四）十月、(33)任権中納言が父実衡の没する一年前の正中二年十二月。公宗は嘉暦元年（一三二六）十一月の実衡没の直後関東申次の職を継いだものと思われるが、その間の事情は明らかではない。しかし関東の強い指導のもとに登場したことは容易に推測できる。『公卿補任』によれば、公宗はこのとき十七歳であった。元徳二年（一三三〇）二月、二十一歳で権大納言となったが、元弘の乱を経て、建武新政下の建武二年（一三三五）六月、謀叛を企てたとして捕らえられるまでいささかの昇進もしていない。

歴代の関東申次と比べた場合、公宗は格段に若い。しかも公宗の関東申次在任期は皇室において持明院統・大覚寺統の対立がひときわ激しさを増し、各々が別個に直接に関東へ働きかけるという状況にあり、後醍醐天皇を中心とした討幕運動も最高潮に達したから、若年の公宗にとって、錯綜する公武間の諸問題の処理は大変な重荷であったにちがいない。

さて、一覧表では63～73の十一例が確実に公宗の時期に属する。例によってまず、勅裁の欄を通覧すれば、当然ながら関東向けと六波羅探題向けとがある。関東向けは63・67・69である。67は別として、63・69は周防国分寺興行、肥後国藤崎社造営料にかかわるもので、いずれも西国の一国規模の大寺社についての勅裁という点で共通するものがある。

以下はそのうち69の肥後藤崎社についてのひとまとまりの関係文書であるが、(34)興味深い内容を含んでいるので掲出する。

①藤崎社造営料所肥後国正税段米已下事、勘解由宰相（平惟継）状副具書如此、子細見状、早可被申関東之旨、天気所候也、仍上啓如件、

元徳二
三月十二日　　　　　　　　　内蔵頭実治

謹上　春宮大夫殿（西園寺公宗）

②藤崎社造営料所肥後国正税段米已下事、綸旨副勘解由宰相状并雑掌解如此候、仍執達如件、

元徳二
三月十七日　春宮大夫公宗（西園寺）

相模守殿（北条守時）

③肥後国藤崎社造営事、綸旨副具書如此、早任被仰下之旨、可致其沙汰之状、依仰執達如件、

元徳二年五月九日　相模守御判（北条守時）

武蔵修理亮殿（北条英時）

④肥後国藤崎社造営事、綸旨・関東御教書副具書如此、任被仰下之旨、厳蜜可被致沙汰候、仍執達如件、

元徳二年八月十日　修理亮御判（北条英時）

上総掃部助殿（規矩高政）

（大宮司宛て、同日付、同内容の鎮西御教書いま一通あれども略す）

①は後醍醐天皇綸旨。藤崎社造営料所肥後国正税段米已下事についての訴を受理した朝廷が、旨を関東へ伝達するよう西園寺公宗に指示したもの。②は西園寺公宗施行状。①を受けた関東申次西園寺公宗が旨を関東に伝えたもの。③は旨を鎮西探題に伝えた関東御教書。そして④は鎮西御教書。「綸旨・関東御教書」（①③）の旨に任せて、沙汰すべきことを肥後守護規矩（北条）高政に命じたもの。

右の一件における関係文書の動きを通して注目されるのは、西園寺公宗の施行状によって伝達された勅裁を、関東が六波羅探題を介すことなく現地の鎮西探題に下命していること、つまり六波羅探題の関与を排除していることである。六波羅探題を介していない点では嘉暦二年（一三二七）の63も同様である。特に、公衡期の37（正和二年・一三一三）が長門国分寺に関すること（但し内容は狼藉停止）が六波羅探題の所轄で処置されていることと比べたとき、当該期における鎮西周辺への関東の関心の強まりをうかがいうるのではあるまいか。（補注8）

次に西園寺公宗の施行状についてみれば、五通を検出したが、慣行どおり対関東は直状、対六波羅探題は家司奉書の書式を採用している。公宗期にも、実衡期に登場した家司沙弥静悟が奉者として活躍している。なお、これまでみてきたように、関東申次西園寺氏の施行状は少なからず、沙弥号を持つ法体の者によって奉じられている。実兼第一期の観証、観悟、玄証、公衡期の玄証、静貞、そして実衡・公宗期の静悟である。主家西園寺氏の諸活動を支えた彼らの存在形態は今後ちょっと注意する必要があろうと考えている。

管見の限り、武家側への勅裁移管の最後の事例は一覧表の73に示した「近衛家文書」に収められたものである。(35)未紹介史料のようなので、以下に挙げる。(36)

「院宣」
丹波国宮田庄雑掌申大嘗会米事、左府消息副□□(解状カ)具書如此、子細見状候歟、可停止濫責之由、可被仰武家之間、
院御気色所候也、仍執達如件、

(正慶元年)(カ)
十二月二日　　　権大納言資名(日野)

謹上　西園寺大納言殿(西園寺公宗)

「武家御教書」
丹波国宮田庄雑掌申大嘗会米事、院宣・西園□(寺)大納言家御消息副解状具書如此、早任被仰下之旨、可被停止濫□　□、
仍執達如件、

正慶元年十二月廿日　　　左近将監判
越後守判

糟屋孫三郎入道殿
三尾十郎入道殿

前者は、後伏見上皇院宣。丹波国宮田庄雑掌の訴える大嘗会米のことにつき、六波羅探題に仰せて濫責を停止させる内容である。文中の「左府」とは近衛基嗣であり、当庄は近衛家の直轄領であったから、雑掌の解状(訴

状・申状）具書を添えて、庄園領主近衛家の手から王朝の裁判所に提訴されたのである。後者は、使節糟屋・三尾両名に命じて濫責を停止させようとした六波羅御教書。両文書をつなぐ西園寺の施行状（史料上の表現で言えば「西園寺大納言家御消息」。家司奉書と思われる）は現存していない。

正慶元年（一三三二）十二月といえば、畿南の山間に拠った護良親王の主導する討幕運動がいよいよ軌道に乗ったと言ってよい時期で、これより以降公武の政局は混迷の度を一層深めた。そのようなときに、関係史料が途絶しているのは決して偶然なこととは言えまい。

おわりに

本節では、鎌倉期における公武関係史研究の一環として、朝廷から幕府側へ伝えられる命令が幕府の執行機構の中をどのように伝達されていくかを、特に個々の文書の形態・機能に即して考えてみた。

その作業を通して、関東申次西園寺家の施行状は実兼のときに確立すること、関東申次の施行状を介した朝廷→幕府の交渉のしくみは早期に確定し、そして南北朝時代末期に至るまでそのわくぐみをくずさなかったこと、勅裁の施行の仕方は鎌倉幕府の官制のあり方と密接に関係していたこと、などのことがらを中心として、いくつかの知見を得ることができた。

（1）『鎌倉市史』史料編第二、昭和三十一年、四七頁。
（2）尾藤氏については、佐藤進一氏『鎌倉幕府訴訟制度の研究』（畝傍書房、昭和十八年）一〇六～八頁、岡田清一氏「御内人〝尾藤氏〟に就いて」（『武蔵野』五二―二、昭和四十九年）など参照。
（3）拙著『南北朝期　公武関係史の研究』（文献出版、昭和五十九年）第四章。
（4）管見の限り、この種の事例の終見は「長門国分寺文書」に収める、二月十六日後円融天皇綸旨である。この無年号綸旨の年次について、拙著では奉者平知輔の左少弁在任から永徳二年〜三年と推定したが（拙著、四〇三頁）、これは綸旨なのであるから永徳二年をおいてほかにない。

（5）鎌倉から京都に向けて発せられる特使（当時これを関東使とか、東使とか称した）の実例に即して言えば、鎌倉から京都への片道行程でふつう七日、最も早い場合で三日ほどの日数を要している。たとえば、藤原範季が源義経と共謀しているということを京都の北条時定のもとに知らせるために発された使者は行程三日と定められていた（『吾妻鏡』文治二年十月十六日条）。ちなみに、承久の乱の際、北条義時追討の院宣を関東へ持参した使者は、承久三年五月十五日酉刻に京都を発して、同十九日午刻に片瀬に到着、つまり三日十八時間かかったことになる（『承久記』）。これらはすこぶる早いケースである。

（6）三浦氏『日本史の研究』（岩波書店、大正十一年）第二章一「鎌倉時代の朝幕関係」。

（7）龍氏『鎌倉時代』下（春秋社、昭和三十二年）。

（8）山本氏「関東申次と鎌倉幕府」（『史学雑誌』八六―八、昭和五十二年）、梶氏「中世における公武関係――関東申次と皇位継承――」（『鎌倉』三二号、昭和五十四年）、美川氏「関東申次と院伝奏の成立と展開」（『史林』六七―三、昭和五十九年）。

（9）『史料纂集花園天皇宸記　二』二三九頁。

（10）『大日本古文書東南院文書之三』三〇九頁。

（11）注（3）所引拙著、三七三〜五頁参照。

（12）瀬野精一郎氏「鎮西における六波羅探題の権限」（『九州史研究』、昭和四十三年）参照。

（13）注（2）所引佐藤氏著書、第四章第二節参照。

（14）弘安八年十二月に「定置」かれた。『群書類従』二七輯所収。

（15）西園寺家と家司三善氏との関係については、注（7）所引龍氏著書、一七八〜八二頁参照。なお、所功氏「続類従未収本『三善氏系図』考」（『塙保己一記念論文集』所収、温故学会、昭和四十六年）参照。

（16）ここで想起されるのは、南北朝時代北朝の光厳上皇の院宣を室町幕府に伝達する今出川兼季、同実尹の施行状が家司「沙弥宣証」の奉書形式をとっている事実である。名乗りから見て、この宣証が観証・観悟と近縁関係にあることは容易に推測されよう。なお、（弘安二年）二月四日西園寺実兼御教書で奉者「沙弥観証」の肩に「西園寺大納言家祇候人右馬権頭入道」という注記が付いている（『鎌倉遺文』一八巻一三四一九号）。

（17）永島福太郎氏編『大和古文書聚英』（奈良県図書館協会、昭和十七年）二〇頁、三二・三三号文書。

（18）[1]および[2]の西園寺公衡の花押は『花押かがみ』四（東京大学史料編纂所編、昭和六十年）六三頁に西園寺公衡花押(三)(四)として収録されている。

（19）「興福寺寺務次第」（『続群書類従』四輯下）六九八頁。

（20）西園寺公衡の出家は応長元年八月二十日であるが、『徒然草』第八三段はその出家にかけて公衡の人物評を次のように記している（岩波日本古典文学大系『方丈記　徒然草』一五七頁）。

竹林院入道左大臣（西園寺公衡）殿、太政大臣にあがり給はんに何の滞りかおはせんなれども、「珍らしげなし。一上にてやみなん」とて、出家し給（ひ）にけり、

（21）この一連の文書は京都府立総合資料館編集『図録　東寺百合文書』昭和四十五年、八二～三頁（写真）および解説七九～八〇頁に載せられている。

（22）この文書名について『図録　東寺百合文書』は「伊豆前司某施行状案」とする。①の綸旨が伊豆前司宛てであることから、その名宛人が②を発給したとみなしたものと思われる。しかし、先にみたように、関東申次自身の場合を除いて、勅裁の名宛人が施行状を発給することは極めて稀と思われるから（あるいは42はその稀なケースかもしれない）、②の「在判」を伊豆前司のものとみなすことはむずかしい。

（23）三善春衡の西園寺家々司としての動向は『公衡公記』正和四年四月十九日、同六月七日、同十九日などの条に具体的にみえている。「継塵記」（三条実任の日記）文保二年（一三一八）二月二十一日条にも「伊予守春衡」がみえる（『歴代残闕日記』一〇、三一五頁）。また三善康衡は西園寺家の「家務管領之仁」と表現されている（『公衡公記』正和四年三月二十三日条）。龍粛氏は春衡について「康衡の嗣子と思われる」と記されている（注7所引龍氏著書、一八二頁）。

（24）実兼は没する直前、実衡を関東申次に指名、関東はこれを了承したことが、『花園天皇宸記』元亨二年八月二十五日条裏書にみえる次の記事によって知られる。

武家執奏事、以基仲法師使、仰関東之処、実衡卿無相違云々、又右大臣（今出川兼季）辞大将云々、入道相国（西園寺実兼）内挙実衡卿云々、誠理運歟、

（25）『公卿補任』二による。『尊卑分脈』によれば、当時三十四歳。

(26) 『花園天皇宸記』元亨四年四月二十七日条。

(27) 『徒然草』第一五二段は日野資朝と対比する形で、西園寺実衡の人物評を載せている。西大寺静然上人の「腰かがまり、眉白く、誠に徳たけたる有様」に対して内大臣西園寺実衡がいたく感じ入ったのを見た日野資朝は「年のよりたるに候」と言い放ち、後日ひどく年をとり痩せ衰え毛のはげたむく犬を「この気色尊くみえて候」と言って実衡に献上したという話。この段は同年齢（『公卿補任』による）の実衡と資朝との伝統的価値に対する考え方の違いをみごとに描き出している。

(28) 関東申次を媒介とした勅裁の幕府への伝達の様子は、記録の上では、たとえば次のような記事にうかがうことができる。『花園天皇宸記』元亨三年七月二十一〜二十二日条である。

〔二十一日条〕今日院宣遣右大将(西園寺実衡)許、是室町院御遺領事、永嘉門院(宗尊女瑞子)被訴之、仍不可有物忩沙汰之由、仰関東也、

〔二十二日条〕大将有返報、忩可仰遣関東也、

実衡は室町院領について関東へ伝達せよとの院宣を二十一日に受理、翌日請文を後宇多上皇に提出したのである。ちなみに、以下の文書は実兼のものであるが、この種の「返報」に該当するであろう（「大橋文書」、『鎌倉遺文』一七巻一二八五六号）。

興福寺訴申宗兼等之事、可配流伊豆国之由、重可申関東候、且可(得脱カ)令此御意給、仍執達如件、

(建治三年)九月十二日　　　春宮大夫(西園寺)実兼

建治三年当時、実兼は権大納言・春宮大夫。文言から見てまず関東宛てではないし、六波羅探題宛てにしては厚礼に過ぎる。おそらく亀山上皇の近仕者にあてた「返報」と見てよく、同文書に収まっている同年九月十二日藤氏長者宣（『鎌倉遺文』一七巻一二八五七号）にみえる「春宮大夫(西園寺実兼)請文」に相当しよう。

(29) 『鹿児島県史料』旧記雑録前編、五二九〜三一頁。

(30) 葉室光顕の実名「光顕」の訓みについては、『大日本古文書大徳寺文書之一』二五八頁（三二一号文書）に「はる顕」とみえており、「はるあき」と訓むべきであろう。

(31) 刊本では「静祐」となっているので、東京大学史料編纂所々蔵「薩藩旧記」巻十四を披見したところ「静語」とある。前者の「祐」は誤植、後者の「語」は誤記。正しくは「静悟」である。

(32) このような文言は、この種の申状には必ず備わっている。管見の限り、その比較的早い事例は「片山文書」弘安五年八

月日丹波和知庄雑掌申状（『鎌倉遺文』一九巻一四六八〇号）であり、西園寺家施行状の確立時期とほぼ重なっている。

(33)『花園天皇宸記』元亨四年十月三十日条。

(34)「藤崎八幡宮文書」『熊本県史料』中世編三、六三〜四頁。

(35) 東京大学史料編纂所架蔵影写本「近衛家文書」七に拠る。

(36) 外岡氏〔補注1〕所引論文中の一覧表には載せられていないが、同氏「六波羅探題と西国守護――〈両使〉をめぐって――」（『日本史研究』二六八号、昭和五十九年）の中の「表I　六波羅使節〈両使〉編年譜」に第一〇五例として、正慶元年十二月二十日六波羅御教書の存在、および両使名を示してある。

〔補注1〕　南北朝期分については注(3)所掲拙著、第四章当該項で表示している。同書刊行後、同表に付加すべき事例がいくつか見つかった。増補版を刊行できれば一番よいが、それは望み薄なので、ここで簡単に概略だけ掲出しておきたい。

①「大宮文書」一　七月二十九日《貞和五》　光厳上皇院宣
〈奉者〉左大弁宗重（中御門）／〈内容〉旨ヲ武家ニ伝ヘテ、春日社領備前国上道郡荒野一所ヲ平井七郎入道以下ノ輩ノ濫妨スルヲ尋沙汰セシム／〈宛所〉勧修寺前大納言（経顕）

②「天龍寺文書」一　(延文元年)八月十八日　西園寺実俊施行状
〈内容〉武家ヲシテ綸旨ヲ施行セシム／〈宛所〉鎌倉宰相中将（足利義詮）
○この文書は拙著三八一頁第7例の「公家施行」欄に入るべきもの。

③「松尾神社文書」（延文六年）三月二十四日後光厳天皇綸旨（『松尾大社史料集』文書編一、六〇頁）
〈奉者〉左権中将実綱（藤原）／〈内容〉松尾社領摂津国山本庄濫妨ノコトニツキ、一条前中納言（実材）ノ状ヲ示シ、武家ヲシテ、下地ヲ雑掌ニ沙汰居ヘシム／〈宛所〉右大将（西園寺実俊）

④「石清水八幡宮旧記抄所収文書」　貞治二年十一月二日　足利義詮御判御教書
〈内容〉「還補之綸旨」ヲ下サル、ニヨリ、大隅国正八幡宮領等ヲ雑掌昇清ニ渡付セシム／〈宛所〉修理大夫（斯波氏経）
○この文書は山口隼正氏「肥後国豊田荘・日向国佐土原郷のことども」（『鹿大史学』三三、昭和六十一年）にて紹介。

⑤[1]「小西康夫氏所蔵文書」　後六月十三日《応安元》　後光厳天皇綸旨

〈奉者〉右中弁宣方（中御門）／〈内容〉日吉社諸座神人酒麹売役ノコトニツキ、武家ヲシテ尋沙汰セシム／〈宛所〉民部大輔
2⃞同文書　同（応安元年）後六月十四日　西園寺実俊施行状
〈内容〉武家ヲシテ、1⃞ヲ施行セシム／〈宛所〉左馬頭（足利義満）
⑥1⃞「小西康夫氏所蔵文書」　（貞治六年～応安三年）五月一日　後光厳天皇綸旨
〈奉者〉右大弁嗣房（万里小路）／〈内容〉造酒司ノ酒麹売役催促ニツキ、山徒円寿以下輩悪行狼藉ヲ致ス。ヨリテ造酒頭中原師邦ノ申状ヲ示シ、武家ヲシテ尋沙汰セシム／〈宛所〉民部大輔
2⃞同文書　（同）五月一日　西園寺実俊施行状
〈内容〉武家ヲシテ、1⃞を施行セシム／〈宛所〉左馬頭（足利義満）
○⑤⑥は、一九八九年十一月十二日史学会大会での久留島典子氏による研究発表「中世後期造酒司酒麹役徴収について――小西康夫氏所蔵文書を中心に――」の際、配布された史料に載せられている。むろん、その後、京都市立歴史資料館に赴き、同文書の写真版を閲覧させて頂いた。
⑦「三浦和田家文書」　「応安七」十月十一日　後円融天皇綸旨（『大日本古文書　三浦家文書』三一七頁）
〈奉者〉権右中弁仲光（広橋）／〈内容〉周防国仁保庄村々地頭濫妨ノコトニツキ、武家ヲシテ、下地ヲ雑掌ニ沙汰居ヘシム／〈宛所〉民部大輔
⑧1⃞「東寺百合文書　ホ」　「応安七年」十二月二十八日　後円融天皇綸旨
〈奉者〉左中弁宣方（中御門）／〈内容〉春日社領山城国葛原新庄菊末・貞宗名ヲ塩屋入道以下輩押妨ス。興福寺学侶衆徒簽議状ヲ示シ、雑掌ヲ下地ニ沙汰居フベキコトヲ武家ニ仰遣ハシム／〈宛所〉欠
2⃞同文書　「応安七年」十二月三日　西園寺実俊施行状
〈内容〉武家ヲシテ1⃞ヲ施行セシム／〈宛所〉鎌倉宰相中将（足利義満）
⑨1⃞「近衛家文書」七　（永和元）十月七日　後円融天皇綸旨
〈奉者〉左中弁仲光（広橋）／〈内容〉丹波国宮田庄大嘗会米免除ノコトニツキ、武家ニ仰遣ハス／〈宛所〉欠
2⃞同文書　（永和元）十月十日　西園寺実俊施行状
〈内容〉武家ヲシテ、1⃞ヲ施行セシム／〈宛所〉鎌倉宰相中将（足利義満）

⑩「東寺百合文書 の」（康暦二年）三月十七日　後円融天皇綸旨
〈奉者〉左中将親雅／〈内容〉遠江国段別二疋ヲ東寺御影堂造営要脚ニ付スベキノ由ヲ武家ニ伝ヘ仰ス／〈宛所〉民部大輔

⑪「東寺文書影写外」（永徳元年）六月六日　後円融天皇綸旨（上島有氏編著『東寺文書聚英』昭和六十年　四八七号文書）。
〈奉者〉右少弁平知輔／〈内容〉東寺修理要脚トシテ越前国棟別銭一疋ヲ宛催シ、其ノ沙汰ヲ致スヤウ下知スベキコトヲ武家ニ仰セシム／〈宛所〉民部大輔

［補注2］　旧稿「鎌倉期の公武交渉関係文書について――朝廷から幕府へ――」（『金沢文庫研究』二七三、昭和五十九年）を発表したのち、筆者が気付いた関東申次および鎌倉期の公武交渉関係の論文は以下のとおりである。①西山恵子氏「関東申次をめぐって」（『京都市歴史資料館紀要』一、昭和五十九年）、②外岡慎一郎氏「鎌倉後期の公武交渉について――公武交渉文書の分析――」（『敦賀論叢』一、昭和六十二年）、③本郷和人氏「鎌倉時代の朝廷訴訟に関する一考察」（『中世の人と政治』、昭和六十三年）。

［補注3］　旧稿を発表した段階では、文字どおり倉卒の間に収集した全四十五例しか考察の対象としえなかった（旧稿一覧表）。その後、『鎌倉遺文』刊行の進行に伴い、新たな事例がみつかったのはいうまでもない。本書再録に当っては、①『鎌倉遺文』続刊によって新たに知られたもの、②その後新たに気付き、追加できたもの、③外岡慎一郎氏［補注2］所掲論文、および森幸夫氏「南北六波羅探題についての基礎的考察」（『国史学』一三三号、昭和六十二年）の両論稿に示された旧稿一覧表未収の事例、を可及的に加え、また旧稿では意図的に載せなかった具書文言に登場する例をも可能な限り含め、あわせて不適切な例を削除した（補注6参照）。

なお、右掲外岡論文の末尾に掲げられた一覧表（表Ⅰ）によって少なからざる新事例を追加することができた。ただ同氏表15の例（益永家記録）は採取の要件を具備するか否か検討を要するためはずした。

［補注4］　旧稿では『大日本古文書』の注記に従って、ひとまず嘉暦三年（一三二八）にかけておいたが、しかしこれは森幸夫氏の指摘（前掲「南北両六波羅探題についての基礎的考察」五五頁）のように、弘安五年（一二八二）とみなした方が妥当のようである。本書採録に当ってはそのように配列した。従って、同氏の指摘のようにこれが初見文書ということになる。

［補注5］　六波羅探題宛ての関東申次施行状が南北両探題のいずれに宛てられるかという問題は、［補注3］であげた森幸夫氏論文において提示された「両六波羅探題のうちのリーダー的存在」の「執権探題」の考え方によって解決できるように思う。

同氏は同論文において、筆者は「関東申次西園寺家当主の意思に基づいて、充所が北方探題、或いは南方探題となったかのように解されているようである」（同論文五五頁注20）と批判されたが、そこまで考えたわけではない。旧稿執筆の段階で収集できた事例（新一覧表16の永仁七年正月九日付西園寺実兼消息はその当時未収であった）の範囲での所見を述べたまでのことであった。

〔補注6〕　この点について、青山幹哉氏は、論文「王朝官職からみる鎌倉幕府の秩序」（『年報中世史研究』一〇、昭和六十年）において、①「王朝の官位に関係なく執権・得宗は公卿クラスとしての身分的待遇を受けていた、と言えるだろう」（同論文四四頁）と批判され、これに関連して②旧拙稿一覧表の第14例は「西園寺公衡の執権充直状ではなく六波羅充直状と理解すべきであ」ること、また同表の第12例は逆に「西園寺実兼の六波羅充直状と解釈すべきである」ことを指摘された（同論文四五〜六頁の注5）。

①についてはそう思うが、私見もそのような含みでのものであったから、本書収録にあたっては、誤解を招きがちな「（弘安礼節」）」なる字句を削除するにとどめた。また②については、確かに旧稿での扱いには問題があり、訂正の要がある。問題の第14例には「……関白消息副宗親僧正申状具書給候了、以被仰下之旨、早可申関東候、……」とあり、第12例には「……院宣副具書等賜候畢、且可被遣(ママ)武家候、……」とある。この文言の酷似、および両者ともに宛所がない点などを勘案すると、両文書は機能の面では同種の関東申次の直状であることを容易にうかがうことができる。しかし、問題はこれらが関東、六波羅探題宛てかどうかであって、筆者は、すでに本文中でも述べたように、案件の伝達を指示した朝廷に対する関東申次の請文とみておきたい。第12例の端書に「西薗寺太政入道殿御自筆」と記されていることも注意される（注28の後段参照）。従って、これらは関東申次の施行状とはみなせないと思われるので、一覧表には登載しなかった。ちなみに、第14例の文書が既刊史料集で何と命名されているかについてみれば、『大和古文書聚英』が「西園寺公衡御教書」（同書二〇頁）とし、『花押かがみ』四が「関東申次西園寺公衡書状」（同書六三頁）としている。

また、旧拙稿で指摘した、関東宛ては関東申次の直状、六波羅探題宛てには家司奉書という点について、青山氏は、この直状と奉書という差別の理由は、執権たちと六波羅探題たちとの官位に大差がない以上、それ以外のところ、すなはち、「執権・得宗」という地位に見出さなければいけないだろう。と述べている（同注）。

〔補注7〕　この記述に対して、外岡慎一郎氏は〔補注2〕所掲論文注(34)において批判を加えた。批判の内容は、綸旨が六波羅探題から鎮西探題へと施行された事実から、筆者が「鎮西探題が官制の上で六波羅探題に従属していたことを指摘」したのは「たとえば鎮西探題で裁許不能の訴訟は関東に送られたのであって、六波羅探題にではなかった」ことから疑わしい、ということと解される。

しかし、本文をよく読んで頂ければわかるように、筆者はこの施行例からただちに鎮西探題が官制の上で六波羅探題に「従属していた」などと言うつもりはない。鎮西探題で裁許不能の訴訟は関東に転送されている点は「管轄の上では完全に六波羅探題から独立してい」たという記述でカバーしているつもりである。ただ、六波羅探題──→鎮西探題という施行行為が何に依拠したのだろうかと考える時、鎮西が六波羅探題の管轄に属していたころのなごり、遺制とでもいうべきものがなおあったのではないか、といったような意味で、しかし「幕府官制の全体的わくぐみのなかでは旧来の所轄関係を脱していない」と述べたのである。

〔補注8〕　この記述に対して、外岡氏は〔補注2〕所掲論文五七頁において、「関東の鎮西周辺への関心の高まりは、鎌倉最末期の元徳二年（一三三〇）をまつまでもなく」「十三世紀にそのピークを迎えていたのであって」「実態にそぐわないようである」と批判し、その上で「やはり、指令伝達ルートの相異は訴訟内容（とそれに対応する強制執行権）の相異によると考えるべきであろう」と述べている。

もとより旧稿では関係文書の動き自体に主眼を置いたため、伝達内容への踏み込みが浅い。この点を軸にして再構成する余裕は現時点ではなく、今後の課題とするしかない。また関東の鎮西周辺への関心云々については、元徳二年になってはじめてそうなったと言っているわけではないので、今はひとまず、そのままにしておくことにしたい。

【追記】　本節は、旧稿「鎌倉期の公武交渉関係文書について──朝廷から幕府へ──」（『金沢文庫研究』第二七三号、昭和五十九年）の原形をできるだけ崩さぬよう留意し、必要なかぎりで、訂正と増補を行った。このため、以降に発表された諸論文について、本文中で論評することはできなかったが、これまた必要なかぎりで〔補注〕にてコメントを加えた。

朝廷より幕府・六波羅探題への文書伝達

	勅裁 日付	勅裁 文書名	勅裁 宛所	勅裁（備考）	関東申次の施行状 日付	関東申次の施行状 文書名	関東申次の施行状 宛所	関東申次の施行状（備考）	関東の発給文書 日付	関東の発給文書 文書名	関東の発給文書 宛所	六波羅の発給文書 日付	六波羅の発給文書 文書名	六波羅の発給文書 宛所	出典
1				〔下ノ西園寺実兼消息ノ中ニ「左大弁宰相奉書」トアリ〕	(弘安5)11・9	西園寺実兼消息(沙弥観証奉)	(北条時村)武蔵守	東大寺領伊賀国黒田庄悪党ノ事ニツキ、子細ヲ六波羅探題(北方)北条時村ニ伝フ					欠		東南院文書三
2	(弘安6)8・22	亀山上皇院宣(大宰権帥経任奉)	(西園寺実兼)春宮大夫	延暦寺執当法眼兼覚・同三綱権寺主定憲等ヲ「召遣」スベキコトヲ武家(六波羅探題、以下同ジ)ニ令ス	(弘安6)8・22	西園寺実兼消息(沙弥観証奉)	(北条時村)武蔵守	旨ヲ六波羅探題(北方)北条時村ニ伝フ					欠		公衡公記弘安六年八月二二日条
3	(正応4カ)2・11	伏見天皇綸旨(中宮亮平仲兼奉)	弾正大弼	大隅国台明寺申ス在庁篤秀已下輩ノ狼藉ヲ関東ニ申サシム		欠				欠			?		台明寺文書

4	永仁四年三月日大和国宇陀神戸竹庄領主摂津親景代承経重申状の副進文書目録ニ「一通 綸旨案 正応四年四月二日……被仰武家」トアリ	欠		欠	実躬卿記嘉元四年雑記裏文書
5	欠	「正応4」9・4 西園寺実兼消息(沙弥観悟奉) (北条兼時)越後守 菅浦供御人等申ス近江国守護使船木藤二郎ノ狼藉ノコトニツキ六波羅探題(北方)北条兼時ニ伝フ		欠	菅浦文書
6	正安二年四月日東大寺衆徒等申状土代の副進文書目録ニ「一通 綸旨案 正応四年十二月十二日」トアリ	(正応4)12・13 「西園寺施行」 同副進文書目録ニ「一通 西園寺施行案 同年同月十三日」トアリ		正応5・閏6・12 六波羅御教書 同ジク「一通 六波羅召符案 同年閏六月十二日」トアリ	東大寺文書四ノ一
7	「正応5」2・7 伏見天皇綸旨(春宮亮兼仲奉) 弾正大弼 讃岐国善通寺寺僧訴申ス良田郷地頭ノ仏聖供ヲ抑留スルヲ武家ニ仰遣ハシ、尋沙汰セシム	讃岐国善通寺衆徒重申状(後欠。兼仲卿記永仁二年三月巻紙背)ノ副進文書ノ中ニ「一通 西薗寺殿御施行案」トアリ		欠	兼仲卿記永仁二年二月巻紙背
8	(正応5カ)10・25 伏見天皇綸旨(春宮大進仲親奉) 弾正大弼 元興寺領播磨国穂積庄ノ春日神人殺害ニヨル社家大訴ノ旨ヲ武家ニ仰遣ハシ、尋沙汰セシム	欠		欠	春日大社文書

9	「永仁元」10・7	後深草上皇院宣(親頼奉)	伊予守	御祈願所歓喜寺申ス紀伊国和佐庄内箕田村ノコトニツキ、武家ニ仰遣ハシ沙汰ヲ致サシム	「永仁元」10・12	西園寺実兼消息(前越前守師衡奉)	(北条久時)刑部少輔	旨ヲ六波羅探題(北方)北条久時ニ伝フ(『鎌倉遺文』ハ本文ノ「前太政大臣」ニ鷹司基忠ヲ比定スレドモ、西園寺実兼ノ誤リ)		欠				歓喜寺文書
10	(永仁2)8・18	後深草上皇院宣(大宰権帥経任奉)	今出川	神護寺領丹波国吉富庄雑掌道性申ス小野細河御作手等狼藉ノコトニツキ武家ニ仰遣ハス	(永仁2)8・23	西園寺実兼消息(前越前守師衡奉)	(北条久時)刑部少輔	旨ヲ六波羅探題(北方)北条久時ニ伝フ		欠				神護寺文書
11	(永仁4)4・7	伏見天皇綸旨(兵部卿光泰奉)	弾正大弼	東寺領大和国平野殿庄雑掌訴申ス当庄土民等ノ下知違背・寺用抑留ヲ武家ニ仰遣ハシ、尋沙汰セシム	(永仁4)4・9	西園寺実兼消息(左京権大夫師衡奉)	(北条久時)越後守	旨ヲ六波羅探題(北方)北条久時ニ伝フ		永仁4・6・6	六波羅御教書(北条久時・盛房連署)	深栖八郎蔵人	「綸旨・西園寺前太政大臣家御消息」ヲ示シ、彼ノ土民等ヲ催上ゲシム	東寺百合文書と
12	「永仁4」8・17	伏見天皇綸旨(兵部卿光泰奉)	弾正大弼	蔵人所供御人等申ス近江国大浦庄住人等ノ狼藉ノコトニツキ武家ニ仰遣ハス	欠					永仁4・9・7	六波羅下知状(北条兼時・盛房連署)	欠	旨ヲ伝ヘ、明申サシム	菅浦文書

13	14	15	16	17
「永仁4」11・11 伏見天皇綸旨（左衛門権佐定資奉） 弾正大弼 横川霊山院聖寂真申ス召功ノコトニツキ関東ニ申サシム	〔永仁五年九月日東大寺学侶等申状案ノ副進文書目録ニ「一通綸旨案当年二月五日」トアリ〕	欠	（永仁6）12・2□ 伏見上皇院宣（左衛門権佐光方奉） 弾正大弼 東寺領大和国平野殿庄ニオケル土民等ノ狼藉ヲ誡メンガタメ、武家ニ仰セシム	「正安4」3・24 後宇多上皇院宣（按察使頼藤奉） 伊予守 丹波国宮田庄雑掌申ス同国大山庄地頭中沢基員ノ大嘗会米ト称シ濫責スルヲ停ムベキコトヲ武家ニ仰セシム
欠	〔同ジク「一通西園寺施行状案同日」トアリ〕	欠	（永仁7）1・9 西園寺実兼消息（左京権大夫師衡奉） （北条宗宣）上野前司 旨ヲ六波羅探題（南方）ニ伝フ	「正安4」3・25 西園寺実兼消息（沙弥玄證奉） （北条基時）陸奥左馬助 旨ヲ六波羅探題（北方）ニ伝フ（端裏ニ「西園寺家御施行案」トアリ）
欠	？			
	欠	永仁6・5・13 六波羅御教書（北条宗方・宗宣奉） 塩津地頭 蔵人所近江国菅浦供御人等申ス漁ノ事ニツキ、「綸旨并前太政大臣（実兼）家御消息」ヲ示シ、明申サシム	欠	正安4・4・7 六波羅施行状（北条基時署判） 中沢三郎左衛門尉 「院宣・西園寺殿御消息」ヲ示シ、「先例不進済」ヲ存知セシム
来迎寺文書	東大寺文書四ノ十三	菅浦文書	東寺百合文書ネ	近衛家文書七

18	(嘉元2)8・6	伏見上皇院宣(為方奉)	伊予守	将軍御著服ノコトニツキ、庁調置御素服ヲ関東ニ進ムベキコトヲ武家ニ仰遣ハス	欠		欠	公衡公記所収、嘉元二年後深草院崩御記
19	(嘉元3)9・15	後宇多上皇院宣(右中弁経世奉)	伊豆守	亀山院御葬礼明後日十七日タリ、辻々并法華堂門前守護ノ事ヲ武家ニ仰遣ハス	欠		欠	亀山院崩後仏事記
20	(嘉元4)7・22	後宇多上皇院宣(右衛門督定房奉)	伊豆守	興福寺申ス和泉国木津木守春日社祢宜等ノ罪科ノ糺明ニツキ関東ニ申シ沙汰ヲ致サシム	欠	欠	?	大宮文書
21	(嘉元4)7・22	後宇多上皇院宣(右衛門督定房奉)	伊豆守	興福寺申ス遠流寺僧赦免ノコトニツキ、「関白消息」ヲ示シ関東ニ申サシム	欠	欠	?	大宮文書
22	(嘉元4)7・22	後宇多上皇院宣(右衛門督定房奉)	伊豆守	興福寺申ス大和国住人政康跡地頭職ノコトニツキ、「関白消息」ヲ示シ関東ニ申サシム	欠	欠	?	大宮文書

23	(嘉元4) 7・22	後宇多上皇院宣(右衛門督定房奉)	伊豆守	興福寺申ス西院菩提院衆徒厚免ノコトニツキ、「関白消息」ヲ示シ関東ニ申サシム	欠	欠	?	大宮文書
24	(嘉元4) 7・22	後宇多上皇院宣(右衛門督定房奉)	伊豆守	春日社禰宜十一人厚免ノコトニツキ、「関白消息」ヲ示シ、関東ニ申サシム	欠	欠	?	大宮文書
25	(嘉元4) 7・22	後宇多上皇院宣(右衛門督定房奉)	伊豆守	興福寺申ス伊賀国河合郷土作地頭代実忠ノ春日社禰宜殺害刃傷ノコトニツキ、「関白消息」ヲ示シ、武家ニ申サシム	欠		欠	大宮文書
26	(嘉元4) 7・22	後宇多上皇院宣(右衛門督定房奉)	伊豆守	興福寺申ス武家使者ノ大和国入部ノコトニツキ、「関白消息」ヲ示シ、武家ニ申サシム	欠		欠	大宮文書

27	(嘉元4)7・22 後宇多上皇院宣(右衛門督定房奉) 伊豆守 興福寺申ス春日社領摂津国垂水牧内榎坂村住人助村与党等ノ禰宜殺害ノコトニツキ、「関白消息」ヲ示シ、誡沙汰スベキコトヲ武家ニ仰サシム	欠		欠	大宮文書
28	(徳治3)6・10 後宇多上皇院宣(光方奉) 伊予守 長門国厚狭郡松嶽寺々僧申ス同国厚保地頭朝尚ノ当寺免田内北坂本沓野開発田并同荒野ヲ濫妨スルヲ停メシメンコトヲ武家ニ仰遣ハス	〔下ノ六波羅探題金沢貞顕書状ノ中ニ「西園寺家御消息」トアリ〕		徳治3・9・27 六波羅探題北条貞顕書状 近江守 「院宣・西園寺家御消息」ヲ示シ、尋沙汰セシム	防長風土注進案一六
29	(延慶元)12・22 伏見上皇院宣(平経親奉) 伊豆守 建長・円覚両寺定額寺タルベキコト宣下アリ、官符二通ヲ召遣サル由ヲ関東ニ申サシム	(延慶元)12・23 西園寺公衡施行状(直状) 旨ヲ関東ニ伝フ	欠		円覚寺文書
30	(延慶2)1・23 伏見上皇院宣(頼藤奉) 伊豆前司 西大寺慈真ノ請ニ依リ、敦賀津升米ノ違乱ヲ停ムベキコトヲ関東ニ伝ヘシム	(延慶2)1・24 西園寺公衡施行状(直状) (北条師時)相模守 旨ヲ関東ニ伝フ(端書ニ「西園寺殿御施行案」トアリ)	延慶2・3・14 関東御教書(北条師時・宗宣連署) (北条貞房)越前前司 院宣ニ任セ、沙汰セシム(端書ニ「関東御施行案」トアリ)	延慶2・4・23 六波羅下知状(北条貞房署判) 越前国守護代 「去三月十四日関東御教書」ニ任セ沙汰セシム(端書ニ「六波羅殿御施行案」トアリ)	西大寺文書

番号	日付	文書	宛所	内容	日付	文書	宛所	内容		日付	文書	宛所	内容	出典
31	「延慶2」12・24	伏見上皇院宣（平経親奉）	伊豆守	摂津国経嶋升米ノコトニツキ関東ニ申シ施行セシム	欠				欠					東大寺文書
32	（延慶3）10・23	伏見上皇院宣（経守奉）	（前脱カ）伊豆守	高野山大塔修営料所淀関升米半分ノ事、当年ヨリ十ケ年ヲ限リカノ足ニ充テラルコトヲ関東ニ伝ヘテ下知セシム	欠				欠					高野山文書
33	「延慶4」4・27	伏見上皇院宣（兵部権大輔頼定奉）	伊豆守	北野宮寺申ス紅梅殿在地人等ノ狼藉ニツキ、慈順僧正申状ヲ示シ、子細ヲ武家ニ仰遣ハス	「同」4・29	西園寺公衡消息（沙弥某奉）	（北条貞顕）右馬権頭	旨ヲ六波羅探題（北方）北条貞顕ニ伝フ		?				北野天満宮史料古記録、紅梅殿社記録
34	（応長元）6・28	伏見上皇院宣（兵部権大輔頼定奉）	伊豆守	紅梅殿在地人等ノ狼藉ニツキ、慈順僧正状ヲ示シ、子細ヲ武家ニ仰遣ハス	（応長元）6・29	西園寺公衡消息（沙弥玄證奉）	（北条貞顕）越後前司	旨ヲ六波羅探題（北方）北条貞顕ニ伝フ		応長2・2・17	六波羅御教書（北条時敦・貞顕連署）	海老名弥五郎	交名輩ヲ召進メシム（いま一通加地宝丸宛てのものあり）	同右
35	「応長元」7・20	伏見上皇院宣（爲行奉）	伊豆守	和泉国大鳥庄中分ノ事ニツキ、光景法師状ヲ示シ、武家ニ仰遣ハス	（応長元）7・21	西園寺公衡消息		「中御門前中納言（為行）奉書如此」（下ノ応長元・8・12六波羅下知状に引用）		応長元・8・12	六波羅下知状（北条時敦・貞顕連署）		和与ヲ守ラシム	田代文書

36	「正和2」4・12 伏見上皇院宣（平経親奉） 伊豆前司 丹後国大内庄預所職ノコトニツキ道円申状ヲ示シ、関東ニ仰セシム	（正和2）4・23 西園寺公衡施行状（直状） 相模守（北条熙時） 旨ヲ関東ニ伝フ	正和2・5・16 関東御教書（北条熙時署判） 武蔵守（貞顕）越後守（時敦） 同庄ニオケル地頭代已下ノ濫妨狼藉ヲ停メ、院宣ニ任セ下地ヲ雑掌ニ渡付セシム	正和3・2・26 六波羅施行状（北条貞顕・時敦連署） 提五郎 矢部孫次郎入道ト共ニ、「去年五月十六日関東御教書」ニ任セテ下地ヲ雑掌ニ渡付セシム	東寺百合文書ホ
37	（正和2）6・23 伏見上皇院宣（大宰権帥頼藤奉） 前民部権大輔 長門国々分寺申ス増円弁富成地頭伊与房・同国守護被官大進房以下輩等ノ狼藉ニツキ武家ニ仰遣ハシテ尋沙汰セシム	欠		欠	長門国分寺文書
38	（正和2）9・14 伏見上皇院宣（吉田定房奉） 伊予守 山城国拝志庄雑掌申ス当庄百姓□□男以下輩ノ狼藉ニツキ武家ニ仰遣ハシテ誡沙汰セシム	欠		欠	白川本東寺文書五 東寺百合文書レ
39	欠	欠	正和3・10・10 関東御教書（北条熙時署判） 武蔵守（貞顕）越後守（時敦） 八幡宮大山崎神人等申ス内殿御燈油料胡麻等諸関所津料ノコトニツキ院宣ニ任セ煩ヲ停止セシム	正和3・12・7 六波羅下知状（北条時敦署判） 「今年十月十日関東御教書」ニ任セ、諸関ノ煩ヲ停止セシム	離宮八幡宮文書

40				〔下ノ西園寺公衡消息ノ中ニ「二条前中納言奉書」トアリ〕	(正和2カ)2・28	西園寺公衡消息(沙弥静貞(カ)奉)	(北条貞顕)武蔵守	長門国々分寺申ス増円幷ビニ当国府住人覚妙、富成地頭伊予房以下輩ノ狼藉ノコトニツキ、旨ヲ六波羅探題(北方)ニ伝フ(端裏ニ「□(西)園寺入道左大臣家御消息」トアリ)		欠	長門国分寺文書
41	(正和4)5・25	後伏見上皇院宣(春宮大夫師信奉)	今出川	東寺領尾張国大成庄ニオケル濫妨ニツキ、武家ニ仰遣ハシテ尋沙汰セシム	欠					欠	東寺百合文書ゐ
42	「正和4」11・6	後伏見上皇院宣(経継奉)	伊予守	南禅寺領播磨国矢野別名雑掌申ス範家法師以下輩ノ狼藉ニツキ、武家ニ仰遣ハシ、炳誡ヲ加ヘ雑掌ニ庄家ヲ沙汰居ヘシム	(正和4)11・11	西園寺実兼消息(前伊予守春衡奉)	(北条維貞)陸奥守	旨ヲ六波羅探題(南方)北条維貞ニ仰ス		欠	東寺百合文書ヲ
43				〔下ノ消息ニ「春宮大夫奉書」トアリ〕	(正和4)12・28	西園寺実兼消息(前伊予守春衡奉)	(北条維貞)陸奥守	長門国々分寺僧侶申ス増円謀書ノコトニツキ、六波羅探題(南方)北条維貞ニ仰ス(端裏ニ「西園寺入道太政大臣家消息」トアリ)		欠	長門国分寺文書

44	(正和5)4・18	後伏見上皇院宣(按察使頼藤奉)	(伊予カ)前司	兵庫嶋関ヲ新関トシテ停廃スルヲ閣レンコトヲ武家ニ仰遣ハス	欠		欠	東大寺文書
45	「正和5」6・24	後伏見上皇院宣(按察使頼藤奉)	伊予前司	播磨国平野庄悪党ノ濫吹ニツキ重ネテ武家ニ仰セテ急速ニ誡沙汰セシム	欠		欠	東大寺文書四ノ二十七
46	(ママ)「文保2」5・28	後宇多上皇院宣(権右中将公躬奉)	前伊予守	尾張国立石御厨ニオケル地頭代以下ノ所務濫妨ヲ止メシメンガタメ武家ニ仰遣ハス	欠		欠	醍醐寺文書二
47	(年未詳)11・7	後宇多上皇(カ)院宣(為行奉)	伊予前司	高野山伝法会料所紀伊国南部庄地頭ノ抑留ヲ武家ニ仰遣ハス	欠		欠	高野山文書二
48	(元応2カ)2・22	後宇多上皇院宣(権大納言定房奉)	(西園寺)北山	高野山大塔不断行法料備後国大田庄申ス当国悪党覚寿以下輩ノ狼藉ニツキ武家ニ仰遣ハシテ誡沙汰セシム	欠		欠	高野山御影堂文書

番号	年月日	文書	宛所	内容	年月日	文書	宛所	内容			出典
49	(元応2)3・10	後宇多上皇院宣(権大納言定房奉)	北山	高野山衆徒申ス備後国守護悪行ノコトニツキ武家ニ仰遣シテ厳密ニ殊ニ尋沙汰セシム	欠					欠	高野山御影堂文書
50	「元応2」3・15	後宇多上皇院宣(権大納言定房奉)	北山	紀伊国南部庄ニオケル地頭ノ年貢抑留ノコトニツキ武家ニ仰遣ハス	欠					欠	高野山文書二
51	「元応2」6・6	後宇多上皇院宣(有忠奉)	持明院前中将	東大寺八幡宮神輿帰坐ノトキ東寺警固ヲ致スベキコトヲ武家ニ仰セシム	「元応2」6・6	西園寺実兼消息(前伊予守春衡奉)	(北条維貞)陸奥守	旨ヲ六波羅探題(南方)北条維貞ニ伝フ		欠	東寺百合文書ヰ

52	(元応2)6・26 後宇多上皇院宣(権大納言定房奉) 北山 播磨国福泊嶋修固ノコトニツキ関東ニ申サシム	欠	欠		福智院家古文書
53	「元応2」10・6 後宇多上皇院宣(権大納言定房奉) 北山 高野山衆徒申ス備後国守護ノ悪行ニツキ武家ニ仰遣ハシ、尋沙汰セシム	欠		欠	高野山文書一
54	「元応2」11・11 後宇多上皇院宣(権大納言定房奉) 北山 高野山蓮花乗院領紀伊国南部庄地頭ノ年貢抑留ノコトニツキ武家ニ仰セシム	欠		欠	高野山文書二
55	欠	欠		元亨元・4・10 六波羅御教書(北条維貞署判) 吉谷五郎 南禅寺雑掌覚賢申ス加賀国山内庄地頭吉谷五郎子息虎犬丸ノ寺領得橋郷内佐羅村ニオケル狼藉ノ由ニツキ、「院宣・西園寺入道太政大臣家御消息」ヲ示シ、虎犬丸ヲ催上ゲシム	南禅寺文書
56	「元亨元」8・28 後宇多上皇院宣(定房奉) 北山 金剛峯寺申ス南部庄地頭ノ年貢抑留ノコトヲ武家ニ仰遣ハス	欠		欠	高野山文書二

57	(元亨3カ)5・12 後醍醐天皇綸旨(権中将宗平奉) (西園寺実衡)右大将 安楽寺領薩摩国々分寺友貞濫妨ノコトニツキ武家ニ仰遣ハシテ尋沙汰セシム	欠		欠	薩藩旧記雑録
58	欠	「元亨3」5・28 西園寺実衡消息(沙弥静悟奉) (北条維貞)陸奥守 豊後国大野庄宇佐宮仮殿造営料譴責ニツイテノ勅裁ヲ六波羅探題(南方)北条維貞ニ伝フ		欠	京大国史研究室所蔵田中繁三文書
59	(元亨3)8・2 後醍醐天皇綸旨(勘解由次官季房奉) (西園寺実衡)右大将 長門国松嶽寺々僧申ス当寺領地頭濫妨ノコトニツキ武家ニ仰遣ハシ、尋沙汰セシム	(元亨3)8・6 西園寺実衡消息(沙弥静悟奉) (北条維貞)陸奥守 旨ヲ六波羅探題ニ伝フ(下ノ六波羅施行状ニ「右大将家御消息」トアリ)		元亨3・8・13 六波羅施行状(北条維貞・範貞連署) (北条時直)上野前司 「綸旨・右大将家御消息」ヲ示シ之ヲ施行セシム	防長風土注進案一六
60	(正中2)3・2 後醍醐天皇綸旨(勘解由次官光顕奉) 欠 安楽寺領薩摩国々分寺和与ノコトニツキ武家ニ仰遣ハス	(正中2)3・3 西園寺実衡消息(沙弥静悟奉) (北条貞将)越後前司 旨ヲ六波羅探題(南方)北条貞将ニ伝フ(同文書、正中二年七月廿五日鎮西下知状ニ「同三日西薗寺家御消息」トアリ)		正中2・3・13 六波羅施行状(北条貞将・範貞連署) (北条英時)武蔵修理亮 「綸旨・内大臣御消息」ヲ示シ、之ヲ施行セシム	薩藩旧記雑録

61	「嘉暦元」10・14	後醍醐天皇綸旨(左大弁資房奉)	伊予守	尾張国立石御厨ニオケル地頭代以下輩ノ濫妨ヲ武家ニ仰遣ハシ、尋沙汰セシム	醍醐寺文書二
		欠			
		欠			
62				元弘二年三月日東大寺衆徒等申状土代ノ副進文書目録ニ「一通綸旨案 嘉暦元年十一月二日被下勅進上人了、同三日被進関東了」トアリ	東大寺文書『神戸市史』資料一
				同ジク「一通関東御施行案 同年十二月廿一日自明年可被延年紀由事」トアリ	
				同ジク「一通六波羅施行同二年正月十日」トアリ	
63	(嘉暦2)4・19	後醍醐天皇綸旨(左大弁資房奉)	(公宗)西園寺中納言	周防国分寺興行ノコトニツキ関東ニ仰ス	周防国分寺文書
	(嘉暦2)4・22	西園寺公宗施行状(直状)	(北条守時)相模守	旨ヲ関東ニ伝フ	
	元徳2・11・6	関東御教書(北条守時・茂時連署)	本上人御房	綸旨ニ任セ興行沙汰ヲ致サシム	
64	(嘉暦3カ)10・14	後醍醐天皇綸旨(参議惟継奉)	(西園寺公宗)春宮大夫	東大寺衆徒申ス伊賀国黒田庄悪党ノ流刑ニツキ武家ニ仰遣ハス	東大寺文書十
		欠			
		欠			
65	「嘉暦3」12・25	後醍醐天皇綸旨(勘解由次官冬長奉)	春宮大夫	春日社禰宜守職申ス備前国上道郡荒野覚法以下輩ノ濫妨ノコトニツキ、武家ニ仰セテ守職ニ沙汰居ヘシム	大宮文書三
	「同」12・26	西園寺公宗消息(沙弥静悟奉)	(北条貞将)武蔵守	旨ヲ六波羅探題(南方)北条貞将ニ伝フ	
	嘉暦4・1・20	六波羅施行状(北条貞将・範貞連署)	伊賀左衛門二郎 頓宮六郎三郎入道	論所ヲ守職ニ沙汰付ケシム	

66	(嘉暦4) 3・29	後醍醐天皇綸旨(左中弁季房奉)	春宮大夫	近江国菅浦惣官供御人等申ス守護代已下輩狼藉ノコトニツキ武家ニ仰遣ハシ、尋沙汰セシム	(嘉暦4) 3・30	西園寺公宗消息(沙弥静悟奉)	(北条貞将)武蔵守	旨ヲ六波羅探題ニ伝フ					嘉暦4・5・5	六波羅施行状(北条貞将・仲時連署)	佐々木三郎右衛門尉	「綸旨・西園寺家御消息」ヲ示シ、狼藉輩ヲ催上ゲシム	菅浦文書
67	(元徳元～2) 7・20	後醍醐天皇綸旨(右少弁冬長奉)	春宮大夫	南禅寺住持トシテ元翁上人御請ノ由ヲ関東ニ申サシム	欠				欠								永保寺文書
68	(元徳元～2) 7・26	後醍醐天皇綸旨(右少弁冬長奉)	春宮大夫	最勝光院領肥前国松浦庄地頭ノ寺用抑留ヲ武家ニ仰遣ハシ、尋沙汰セシム	欠								欠				東寺百合文書ナ
69	「元徳2」 3・12	後醍醐天皇綸旨(内蔵頭実治奉)	春宮大夫	肥後国藤崎社造営料所同国正税段米已下ノコトニツキ、関東ニ申サシム	(元徳2) 3・17	西園寺公宗施行状(直状)	(北条守時)相模守	旨ヲ関東ニ伝フ	元徳2・5・9	関東御教書(北条守時署判)	(北条英時)武蔵修理亮	旨ヲ鎮西探題北条英時ニ伝ヘ、綸旨ニ任セ沙汰ヲ致サシム					藤崎八幡宮文書

	70	71	72	73
	「元徳3」7・27	「元徳3」7・27	紀伊国高家庄文書目録ノ中ニ「一通重院宣(正慶元)同年八月十六〔四〕日」トアリ	(正慶元)12・2(カ)
	後醍醐天皇綸旨(左少弁宣明奉)	後醍醐天皇綸旨(左少弁宣明奉)		後伏見上皇院宣(権大納言資名奉)
	春宮大夫	春宮大夫		西園寺大納言(公宗)
	最勝光院領肥後国神倉庄ニオケル前雑掌ノ濫妨ヲ停メ、下地ヲ雑掌ニ付クベキコトヲ武家ニ仰遣ハス	最勝光院領肥前国松浦庄地頭ノ寺用抑留ヲ武家ニ仰遣ハシ、尋沙汰セシム		丹波国宮田庄雑掌申ス大嘗会米ノコトニツキ、武家ニ仰セテ濫責ヲ停止セシム
	欠	(元徳3)8・15	同目録ノ中ニ「一通西園寺家御施行同年八月十六日」トアリ	欠
		西園寺公宗消息(沙弥静悟奉)		
		(北条仲時)越後守		
		旨ヲ六波羅探題(北方)北条仲時ニ伝フ		
			?	
	欠	欠	?	正慶元・12・20
				六波羅施行状(北条仲時・時益連署)
				糟屋孫三郎入道 三尾十郎入道
				「院宣・西園寺大納言家御消息」ヲ示シ、早ク濫責ヲ停止セシム
	東寺百合文書サ	東寺百合文書ナ 東寺文書楽	大徳寺文書	近衛家文書 七

第四節　関東申次施行状の成立

はじめに

すでに本章第三節で、鎌倉時代の公武交渉（朝廷→幕府・六波羅の方向）に関東申次の施行状[1]が重要な役割を果たしたことを述べた。それは勅裁を鎌倉幕府の執行機構の上にのせ、その機構を作動させるためのキーとしての役目を果たした。いわば王朝を幕府につなぐ重要な文書であったわけである。

そこで、現在知られている関東申次施行状のもっとも早い事例といえば、『東南院文書』に収められた以下のものである。

東大寺領伊賀国黒田庄悪党事、左大弁宰相奉書副具書如此、子細見状候歟之由、春宮大夫殿可申之旨候也、恐々謹言、

十一月九日　　沙弥観証奉

謹上　武蔵守殿

この文書、年次が記されていないが、弘安五年（一二八二）と考えられる。[2] 従って、文中の「左大弁宰相」は

吉田経長（時に造東大寺長官）、「春宮大夫」は権大納言西園寺実兼、「武蔵守」は六波羅北方探題北条時村である。この文書は、東大寺領伊賀国黒田庄悪党のことについての亀山上皇院宣を六波羅探題に伝達する関東申次西園寺家々司の奉書ということになる。

これもすでに指摘したことだが、勅裁たる綸旨・院宣を受けた関東申次は、それが幕府向けであるときは直状の施行状を用い、またそれが六波羅探題向けであるときは右記のような家司の奉書を用いるというぐあいに、宛て先によって文書の様式を区別した。[3] つまり、勅裁を武家側（幕府・六波羅探題）に伝達する役目を果たしたのが、西園寺家の発するこのような文書であった。当時それらが何と称されたかについてみれば、関東申次の直状は「西園寺殿（家）御施行」[4]、そして家司の奉書は同様、あるいは「西園寺殿（家）御消息」[5]と記された実例がある。文書の呼称は異なっても、勅裁を「施行」する機能を果たした点は同じである。本節では双方を一括して関東申次施行状と称することにする。

他方、右のような文書発給の順序を記録の中の文言によって表わすならば、その一例として『公衡公記』正和四年（一三一五）三月十六日条の記事を挙げることができる。

天晴、治部卿奉書到来、炎上事被驚思食之由、可申関東之旨、新院御気色云々、書副愚状申関東了、遣武家
（中略）大学寺殿(覚)院宣定房(吉田)卿・法皇院宣経親(平)卿等同到来、皆遣武家了、今度不及勅使也、

この日記の記主西園寺公衡は当時関東申次の職務にあった。「治部卿奉書」とは鎌倉大火を見舞う内容の後伏見上皇院宣（奉者が治部卿日野俊光）。これを受けた西園寺公衡は「愚状」、すなわち自身の施行状（直状と考えられる）を付して関東、すなわち鎌倉幕府に宛てて転送した。「遣武家」とは、六波羅探題を通したことを意味する。また、「大学寺殿(覚)院宣」とは後宇多上皇院宣、「法皇院宣」とは伏見法皇院宣であって、それぞれの割注の公卿名は院宣の奉者の名である。西園寺公衡はこの二通の院宣をも一緒に六波羅探題に宛てて転送したのである。こ

の記事はまさに関東申次による施行が制度化し、そのルールに従って文書がごく自然に動く様をよく指し示している。関東申次は持明院・大覚寺両統より公的に幕府側に宛てられる文書の伝達を一括して担当したのである。

本節では、そのような関東申次施行状がどのようにして、またどのような過程を経て成立したかを考えてみたいが、右のように、その現時点での初見（むろん今後の調査・研究によって遡る可能性はある）が弘安五年のものであることをまず念頭に置く必要がある。

関東申次施行状の成立

西園寺実氏が幕府の強い要請によって正式に関東申次に任命されたのは、寛元四年（一二四六）十月であった（『葉黄記』同月十三日条）。むろんそこに到達するまでには、西園寺家と鎌倉幕府との間の長期にわたる地道な交渉の過程があるわけだが、ここではふれない。

現在知られている史料によるかぎり、関東申次施行状を媒介とした公武間の文書伝達の方式は、弘安年間以降になって一般化するが、ではそれ以前にあってはどのように行っていたのであろうか。そのような観点から、関係史料を検索してみると、以下のようなものが目につく。

①「東大寺要録」巻第二（東大寺図書館所蔵本による）(6)

[1]「院宣案」東大寺衆徒訴申伊賀国河波・広瀬両庄地頭職事、解状副証文案如此、任道理、可令成敗之由、可令仰遣関東者、

依御気色執達如件、

二月十日　　宗行奉

謹上　右大将殿

[2]「権大夫請文」東大寺衆徒申伊賀国河波・広瀬両庄事、任院宣幷寺解之旨、令停止広綱地頭職候了、下知状所被付使者候也、
以此旨可令披露給候、義時恐惶謹言、

四月十七日　　右京権大夫平在判　上

[3]「右大将書状案」東大寺衆徒申河波・広瀬地頭間事、義時朝臣請文如此、停止地頭之条、神妙候、可令計披露給、謹言、

五月廿日　　右大将在判

中納言殿

[4]「院宣案」河波・広瀬庄地頭事、義時朝臣請文幷右大将書状如此、令停止地頭、存其旨可令下知給者、依院宣執達如件、

六月一日　　在判

謹上　東大寺別当法印御房

②「天台座主記」巻三(7)

[1]日吉社小五月馬上事、社解如此、所行之旨太以奇怪、早任先例、付主人幷縁者境界可全責催、而対捍者任社
解召禁其身、可令没収所領等之由、可令下知広綱給者、依御気色、上啓如件、

（承久三年）四月八日　　宗行奉

謹上　（西園寺公経）右大将殿

[2]右方馬上聊依違乱事候、被経　奏聞之処、申請被下　院宣候了、此上社家任申請候之旨、寺牒可被成候也、
寺家使同随申請、可令沙汰下給之旨、御気色所候也、仍執達如件、

四月八日　　承栄奉

謹上　執当法眼御房

③「疋田家本　離宮八幡宮文書」(8)

[1]八幡宮寺申、山崎神人訴申条々事、社解如此、任申請旨、悉可令下知之由、可被仰遣武家者、依　天気上啓
如件、
「寛喜元」十二月廿一日　　治部卿親長奉
謹上　二条大納言殿

[2]八幡宮寺申、山崎神人等訴事、綸旨副訴状等如此、可被□下知者、依　殿下御気色執達如件、
「寛喜元」十二月廿五日　　権中納言在判
(北条時氏)修理権亮殿

④『吾妻鏡』仁治二年正月十九日条(9)

[1]群盗可相鎮間事、任関東申状、可致其沙汰之由、可被仰遣武家之旨、摂政殿御消息候也、仍上啓如件、
(仁治元年)十二月十三日　　右大弁経光
謹上　堀河中納言殿

[2]群盗可被相鎮間事、綸旨如此、殊可致其沙汰之由、被仰使庁候畢、可令存其旨給之状、所被仰下候也、仍
執達如件、
(同)十二月廿三日　　権中納言親俊
(北条重時)相模守殿

⑤『高野山文書』又続宝簡集百十一(10)

高野山衆徒背行遍僧正、閇門戸間事、年預源誉度々申状副衆徒奏状等先度遣武家候了、令申仁和寺宮之趣者、開門
戸令勤行法之由也、尤爲穏便之儀、而付定副(嗣)之奏状者、其人雖同其意、水火真偽、尤御不審、差遣使者、尋究
満山之所存、兼又不可致自由狼藉之由、可仰含之旨、可被仰遣武家者、院宣如此、仍左兵衛督定副(嗣)恐惶謹言、

（宝治二年カ）五月二日　左兵衛督定副（嗣）

進上　伊与中将殿

（追而書を略す）

⑥東京大学史料編纂所所蔵「宝生院所蔵東大寺文書」（中）(11)

東大寺大勧進職事、被補円照上人候之由、可被申関東之由、院宣所候也、以□□□（此旨可カ）令□申給、経俊恐惶頓首

謹言、

（正嘉二年）十月八日　左大弁経俊

進上　弾正少弼殿

⑦『賀茂別雷神社文書』(12)

賀茂社司等申、社領丹波国（何鹿郡）私市井美作国（大庭郡）河内庄地頭公文等間事、子細見于訴状、依庄務違乱、神要欠如之条、尤以不便、可計成敗之由、可被触仰関東者、依天気言上如件、

「弘長二」正月廿六日　中宮大進□

進上　二条中納言殿

⑧「近江多賀神社文書」(13)

近江国多賀社神官等訴申、（犬上郡）八坂郷民神役対捍事、梶井僧正請文如此、任旧例可勤仕之旨、可下知之云々、可存此旨之由、可被仰遣武家者、依院宣執達如件、

（文永五年カ）三月十一日　大宰権帥経俊

謹上　（中院通頼）左衛門督殿

⑨「春日神社文書」「大橋文書」(14)

[1]興福寺学侶訴申宗兼等事、以此旨、早可申関東候、仍執達如件、

「建治三年」
八月九日　　春宮大夫実兼

②興福寺訴申宗兼等間事、可配流伊豆国之由、重可申関東候、且可令此（得脱カ）御意給、仍執達如件、
（建治三年）
九月十二日　　春宮大夫実兼

③宗兼等間事、院宣副被遣関東之院宣案幷春宮大夫請文如此、於今者、訴訟無所貽、任　院宣之旨、不日可奉帰坐神木由、長者宣所候也、可令申沙汰給、仍執啓如件、
九月十二日　　左少弁経頼
謹上　別当僧正御房（性誉）

⑩『公衡公記』弘安六年八月二十二日条

①執当法眼兼覚・権寺主法眼定意、被召遣武家候、兼覚者当時為寺務之仁、定意者差関東之使節也、然者云造意結構之輩、（云脱カ）狼藉張行之族、定令存知歟之由雖有度々勅問、更無弁申之由、是則令恐怖衆勘、非忽緒命哉、殊尋子細可注申之由、可令下知武家之旨、可被仰遣春宮大夫（西園寺実兼）、者依御気色言上如件、
八月廿二日申剋　　左中将経氏
謹上　帥殿（中御門経任）　　（追而書を略す）

②延暦寺執当法眼兼覚・同三綱権寺主定意等被召遣武家事、経氏朝臣奉書如此、子細見状候歟、仍執達如件、
八月廿二日申剋　　大宰権帥経任（中御門）奉
謹上　春宮大夫殿（西園寺実兼）

③延暦寺執当法眼兼覚・同三綱権寺主定意等被召遣由事、院宣如此、子細見状候歟之由、春宮大夫殿可申之旨候也、恐々謹言、
八月廿二日　　沙弥観証奉

謹上　武蔵守殿（北条時村）

まず①のグループから見よう。［1］〜［4］の文書は東大寺衆徒の訴える「広綱」所帯の伊賀国河波・広瀬両庄地頭職の停止の交渉に関するもので、交渉は公家から武家へ向けて開始された。内容から見て四点一連のものであることは明白だが、年次がない。そこで文書の内部徴証によって大体の時間的範囲をしぼってみれば、結論的には承久二年（一二二〇）、まさに承久の乱の前年のものと推測される。[15]［1］は東大寺衆徒による地頭職停止要請を幕府に「仰遣」わすようにとの後鳥羽上皇院宣。宛て名の「右大将」は大納言西園寺公経とみられる。［2］はくだんの地頭職を停止する「下知状」を下したことを上申した執権北条義時請文。宛て先は記されていないが、西園寺公経であろう。［3］は幕府が了承したことを「義時朝臣請文」（つまり［2］）を副えて報告した西園寺公経書状。宛て名の「中納言」は後鳥羽上皇の側近公卿の一人と思われる。あるいは［1］の奉者権中納言葉室宗行（［1］を奉じた段階では権中納言）かもしれない。さらに［4］は、［2］と［3］を副えて要求の通ったことを東大寺に伝えた後鳥羽上皇院宣である。

個々の文書の役割と伝達の経路は以上の通りであるが、おそらく［1］と［2］の間には、いま一通、西園寺公経の北条義時宛ての文書が存在したであろう。それが公経の直状だったか家司奉書だったかはわからない。当時幕府側では、承久元年に三代将軍源実朝暗殺のあとをうけて、左大臣九条道家の子息三寅（『愚管抄』に「二歳ナル若君」とみゆ）が将軍就任予定者として東下して間もなかった。今一つ、地頭職を没収された「広綱」について言えば、彼は近江源氏の一門、佐々木広綱と考えられる。[16]周知のごとく佐々木広綱は承久三年のいわゆる承久の乱では京方に与した関東御家人の一人である。反幕に踏み切ったいきさつについては考察の余地もある。

②の［1］は後鳥羽上皇院宣で、日吉小五月会馬上役勤仕の対捍者の処分を佐々木広綱に命ずるように、右大将西園寺公経に指示したもの。また［2］は天台座主（慈円）御教書で、［1］の院宣を受けたことを延暦寺執当に伝えたもの。こ

れを受けて同日付けで延暦寺政所下文[17]が出された。この下文の文言より、広綱が「検非違使所」の一員であったことが知られる。佐々木広綱への命令が西園寺公経を経由している点が注意される。

次に③について。［1］は石清水八幡宮寺が申す大山崎神人の訴申条々につき、申請の旨に任せて下知するよう武家（六波羅探題）に「仰遣」わすことを指示した後堀河天皇綸旨。また［2］は［1］の旨を六波羅探題北条時氏に伝えた殿下九条道家御教書。［2］の奉者「権中納言」は二条定高[18]と考えられ、そのことから［1］の宛て名「二条大納言」の「大」は「中」の誤りと見れば、こちらも同人と推測できよう。［2］の「殿下」とは関白九条道家であるから、その仰せを奉じた二条定高が関白家の家司であった確証はないが、それに近い立場の側近であったことは認めてよかろう。

次に④について。［1］［2］については第四章第三節で六波羅探題と使庁との関係を考えるときに詳しくふれるが（本書三三一〜三頁参照）、ここでは洛中群盗蜂起への対応策についての幕府の申し入れが王朝によって聞きいれられ、そのことが［1］の摂政近衛兼経御教書（実質的には綸旨の役割を果たしている）によって「堀河中納言」宛てに指示されたこと、「堀河中納言」とは［2］を奉じた「権中納言」藤原親俊、そして親俊が近衛兼経の「執権人」であることからみて、［2］は［1］を施行するための近衛兼経御教書（「仰下」の主体は摂政近衛兼経であろう）と考えられることを確認すればよい。

次に⑤は、高野山衆徒の閉門・不勤行法を止めさせるべく、六波羅探題より使者を同山に派遣するよう同探題に「仰遣」わせと「伊与中将」に宛てて指示した後嵯峨上皇院宣。「伊与中将」は家司と考えられるが、誰の家司か明確でない。

また⑥は、円照上人を東大寺大勧進職に補したことを幕府に伝達するよう指示した後嵯峨上皇院宣。宛て名の「弾正少弼」は家司と見られるが、誰の家司か不明確。

⑦は、賀茂社領丹波国私市庄・美作国河内庄地頭公文等の庄務違乱を「計成敗」するよう幕府に「触仰」すべきことを「二条中納言」に指示した亀山天皇綸旨。宛て名の「二条中納言」は前中納言藤原忠高（定高の子息）と考えられ、(19) すでに見た③のグループの文書との関係が注意される。

⑧は、近江国八坂郷民の神役対捍について、六波羅探題に「仰遣」わした後嵯峨上皇院宣。宛て名の左衛門督中院通頼はいかなる立場でこの院宣を受けたか明確でない。

⑨のうち[1]は、興福寺学侶の訴えによって宗兼等の流罪処分（院宣）を関東に伝達することを了承した関東申次西園寺実兼の請文。[2]は再度の請文。また[3]は院宣による処分内容を伝え、神木の帰坐を催促した興福寺別当宛ての藤氏長者鷹司兼平宣。西園寺家宛ての院宣、それに西園寺家から関東に宛てられた施行状も本来あったはずだが、現在知られていない。

最後の⑩の背景的事情は以下のとおりである。弘安六年（一二八三）正月、延暦寺衆徒が天王寺別当職を獲得すべく神輿を奉じて入洛し、狼藉に及んだ。その張本・下手人を特定し逮捕するために、延暦寺執当兼覚と同三綱権寺主定意とを六波羅探題に召し出して、尋問することになった。兼覚は「当時寺務之仁」、また定意は関東に一件を訴えるために使節になった者で、内情に詳しい当事者と目されたからである（このことについては本書八九〜九〇頁でもふれたところがある）。まず[1]は兼覚と定意の召し出しを六波羅探題に命ぜよという上皇の意を関東申次西園寺実兼に伝えよという内容の亀山上皇院宣（[2]の中では「経氏朝臣奉書」と記されている）。宛て名の大宰帥中御門経任は亀山上皇の院執権と考えられる（宮内庁書陵部所蔵「洞院家廿巻部類」十五所収「御代々執事」）。[2]は[1]を西園寺実兼に伝えるために中御門経任が発した手続き文書である。『公衡公記』弘安六年七月四日条に「靡殿大番事、帥卿奉書到来、即被仰武家了」とみえるが、[2]はここの「帥卿奉書」と同じ種類の文書であること明らかである。そして[3]は[1]とともに[2]を受けた関東申次西園寺実兼が一件を六波羅探題に伝達するための文書、これこそ関東申次の施行状である。本節の「はじめに」で、現在知られている関東申次施行状の初見として、（弘安五年）十一月九日付の事例を挙げているが、管見の限り、この次に来るのが[3]である。

誤解のなきよう申しそえるが、筆者は関東申次施行状が成立しなければ公武間の交渉はできないと言っているのではない。現に諸記録によれば、早い時期から王朝と武家側との接触がある。例えば、安貞二年（一二二八）四月の南都と多武峯寺との抗争を引き金として、山門が蜂起、後堀河天皇は六波羅探題に綸旨を下して対処を要請したことがある（本書二六七頁参照）。具体的な手続きは今一つ明確でない。しかし武家側に勅裁を伝達し、それを執行するために武家側の機構を動かす手続き文書たる関東申次施行状の成立について考えることは、公武関係の進展の度合を測る上で無意味ではあるまいと言っているのである。

関東申次施行状の成立を考える際、以下の事柄は参考となろう。建長八年（一二五六）五月と正嘉元年（一二五七）三月のことであるが、後嵯峨天皇の院司吉田経俊は六波羅探題への伝達事項をたずさえて関東申次西園寺実氏のもとに赴いたが、実氏は上皇の命を六波羅へ伝えよと関東申次に指示する場合は、「御教書」「院宣」でもって示せと言っている（『経俊卿記』による。本書四四～五、四七頁参照）。この種の文書に該当するのは⑩の例でいえば[2]であるから、直接関東申次施行状に関係するわけではない。しかし、そこには公武交渉のための手続きが文書主義を採用する傾向にあった様子がうかがえるように思う。

さて、すでに承久から弘安に至る公家→武家方向での交渉関係文書を羅列したが、それらを通覧すれば、文書を通した公武交渉手続きの推移をあらあらうかがうことができる。

①から⑩の事例において、公家から武家に向けての交渉の仲介役を誰が果たしているかについてみよう。その人物がすなわち関東申次の立場（正式な職名か否かは別にして）にいるということになろう。その人物として、①②では西園寺公経、③では九条道家、④では近衛兼経、⑨では西園寺実兼、⑩では西園寺公衡を挙げることがで

きる。残りの⑤⑥⑦⑧については、いずれも寛元四年（一二四六）十月に西園寺実氏が関東申次に指名されて以降のものだが、⑤⑥は「伊与中将」「弾正少弼」を西園寺家の家司と見れば、西園寺実氏にもたらされたものと考えられるが、⑦⑧は宛所の人物の立場・地位が不明確で、今のところ決め手がない。しかし⑦⑧のような、のち関東申次施行状が成立したあとは見られないような宛所を持つ院宣・綸旨の存在自体、手続きの方法、とくに窓口が固定していなかった状況を物語るものと考えられ、おそらく文永頃までは時の政治的状況によって窓口が変化することもあり、定式が確立するには至っていなかったのではないだろうか。

⑩の〔3〕は関東申次施行状の定型であるが、こういった幕府あるいは六波羅探題宛ての関東申次の発給文書が①〜⑨の場合にも存在したろうが、現在知られていない。⑩に関してちょっと気になるのは、亀山上皇院宣（〔1〕）と西園寺公衡施行状（〔3〕）の間に、院執権中御門経任の奉書（〔2〕）が存在する点である。院宣は直接公衡に宛てられていない。特に建治年間にはこの種の例が散見している。[20] それが如何なる意味を持つかは深く検討する余地があるが、ここでは立ち入らない。[21] ただのちの勅裁（院宣・綸旨）を関東申次に直接発する方式に比して一行程よけいだが、実質的にはほぼ同じである。おそらく⑨の場合も同様と思われる。つまり、関東申次施行状を中核とした交渉のための文書システムは建治頃をめどに定式化したものとみなすことができるのではあるまいか。

おわりに

関東申次（その前身も含めて）が勅裁を武家側に伝達するための文書は一般に関東申次施行状と呼んでよかろう。そうなれば、こうした文書は鎌倉幕府の開創の当初から存在したであろう。

しかし、以上見たように、この文書発給が関東申次西園寺家固有の職務と化し、同家によって独占的にかつ一定のルールと文書によりなされるようになるのをもって関東申次施行状の成立と呼ぶならば、その成立にとってどうも蒙古襲来という未曾有の事件が一つの重要な契機となったようである。

西園寺実兼の関東申次としての仕事ぶりはすでに具体的にみたし、そこで実兼の係わった事項の広さと深さは前代の祖父実氏の比ではないことも述べた。その実兼の関東申次在職期に関東申次施行状の成立をみたと考えられることは決して偶然ではあるまい。そのことは逆に同時期における公武関係の飛躍的な深まり、関東申次の役割の一層の重要化、西園寺家と幕府の関係の親密化などのことがらを想定することを可能にする。

鎌倉時代の王朝は自己の訴訟制度の下での裁許やその他治天下の意思を幕府側に伝え、その力で執行してもらうことによって自らを維持した。幕府の支配機構に依存することなしには政治体制の存続は困難だった。そのようなことを念頭に置いて、関東申次の役割を考えると、その重大さを容易に理解することができる。

公武間を媒介する関東申次の具体的職務内容の中で、とくに施行状の発給は注目されるところである。関東申次の施行状は勅裁を武家側に移管して、これを執行させるためのキーとなる手続き文書である。この施行状は、文字どおり公家を武家につなぎとめる役割を果たしたと言って過言ではない。そのような施行状が西園寺実兼の関東申次時代に成立したことは、ひとり西園寺実兼の地位と役割をはかるためのみならず、王朝権力と幕府権力の性格、そして広く公武関係の進展の度合いをうかがう上でも特筆されよう。

以上のように、関東申次施行状の成立を建治・弘安期に置くことができるならば、その南北朝時代における後身たる武家執奏施行状が永徳二年(一三八二)まで確認されるから、[22] かかる形式の施行状は、鎌倉・南北朝時代にわたって実に約百年の間使用されたことになる。日本中世の公武関係史の展開過程において、関東申次施行状の成立は画期的なできごとだったのである。

(1) 「施行」の訓みが「しぎょう」か「せぎょう」か、については、瀬野精一郎氏『「シギョウ状」か『セギョウ状』か」

(『日本歴史』四三一、昭和五十九年。のち同氏『歴史の陥穽』〈吉川弘文館、昭和六十年〉に収録)、および上島有氏「『せぎょう状』と『しぎょう状』」(『日本歴史』四九八、平成元年)、李家正文氏「『施行』の音を考える」(『日本歴史』五〇五、平成二年)参照。すでに「しぎょう」と訓んだ例がいくつか知られているが、山城国の『大徳寺文書』永仁五年後十月二十七日六波羅下知状案の紙背に書き付けられた、嘉暦三年三月二十一日付けの裏書に「この六波羅とのゝ御しきやう」とあるのも、一事例として付加することができる。『鎌倉遺文』二六巻一九五一三号。

(2) この文書をおさめる『大日本古文書東大寺文書(東南院文書)之三』では、「コノ文書、嘉暦三年、若クハ元徳元年ノモノナルベシ」(三〇九頁)との注が付されている。筆者も旧稿においては疑問を抱きつつも、この注を参考にして一応嘉暦三年にかけておいたが、近年、森幸夫氏「南北両六波羅探題についての基礎的考察」(『国史学』一三三、昭和六十二年)はこれを弘安五年と論証した(同論文、五五頁注19)。この意見に従うことにしたい。

(3) 本章第三節参照。

(4) 本章第三節末尾の一覧表参照。たとえば30の例の二段目「関東申次の施行状」欄をみれば、西園寺公衡施行状の端裏に、「西園寺殿御施行状案」と記されている。

(5) 西園寺家々司奉書が「西園寺殿(家)御施行」と称された実例は、同じく一覧表の7・17の例の「関東申次の施行状」欄参照。他方、これが「西園寺殿(家)御消息」と称された例は枚挙に遑ない。

(6) 活字本では『続々群書類従』十一(一八～一九頁)および『大日本史料』四―一四(六四九～五一頁)に収める。史料を編年配列する『大日本史料』はこれら一連の文書を建保六年にかけている。『鎌倉遺文』には見当らないようである。

(7) 『大日本史料』四―一五、八七九頁。『校訂増補天台座主記』一七四頁。『鎌倉遺文』では五巻二七三七、二七三八号。

(8) 『島本町史』史料編、四八七頁。

(9) 『国史大系吾妻鏡　三』二七四頁。

(10) 『鎌倉遺文』一〇巻六九六五号。

(11) 永村真氏「東大寺勧進と禅律僧」(『南都仏教』四七、昭和五十六年)七四頁で紹介。

(12) 『史料纂集賀茂別雷神社文書　一』二七頁。

(13) 『鎌倉遺文』一三巻九八八七号。

(14) 『鎌倉遺文』一七巻一二八一四、一二八五六、一二八五七号。

(15) ②は北条義時請文である。義時は建保五年正月二十八日に右京権大夫に任ぜられ、同年十二月十二日陸奥守を兼ねたが、(『史料綜覧』四)、文書発給の際の位署の実例についてみると、建保六年十月より承久二年七月までは「右京権大夫」を使用(『鎌倉遺文』四巻二四〇七、二六二三号参照)、承久二年九月より「陸奥守」を使用している(同二六四五号)。従って②の年次はまず建保五年から承久二年の間になくてはならない。次に①は後鳥羽上皇院宣ということになるが、宛て名の「右大将」は西園寺公経とみるのが自然で、公経の右大将在任期間は承久元年十一月十三日より同四年にわたる(『公卿補任』二)。以上によって、①②の年次が承久二年であることがわかる。③④の年次も同じであることは言うまでもない。『大日本史料』(四―一四、六五〇頁)は「右大将」を久我通光とみて建保六年と推定するが、筆者はこれを採らない。

(16) 『吾妻鏡』参照。

(17) 『鎌倉遺文』五巻二七三九号。

(18) 『国史大系公卿補任　二』六八頁。

(19) 同右、一九一頁。

(20) 『公衡公記』弘安六年七月二十一日条によると、東使は関東申次にかわっての「帥卿」中御門経任の申次を忌避した事実もある。

(21) 本郷和人氏「鎌倉時代の朝廷訴訟に関する一考察」(石井進氏編『中世の人と政治』所収、吉川弘文館、昭和六十三年)二三七～九頁の注(35)参照。

(22) 詳しくは拙著『南北朝期　公武関係史の研究』(文献出版、昭和五十九年)第四章第一節、および本書一〇七～八頁注(4)参照。

第五節　関東申次制の意義

は じ め に

関東申次の公武関係史に果たした役割について、あれこれ考えてきたが、最後にはやはり、その歴史的意義についてふれ、締めくくりをしておかねばなるまい。関東申次の制度の意義については、その「設置」に関して、山本博也氏が「寛元四年十月の幕府による『関東申次』の新設は、幕府が朝廷から離脱・独立を企図したことによるもの」(1)「公家政権離れ政策の表現」(2)と、そしてこれに対して西山恵子氏が「朝廷支配の後退」(3)と指摘されているにすぎず、しかもそれらは、歴代関東申次の公武交渉上の事績を総合的に検討した上で関東申次制の意義を全体として論じたものではない。従って、この問題はまだ検討の余地が大きいと言わねばなるまい。

本節では、先学のこれらの意見を参考にしつつ、筆者なりの意見を述べたいのであるが、しかし、そのための準備がすべて済んだわけではない。これまでは関東申次の動向に焦点をあてて述べた関係で、どちらかと言えば公家側からの叙述に傾いた感があり、ために幕府よりの申し入れ事項に即しての言及がおろそかになったようである。本章を閉ずるにあたって、そういったことについてひととおりふれ、そのあとで関東申次、および関東申次制の意義についてまとめることにしたい。

一　幕府よりの申し入れと関東申次

平経高は、その日記『平戸記』延応二年（一二四〇）二月二十日の条において（経高、時に前参議・民部卿）、「諸訴之決断」がその通り「施行」されることが「徳政之最要」だと述べ、さらに徳政にとっての「至要」な三ヶ条は、任官・加爵・雑訴だと言い切っている（同様の表現が同記寛元二年〔一二四四〕十月二十八日条にもみえる）。このうち前の言葉は、当時王朝の裁許が必ずしも独力で執行されず、それが徳政のネックになっている実情を雄弁に物語っているし、また後の言葉は、諸人の最大関心事が右記三ヶ条であることを見抜いた平経高の見識の高さをうかがわせる。この平経高の言葉を参考にして、その三ヶ条のそれぞれに対する幕府の係わりをみてみよう。

幕府の公家への申し入れ事項（その契機としての、幕府への「仰合」「仰遣」を含む）は、おおまかに分類すれば、①人事関係、②政治刷新一般についての提言、③公家側から持ち込まれた訴訟の裁許、④処罰・赦免、⑤その他といったグループに分けることができるように思われる。経高のいう右の三ヶ条と対応させれば、「任官・加爵」が①に、「雑訴」が③に相当しよう。そこで特に①と③について具体的に掘り下げてみたい。以下は倉卒の間に収集した事例であって、おそらく見落としたものも多々あろう。それらについては今後補訂していくほかない。また、当然のことながら、幕府の朝廷への申し入れ事項の種類と内容は、公武関係の進展とともに変化し、漸次重要な事項に立ち入っていくという傾向を持っている。さらに、一口に幕府よりの申し入れといっても、公家側からの要請を受けて行う場合と、幕府独自の発案と判断によって行う場合とがあるので、幕府の係わりの度合いはそれぞれのケースの具体的内容に即して慎重に評価せねばならない。⑤には、改元や皇室領・公家領の処分・相続などに関して、幕府が口入した事例等々種々のものが含まれるが、いまは立ち入らない。(4)

まず①人事関係。内容的には、(イ)践祚（治天下のことも随伴する）・立坊の指示・承認、(ロ)天台座主の指名、(ハ)摂政・関白の指名・承認、㈡評定衆・伝奏の人選・承認、それに㈬官職推挙、などがある。だれを天皇に据えるかはもとより、皇位交替の斡旋、立坊など、王朝政権にとってトップレベルの「重事」が関東の意向・承認を抜きにしては立ち行かなかったし、王朝政治の基幹を担い、その行方を左右する摂政・関白、評定衆・伝奏の人選も幕府の承認を経るのを常とした。このような交渉が朝幕関係の展開にとっての中軸になったであろうことも論を待つまい。以下、順に具体的にみよう。

㈠践祚・立坊関係

①承久三年（一二二一）七月、幕府、後堀河天皇の践祚を「申行」う（『百錬抄』『梅松論』など）。

②貞永元年（一二三二）閏九月、四条天皇の践祚の事を関東に仰せ遣わす（『民経記』）。

③仁治三年（一二四二）正月、東使来たりて、「阿波院宮」（土御門上皇皇子邦仁王）の践祚を告ぐ（『平戸記』）。

④寛元三年（一二四五）六月、九条道家、後嵯峨天皇の綸旨を奉じ、明年正月譲位を幕府に仰せ遣わす。幕府、「善悪左右不能計申、只可在御計」き由、返答す（『平戸記』）。

⑤文永五年（一二六八）八月、幕府に「仰合」わせ、来月五日世仁親王（のちの後宇多天皇）の立坊を決す（『吉続記』）。

⑥文永九年二月、幕府、亀山天皇の治世を決す（『神皇正統記』『増鏡』）。

⑦建治元年（一二七五）十一月、執権北条時宗の仲介で、「東の御方の若宮」（熙仁＝伏見天皇）立坊す（『増鏡』。『続史愚抄』には「自関東計申」とみゆ）。

⑧弘安十年（一二八七）十月、「例の東より奏すること」「関東計」ありて、後宇多譲位、伏見践祚（『実任卿記』『勘仲記』『伏見天皇宸記』『増鏡』『一代要記』）。

⑨正応二年（一二八九）四月、幕府、胤仁親王（のちの後伏見天皇）の立坊のことを申す（『公衡公記』）。

⑩永仁六年（一二九八）八月、関東より「計申」すにより、邦治親王（のちの後二条天皇）立坊す（『続史愚抄』）。
⑪正安三年（一三〇一）正月、北条貞時、東宮邦治の践祚、後宇多上皇の治世のことを計らい申す（『実任卿記』『吉口伝』『増鏡』『続史愚抄』）。
⑫関東の承認を得て、尊治親王（のちの後醍醐天皇）延慶元年（一三〇八）九月立坊す（『増鏡』）。
⑬文保二年（一三一八）二月、幕府、践祚（尊治）・立坊（邦良）を計らい申すとの説あり（『按察大納言公敏卿記』。なお『太平記』は、後醍醐の即位、邦良の立坊について、「相模守（北条高時）ガ計トシテ、御年三十一ノ時、御位ニ即奉ル」（巻一）、「関東ノ計トシテ、慮《おもひ》ノ外ニ後二条院ノ第一ノ御子春宮ニ立セ給」（巻一八）と記す）。
⑭元応二年（一三二〇）十月、幕府、持明院統よりの「立坊・践祚事」についての申し入れに返答す（『花園天皇宸記』）。
⑮元亨元年（一三二一）十月、後宇多上皇、吉田定房を使者として東下させ、「治天」の権の後醍醐天皇への委譲を計らしむ（『花園天皇宸記』『増鏡』）。
⑯嘉暦元年（一三二六）七月、東使、量仁親王（後伏見上皇皇子。のちの光厳天皇）の立坊を告ぐ（『増鏡』）。
⑰元弘元年（一三三一）九月、幕府、東宮量仁の即位を計らい申す（『増鏡』）。
⑱元弘元年十一月、幕府、康仁親王（邦良親王子）の立坊を計らい申す（『公卿補任』『増鏡』）。

践祚・立坊をめぐる公武関係については、すでに本章第二節において、特に関東申次の係わりを通して述べた。右に挙げた諸事例によって、幕府は承久の乱後、仲恭天皇の廃位、後堀河天皇の践祚を実現させたのを初例として、皇位継承の重大局面に介入し、強大な影響力を及ぼしていることがわかる。[5] 特に、後嵯峨院没後、皇位をめぐって両皇統間で抗争が激しくなると、調停者としての幕府の立場は一層重大なものになり、皇位問題は王朝内部での原則を掲げつつも、幕府はこの問題から手を引くことはできなかった。後嵯峨践祚より半年後の仁治三年（一二四二）六月、参議日野経光は「帝位執柄以下緇素官職、遙以東風之吹来有其沙汰」（『経光卿記抄』同二十日条）と嘆息しているが、そこに、幕府の意向が皇位や執柄以下の王朝官職に対して決定的な影響力を持った事実をよみとることができる。しかし、幕府は当初から公家人事に積極的に介入し、思いのままにとりしきったかといえばそうとも限らない。現に、②の場合は関東に仰せ遣わしはしたが、「不快之躰」の関東の返事を無視する形で四条天皇の践祚を決行しているし、また④の場合のように、後嵯峨天皇が久仁親王（のちの後深草天皇）に譲位する意向を幕府に伝えた時、幕府は「計申」す立場にはないからどうぞご自由にと返答しているからである。

公家政権の人的核心たる天皇人事を公家が独自に行いえないという事実ほど、当時の公家政権の性格と幕府との関係を象徴的に示すものはあるまい。無住の著になる鎌倉時代の仏教説話集『雑談集』は、北条時頼について、

天下ヲ自在ニ成敗セラレシカバ、只如二国王一、王ト云ハ自在ノ義也。承久ノ後ハ、関東ノ計トシテ、院・国王ヲモ、遠キ嶋ヘ奉レ移、公家ニハ関東ヲ御心ニマカセズ。サレバ只王ノ徳用ナルベシ。

と述べているが、[6] 当時の朝廷と幕府の関係をよくとらえた文章である。

(ロ)天台座主関係

①貞永元年（一二三二）八月、綾小路宮（尊性法親王）を天台座主に還補す。宮、関東の申す旨により、辞意を翻す（『民経記』）。

②宝治元年（一二四七）二月、慈源、天台座主を辞す。その後、高橋宮（尊守。後嵯峨院兄）と梶井宮（尊覚。順徳院子）競望するにより、関東に仰せ合わせ、西山宮（道覚。後鳥羽院子）を補せんことに決す（『葉黄記』）。

③文永五年（一二六八）十二月、関東の計らいにより、慈禅を天台座主に補し、梨下・青蓮院両門跡を管領せしむ（『天台座主記』『一代要記』）。

④建治二年（一二七六）正月、天台座主澄覚の頻りの辞意を関東に仰せ合わす（『天台座主記』）。

⑤弘安五年（一二八二）正月、天台座主のことは「聖断」たるべきの由、関東計らい申す（『勘仲記』）。

⑥弘安五年三月、関東、最源の天台座主補任を奏請す（7）（『勘仲記』）。

⑦弘安六年七月、関東、使者を遣わし、天台座主のことは後日追って沙汰あるべきことを申す（『公衡公記』）。

⑧弘安七年九月、尊助、天台座主に任ず。「東風吹来歟」（『勘仲記』）。

⑨弘安十一年正月、天台座主のことにつき、幕府の意向を尋ぬ（『公衡公記』）。

⑩正安三年（一三〇一）十二月、天台座主良助親王の辞退のことを関東に仰せ合わす（『吉続記』）。

⑪正和三年（一三一四）六月、「武家沙汰」（この場合の「武家」は幕府の意か）として、公什の天台座主職を改易す（『天台座主記』。なお『花園天皇宸記』同年六月三日条によれば、東使の申し入れは関東申次西園寺公衡を通してなされている）。

⑫文保元年（一三一七）三月、関東に仰せ合わせ、覚雲を天台座主に補す（『花園天皇宸記』）。

天台座主は天台宗門の最高ポストで、宗教が政治と深い係わりを有した当時にあっては俗界とのつながりは太かった。討幕を計画した後鳥羽上皇・後醍醐天皇が比叡山の僧兵を組織しようとして、皇子をこのポストに送り込んだのが、そのよい例である。右に示した諸事例を見ると、⑤のように、幕府は天台座主の選任は「聖断」として、係わりを避けようとする態度をみせることもあったが、大勢としては、皇位同様に王朝側よりの「仰合」に巻き込まれている。幕府は天台座主の人事を承認する役割を果たしている。幕府の承認を経なければ、公家側では決着がつかなかったのである。なかには幕府が積極的に座主人事に係わった事例もある。

(ハ)摂政・関白関係

①寿永三年（一一八四）三月、源頼朝、九条兼実の摂政・藤氏長者たるべきことを奏す（『玉葉』）。

②文治二年（一一八六）二月、源頼朝、九条兼実を摂政に推挙す（『吾妻鏡』）。

③承久三年（一二二一）七月、東使、近衛家実の摂録のことを申す（『摂関詔宣下類聚』）。

④寛元四年（一二四六）正月、関白二条良実罷免のことを関東に仰せ遣わす（『葉黄記』）。

⑤宝治元年（一二四七）正月、摂政一条実経を罷め、前摂政近衛兼経を再び摂政となす。「関東計申之云々」（『百錬抄』）。

⑥文永五年（一二六八）十二月、東使、執柄のことを申し入る（『一代要記』）。

⑦文永十年（一二七三）四月、九条忠家を「大麓」（関白）に任ずるとの風聞あり。「関東之所為云々」（『吉続記』）。

⑧建治元年（一二七五）十月、関東より計らい申すにより、一条家経、摂政・左大臣を罷む（『続史愚抄』）。替わって、鷹司兼平、摂政・氏長者となる。「今度事、一向東風吹来之故云々」（『勘仲記』）。

⑨正応二年（一二八九）四月、関東、「執柄左右大臣以下等事」沙汰あるべきことを申す（『実兼公記』『歴代残闕日記』一〇）。「関東気色」により、近衛家基を関白に補す（『公衡公記』）。

⑩正和四年（一三一五）六月、執柄のことを関東に仰せ合わす（『公衡公記』）。

⑪文保二年（一三一八）十二月、関白二条道平、「関東左右」により辞意をしばし許されず（『公卿補任』）。

⑫正中元年（一三二四）十二月、推して関東に仰せ合わされ、鷹司冬平、関白に還補さる（『花園天皇宸記』）。

摂政・関白は公家政治の舵取り役であって、政治の最高責任者であったから、幕府はそのポストに関して、申し入れることが多々あった。関東の意に沿わない場合は交替を指示した。摂政・関白人事に対する異議も、関東の名のもとには無力であったらしい。④の事例は、父九条道家と仲たがいした二条良実に替えて一条実経を関白に据えようとした時のものだが、関東に仰せ遣わすことで、良実の拒否を封じ込めている。関東へ仰せ合わすことの意味は、天台座主の場合と同様である。

以上は廷臣の最高位として摂政・関白の場合のみをとりあげたが、大臣の選任の場合も関東の承認を経た実例がある。[8]

(二)評定衆・伝奏関係

①寛元四年十一月、「評定人々」(評定衆)を関東に仰す(『葉黄記』。同記宝治元年(一二四七)正月二十二日条には「訴訟評定人数、旧年被注遣関東」とみゆ)。

②弘安十一年(一二八七)正月、幕府、「議奏公卿并評定衆事」は「可為御計歟」と指示す。王朝、これに対して評定衆五名を挙げ、幕府の意向を問う。伝奏については幕府の推挙を請う。同三月、評定衆については、関東「所詮可在聖断之由」申すにより、治定す(『公衡卿記』)。

③元弘元年(一三三一)十二月、関東、評定衆の人選を承認す(『花園天皇宸記』)。

評定衆は院の評定を構成する議政官であって、伝奏は院の側近にあって奏事を院に伝える近臣である。両者は兼任されることもあった。いわば、評定衆と伝奏は院政の中枢を構成するメンバーであった。すでに橋本義彦氏は、評定衆の人選には幕府の承認が「必須要件」であったことを指摘され、[9]美川圭氏は、「伝奏の任命権は上皇にあっても、その任命は厳しく幕府の監視下に置かれていたと言ってもよく、その人選も幕府の干渉下に置かれていた」と述べておられる。[10]

しかし、どうも当初からそうであったわけでもなさそうである。『葉黄記』によれば、宝治元年(一二四七)三月十二日の時点で伝奏たる明証のある葉室定嗣が、前年(寛元四年)八月二十七日条で「抑予関東武辺疎遠、無知音」と述懐しているのを見れば、当初、伝奏に選任されるうえで関東と通じている必要はかならずしもなかったようである。しかし、弘安末年ともなれば、『公衡公記』弘安十一年三月二十九日条に見るように、伝奏の選任に「関東之形勢」が影響しているから、関東の意向が次第に伝奏選任に及ぶようになったことが推測できよう。

(ホ)官位関係（＊印は幕府関係者が対象）

○俗官

①＊元暦元年（一一八四）五月、源頼朝、池前大納言（平頼盛）・同息男の本官還任、源範頼等源氏武将の国司拝任を奏請す（『吾妻鏡』）。

②＊元暦元年八月、源頼朝、納言に還るべきの由、申し入る（『玉葉』）。

③＊元暦元年八月、大江広元・安倍季弘の官職を停廃すべきことを申し入る（『吾妻鏡』）。

④元暦元年九月、吉田経房、権中納言となる（『公卿補任』）。これは「二品（源頼朝）吹挙」による（『吾妻鏡』[11]）。

⑤＊元暦二年八月、「頼朝申」により除目あり。源氏、六ヶ国受領を得。そのうち、源義経、伊予守に任じ、大夫尉を兼ぬ（『玉葉』）。

⑥＊文治二年（一一八六）五月、源頼朝、前対馬守親光の還任を重ねて京都に申す（『吾妻鏡』）。同月二十八日、「御挙状」により、親光、対馬守に還任）。

⑦＊文治二年七月、源頼朝、北条時定を左右兵衛尉に任ぜらるべき由、京都に申す（『吾妻鏡』）。

⑧＊文治二年閏七月、所望により、源頼朝、草野永平を筑後国在国司・押領使両職に挙申す。同年八月六日、これを許す閏七月二十六日綸旨到来す（『吾妻鏡』）。

⑨文治三年六月、源頼朝、「膠漆御知音」吉田経房の望申により、任大納言を計り申さんとす（『吾妻鏡』）。

⑩＊文治四年十月、「無双寵仁」大友能直、源頼朝の内挙により、左近将監に任ず（『吾妻鏡』同年十二月十七日条）。

⑪＊建久元年（一一九〇）十二月、源頼朝、後白河上皇の仰せをうけて、御家人十人を兵衛尉・衛門尉等に申し任ぜしむ（『吾妻鏡』）。

⑫*建久元年ころ、梶原景時、源頼朝の吹挙により、美作国目代となる（『吾妻鏡』）。

⑬*正治二年（一二〇〇）九月、安達親長・二階堂行村を靫負尉に挙申す（『吾妻鏡』。同年十月二十六日の除目で少尉に任ぜらる）。

⑭*元久元年（一二〇四）九月、源実朝、近習輩十余人の任官を挙申す（『吾妻鏡』）。

⑮*建保五年（一二一七）十一月、源実朝、北条義時の任陸奥守を吹挙す（『吾妻鏡』）。

⑯*建保六年正月、源実朝、讃岐国守を挙申し、奏達せしむ（『吾妻鏡』）。

⑰*建保六年二月、将軍家大将所望のことを申す（『吾妻鏡』）。

⑱*同年二月、関東、讃岐守を挙申す（『吾妻鏡』）。

⑲*後藤基清等の「関東被官士」、「右府将軍《（源実朝）》挙」により、五位に昇る（『吾妻鏡』承久三年七月二日条）。

⑳貞応元年（一二二二）十月、「二品」（北条政子）、内府西園寺公経の昇進を内々執申す（『吾妻鏡』）。

㉑嘉禄元年（一二二五）七月、参議藤原国通を権中納言に任ず（『公卿補任』）。幕府の推挙ありとの巷説（『明月記』同年六月二十七日条）。

㉒嘉禄元年十月、執権北条泰時、冷泉中将の官途不便を相国（前太政大臣西園寺公経か）に申し、善処を請う（『明月記』）。

㉓*嘉禄二年正月、藤原頼経の任官と将軍宣下のことを京都に申す（『吾妻鏡』）。

㉔*嘉禄二年四月、幕府、内藤盛家の功により、嫡男盛親の使宣旨を吹挙す（『吾妻鏡』。盛家が京都でひそかに「鍾愛次男盛時」を改挙したため、幕府内で問題化）。

㉕嘉禄二年十一月、源資通、「関東挙状」を相国（西園寺公経）に申すにより、侍従に補す（『明月記』）。

㉖寛喜元年（一二二九）十月、良基を施薬院使に補す。関東の吹挙ありと称す（「施薬院使補任」[12]）。

㉗*寛喜三年正月、中原師員、「関東将軍侍読」たるにより「関東将軍之挙」を受け、大外記に任ず（『民経記』。同五月、師員、「関東之威」をもって摂津守を拝任）。

㉘仁治元年（一二四〇）十一月、丹波経長を施薬院使に補す。「将軍家御挙」によるとの説あり（「施薬院使補任」(13)）。

㉙*正嘉元年（一二五七）六月、関東、八省輔・名国司事を挙申す（『経俊卿記』）。

㉚*弘安五年（一二八二）二月、小除目。関東挙申輩幷功人等を任命す（『勘仲記』）。

㉛*弘安十年六月、東使、将軍昇進のことを申す（『勘仲記』。同月五日の小除目で惟康、中納言・右大将に任ず）。

㉜*正応元年（一二八八）三月、「関東挙申」により、六波羅探題北条兼時を越後守に任ず（『伏見天皇宸記』）。

㉝*正応五年十一月、関東、召功人二人を西園寺実兼に宛てて挙申す（『勘仲記』）。

㉞正応六年十二月、藤原能清、「関東将軍御吹挙」により参議に任ず（『勘仲記』）。

㉟*乾元元年（一三〇二）十一月、関東、「功人幷一級事」を挙申す（『吉続記』）。

㊱乾元元年十一月、吉田経長の任大納言にクレーム。「東方所存歟」（『吉続記』）。

㊲嘉元三年（一三〇五）正月、「将軍乳父」平惟俊、非参議・従三位に叙す。関東挙申によるか（『公卿補任』）。

㊳*文保元年（一三一七）三月、小除目で北条高時を相模守に任ず（『花園天皇宸記』）。関東よりの申請あるか。

㊴文保二年十月、「関東申」により、「関東旧好」の洞院実泰の一品位記の日付を改訂す（『公敏卿記』『公卿補任』(14)）。

㊵*正慶元年六月、「関東申之故」に、足利高氏を従五位上に叙す（『花園天皇宸記』）。

○僧官（門跡を含む）

①承久三年（一二二一）閏十月、弁法印定豪、「関東挙申」により、祈禱賞として熊野三山検校職に補さる（『吾

妻鏡』）。
②寛喜三年（一二三一）八月、天王寺、関東に訴え、別当を改むべき由を申す（『明月記』）。
③文暦元年（一二三四）七月、関東、石清水社の濫訴を誡め、自今以後たやすく神輿動座すれば、別当職を改補さるべきことを奏聞す（『吾妻鏡』）。
④仁治二年（一二四一）正月、常住院僧正道慶、「将軍家御挙」により大僧正に転ず（『吾妻鏡』）。
⑤寛元三年（一二四五）十月、「将軍家命」により、禁裏修七仏薬師法の勧賞として、尊証を法印に叙す（『天台座主記』）。
⑥宝治二年（一二四八）十二月、無動寺門跡につき、関東に仰す（『葉黄記』）。
⑦建長四年（一二五二）九月、法印隆弁、祈禱により将軍宗尊の病を治せし賞として僧正に補せられんとす（『吾妻鏡』。同年十月二十三日僧事において権僧正に補さる。あるいは王朝側独自の発案か）。
⑧建治二年（一二七六）九月、「関東挙申」により定清を権僧正に補す（『勘仲記』）。
⑨弘安七年（一二八四）九月、関東申すにより、叡尊を天王寺別当に補せんとす（『勘仲記』[15]）。
⑩永仁三年（一二九五）六月、桂園院・新熊野両検校職は「関東御口入」たるをもって改替す（「永仁三年記」）。
⑪永仁四年九月、関東、去年十一月春日社頭合戦の科によりて大乗院・一乗院門主を改補さるべきことを執奏す。両門主、勅勘により改補さる（「興福寺略年代記」）。
⑫永仁五年正月、関東、大乗院門跡・御願検校職を一条□□に付せらるべき由を執奏す（「興福寺略年代記」）。
⑬永仁六年九月、関東挙により、僧正親玄を醍醐寺座主に補す。時に親玄関東に住す（『醍醐寺新要録』一四）。
⑭正安三年（一三〇一）十二月、十楽院僧正、天王寺執務を申すにより、重ねて「東方」に仰せ合わす（『吉続記』）。

⑮乾元元年（一三〇二）十二月、関東事書三通を進む。なかに「梨下門跡」についての一ヶ条あり（『吉続記』）。
⑯乾元二年三月、「関東吹挙」により、峯寺僧正慈深門跡に還著す（「門葉記」門主行状三）。
⑰嘉暦四年（一三二九）正月、「関東執奏」により、慈道の青蓮院門跡を止む（「門葉記」門主行状三）。
⑱嘉暦四年正月、「関東吹挙」により、尊円を無動寺三昧院検校職に補す（「門葉記」門主行状三）。

○神官

①嘉禄二年（一二二六）三月、「関東之吹挙」により、鴨禰宜資頼の子比々良木禰宜を正禰宜に補す（『明月記』）。

関東からの京都への申し入れに関する諸事例の中で、官職関係のものが最も多い。それだけに幕府→朝廷方向の交渉の中核的問題の一つが官職についての執奏であったことがわかる。右の諸事例を一見しただけで、幕府よりの申し入れの威力がうかがわれるが、それゆえに幕府の意向と称して、勝手な所望をする者も現れた。弘安十一年（一二八八）正月、関東事書を持参して入洛した東使は王朝側に対して、「任官・叙位・所領等、称関東之所存、猥致所望之輩等有之歟、向後一切不可有御信受、只任道理可被行、若又関東有存知ム事ハ可申上云々」と詞をもって申し添えた事実（『公衡公記』弘安十一年正月十九日条）は、そのことをよく物語っている。

右に挙げた事例についてすこしコメントを加えておこう。まず、俗官の事例について。官職の執奏といっても、将軍をはじめ幕府内の者を対象とする場合と公家のために行う場合とがある。前者はいわば幕府支配の一環としての行為で、将軍自身の昇進のケースを除けば、御家人に対する御恩としての意味もあった。一方後者は、本来公家社会に属する者の、王朝に対する幕府の影響力に頼って昇進しようという意識に根差す行為で、これによって幕府は公家社会に親幕公家を作り（幕府の推挙を受けて立身した公家にとっては御恩とさえ意識されたろう）[16]、その影響力を一層拡大させた。

個々の事例（それはまさに氷山の一角にすぎぬが）をみれば、官職関係の執奏は右に述べた二つのうち前者のケースがより大きな比重を占めていることが知られる。将軍が王朝的権威に飾られた官職を、主従関係を支える要素の一つたる御恩の客体としてフルに活用した様子がうかがえよう。他方、後者のケースについて見れば、内容はさまざまだが、純粋な官職吹挙では対象となった官職はせいぜい参議・従三位どまりで、納言にまで及んでいない（この点、南北朝時代における室町幕府の官職執奏と比べて控え目である）。それらが承久の乱以降になって本格化するのも、むろん偶然ではない。④⑨の吉田経房、⑳の西園寺公経の二例は、幕府が公武交渉の窓口として特別に着目し、相応の官職をもって飾ろうとしたこともあると思われるので、他の例と同一次元では論じられまい。幕府よりの執奏がいかに強力だったかを知るうえで㊴は注目される。洞院公敏は、一品位記の日付改訂について「朝儀非無其痛、然而関東如此令申候上者、又無力事也」と書き記している（『公敏卿記』文保二年十月二十日条）。

次に僧官の場合。これも承久の乱後に一般化すると見てよかろう。諸事例を通覧すれば、漸次重職に及んでいる様子が知られる。天台座主の場合についてはすでにのべたが、ここではその天台宗の門跡改替について幕府が執奏しているわけである。天台宗のみならず、真言宗の醍醐寺座主のポストについて幕府が推挙している点、注目される。幕府は、このようなトップクラスの僧官人事に対する影響力を通して、僧界にくさびを打ち込み、仏教界の支配を強固にしていったといえよう。

最後の神官に関しては、ほとんど事例を見いだせなかった。当時の神仏混合で神社は寺院と一心同体である場合が多かったので、僧官の場合に準じて考えてよかろう。

以上、とくに幕府の王朝に対する申し入れ・執奏のうち、人事関係について見たが、この方法を通じた幕府の王朝との係わりは、広くかつ深いものであったことを知ることができた。

次に③雑訴について。雑訴とは主として所領関係の訴訟を意味するが、庄園公領制下ではさまざまの種類の権益が錯綜した。権益をめぐる抗争は訴訟という形でそれの調停のためにふさわしい上部権力のもとに持ち込まれた。場合によっては、それは朝廷や幕府・六波羅探題の裁判所に提訴された。しかし、朝廷の裁許には執行がともなわぬことも多く、公家・寺社の訴訟が幕府に持ち込まれるというケースも少なくなかった。京都を中心とした公家社会に属する人々の幕府訴訟制度への信頼は、例えば、「日来在京神人訴訟、日々向武家」（『明月記』嘉禄元年六月二十五日条）や、「さても、東の亀の鏡に写さば、曇らぬ影もや現はるる」（『十六夜日記』。弘安二年十月のこと）などの表現によく現れている。幕府は「不限神祇伯事、至自余之雑訴等、於京都事者、一向在聖断之由、関東評定畢」（宮内庁書陵部所蔵「資邦王訴状」の中の、永仁三～六年の間と推定される四月十一日資邦王請文。資邦王は庶流の資通王と神祇伯のポストと家伝文書の相伝をめぐって争っていた）や、「雑訴事、一向可為聖断」（『吉続記』正安三年十一月二十四日条）などといった史料表現にうかがえるように公家訴訟を受理しないとの意思表明をすることもあったが、終局的には受け付けぬわけにはゆかなかった。

例えば、『花園天皇宸記』元亨元年（一三二一）四月十五日条によれば、室町院（暉子内親王。後堀河天皇第一皇女。正安二年〔一三〇〇〕五月、七十三歳で没）領備中国園庄をめぐる訴訟が起った時、時の治天下後宇多上皇（大覚寺統）はその処理を幕府に依頼するための院宣を発した（当然、同庄の本所たる持明院統側はこれに異議を唱えた）。こうした武家に移された公家訴訟については、のちに触れるところがあるので（本書第三章など）、そちらにゆずりたい。

以上みたように、王朝は、任官・加爵から雑訴まで徳政の「至要」のことごとくに幕府の関与を許していることがわかる。平経高は「諸訴之決断」が勅裁のとおり執行されるのが「徳政之最要」とも言っているが、この勅裁の執行という仕事も、すでに第三節で見たように、幕府の力によって遂行されているのである。このように見てくれば、王朝政治が幕府の強力な援助のもと維持されてきたということを容易に理解できるであろう。

さて、肝心の問題は関東申次の係わりである。右に挙げた諸事例には、史料の中に関東申次は必ずしも登場してはいないし、どのような方法で（東使を派遣したか、六波羅探題を介したかなど）京都に申し入れたかも記されていない。しかし、関東申次はそのような幕府よりの申し入れを受理するための窓口としての機能をその役割の一つとして持っているのであるから、申し入れは関東申次のもとを経由したと考えて、一向に不自然ではあるまい。

二　関東申次制の意義

以上のことがら、および前節で述べたことを踏まえて、関東申次制の意義について筆者なりの意見を述べておきたい。関東申次制の意義とは、すなわち関東申次の制度が鎌倉時代政治の展開に果たした役割をどう評価するかということである。

関東申次は朝廷と幕府の間の交渉のために設置されたことは言うまでもないが、朝廷と交渉をもった政治勢力は別に幕府だけとはかぎらない。摂関家しかり、諸寺社権門またしかりである。また、幕府・六波羅探題と摂関家・諸寺社権門との文書の直接的なやりとりはむろんあり、その場合は関東申次の手を経ないことは当然である（王朝へ提訴し、それが関東・六波羅探題に移管されるような場合は、関東申次を経由する）。そのように見れば、朝廷を中心とした放射状の交渉回路全体の中で、幕府―朝廷間のそれを相対化することができ、その特殊性も同時にはっきりしてくる。

つまり、幕府は、交渉文書の授受体系の中では他の摂関家・寺社同様、一つの権門にすぎないが、他方、関東申次という他に例のない特別の窓口を持つ点で特異な存在なのである。当時、国家史のレベルでいえば、朝廷と諸権門との間に取り結ばれたパイプのうち、幕府とのそれが最も重要だったことは言を待つまい。関東申次の存在意義はそこにあったわけで、朝廷―幕府間の諸交渉の調整が基本的な役目であったはずである。

これまで述べたように、関東申次は、幕府↓朝廷の方向では、皇位関係から官職任命、雑訴の裁許、訴訟の手続き、謀反人の処罰、嗷訴への対応、廷臣の遺領相続（『葉黄記』宝治二年十一月二十六日、十二月十日条）、その他の事項の奏聞を一括受理し、これを王朝側に伝達したし、他方、朝廷→幕府の方向では訴訟の裁許（勅裁）の執行を移管するための施行状を発して武家機構を動かすキーとしての役目を果たすのみならず、王朝よりの武家側への「仰遣」「仰合」事項を一括して受理し、これを伝達した。

このような役目を果たす関東申次に対して、幕府が期待・要求したものは、王朝側よりの申し入れ事項のとりまとめであり、複数の対立的意見、利害関係の調整であったろう。幕府が王朝よりの遣使に煩わされ、使者の発遣をとどめるよう再々申し入れている。関東申次の調整能力を強化して、効率的な対王朝関係を築こうとしたと考えて不自然ではない。幕府は、特に北条泰時・同時頼の頃から東国政権をめざし、京都から離脱したのだと見る考え方もあるが、たとえそのような志向があったとしても、実質的にそれは無理なことで、それが失敗に終わったことは、以降、幕府が一層深く京都の問題に足を踏み入れてしまうことに明白であろう。

他方、王朝にとっても、幕府に通じた関東申次の介在を通して、幕府の全面的な支持を得られたから、関東申次の存在意義は存続したが、しかし、例えば皇位問題をめぐって王朝内部の対立関係が激化し、関東申次の調整能力を越える事態が恒常化すると（当事者による幕府との直接交渉も含まれる）、関東申次の役割と地位はおのずから低下した。

要するに、関東申次制の意義は、公家側内部の利害関係を調整して幕府の承認・意向をうかがうことによって王朝に政権としての統一を保たせ、他方、幕府の奏請を一括して受理・奏聞し、もって公武の政治的関係を円滑に維持することを可能にした点にあったといえないであろうか。いま一つ、関東申次の設置を必然化し、その性格を規定した要因として、約五百キロに及ぶ京都―鎌倉間の距離を見落とすわけにはゆくまい。関東申次の制度は、鎌倉幕府の東国政権的性格のあらわれと言って、言い過ぎではあるまい。

ちなみに、朝廷と幕府の関係を考える場合、これまで見てきたような政治や訴訟手続きの側面だけでなく、そのことと密接な関係にある経済的側面についても目配りする必要がある。朝廷側に対する幕府側の経済的援助は甚大で、かつ早い時期から実施されていた。例えば、朝廷はその国家的超重要行事ともいうべき大嘗会の用途にしても幕府の負担に頼っているし（『民経記』天福元年四月二十八日条、『勘仲記』弘安十一年十月十三日条など）、文保元年に完成した二条富小路内裏にしても幕府の造進になるものであった。（『増鏡』巻一二は「東より造りて奉る内裏」と表現）。この種の類例は枚挙に遑ない。朝幕関係の背後にはこういった経済的な援助―依存関係があったわけで、これこそまさに朝幕関係の基底的部分を構成する要素と言わねばなるまい。この点については掘り下げて検討する必要があるが、今後の課題としたい。

おわりに

本節では「関東申次」という表記を統一的に使用したが、実は管見のかぎり、この表現は西園寺実氏について登場するのみで（『葉黄記』寛元四年三月十五日、八月二十七日、十月十三日条）、それ以降では西園寺実兼について「関東執奏」「武家之執奏」（『花園天皇宸記』元亨二年九月十日条）、西園寺公衡について「関東執奏」（「後深草院崩御記」嘉元二年七月十六日条）、西園寺実衡について「武家執奏」（『花園天皇宸記』元亨二年八月二十六日条）、「関東執奏」（同記、同二十八日条）、さらに西園寺公宗について「執奏」（同記、元弘元年十一月二十八日条）とみえる。傾向としては、「執奏」の文書が普通に使用されるようになるわけである。

頭の文字を除外した「申次」と「執奏」との意味を『日本国語大辞典』（小学館刊）によって調べれば、「もうしつぎ【申次・申継】」の項目に「申し次ぐこと。申し伝えること。また、それをする人やその内容。取り次ぎ。(17)」とあり、他方「しっそう【執奏】」には「意見、書き物などをとりついで天皇など貴人に奏上すること。とりついで申し上げること。また、その人。伝奏。執啓。(18)」とある。

一方、当時の両語の使用例について検索すれば、例えば『公衡公記』弘安六年七月二十一日条に「如此重事執奏旁所猶予也」「帥卿《（中御門経任）》申次之条御猶予」と見え、「執奏」も「申次」も意味の上でさほどの違いはないように思われるが、南北朝時代に西園寺実俊が「武家執奏」と称されたことを想起すれば、「執奏」の文字が西園寺氏に限って使用され、この職務と西園寺氏との関係が一層深まったこと（世襲化）の現れとみなすのは憶測であろうか。

西園寺実氏以後の関東申次は幕府によって指名されたとみられるが、それだけで就任の手続きとしては十分だったのか、あるいはその後朝廷で任命の手続きがとられたのか。このことについては関係史料がなく、不明というしかない。しかし、南北朝時代に武家執奏（関東申次の後身）を勤めた西園寺実俊（公宗の子）が文和二年十月十九日後光厳天皇綸旨によって任命されていること（『西園寺文書』）、こういった朝幕間の連絡役の任命法は鎌倉時代よりおそらく変わらなかったであろうこと、などからあえて推測すれば、鎌倉時代の実氏以降、幕府の指名を経た後、王朝側で院宣や綸旨によって任命されたのではあるまいか。

（1）山本博也氏「関東申次と鎌倉幕府」（『史学雑誌』八六―八、昭和五十二年）一七頁。
（2）同右、三二頁。
（3）西山恵子氏「関東申次をめぐって」（『京都市歴史資料館紀要』一、昭和五十九年）七四～五頁。
（4）ただ改元については、拙著『南北朝期　公武関係史の研究』（文献出版、昭和五十九年）四九一頁の注(87)参照。
（5）『玉葉』建久九年正月六、七日条（『大日本史料』四―五、五七〇頁）によれば、後鳥羽天皇の譲位に際して、関東が新帝擁立について「幼主不甘心」と申し、また京都からは「関東許可」を得るための飛脚が派遣されるなど、幕府は本件にある程度の係わりを持ったことが知られる。しかし、幕府の返事を待たず、「来十一日可有伝国之事云々」となったから、この段階での幕府の皇位への係わりはあくまでも儀礼的なものだったと考えられる。だが、皇位継承のことを幕府に通じた事実自体は見過ごせない。
（6）『雑談集』（中世の文学、三弥井書店、昭和四十八年）一一八頁。

（7）湯之上隆氏「関東祈禱寺の展開と歴史的背景」（『静岡大学人文学部論集』二八—二、昭和五十二年）三八頁参照。
（8）『明月記』安貞元年三月二十六日条、『公衡公記』弘安十一年正月二十六日条、同正和四年三月十四日条など。
（9）橋本義彦氏「院評定制について」（『日本歴史』二六一、昭和四十五年、五頁、のち同氏『平安貴族社会の研究』に再録、吉川弘文館、昭和五十一年）。
（10）美川圭氏「関東申次と院伝奏の成立と展開」（『史林』六七—三、昭和五十九年）五一頁。
（11）吉田経房の「黄門」所望と源頼朝の吹挙のことは、『吾妻鏡』文治元年九月十八日条にみえる。美川氏は「文治元年は元暦元年の誤りであろう」とする（注10所引同氏論文、三一頁）。いまこの意見に従う。
（12）『大日本史料』五—五、二八二頁。
（13）『大日本史料』五—一三、一三八頁。
（14）洞院実泰の一品位記日付改訂については、本書七三頁参照。
（15）和島芳男氏『叡尊・忍性』（吉川弘文館　人物叢書30、昭和三十四年）八二頁参照。
（16）『新千載和歌集』に収められた次の歌は、幕府の援助を享受した一公家の幕府に対する報謝の気持ちをよく表現している。

代々関東の吹挙にて昇殿ゆるさるゝ事を思ひて月のあかかりける夜、殿上にさぶらひてよめる　藤原　保能
雲居にて見るにつけても夜半の月　出ぬる方を仰がざらめや

（17）小学館『日本国語大辞典』一九（昭和五十一年）、二四九頁。
（18）同右、九（昭和四十九年）六四七頁。

第二章　朝幕関係上の諸問題

第一節　「東使」とその役割

はじめに

鎌倉期、武者の府鎌倉と王朝公家の本拠京都とは東海道によって結ばれていたが、鎌倉の政治的地位の飛躍的上昇に伴い、鎌倉―京都の関係が深まると、交通路としての東海道はとみに重要性を加えた。鎌倉と京都は約百二十余里（四百八十キロメートル以上）の距離によって隔てられ、途上幾多の地理的障害が加わったが、東海道中特有の渡河の支障が漸次克服されるにつれ、その往来は次第に困難さを減じていった。鎌倉―京都間の往来に要する日数は、当時鎌倉から京都に派遣された急使の実例についてみれば、最も早いケースで三日、ふつうの場合七日程度であることが知られる。(1)

この公武両府間の距離的懸隔が鎌倉期の公武関係の展開を可能にしたと言って過言ではあるまい。かの足利義満がいわゆる花の御所を京都の北小路室町に造営し、東洞院土御門に所在する朝廷（内裏）の至近の地に幕府政治の本拠を移して（両地の直線距離は一キロメートル足らず）、やがて王朝の政治的諸権限を接収した事実を想起するとき、その感を一層深くする。換言すれば、鎌倉期の両府の距離的懸隔は政治体制としての両者の相対的地位を安定化させ、各々に独自の展開を遂げさせる上での背景的条件をなしたのである。

かくして両者の関係の深まりは必然的に両者の交渉を促進・繁雑化し、同時に交渉の任務と担当者の地位を重いものにした。公武交渉のしくみはこういう事情を背景にして整備されていった。

鎌倉時代約百五十年の間、間断なく行われた公武交渉のあり様は決して平坦・単調ではありえない。幕府や朝廷の政治体制としての性格や相互関係の変化は必ずや公武交渉の仕方に直接反映したにちがいない。

本節ではそのような視点から、鎌倉幕府から京都朝廷側に向けて派遣された使者に着目する。(2) 当時の史料に「関東使」とか「東使」(3)とかの呼称で現われる幕府の使者は鎌倉より約五百キロメートルも離れた京都に出向き、公家側との交渉を担当する特使であったわけで、遠方に差遣されるだけに公武交渉の上に重要な任務と役割とを課されていたに相違ない。本節ではこの東使の性格を考察することを通して、鎌倉期の公武関係の一端を垣間みることにしたい。(4)

東使の派遣とその性格

関東から京都に派遣された使者の史料上の所見を拾いあつめ、これを編年式に並べてみると、東使派遣の実態と変遷、より大きくいえば東使を介しての鎌倉幕府の京都対策がおのずとその姿をあらわしてくる（紙幅の関係から東使一覧表の掲載を省く）。以下、この東使の性格に即して述べることとする。

(1) 呼　称

関東からの使者の史料上の表記は一定していない。「関東御使」「関東使者」「関東使」「東使」「御使」「使節」などと表記され、また「関東飛脚」「関東早馬」「関東早脚力」「飛脚」の表記もあらわれる。おおまかにみれば、公武交渉上の比較的重事に関与する使者の呼称は大体前者の場合がふつうであり、後者の場合の任務は事件の伝達や儀礼的事柄など比較的軽事に属するようである。しかし後者も広義の東使に含まれることはいうまでもない。

鎌倉時代前半期研究の基本史料たる『吾妻鏡』は概して「使節」「御使」の語を用いているが、同書文治元年（一一八五）六月十六日条は、「帯　院宣、巡検畿内近国、成敗土民訴訟」のために派遣された中原久経・近藤国平を「関東御使」と称している。(5) 『吾妻鏡』編纂をめぐる諸問題を度外視すれば、これが関東派遣の使者に付されたこの種の史料表現の初見ということになる。同様に「関東使（者）」及び「東使」の所見を検索すれば、まず「関東使（者）」については『百錬抄』承久三年七月七日条の「関東使参洛、天下又以物忩也、可有重事等云々」(6)（傍点筆者、以下同じ）及び「摂関詔宣下類聚」同日条の「関東使者民部大夫行盛参上入道殿（近衛基通カ）御所堀川殿」(7)の記事にみえるもの、一方「東使」については「武家年代記裏書」貞応二年（一二二三）五月二十七日条の「東使信乃守行盛上洛、万機可為執柄㝡之由被定申之了」(8)の記事に見えるものを管見の範囲における初見とする。(9) ちなみに上記史料中の「民部大夫行盛」「信乃守行盛」とは二階堂行盛のことである。

(2) 東使派遣の実態

東使関係の史料所見は鎌倉全期にわたって少なからず検出される。しかしそれらの中の多くは公家日記などに伝聞事項として記されたものであるため（元来、東使なる言い方は京都側からの呼称である）、記事は概して断片的で、東使の全行動を詳細に伝えるものはほとんど残っていない。このため東使派遣決定までの手続きは必ずしも明確でない。ただ、山門と寺門との確執に対する東使発遣にかかる、嘉元年間のものと思われる後欠金沢貞顕書状（『金沢文庫古文書』一四三号）によれば、「六波羅注進重到来」→「有評定」→「可御使上洛之由、落居」の手順が知られる。この場合は、六波羅探題の注進を受けて幕府評定の場で議せられ、東使が派遣されることに決したのである。

次に示す『公衡公記』（西園寺公衡の日記）の記事は東使の行動を比較的よく伝える稀有の史料の一つである。記主西園寺公衡が時の関東申次西園寺実兼の子息であったことも幸いしている。弘安十一年（一二八八）正月十九日の条の記事と推測されるが、(10)まずこれを掲出しておく。

天晴、中剋許東使伊勢入道(二階堂盛綱)行覚墨染衣袴参、家(西園寺実兼)君御直衣、下袴給令着於東面令対面給、観証引導之、条々事書一通進入之続左、又去冬所被下之万里少路殿(亀山上皇)御返事一合進御所之間、家君不令開給、同進入之、是無実御虚名事、被謝仰之御返事也、全不信受之由申之云々、東使帰出之後、家君令参常盤井殿(後深草上皇)給、衣冠、前駈一人、令進入関東状并事書等給、次御参万里少路殿(亀山上皇)、令進入関東御返事給、次御参内云々、後聞、東使今朝先向関白(二条師忠)許、有函云々、凡執柄之威珍重〱歟、

条々事、以行覚令申之由可申之旨所候也、以此旨可令披露給候、恐惶謹言、

(弘安十一年)
正月四日

前武蔵守宣時(北条)判
相　模　守貞時(北条)判

進上　右馬権頭入道殿(三善為衡)

条々

一、御政事、
執柄諸事可被計申歟、

一、議奏公卿并評定衆事、
可為御計歟、

一、任官加爵事、
理運昇進、不乱次第可被行之歟、
一、僧侶・女房政事口入事、
一向可被停止歟、
一、諸人相伝所領事、
任道理可被返付本主歟、
一、御所事、
可為御計歟、
一、(後宇多上皇)新院御分国事、
無御知行国者可為難治歟、被進之条可宜歟、
此外以詞申云、任官・叙位・所領事、称関東之所存、猥致所望之輩等有之歟、向後一切不可有御信受、只任道理可被行、若又関東有存知ム事ハ可申上云々、

この記事は前年十月より開始された後深草院政に対する関東の申し入れにかかるものであるが、「俄上洛」(11)した東使二階堂行覚(俗名盛綱)が関東申次西園寺実兼に申し入れを伝達したこと、その申し入れは院政運営の根幹にかかわる重要事項であったこと、などの点においてこの二階堂行覚の行為(その後の実兼との接触も含めて)は東使の任務遂行の典型的な一つの具体事例ということができる。

このような東使の任務内容、およびこれにもとづく活動が当該期の公武の政治的関係によって規定されたことは言うまでもあるまい。従って東使の機能と役割を把握するためには、鎌倉時代政治史の展開過程の中にその性

格と特徴とを考えるという方法をとらねばならない。以下便宜的に主たる幕政担当者ごとに時期区分を行い、その順序に従って段階的な把握を試みたい。

(イ)将軍源頼朝期

まず文治元年（一一八五）より正治元年（一一九九）に至る源頼朝の独裁期十五年をとってみよう。源家将軍による鎌倉幕府創業期に当るこの間の公武交渉の知見はほとんど『吾妻鏡』に負うが、そのうち最も重要なものは、文治元年十一月の源行家・義経叛逆事件にことよせた北条時政の上洛であろう。翌年四月まで約半年間在京した時政がこのときいわゆる守護地頭設置の勅許を獲得したことはいうまでもない。しかし時政は「頼朝代官」(12)であったから、本節で取り上げる東使一般と同列にみなしえないが、この大軍を率いての上洛（しかもこれは極めて早い時期の公家との接触である）・洛中制圧、および与同公家の処分を含む事後処理はのちの公武交渉の布石と目される点でみおとせない。

当該期にあっては、建久元年（一一九〇）源頼朝が上洛し、権大納言・右大将に任ぜられたこともあるが、幕府体制の未成熟と朝廷側の隆盛という客観的情況の下での関東より使節を介しての京都との接触は、たとえば後白河法皇の熊野詣に際して貢馬一〇疋の献上(13)、閑院皇居の修理、藤原経房の大納言所望申し入れ(14)、「奥州合戦」（藤原泰衡討伐）の行賞辞退の申し入れ(15)、後白河法皇の病気見舞(16)など王朝にとっては比較的軽微な事項にとどまり、しかも概して王朝側への奉仕の形をとっている点に特徴がある。使者には大江広元を中心とする京下り官人が多くえらばれている。二階堂氏出身の使者がまだあらわれないのも注意される。

そのほかやや目をひく事柄を一つ指摘しておこう。『吾妻鏡』文治三年八月三十日条に、

千葉介常胤為使節上洛、是洛中狼藉事、為関東御家人等所為歟之由、有疑貽之旨、風聞之間、為令尋沙汰也、合御使行平（下河辺）先以進発訖、可同道之処、常胤違例之間、延而及今日云々、

なる記事があるが、これは関東御家人が洛中狼藉を働いているという風聞をうけて、幕府がその究明のために千葉常胤と下河辺行平とを派遣したというものである。つまり二人の使節（「使節」と「合御使」）＝両使制(17)が京都派遣の場合にもすでに採用されていることになる。(18)

(ロ)北条時政執権期

北条時政の執権就任時点については議論があるが建仁三年（一二〇三）におくこと自体はほぼ認められているようである。これより元久二年（一二〇五）の牧氏事件を機とした時政失脚までの二年足らずの期間に次の記事をみいだすことができる。『吾妻鏡』建仁三年十一月十九日条である。

> 佐々木左衛門尉定綱・中条右衛門尉家長爲使節上洛、是将軍御代始也、京畿御家人等殊挿忠貞、不可存弐之由相触之、且可召進起請文之趣、所被仰遣武蔵守朝雅(平賀)幷掃部頭入道寂忍(中原親能)等之許也、両人去九日出門云々、

この記事は源実朝の将軍代始に当って、京畿地域の御家人に将軍への忠誠を誓わせる目的で関東御家人佐々木定綱・中条家長とを京都守護平賀朝雅・中原親能のもとに派遣したことを示している。この事例は朝廷に向けてのものではないが、幕府が関東より使者を遣わして京畿御家人の統轄を直接に行っている点注目される。この時期の比較的重要な関東よりの使者派遣例は管見の限りこれのみである。(19)

(ハ)北条義時執権期

北条義時の執権在任は元久二年より元仁元年（一二二四）の卒去まで約二十年間に及ぶ。義時の執権としての権限の性格が建暦三年（一二一三）五月の和田義盛の乱を機に大きく変化することにまず留意せねばならない。(20)しかし和田合戦以前における京都への使者派遣の事例はほとんどみいだせない。(21)

和田合戦以降、関東より京都への使者派遣は次第に頻度を増してくる。乱後三ケ月後の建暦三年八月「山門騒動事」により大友能直が使節として上洛したのを始め（『吾妻鏡』同二十二日条）、将軍実朝の岳父坊門信清卒去の

弔問[22]、後鳥羽上皇の病気見舞[23]、実朝の左大将拝任要請[24]、皇子降誕の奉賀[25]などのため関東武士が相ついで上洛している。後鳥羽院の「御瘧病」（同書、建保五年七月二十四日条）見舞の使節を二階堂行村が、また皇子降誕の奉賀の使節を安達景盛[26]が各々勤めている事実は（二階堂氏、秋田城介流安達氏出身としてはいずれも初見）、のち東使を輩出する両家門の萌芽的活動として興味深い。

義時の執権期約二十年のうち公家との関係において幕府の実質的最高指導者としての手腕を試されたのは最後の五年間であった。実朝暗殺の承久元年（一二一九）初頭から公武間の緊張はとみに高まっていった。承久の乱という中世政治史上の画期的事件を含むこの時期における公武の交渉はこれまでにない重要な内容を持っている。この間公武交渉史上特記すべきことが二つある。一つは実朝後の将軍職継承者の人選、いま一つは言うまでもなく承久の乱の戦後処理に伴う一連の与同者処分と朝政への関与である。順に述べよう。

建保七年（一二一九、四月十二日承久と改元）正月二十七日の実朝卒去の報を告げるために翌二十八日京都へ発遣された加藤判官次郎は二月二日に入京、同九日には関東へ帰着したが、加藤が伝えた「申二彼薨御由一之処、洛中驚遽、軍兵競起[27]」という京都の動静は義時に大きな危機感を抱かせたに相違ない。『吾妻鏡』は四日後の二月十三日条に次のような記事をのせている。

十三日庚戌、信濃前司行光（二階堂）上洛、是六条宮（雅成）・冷泉宮（頼仁）両所之間、爲関東将軍可令下向御之由、禅定二位家（北条政子）令申給之使節也、宿老御家人又捧連署奏状望此叓云々、

記事の内容は、二階堂行光が北条政子の使節として上洛し、関東将軍として後鳥羽上皇の二皇子、雅成・頼仁両親王のうち一方を鎌倉に招きたき旨を奏請した、というものである。もっとも宮将軍招請計画自体はすでに前年に当事者レベルでの内々の合意ができ、上皇の認可を受けるだけのところまでこぎつけていたらしい[28]。

東使の性格を論じようとする本節の関心から最も注目すべきは、かかる朝幕間の重要局面において二階堂行光

が特使に選ばれた点である。行光については『愚管抄』（巻六）が「年ゴロ政所ノ事サタ（沙汰）セサセテイミジキ者」「成功マイラセテ信濃ノ守ニナリタル者」と評しているが、政所令[29]・前信濃守たる二階堂行光の幕府宿老（このとき五十六歳[30]）としての地位と権勢をよく伝えている[31]。義時執権期に発遣された使者の帯びる官名の中でも行光は格段に高い「信濃前司」の受領名を冠しており、その任務の重大性が察知される。また宿老御家人たちが連署奏状を捧げて宮将軍招請を請願したことは行光発遣が幕府の総意に支えられていること、その任務が決して特定の政治勢力の利害にもとづくものでないことを示している。一ヵ月後、北条時房は侍千騎を率いて上洛、上皇側を威圧して難航する交渉を打開しようとしたらしいが、結局宮将軍の東下は上皇の反対によって実現に至らなかった。

承久の乱は頼朝以来の公武関係のあり方を大きく変えた。承久合戦の勝利より三ヵ年に及ぶ義時執権期最末期における京都への使者派遣の特色は、廟堂最高の官職たる摂政の任免に幕府が強力な関与を始めたこと、得宗被官が執権の命をうけ京都に差遣される事例がみえ始めること、以上の二点である。承久三年（一二二一）七月関東使者二階堂行盛[32]が入洛、摂政九条道家を罷め、近衛家実に復さんことを申し入れたこと[33]（翌日宣下あり）、翌々年の貞応二年（一二二三）五月東使行盛が摂政家実に万機を総摂せしめられんことを奏上したこと[34]などはその前者の実例である。後者については『吾妻鏡』承久三年六月二十四・二十九日条にみえる次の記事をまずみよう。

（承久三年六月）廿四日、今日寅剋、安東新左衛門尉光成帯㆓昨日叓書㆒、出㆓関東㆒上洛、於㆓京都㆒可㆑有㆓沙汰㆒条々、右京兆（北条義時）直示㆓含光成㆒云々、

廿九日、子刻安東新左衛門尉光成着㆓于六波羅㆒、洛中城外謀叛之輩可㆑被㆓断罪㆒条々具申㆑之、相州（北条時房）・武州（北条泰時）披㆓関東叓書㆒、如㆓駿河前司（三浦義村）・毛利入道（大江季光）㆒、有㆓評議㆒云々、

この記事においては関東より京都への使者に安東光成という得宗被官が用いられている点が最も重要であるが、

光成の出発に先だって主北条義時が「於京都可有沙汰条々」について光成に「直示含」めたことからうかがわれるように、このたびの遣使が義時の職権行為の如き色彩が漂っていることもみのがせない。光成の任務は承久の乱での「洛中城外謀叛之輩可被断罪」きための「関東事書」[35]を六波羅で指示を待つ北条泰時・同時房に手渡し、あわせて処分の仕方についての義時の考えを正確かつ忠実に伝達することであったろう。最大の問題点は何故得宗被官がその任に用いられたか、である。結論的にいえば、この件が基本的に「謀叛之輩」（その中には関東御家人も少なからず含まれたであろう）の断罪であったことから、和田合戦で侍所別当のポストまで掌握した執権北条義時にとっては本件が自己の職権事項と認識されたためではあるまいか。こう考えれば、義時は承久の乱後フリーハンドで被官を使者に立てられるようになったのではなく、その可能な事項は厳しく制限されていたといわねばなるまい。得宗被官を幕府の使節として京都に遣わすことには限界があったのである。[36]

㈡北条泰時執権期

貞応三年（一二二四、十一月二十日元仁と改元）六月十三日の義時卒去の報は直ちに飛脚によって京都に伝えられた。義時の嫡子北条泰時は当時六波羅北方の職にあったがこの報に接した翌日の十七日出京、二十六日鎌倉に着いた。このころ幕政の主導権をめぐって義時後室伊賀氏の陰謀が渦巻いたが、泰時はよくこれを抑え、義時没後の執権としての地位と権限とを手中に収めた。泰時の執権期は元仁元年（一二二四）より仁治三年（一二四二、六月十五日没、六十歳）までの実質十八年間にわたる。

泰時の執権時代は幕府政治史の上からは執権政治体制の最盛期と位置づけられているが、承久の乱後の公武関係はこれまでにない深まりをみせていった。執権政治体制の確立は公武関係の展開と表裏の関係にあったともいえよう。泰時期における公武間の諸交渉の中で両者の新しい関係を象徴するのは、皇位継承に対する決定的な関与であること言うまでもあるまい。もっとも義時が承久の乱の処分の一環として仲恭天皇を廃して後堀河天皇をたてたという先例もあるが、この後堀河擁立は「後鳥羽ノ御ナガレノホカ、コノ御子（後堀河院、諱茂仁）ナラデハ皇胤マシマサズ」（『神皇正統記』）といういわば選択の余地なき状況の下での皇嗣指名であったわけで、[37]以下に述べる泰時期の後嵯峨天皇指名と同列に論じられるものではない。泰時期の公武関係の圧巻部分はこの後嵯峨擁立をめぐる交渉である。そのため関係史料は抜群に豊富だが、[38]行論上必要かつ良質の記事を二つ掲げておこう。

A『鎌倉年代記裏書』仁治三年正月条[39]

同九日主上（四条）崩御于閑院御年十二、同十三日上総式部丞時秀（千葉）依主上崩御事爲御使上洛、同十四日秋田城介義景（安達）・出羽前司行義（二階堂）爲御使上洛、是建仁聖主（土御門）第五皇子（邦仁）継代御事爲被定申也、

B『平戸記』仁治三年正月十九日条[40]

後聞（中略）関東使二人差進、十四日出国、六ケ日京着云々、自勢多先進使者云々、或説、先遣使者於前内府（土御門定通カ）許云々、入夜使者両人参一条殿（九条道家）、被召御前云々、其後向相国禅門（西園寺公経）許、即面謁云々、両所共以不請之気炳焉云々、東使頗答以笈（ママ）云々、但於今者何詮哉、

正月九日の四条天皇早逝の報は同十三日には関東に達し、幕府は翌十四日[41]安達義景と二階堂行義を使者に立て、土御門天皇の皇子邦仁王の継代たるべきことを申し入れることにした。一方京都からは「九条入道殿御礼」、つまり禅閤九条道家の親書を携えた飛脚が九日のうちに関東へ馳せ下った。[42]その道家の親書の内容は従三位藤原清季の女（実名不詳）所生の忠成王（順徳天皇皇子）を推すものであったこと推測に難くない。京都側ではこの飛脚の持ち帰る色よい返事を鶴首して待ったがなかなか帰らず、十九日には先の決定を伝える関東両使が入洛したのである。この時の公武の折衝では、佐藤進一氏が指摘されたように「幕府の回答が前摂政道家の諮問に対して行われたか、それとも直接新帝候補土御門院皇子にもたらされたか[43]」が幕府の措置を評価するためのかぎとなる。この点につ

いては諸史料からみて「幕府自ら皇位決定権者として行動したと見るべき可能性が強い[44]」とされる佐藤氏の意見を支持したい。時間的にみて関東使出発の十四日以前に道家の親書が泰時に届かなかったこともありうる。史料Bによれば十九日京着した東使は真先に「前内府」の許に使者を遣わしたのち、夜に入って九条道家、さらに西園寺公経に面謁している。「前内府」とは邦仁王の母通子の叔父に当る土御門定通であろう。定通の妻が泰時の姉[45]（或いは妹）である事実はこの推定を支える。使者はまずこの定通に接触し、幕府の意向を伝えるとともにその了解をとりつけたものとみられる。[46]前述のように義時期の承久三年（一二二一）、幕府は摂政人事に容喙したことがあったが、今回の皇位継嗣に対する口入は系譜的にみればその発展延長線上に置いて考えることができる。特に東使に関しては、かかる公武間の最重要問題が東使を介して折衝されたこと、しかもその特使には当代きっての有力御家人および枢要の文筆系吏僚出身の者が指名された点に注目したい。

泰時執権期の東使の発遣状況の中でもう一つ注意されるのは同一案件のための京都への使者に将軍と執権双方から別々の人物が立てられていることである。安貞元年（一二二七）五月の大内焼亡の事により伊東祐時と尾藤景綱とが、[47]また天福元年（一二三三）九月の藻壁門院藤原竴子（将軍頼経の姉）崩御の際には伊賀仲能と安東光成とが、[48]さらに延応元年（一二三九）五月の「禅閤《（九条道家）》御不例」の際は藤原定員と平盛時とが派遣された。[49]管見に及んだこの種の実例は以上の三つであるが、各々のケースの二人ずつの使者のうち前者が「将軍《（九条頼経）》御使」、後者が「前武州《（北条泰時）》御使」なのである。前者が関東御家人、後者が得宗被官の有力者であること明らかであって、当該時期（つまりいわゆる執権政治期）における将軍と執権（得宗）との関係を示唆している。得宗被官が将軍あるいは幕府の正式の使節とは別個に執権の使者として上洛していること、しかもその開始が史料にみる限り貞永式目制定に象徴される執権政治の主導者＝北条泰時の執権在任期であったことは注意される。

(ホ)北条経時執権期

仁治三年（一二四二）六月十五日泰時卒去の報は「関東飛脚」下条兵衛尉某によって二十日子の刻六波羅に伝えられ、(50)遺跡は嫡孫経時に嗣がれることが通告された。(51)これより寛元四年（一二四六）三月に至る四年足らずの経時執権期（年齢十九〜二十三歳の間）は幕府政局の動揺（将軍派と執権派の抗争）が顕在化した、幕府政治史上ひときわ興味深い時期であるが、この間公武の間に表面上際立った波風は立っていない。しかし経時没後まもなく起った「宮騒動」(52)（寛元四年閏四月）および翌年の宝治合戦（宝治元年〔一二四七〕六月）が「疑いなく将軍勢力と執権勢力との衝突」(53)であり、将軍頼経の背後に京都の実父、前摂政九条道家の姿がみえかくれすることを併考すれば、抗争の潜伏期間としての経時執権期が公武関係史上決して軽視されるべきでないことに気付くであろう。

遣使関係の史料所見を具体的に拾えば、寛元二年四月「関東飛脚」が入洛して将軍頼経息頼嗣の首服（六歳）のことを伝えたこと、(54)寛元二年八月二十九日七十四歳で薨じた関東申次・相国禅閤西園寺公経（その報は九月二日「六波羅飛脚」によって鎌倉にもたらされた）の弔問のため、九月五日近江前司佐々木氏信が使節として上洛したこと、(55)寛元三年四月関東より飛脚が到来して北条朝時卒去のことを伝えたこと(56)などいくつかの事例があげられるが、名のある御家人の上洛は先の佐々木氏信の例ぐらいにすぎない。

幕府の内訌は執権経時が「黄疸」(57)を煩い、健康をそこねだした寛元三年五月末以降にわかに表面化したものと思われる。同年六月六日六波羅（当時北方北条重時、南方欠）に到着した「関東早馬」は「兵革之構」を披露したと伝え、(58)同十二日に六波羅に到着した「関東飛脚」は経時の病状危急なることを報じた。(59)この六波羅への遣使は執権派勢力が、関東の緊迫した情勢を、北条執権家と親しい庶流の採題重時にいち早く報知して公家および西国御家人の動向を制御しようという目的に出たものと考えられる。このことは宝治合戦の後一ヶ月の宝治元年七月、重時が幕府の連署に召還された事実(60)によって支えられる。

(ヘ)得宗北条時頼期

北条時頼は兄執権経時没より一ヶ月以上前の寛元四年三月二十三日、経時の「存命無其恃」きにより経時亭における「深秘沙汰」(寄合)でもって執権職に就いた[61](時に時頼二十歳)。北条得宗家の秘密会議たる「深秘沙汰」の新設からもうかがえるように、時頼執権期は幕府政治の性格変遷の上からいえば従来の執権政治から得宗専制へと大きな傾斜をみせる時期である。時頼は康元元年(一二五六)執権職を庶流の長時に譲り出家するが、幕政の主導権はなおも時頼によって掌握されていた。従って時頼期の公武交渉としては寛元四年の執権職就任より弘長三年(一二六三)の卒去までの十七年間を扱ってよい(年齢二十〜三十七歳の間)。

この間、関東から京都へ度々使者が派遣され種々の申し入れをなしているが、公武関係史上特筆すべきものがいくつかある。その一つ、「宮騒動」を鎮圧した時頼が寛元四年十月得宗被官安東光成を上洛させて、後嵯峨上皇に対して太政大臣西園寺実氏を関東申次に奏薦し、併せて徳政実施のことを奏請したこと[62]。光成は明確に「時頼使」としるされている。当該期が得宗専制への傾斜期であるだけに被官の活動も活発化したものとみえ、得宗被官の京都派遣の事例が少なくない[63]。また一つは、建長四年(一二五二)二月、頼嗣廃立後の将軍に後嵯峨上皇の皇子を迎える交渉のために二階堂行方と武藤景頼とが使節として上洛したこと[64]。このとき両使は「相州(時頼)自染筆、奥州(重時)被加判処」の状、つまり執権自筆、連署加判の書状を持参した。宮将軍招請のための請願書が当時幕府が公的に発しうる最も厚礼の書式をとっていること(実朝没後、政子が宮将軍を招請しようとしたとき「宿老御家人」の「連署奏状」が捧げられたことを想起すべし)、その使者には得宗被官でなく、れっきとした関東御家人二名が選ばれている点に注目したい。

時頼期は対外的には公家側に政道の興行、政治機構の整備を促すとともに、関東と京都との融和を基調にして従来の公武関係を総括して新たな相互交渉のわくぐみを作り上げた、まさに画期的な時期であって、宮将軍の招請もその重要な一環として位置付けられる。かかる政治史上の重要な局面において、個々の任務遂行のために東使の果した役割は決して小さくはない。

時頼期にみえる東使の活動の中でいま一つ注目されるのは宝治元年（一二四七）八月、四〜五百騎の軍勢を率いて入洛した「関東使者」二階堂行泰と大曽禰長泰のケースである。[65] それは、今回の東使の申し入れが「大将事、神崎庄(肥前)・宗形(像)社事、宮(忠成王)御元服事、勲功公家勧賞不可及沙汰事、泰村(三浦)反逆造意事、今一个条委不聞及之」[66]なる記事から知られるように七ヶ条にわたるこれまでに例をみない大がかりなものであったこと、九条道家に代って西園寺実氏が関東申次に就任し、実氏を媒介とする公武交渉のしくみが整備されてより以降、そのルートを経由した事例としては実質的に最初の本格的な東使派遣であったこと、などの点において従前の東使派遣とは質的相違を認めねばなるまい。

(ト)得宗北条時宗期

弘長三年十一月北条時頼が、また翌年文永元年（一二六四）八月執権北条長時が相次いで没したが、得宗北条時宗（時頼の子）はまだ年齢的に若すぎたため執権の任にはたえず、連署北条政村が執権の座につき、時宗は連署のポストにつくこととなった。これより文永五年の執権・連署交替まではいわば北条政村政権期であり、その独自性を看過してはならないが、大局的には「執権時宗体制実現へ向けての過渡的政治形態であったとみられる」[67]ので、時宗期の公武交渉を述べようとする本項では、便宜的に文永元年より弘安七年（一二八四、四月四日時宗没）までの二十年間を扱うことにする（年齢十四〜三十四歳）。

時宗期においても公武間の交渉は頻繁であるが、殊にこの時期はいわゆる蒙古問題、それに寺社権門同士の抗争をめぐって交渉が展開している点に特徴がある。幕府が蒙古問題に関して朝廷と接触したのは、文永五年二月七日東使が関東申次西園寺実氏の北山第に入ったのを初めとする。[68] 前月大宰府の少弐資能より関東に送られた蒙古・高麗両国の国書を朝廷に転送するためであった。蒙古問題関係で東使が入洛したのはこの他に、文永八年九月、[69]同十月、[70]弘安二年十月[71]にその例をみるが、いずれも東使の実名は不詳である。

いま一つの寺社権門同士の抗争とは主として天王寺別当職をめぐる山門と寺門の争い、[72]それに大住・薪両庄をめぐる興福寺と石清水八幡宮との争い[73]である。いずれも抗争の契機・展開や歴史的背景など別途考察の余地があるが、ここでは当件が朝廷や六波羅の手に負えず、前者の場合、ついに関東から文永元年十二月長井時秀と二階堂行願（俗名行綱）とが数百騎の軍勢を率いて入洛したのをはじめ、[74]弘安六年七月に山門張本人の交名を東使（安達長景・二階堂行一）に賜う[75]まで度々使者が派遣され幕府の指令が伝えられていること、また後者の場合、弘安五年七月に上洛した東使佐々木氏信・長井時秀によって調停工作が試みられていること[76]に注意したい。

以上のほか、東使の活動は将軍宗尊追放後、[77]子息惟康王の将軍宣下要請[78]や天台座主の得替、[79]「立太子（熙仁親王）事・執柄事・所々庄々押領事」[80]などの面にも及んでいる。また東使の身分階層に注目すれば、御家人がこの任務を勤めており、時頼期にみたような得宗被官の活動は影をひそめている。[81]

(チ)得宗北条貞時期

弘安七年四月四日の時宗の出家・卒去の報は八日京着の飛脚によって伝えられたが、「一門近習出家之輩五十余人」なる事態は時宗の幕政に占めた地位を端的にあらわしている（『一代要記』）。跡目は嫡子貞時が襲うことになった。この項ではこれより応長元年（一三一一）の没までの貞時期二十七年間についてみる（年齢十四〜四十一歳）。

貞時期における東使を介しての交渉は時宗期以上に頻繁である。その任務内容は大きく三つに区分される。一つめは、皇位・治天下の改替、立坊、将軍の昇進・親王宣下・改替についての申し入れ、つまり公武のトップクラスの人事にかかわるもの。皇位については伏見[82]・後二条両天皇の践祚、[83]尊治親王の立坊[84]のことが東使によって申し入れられ、即刻実現している。また将軍職については、惟康の大将・納言所望、(85)その辞退と親王宣下、(86)惟康の追放と新将軍久明の招請と追放、(87)守邦の将軍宣下(88)などのことがあげられる。後宇多院の勅勘を蒙った関東申次西園寺公衡と弟公顕の宥免を申し入れた(89)のも人事に関している点からこのグループに含めてよい。

二つめは院政運営の基本的枠組についての諮問への対応である。幕府のあとおしによって弘安十年十月開始された後深草院政は後嵯峨院政以上に関東への配慮を怠らず、重事については悉く幕府の意向をうかがうのを常とした。先（本節一七四～五頁）に掲出した、『公衡公記』弘安十一年正月十九日条に収める「御政事」以下七ヶ条の「事書」はそのことを最も直接的にあらわしている。

三つめは寺社権門内部の争い、および寺社権門同士の抗争に対する関与である。前者の場合、まず永仁元年（一二九三）南都一乗院の若宮祭礼の折、「一乗院依師弟向背」り、合戦が行われたが、六波羅探題より注進をうけた幕府は翌年二月下旬、東使両人（長井宗秀・二階堂行藤）を派遣して調停にのり出したこと、(90)また正安元年（一二九九）山門衆徒と座主妙法院門徒との抗争で放火事件が起こり、「東使両人宇都宮参河守（貞綱カ）二階堂備中前司」が上洛して捜査活動を行ったこと、(91)がある。後者の場合は真言・天台両宗門間の争いというべきものであって、延慶元年（一三〇八）正月東寺において伝法灌頂を受けた後宇多法皇が勧賞として園城寺益信僧正に本覚大師の諡号を授けたところ、山門は蜂起してその諡号の停止を求めた。これより東寺・仁和寺と山門の間で争いが起こる。(92)山門は朝廷に圧力をかけることによって十月一日諡号停止の宣旨を得たが、一方東寺側は関東に愁訴し翌延慶二年五月「関東之吹挙」を獲得して反撃に出た。同十一月に上洛した東使二階堂行暁と太田時連(93)は東寺側勝訴の方向で紛争をおさめようとしたため山門は神輿入洛の強行手段をとり、十二月神輿と防御の武士とが衝突、「禅侶三人、神人一人、宮仕一人当矢蒙疵、神輿者二条京極泥土振棄」てられた。山門が延慶三年十月に再び勝利すると、翌応長元年東使時連と腹心藤田行盛は山門によって「眼前之神敵」と指弾され、罪科に処すべしと訴えられた。(94)幕府はこれを黙殺したが、折しも同年後半から翌正和元年（一三一二）半ばにかけて師時・貞時・宗宣といった得宗を含む北条一門の重鎮が次々に没するという「恠異どもおほく侍ければ[95]」、幕府はこれに「驚思余[96]」、ついに時連と行盛とを流刑に処したのである。山門から「神敵」「逆奴」と憎悪されるほど東使が思いきった措置対応をとった点からは、関東の意志執行者としての東使のある程度の裁量権をみてとることができよう。しかし東使は関東の命の下に行動しこそすれ（しかも「行幸記」によれば、時連は「院宣を給て」いた）、関東は必ずしもその責任をとってくれないのである。このことは六波羅に対する場合と同様である[97]。

次に使節の身分階層に即してみよう。上述の東使はすべて御家人の勤仕であるが、他に得宗被官の事例もわずかながら認められる。永仁三年「依南都事、爲御使進発」した安東左衛門[98]、嘉元三年（一三〇五）北条時村誅殺のことを伝える「東早馬」万年馬允・工藤新左衛門尉[99]、延慶二年「熊野悪党事」により上洛した「東使」南条左衛門尉[100]（このとき十五ヶ国の軍兵が熊野山に差し向けられた）、それに応長元年（一三一一）に「相州禅門《(北条貞時)》使者」安東平右衛門入道々常[101]、などといった連中である。得宗被官の東使の事例が全体の中に占める比率は依然として低く、しかもその任務内容は広い意味での軍事関係事項に限定されている。

ちなみに、当該期の公武関係を知るための基本史料である『公衡公記』は弘安六年（一二八三）十月から同十年十二月までの約四年間、正応二年（一二八九）五月から正和三年（一三一四）九月までの約二十五年間の記事などを欠いている。このことが関係史料の残存状況に、ある程度影響を及ぼしているであろうことは否めない。

(リ)得宗北条高時期

鎌倉幕府最後の得宗北条高時は正和五年七月に執権就任、正中三年（一三二六）三月退任・出家、元弘三年（一三三三）五月没。本項では高時が父貞時の跡をうけて得宗になった応長元年から元弘三年までの二十二年間（年齢九～三十一歳）を扱う。

高時期においてもさまざまの任務を負った東使が絶え間なく上洛しているが、それは内容的にみておおまかに正中元年の正中の変を境に前後二期に分けて考えてよい。この事件および七年後の元弘の変への対応、戦後処理に関する東使派遣が後半期の中心的内容を構成している。東使の軍事的側面にきわだったこの後半期にこそ高時期の最も大きな特徴がある。しかも当該期の東使関係史料は比較的豊富に残存しており、東使の動きを前代になく詳しく描き出してくれている。以下順にその概略を述べよう。

正中の変以前における東使派遣の目的は寺社権門対策、皇位継承についての提案、その他に分類される。寺社権門対策とは具体的にいえば、正和三年五月一日に起った新日吉社頭における乱闘事件の張本山徒および最高責任者たる天台座主の処分のために、六月一日京着した「関東使」長崎四郎左衛門（得宗被官）は翌日関東申次西園寺公衡を通して「座主公什僧正被改所職、所領悉可被召、又新日吉喧嘩人張本、被仰三門跡、可被召」きことを奏上したこと(102)（座主の改替は即日行われた）、おそらくこの長崎四郎左衛門のあとをうけて張本人の糺明・断罪の任を負って上洛したと考えられる「東使」二階堂行暁（俗名行貞）が同年十月五日「山門張本等皆以出対、糺明以下已終功之間(103)」、つまり罪人糺明の役目を終えてにわかに東下したこと（両使のかたわれ三浦時明も同八日に東下）などが対個別寺社の事例としてあげられるが、一方寺社権門一般に対する施策としては、元亨四年（一三二四）二月二十九日東使出羽判官某が四ケ条からなる「関東事書(104)」（いわゆる「元亨の悪党鎮圧令(105)」）を公家に申し入れたことがある。

次の皇位継承についての提案とはいわゆる「文保の御和談」にほかならない。「東使今両三日間定上着候歟(106)」と伏見上皇がその到着に強い関心を示した東使中原親鑑が入洛したのは文保元年（一三一七）四月七日であったが(107)、親鑑は五月二十日の東帰までの間、関東申次西園寺実兼を介して持明院・大覚寺両統の言い分を調整し、皇位の交代をはかったが、結局失敗した(108)。本件については翌年二月二十一日（花園天皇譲位の五日前）に六波羅の使者

(『続史愚抄』が「関東使」とするは誤り)長井貞重が北山亭に入り交渉に当っている(「公敏卿記」、『歴代残闕日記』一二所収)。

以上のほかには、正和四年十二月東使安東左衛門尉が入洛し、謀反の企ありとして伏見上皇の寵臣京極為兼を召し取ったこと、(109)文保元年(一三一七)三月遷幸(この年富小路殿跡に新内裏完成)のための砂金が献上されたこと、(110)文保二年十月東使二階堂行諲(俗名時綱)が上洛し、「関東旧好」の間柄にある洞院実泰のために一品位記の年月改訂を申し入れたこと、(111)元応元年(一三一九)関東使安東四郎右馬入道が入洛して「京都御成敗幷六ヶ国」(112)についての所轄権を六波羅探題に戻すことを伝えたこと、などの事例がある。

高時期前半の東使派遣の基本的性格は貞時期のそれを継承しているといってよいが、注目すべきは長崎・安東といった得宗被官の軍事力行使を含む活動が次第に活発さを増していることである(この点は高時期後半に至って一層顕著となる)。

一方高時期後半の東使派遣は正中の変・元弘の変に象徴される討幕運動の急速な高まりに対処する形でなされたといってよい。それはおおまかに三つのグループに分けられる。

まず第一は正中の変関係である。討幕計画は元亨四年(十二月九日正中と改元)九月十九日六波羅探題によって事前に遣され、日野資朝・同俊基は主謀者として六波羅に預けられた。この事件の調査のために関東より派遣されたのが工藤右衛門二郎と諏訪三郎兵衛の二人の「御使」であり、九月二十八日より同三十日まで京都に滞在した。(113)いずれも著名な得宗被官家の出身である。(114)東使は東帰の時、資朝・俊基を関東へ連行したのではなく、両人は翌十月二十二日に「爲糺明、依召関東下向」したのである(祐雅法師も一緒)。しかるに、東使二階堂忠貞(行一子息)が上洛して、両人の処分の決定・執行を伝えたのは翌正中二年(一三二五)二月七日のことであった。(115)正中の変への東使の直接的なかかわりはこれで終わる。(116)嘉暦元年(一三二六)七月、東使中原親秀は同年三月に没した東宮邦良のあとに後伏見院一宮、量仁親王をすえるべきことを伝達したが（『鎌倉年代記裏書』『増鏡』）、この東宮人事において正中の変が持明院統を利したことは否定できまい。

第二は元弘の変関係である。(117) この度の討幕計画も元徳三年（一三三一、八月九日元弘と改元）四月二十九日の密告によって未遂に終ったが、関東の対応は正中の変のときと比較にならぬほど厳しいものであった。幕府は直ちに「使節」として得宗被官の長崎孫四郎左衛門尉・南条次郎左衛門尉を派遣、五月五日に京着した両人の任務は「召禁右中弁俊基（日野）幷文観・円観等」ずることであった。(118) その後、『太平記』は六月八日「東使、三人僧達（文観・円観・仲円）ヲ具足シ奉テ、関東ニ下向ス」と記す。

元徳三年が元弘元年と改元されてまもない八月二十四日、後醍醐天皇と数人の公卿が突如内裏を脱出して山城国相楽郡の笠置城に籠城した。天皇はここに初めて幕府との正面対決の構えを示したのであったが、事態を重くみた幕府は直ちに全国規模で前代未聞の大軍を編成して追討に向かわせた（『鎌倉年代記裏書』は「図合廿万八千騎」とする）。このときの幕府軍の編成と交戦の状況は「光明寺残篇」(119)に特に詳しいけれども、東使関係の記事としては『鎌倉年代記裏書』元徳三年条に極めて興味深いくだりが含まれている。行論の上で必要と思われるので関係箇所のみを掲出したい。(120)

仍九月二日（元弘元年）任承久例、可上洛之由被仰出、同五六七日面々進発、大将軍陸奥守貞直（大仏）・右馬助貞冬（金沢）・江馬越前入道・足利治部大輔高氏、御内御使長崎四郎左衛門尉高貞、関東両使秋田城介高景・出羽入道々蘊、此両使者践祚・立坊事云々、（傍点筆者）

この記事は「関東両使」と「御内御使」との性格の相違を対比的に、しかも明確にあらわしている点で極めて貴重な所見である。つまり「関東両使」安達高景（『尊卑分脈』二が正慶元年の「後醍醐院隠州遷幸」にかけるは誤り）・二階堂道蘊（俗名貞藤）が「践祚・立坊」について朝廷と折衝する任務を負って（『武家年代記裏書』は「為申行御治世」と表現する）従軍したのに対し、「御内御使」長崎高貞は、翌年正月の千早城攻めの例に徴して、[121]おそらく「手負死人ノ実検」[122]、より敷衍的な言い方をすれば「大将軍の下で、前線の実戦を指揮したり、首実検や着到を付ける」[123]など合戦の際重要な役割を果たす「軍奉行」の任務を負って従軍したのであろう。九月十八日に京着した高景・道蘊（高景が上首）は『花園天皇宸記』によれば、元弘元年（一三三一）九月二十日量仁親王の践祚（即ち光厳天皇）と後伏見上皇の政務とを実現させ、また立坊についての指示もぬかりなく行っている。一方高貞の軍事行動については「光明寺残篇」の伝えるところである。

元弘元年十月二十一日赤坂城が落ち楠木正成が行方をくらましたのち（後醍醐天皇は九月二十九日に捕わる）、翌月「討手人々并両使」が鎌倉に帰還すると、同月のうちに長井高冬と太田道大とが東使として上洛、任務は「京方輩事沙汰」、つまり元弘の変の罪科人の処分であった。[124]高冬と道大は十一月二十五、二十六日に前後して入洛したが、二十八日には三通の関東事書を朝廷側に示した。そのうち最も重要なのは「先帝御事・緇素罪名已下十余ヶ条」につき聖断を仰ぐための一通であるが、これに対して朝廷は直ちに「可為関東計」と幕府の判断に委ねるという返答をした。[125]幕府はこれをうけて翌十二月二十七日東使に「関東事書」を差し出させた。[126]それによれば「先帝并宮々配所」（「先帝（後醍醐）隠岐・一宮（尊良）土佐・妙法院宮（宗良）讃岐」）については結論をみたものの、公家・僧侶たちについては後日に持ち越された（「緇素罪名追言上」とみえる）。

元弘二年（四月二十八日正慶と改元）に入ると、三月頃に東使長井高冬の在京が知られるが、[127]典拠が一次史料でないため一抹の不安を残す。しかし同年正月に太田道大が東使として上洛したとする所伝[128]を併用して、昨年十一月上洛の高冬と道大とが任務完遂のために再度入洛したとみれば、この史料は積極的に利用できる。このときの東使の任務は既に決着をみた「先帝并宮々」の配流の執行と、先送りとなっていた「緇素罪名」の通告であった。前者は三月七日から八日にかけて開始、また後者は四月十日に関東事書の形をとって朝廷に伝達された。[129]こうして元弘の変の罪科人の処分は一応の終了をみた。

最後の第三は、正慶元年（一三三二）十二月護良親王・楠木正成らが吉野・千早など山間の要害に拠り挙兵したことにかかるものである。幕府はまず得宗被官尾藤弾正左衛門尉を派遣し、六波羅探題と合力してこれに対処することにした。正慶元年十二月五日付の六波羅南北両探題署判の六波羅御教書は紀伊の須田一族にあてて「依大塔宮《護良》并楠木兵衛尉正成事」により尾藤が上洛したことを告げ、即刻参洛するよう要請している。[130]関東より追討の大軍が京着したのは翌正慶二年正月末であった。軍勢の編成は「楠木合戦注文」に詳しい。今次の大軍動員において注目すべきは、大和道方面軍の大将軍陸奥《大仏家時》右馬助、軍奉行工藤二郎右衛門尉高景に添えて、「出羽入道」＝二階堂道蘊が「使節」として上洛したことである。道蘊の上洛は正月二十九日、しかも「甲冑帯剣」のいでたちと伝えられた。[131]この道蘊の「使節」がいわゆる東使であることは他の史料によっても確認されるが、最も注目されるのは御家人たる東使自身が軍事行動を指揮している点である。[132]これまでの例からみて、御家人出身の東使が軍勢を率いて敵を攻めることなど異例に属する。建武新政が成ったのち、もと「関東権勢ノ侍」たる道蘊が「朝敵ノ最一」[133]と称されたのはそのような道蘊の旧幕府下での所行をふまえてのことだろう。幕府最後の東使は元弘三年五月近江番場で自害した二階堂行意（俗名忠貞）と佐々木清高であるが（『尊卑分脈』および『多賀神社文書』元弘三年五月十四日守良親王袖加判侍従教忠奉書）、この両名も関東から援軍を率いて上洛したのであろう。

(3)人的構成と階層的特質

次に東使がどのような氏族から選出されたか、また御家人と得宗被官とでは役割の上に相違点はないか、といったことを通して幕府政治の上に占める東使の位置について考えてみたい。そのため管見に及んだ三百数十ケ所に及ぶ東使関係記事（この中には当然異なる史料の同一件についての記事も含まれる）の中から、実名やその任務が判

表1　東使の出身と任務との関係（北条義時期以降。東使の姓名・任務ごとに算入）

東使＼任務		寺社権門の抗争への対応	見舞・弔問・賀詞など	立坊・受禅・治世についての申入	関東側の事件の報告	事件の糺明・処理・処分についての申入	謀反(計画)への対応	将軍招請関係	公家人事への口入	所領寄進	将軍の地位についての申入	公家の勅勘宥免・位記についての申入	関東申次の改替・徳政実施	公家政治全般についての申入	悪党追討	悪党鎮圧についての申入	六波羅の管轄についての通告	その他	不明	計
御家人	安達	3	1	1	1			2				1								9
	伊賀		1																	1
	伊東		2																	2
	宇都宮	3	1			1													1	6
	大曽禰	1																	1	2
	太田	1				2														3
	大友	1																		1
	後藤	2	1																	3
	佐々木	4	1	3			1			1	2								4	16
	佐藤																		1	1
	曽禰			1					1											2
	千葉		1																	1
	中条	1																		1
	長井	6		1		2													1	10
	中原			2						1									1	4
	二階堂	13	4	5		2	2	4	4	1	1	2		1		1			3	43
	波多野																	1		1
	藤原		2															1		3
	三浦	2	3		1	1													1	8
	武藤	1						1		1										3
	矢野	1																	1	2
	その他		3		3													3		9
	不明	1							1										2	4
得宗被官など	安東	1	1			1	1			1			1				1		1	8
	鶴沼																		1	1
	糟屋				1															1
	工藤				1		1													2
	合田				1															1
	諏訪		1				1												2	4
	平		1																	1
	長崎	1					2													3
	南条						1								1					2
	尾藤		1				1													2
	万年				1															1
計		42	24	13	9	9	10	7	6	5	3	3	1	1	1	1	1	5	20	161

明する正確な所見を拾い、同一件についての重複を避けて、姓氏名と任務との関連を表1に示してみた（数字は派遣された回数である。両使の場合は両人各々について算入した）。なお、鎌倉幕府の創立期たる源頼朝将軍期とこれに続く北条時政執権期の東使は義時期以降のそれと同次元では論じられないと思われるので、一応除外した。むろんこの表は絶対的なものではなく、今後増補訂正を加えてゆかねばならないが、おおまかな傾向性を把握する一助にはなろう。

表1にのべ一六一の事例について東使の属する姓氏とその任務との関係を示したが、この表からどういうことが指摘できるか。御家人のグループでまず目をひくのは遣使回数において圧倒的多数を誇る二階堂氏である。前述のとおり二階堂氏の東使拝命は義時期の建保五年（一二一七）行村が後鳥羽院の病気見舞のために上洛したのを初例とすると思われるが、以後正慶二年（一三三三）の道蘊（『太平記』は幕府滅亡の様子を描くくだりで「関東権勢ノ侍」の筆頭に長崎高貞と二階堂道蘊をあげる）・行意まで間断なく続き、しかも任務内容は重事にわたっている。幕府の重要官衙の一つ政所執事のポストを世襲する同氏は代々皇位交替や将軍招請、公家人事への口入など公武間の最重要案件においてほぼ独占的に起用されているが、これは文筆畑出身の同氏の卓越した交渉能力によろう。[134]藤原南家乙麿流の二階堂氏は「長く広元《（大江）》の女房役として政所令を勤め、のちに別当に昇進した二階堂（藤原）行政」[135]の二人の子息行光・行村以来、幕府の評定衆・引付衆を輩出し、一族をあげて東使として縦横の活躍をみせている。[136]幕府政治の実務面での大黒柱はこの二階堂氏ということもできよう。同じ文筆の家で、問注所執事を世襲する太田（三善）氏とは族的性格の面でやや趣を異にする。

表1にみる限り遣使回数において二階堂氏の次位は佐々木・長井両氏であるが、この両氏は生抜の関東武士でないことに共通点を有する。宇多源氏の流れをくむ佐々木氏は秀義のとき関東との関係が始まり、源頼朝挙兵の折には諸子とともにその軍陣に参じた。幕府樹立後秀義の子孫は評定衆・引付衆として幕政の中枢に重要な地歩

を占めるなど、一門の隆盛を誇った。[137] 一方長井氏は大江広元の第二子時広を始祖とするが、この一門も佐々木氏同様、幕政の中枢と深くかかわりつつ繁栄した。[138] 元弘二年（一三三二）後醍醐天皇の隠岐配流を指揮すべく上洛した長井高冬[139]が「頼朝の大将の時より、鎌倉に重き武士にて、いまだ若けれども、かゝる大事にも上せけるとぞ申ける」（『増鏡』久米のさら山）といわれたのも、そのような同氏の族的伝統をふまえてのことである。表1によれば、佐々木・長井両氏の東使としての任務内容には近似性が認められる。

次に安達・三浦・宇都宮各氏について。安達氏は藤原北家魚名流と伝えるが、その系図の古い部分については確証がなく、藤九郎盛長が源頼朝の挙兵に従うあたりからしか明確でない。安達氏は特に盛長の子景盛が娘（松下禅尼）を北条時氏の室にいれて以来、北条得宗家との間に親密な縁戚関係を維持して栄えた。しかし弘安八年（一二八五）の得宗被官平頼綱との戦いに敗れ（いわゆる霜月騒動）、当主泰盛以下安達一門が多く討たれた。のち泰盛の弟顕盛の孫に当る時顕とその子高景とが家運を回復するが、しかしそれは得宗被官（しかも父祖の怨敵ともいうべき平頼綱の甥に当る長崎円喜）との深い結びつきの上に実現した点、[140] 父祖の族的伝統とは異質のものであった。時顕以降の安達氏が得宗政権と不離の関係にあったことは、時顕が延慶二年に寄合衆に在職していること、[141] 元弘三年の鎌倉陥落とともに自害して果てた事実（『尊卑分脈』二。なお同書によれば安達一門の大曽禰長顕も「元弘討死」とみえる）によって明らかであろう。[142] 一方、三浦・宇都宮氏は各々相模・下野の土豪的武士の出である。[143] 三浦氏も宝治合戦によって勢力を削減された。

以上東使を勤めたいくつかの代表的御家人の家について述べたが、注目すべきはいずれの場合も文化的水準が高いと思われる家門の、しかも評定衆クラスの中心的人物がこの任務を負っていること、つまり公家との折衝が、幕府内の地位の上でも文化的水準の上でもひときわ高い御家人によって担われていることであろう。

次に得宗被官の場合はどうか。表1に明らかなように、事例数においては安東氏が群を抜き、諏訪・長崎両氏がこれに次ぐ。得宗被官が東使を勤めたケースの特徴は、多く謀反（計画）への対応など軍事力行使が必要な場合であること、(144)弔問・見舞などの時は将軍の使者とは別に得宗の私的使者として派遣されていること、御家人と両使を組んだ事例がみられないこと、(145)などである。また『鎌倉年代記裏書』元弘元年の記事において「御内御使」長崎高貞と「関東御使」安達高景・二階堂道蘊とが明確に書き分けられていることはすでに述べたところである。

以上によって東使の役割とその出身階層との関係について概括すれば、公武交渉の基幹部分は鎌倉全期を通して文化的レベルの高い家門出身の有力御家人によって担われ、得宗被官の関与は幕府内におけるその驚くべき政治権力の強大化(146)にもかかわらず、軍事を中心とする一部分に限定されたと述べることができよう。換言すれば、得宗の専制をもってしても公武交渉における将軍——朝廷の関係を得宗——朝廷の関係に改編できなかったのではあるまいか。

(4)両使の組み合わせ

中世における両使制の問題は広く当該期の政治制度全般の中で考える必要があるが、ここでは前述のことがらを補足する意味で、東使における両使制に即してみておこう。鎌倉期の両使はすでに文治元年（一一八五）の中原久経・近藤国平の例においてみられ、先に指摘したように文治三年に使節千葉常胤に加えて「合御使」下河辺行平が共に上洛した例もみえる。表2は義時期以降に属する両使の所見三九例について、両人の姓氏の組み合わせを示したものである。二階堂氏と安達・宇都宮・長井・佐々木氏などとの組み合わせの事例が比較的多い。両人がそれぞれどのようなことをしたか史料上明瞭ではないが、二階堂氏のウェイトはどちらかといえば文筆方面にあったであろう。

表２　両使の組み合わせ回数

		御家人													得宗被官						
		安達	宇都宮	大曽禰	太田	佐々木	曽禰	長井	中原	二階堂	武藤	三浦	矢野	不明	糟屋	工藤	合田	諏訪	長崎	南条	万年
御家人	安達					1		1		5											
	宇都宮								1	4											
	大曽禰							1		1											
	太田							1		1											
	佐々木	1						1		4	1		1								
	曽禰									1											
	長井	1		1	1	1				4											
	中原		1																		
	二階堂	5	4	1	1	4	1	4			2	1	1	2							
	武藤					1				2											
	三浦									1											
	矢野					1				1											
	不明									2											
得宗被官	糟屋																1				
	工藤																	1			1
	合田														1						
	諏訪															1			1		
	長崎																	1		1	
	南条																		1		
	万年															1					

両使の役割面の区別（たとえば文武の）は明確でないが、上下の関係についてはこれを示す史料が二つある。一つは、弘安六年（一二八三）七月一日、日吉神輿の件で安達長景と二階堂行一とが両使として上洛したが「長景爲行一之聟之故」をもって行一が「上﨟」となったこと（『公衡公記』）、つまり両人の縁戚上の関係が職務上の上下関係に反映した事例である。いま一つは、後醍醐天皇の笠置出奔後の元弘元年九月、践祚・立坊の件につき関東御使安達高景・二階堂道蘊の二人が入洛したが、公家側との折衝では高景が「上首」として「子細之旨」をうかがい、道蘊は朝廷よりの事書を

受け取る役に甘んじている（『花園天皇宸記』元弘元年十月二十一日裏書）。当時の二人の年齢についてみれば、道蘊はすでに六十歳前後に達しており、(147) 高景に比べてはるかに年長であったこと疑いないから、出身家門の家格の高低が反映したものとみるほかあるまい。

おわりに

本節では東使自体についての叙述に終始した。東使を派遣した幕府の意図は王朝側の動きを直接的に牽制するとともに在京御家人を統括する六波羅探題の独走を抑止することにあったと思われる。残された問題は多い。外的には六波羅探題や関東申次（朝廷）との関係、内的には幕府政治機構との関連などの諸点である。また、東使は評定衆クラスの者が多くこれを勤めたと述べたが、その評定衆中の「宗人々」によって構成された「御寄合」（『沙汰未練書』）と東使としての活動との内的関連、つまり得宗専制下の評定衆の問題にも説き及ぶべきであるし、北条一門から東使が出なかった理由も幕府内での同氏の地位と役割を考える上でさけて通れない問題である。そして終局的には本節で述べた東使派遣の変遷が基本的にいかなる歴史的原因に根ざすものか、を解明せねばならぬ。それらのことがらについては別の機会にゆずることにしたい。

（1） 新城常三氏『鎌倉時代の交通』〈日本歴史叢書18〉第二「鎌倉と京都との間」（吉川弘文館、昭和四十二年）、同氏「中世の駅制」（『史淵』九四、昭和四十年）参照。ちなみに、弘安二年十月訴訟のため馬を使って東下した阿仏尼の事例によれば、京都——鎌倉間の片道旅程に十四日を要している（『十六夜日記』）。

（2） もとより関東の使者はひとり京都に向けて発遣されるのではない。たとえば弘安七年に訴訟指揮のため鎮西に派遣された明石行宗・長田教経・（姓不詳）政行、正和二年鎮西五社神領興行のために派遣された明石盛行・斎藤重行・安富長嗣、宇佐宮の嘉禄造営以来、造営のたびに関東から派遣された使者などがその実例である。このうち明石盛行は「関東使者」「東使」と称された事実がある（「志賀文書」建武二年閏十月日志賀忠能代貞幸申状案、『熊本県史料』中世編二、四七八

頁）。なお佐藤進一氏『鎌倉幕府訴訟制度の研究』（畝傍書房、昭和十八年）二八八〜九頁、川添昭二氏「鎮西探題と神領興行法」（『社会経済史学』二八—三、昭和三十八年）九〜一一頁、同氏『鎌倉文化』（教育社、昭和五十三年）一二八〜九頁、田中健二氏「鎌倉幕府の社寺造営——宇佐八幡宮を中心として——」（『九州中世史研究』一、文献出版、昭和五十三年）、拙著『建武政権』（教育社、昭和五十五年）一八〜二二頁等参照。

さらに、「蒙古襲来絵詞」の中の弘安の役を描くくだりにあらわれる「かうた《（合田）》の五郎とをとし《（遠俊）》」および「あむとう《（安東）》の左衛門二郎しげつな《（重綱）》」も「関東の御つかひ」とか「関東御使」としるされていることも注意される（同絵詞、詞一一〈弘安四年閏七月五日〉、絵一四）。

（3）「関東使」・「東使」なる言葉はまだ歴史用語として日本史関係の辞典に立項されるまでに至っていない。ただ国語辞典類の中には「東使《とうし》」の見出しで「東国からの使者。関東からの使者」との説明を付したものがある（小学館『日本国語大辞典』一四、岩波書店『広辞苑』など）。ちなみに朝廷から関東に派遣した使者を東使と称した例もある（例えば『平戸記』仁治三年正月十八日条に「今日東使猶無音空暮了、尤不定事也」とみえる）。関東からの使者、或いは関東への使者という意味で東使なる言葉が用いられたのである。

（4）鎌倉期の公武関係を総体的に理解するためにはそれを構成する諸要素についての個別研究のつみかさねとそれらの総合化が達成されねばならないが、研究の現状はほとんどこれを果していない。ただ個別研究の面で、公武交渉の公家側窓口として重要な役割を果した関東申次について新しい研究成果が若干公にされてはいるが（たとえば、山本博也氏「関東申次と鎌倉幕府」、『史学雑誌』八六—八、昭和五十二年／梶博行氏「中世における公武関係——関東申次と皇位継承——」、『鎌倉』三二、昭和五十四年／美川圭氏「関東申次と院伝奏の成立と展開」、『史林』六七—三、昭和五十九年／西山恵子氏「関東申次をめぐって」、『京都市歴史資料館紀要』一、昭和五十九年、など）。本節で取り扱う東使はこの関東申次と直接的に交渉する幕府の特使なのであるから、公武交渉上の役割の重要性は関東申次のそれに劣らないものと考える。

（5）中原久経・近藤国平の派遣の意義等については、田中稔氏「『鎌倉殿御使』考——初期鎌倉幕府制度の研究(1)——」（『史林』四五—六、昭和三十七年）、岡邦信氏「鎌倉幕府に於ける地方監察の使節について」（『法政研究』四七—一、昭和五十五年）などの研究論文がある。

（6）『新訂増補国史大系　百錬抄』一五七頁。

（7）『大日本史料』四—一六、四二三頁。

（8）『続史料大成』一八、三五四頁。
（9）編纂物における所見を除外して「関東使」「東使」の表記を検索すれば、管見の限り、「関東使」は『明月記』嘉禄元年十月十九日条、また「東使」は『平戸記』仁治三年正月十九日条の事例をもって初見とする。
（10）この記事は『史料纂集公衡公記　一』に収められているが（七二～三頁）、独自の日付を欠き弘安十一年正月二十日条と二十一日条との間に貼り付けられた格好である。しかしこの記事は『伏見天皇宸記』弘安十一年（四月二十八日正応と改元）正月十九日条の「今日関東使者行覚向西園寺大納言(実兼)第、次向関白第云々、夕実兼卿進関東条〻事書於仙洞云々」（史料大成本、二五九頁）の記事に対応すること明瞭であるので、その日付も又おのずから明らかとなる。
（11）『公衡公記』同十九日条。ただし『伏見天皇宸記』によれば東使入洛は同十八日の伝聞事項となっている。同二十日は八幡御幸の日であったが、東使入洛のため二十六日に延期された（『伏見天皇宸記』同二十六日条）。東使の上洛を王朝側がいかに重視したかがうかがわれる（このような事例他にも多くあり）。
（12）『玉葉』文治元年十一月二十八日条。
（13）『吾妻鏡』文治三年二月十六日条。
（14）同右、文治三年六月二十一日条。
（15）同右、文治五年十一月七日条。
（16）同右、建久三年二月四日条。
（17）「武家名目抄職名三十三上」によれば「さて鎌倉足利の両家ともに、事だちたる時は、必御使二人を差充らるるならひなりければ、常の辞には両使とのみいふことといできたり」（『古事類苑政治部三』三四一～二頁「使節」の項）とみえる。
（18）もっとも前述のように、文治元年六月、院宣を帯びて畿内近国を巡検し、土民訴訟を成敗するために発遣された「関東御使」たる中原久経・近藤国平の場合も二人使節であった（『吾妻鏡』文治元年六月十六日条）。
（19）正治元年より建仁三年までの本文区分の空白期に安藤親長を遣わし梶原景時誅伐のことを京都の大内惟義・佐々木広綱に伝えたこと（『吾妻鏡』正治元年正月二十四日条）、佐々木義清を使節として、貢金五百両・馬二〇疋を朝廷に献上したこと（同右、正治二年十月十日条）、文章生三善宣衡を遣わして将軍源頼家の「左衛門督辞状」を京都に上っていること（同右、建仁元年十二月二日条）、などの所見を拾うことができる。
（20）折田悦郎氏「鎌倉幕府前期将軍制についての一考察」下（『九州史学』七七、昭和五十八年）五～六頁。

(21) かと言って全くないわけではない。『吾妻鏡』建暦元年九月十二日条にみえる、坊門忠信の遊放による勅勘の風聞に接して、内藤盛時を「御使」として上洛させたことがほぼ唯一の所見である。同二十日に関東に帰参した内藤盛時が「坊門黄門《忠信》事已勅許」と報告したこと（同書、同二十日条）、坊門忠信が使者を関東に遣わし「勅勘之時態預専使事」を謝したこと（同書、同年十一月四日条）から推測すれば、関東の使者内藤盛時は忠信宥免のために京都で運動したものと思われる。坊門家と関東との結びつきは元久元年十二月将軍源実朝が坊門信清の女西八条禅尼を娶ったことに始まるが、件の忠信は信清の子息、実朝後室西八条禅尼は忠信の妹（年齢差六歳）であったのである（同書、承久三年八月一日条）。忠信宥免のための「専使」が上洛したのはそのような将軍家との縁戚関係を背景にしている。ちなみに忠信はこの後将軍実朝との間に親密な関係をとり結び、実朝が殊に賞翫する「歌鞠之両芸」に関する書物を贈ったり（「蹴鞠書一巻」＝『吾妻鏡』建保二年二月十日条、「仙洞哥合一巻」＝同書、建保三年七月六日条）、実朝が右大臣拝賀のために鶴岡八幡宮に参拝した時には態々東下し、扈従公家の筆頭に名を連ねたりしている（同書、建保七年〈四月十二日承久改元〉正月二十三日、二十七日条）。忠信がかの承久の乱では京方の「合戦張本」（同書、承久三年六月二十五日条）の一人と目され、処罰されたこと（将軍家との旧好によりやがて宥免）から考えれば、実朝没後の北条執権を中心とする幕府体制樹立への動きに対しては当初批判的であったものとみられる。

(22) 『吾妻鏡』建保三年四月二十日条。坊門信清は幕府創業期の関東申次として重要な役割を果たした。信清の政治的立場については佐藤進一氏『日本の中世国家』（岩波書店、昭和五十八年）一〇六～八頁参照。なおこれに先だち同年二月には「御台所御使」として加藤光員が上洛し、坊門信清の出家のために捧物を献じた（同書、二月二日条）。御台所が信清の女西八条禅尼であること明らかであろう。

(23) 同右、建保五年七月二十六日条。

(24) 同右、建保六年二月十二日条。

(25) 同右、建保六年十月二十七日条。

(26) 安達氏と北条氏との縁戚関係は安達景盛の女松下禅尼が北条泰時の嫡子時氏に嫁したことに始まる。景盛が使者を勤めた建保六年当時その女はすでに時氏に嫁していたか否かは景盛指名の背景的事情として一考の余地があろう。時氏の子経時の没年は寛元四年閏四月一日であるが、『吾妻鏡』や北条氏の系図などはその享年を三十三歳とする。ところが近年の研究では、この三十三歳は二十三歳の誤りとされており（田中稔氏「北条経時」〈『鎌倉将軍執権列伝』秋田書店、昭和四十九年〉一八八頁、安田元久氏『鎌倉執権政治』〈教育社、昭和五十四年〉一四三頁、など）、この説にもとづけば時氏と松下禅尼との間の嫡男経時の誕生は元仁元年ということになる（このとき時氏二十二歳）。つまり建保六年は元仁元年に先だつこと六年であるから、松下禅尼は建保六年当時まだ嫁していなかった可能性が高い。

(27)『吾妻鏡』承久元年二月九日条。

(28)『吾妻鏡』によれば、建保六年二月四日北条政子は「熊野山御斗藪」のためと、稲毛重成の女を土御門通行（通親の子）に嫁せんがために弟時房を従えて上洛、同二十一日入洛、四月二十九日に還向したと記されている。一方『愚管抄』巻六順徳の条は、この熊野詣の折に政子は入洛して「卿二位」藤原兼子と密かに接触し、彼女が「ヤシナイマイラセタル」（養育した）頼仁親王（実母は坊門信清の女「西ノ御方」）を東下させる内諾を得た、と記している。なお龍粛氏『鎌倉時代』上（春秋社、昭和三十二年）五五〜六頁参照。

(29)『増補続史料大成別巻　鎌倉年代記』正治二年の政所の欄中央には行光の名が記され、その両側に「信濃守従五位下・左衛門尉」「正治二十（マヽ）一月以後為令、当別広元、承久元九（八）ゝ死」なる履歴が記されている。

(30)『吾妻鏡』承久元年九月八日条。この日病没。

(31) 鎌倉幕府の吏僚中での行光の立場については注(20)所引折田氏論文（下）（『九州史学』七六、昭和五十八年）一五〜六頁参照。

(32) 二階堂行盛は行光の子、承久三年五日叙爵、同十三日任紀伊権守、元仁元年八月一日複政所執事、建長五年十二月八日卒七十三（『鎌倉年代記』）。承久三年当時行盛四十一歳となる。

(33)「摂関詔宣下類聚」（『大日本史料』四―一六、四二三頁）。

(34)「武家年代記裏書」（『続史料大成』一八所収）貞応二年五月二十七日条。

(35) この事書は二十四日条にみえる「昨日事書」のことであるが、もともと大江広元が「文治元年沙汰」（義経問題にかかる）を先規として勘案・作成したものである点注意される（『吾妻鏡』同二十三日条）。

(36) 後世の成立の「承久軍物語」でこそ光成は「くはんとうの御つかひ」としるされているが、当の『吾妻鏡』にはことさら何ともしるされていない。光成を一般御家人なみに使節とか使者と呼ぶには当初抵抗が感ぜられたのであろう。

(37) 後堀河指名のいきさつは詳しくは知られない。関東の関与については『百錬抄』承久三年七月九日条が「持明院入道宮（後堀河）御子御年十歳有御践祚事、関東申行之」（国史大系本、一五七頁）と伝え、この他「五代帝王物語」『増鏡』『梅松論』

などがそのことにごく簡単にふれているにすぎない。「申行」の語感自体さほど強いものでもない。
(38) 関係史料は『大日本史料』五―一四に収められている。
(39) 『続史料大成』一八、三二七頁。
(40) 『大日本史料』五―一四、五五頁。
(41) 「五代帝王物語」(『群書類従』三)によれば、報を聞いた泰時は「三日三夜寝食を忘れて案」じたと描くが、これは文飾であること明らか。
(42) 「経光卿記抄」仁治三年正月十一日条(『大日本史料』五―一四、四六頁)。
(43) 佐藤進一氏「鎌倉幕府政治の専制化について」(竹内理三編『日本封建制成立の研究』所収、吉川弘文館、昭和三十年)、一〇〇頁注(5)。同氏『日本中世史論集』(岩波書店、平成二年)に再録。
(44) 同右。
(45) 『新訂増補国史大系　尊卑分脈　四』二一頁。
(46) 邦仁擁立に対する泰時の強い決意は、東使安達義景の「若すでに京都の御計ひにて、順徳院の宮つかせ給たらばいかゝあるべき」との問いに、泰時は「何条子細あるまじ。よしさる事あらばおろしまいらすべし」と指示した説話(「五代帝王物語」)の中によくあらわれている。
(47) 『吾妻鏡』安貞元年五月十日条。
(48) 同右、天福元年九月二十九日条。
(49) 同右、延応元年五月二十四日条。
(50) 『平戸記』仁治三年六月二十日条。
(51) 『百錬抄』仁治三年六月十九日条。同書は関東飛脚の上洛を十九日の深更とする。
(52) 「鎌倉年代記裏書」(『続史料大成』一八所収)寛元四年閏四月条。
(53) 注(22)所引佐藤進一氏著書、一二四頁。この両事件については同書一二三～四頁に要を得た記述がある。
(54) 『平戸記』寛元二年四月二十七日条。
(55) 『吾妻鏡』寛元二年九月二日、同五日条。
(56) 『百錬抄』寛元三年四月十一日条。

(57)『吾妻鏡』寛元三年五月二十九日条。

(58)『平戸記』寛元三年六月六日条。

(59)同右、同年六月十二日条。

(60)「北条時政以来後見次第」の北条重時の項に「宝治元七下向、為後見並時頼五十才」とみえる。

(61)『吾妻鏡』寛元四年三月二十三日条。同書における「深秘沙汰」の初見はこれである。

(62)『葉黄記』寛元四年十月十三日条。

(63)安東光成は義時〜時頼の四代の得宗に仕えた被官と考えられるが、得宗個人と京都との交渉は主として光成を使者に立てて行われたものと思われる。光成は宝治二年十月にも蓮華王院修理料として「関東知行庄々八ケ所」を献進するために上洛した（『葉黄記』同六日条）。時頼期にはその他の被官に諏訪蓮仏俗名盛重・同盛綱が京都への使者としてみえている。このうち盛綱は建長三年十一月二十七日将軍頼嗣祖母（准后淑子。『百錬抄』による。なお『尊卑分脈』一は綸子に作る）の弔問に「相州御使《（北条時頼）》」として上洛した。幕府からの正式の使者としては二階堂行綱が五日前の二十二日に上洛している（『吾妻鏡』）。

(64)『吾妻鏡』建長四年二月二十日条。

(65)『葉黄記』宝治元年八月十七日〜二十七日条。関係史料は『大日本史料』五―二二、二九三〜五頁に収載。

(66)『葉黄記』宝治元年八月十九日条。同書前日条にはこの条々中のいくつかについてその内容をうかがうことのできる記述がある。

(67)川添昭二氏「北条時宗の研究――連署時代まで――」（『松浦党研究』五、昭和五十七年）三一頁。なお本論文は北条時宗の誕生から小侍所勤務を経て連署時代までの動向を克明にたどり、当該期の政治史に占める時宗の地位と役割を明らかにしている。執権就任以前の時宗の包括的研究としてすぐれている。

(68)『深心院関白記』（近衛基平の日記）同日条（陽明叢書、記録文書編二、五三六〜七頁、思文閣出版、昭和五十九年）。

(69)『吉続記』文永八年九月二日条。

(70)同右、同年十月二十三日条。

(71)『続史愚抄』弘安二年十月二十四日条。

(72)『新抄』（『続史籍集覧』一）、「歴代皇紀」四。

(73) 特に『勘仲記』。この争いは長い経緯をもっており、嘉禎年間の争乱については黒田俊雄氏「鎌倉時代の国家機構」（同氏『日本中世の国家と宗教』所収、岩波書店、昭和五十年）に詳しい。
(74) 『新抄』文永元年十二月十四日条。
(75) 『公衡公記』弘安六年七月二十二日条。この件に対する幕府の対応は同記、同年七月二日条に詳細に書き留められている。
(76) 『勘仲記』弘安五年七月四日、八月九日・十日、九月四日条。
(77) 宗尊追放の事情については、注(67)所引川添氏論文、二六〜三一頁参照。
(78) 『新抄』文永三年七月二十二日条。
(79) 「一代要記」文永五年十二月二十五日条（『新訂増補史籍集覧　一』）。
(80) 同右、建治元年十月十八日条。
(81) 管見の限り、文永三年七月「将軍(宗尊)御謀反」の報を京都に伝えた「関東飛脚糟屋三郎・合田入道」（『新抄』同九日条）の一例のみしかみいだせない。もっとも京都以外へ向けられたものを含めれば注(2)で付言した合田遠俊・安東重綱の例が加わる。
(82) 『新抄』『勘仲記』『実躬卿記』「実任卿記」（『歴代残闕日記』一〇）弘安十年十月十二日条。
(83) 『吉口伝』『続史愚抄』正安三年正月十八日条。
(84) 藤井孝昭氏蔵「東寺長者補任」（網野善彦氏『中世東寺と東寺領荘園』東京大学出版会、昭和五十三年、七二〜三頁）。
(85) 『勘仲記』弘安十年六月四日条。
(86) 『新抄』弘安十年九月二十六日条、『勘仲記』弘安十年九月二十七日条。
(87) 『勘仲記』正応二年九月九日条。
(88) 『続史愚抄』徳治三年八月七日条。
(89) 「歴代皇紀」（『改定史籍集覧』一八）嘉元四年二月五日条。
(90) 「興福寺略年代記」（『続群書類従』二九下）永仁元年および二年条。
(91) 『天台座主記』正安元年四月一日条（比叡山延暦寺開創記念事務局、昭和十年）。

(92) 一連の事件は『天台座主記』、および「元徳二年三月日吉社幷叡山行幸記」(『群書類従』三所収、以下「行幸記」と略記する)によって知られる。

(93) 「行幸記」による。「信濃前司時連」とは太田時連(法名道大)であろう。『天台座主記』にはこのくだりがない。

(94) 「行幸記」によれば、十二月五日の乱闘において両使のうち行暁は「いかなる所存か有けむ。若党一人もさしいださ」なかったが、一方の時運は「院宣を給て神輿を防ぎ奉」り、時運の猶子藤田四郎の実父行盛と共に防戦に務めた。山門がのち時運と行盛の処罰を求めたのはこのためである。ちなみに『天台座主記』では応長元年六月二十七日条にいきなり出現する「東使時連行成」はこの両名であろう。

(95) 「行幸記」。

(96) 『天台座主記』正和元年六月十二日条。

(97) 注(4)所引山本氏論文、二四〜五頁。

(98) 「永仁三年記」(『増補続史料大成』一〇)永仁三年二月二十三日条。翌閏二月二十一日京都より下向。安東は同二十三日、二十五日の評定の席において南都のことにつき調査結果を報告したと思われることから(同記)、安東の発遣の目的も見当が付こう。

(99) 「武家年代記裏書」嘉元三年五月二十七日条。

(100) 同右、延慶二年七月条。

(101) 碓井小三郎氏所蔵文書所収「慈尊院権僧正日記」(注2所引佐藤氏著書、一一七頁)。

(102) 『花園天皇宸記』正和三年六月一、三日条。なお『続史愚抄』同日条は長崎四郎左衛門の実名を泰光とする。

(103) 『公衡公記』正和三年十月四、五日条。なお糺問は東使と六波羅との提携のもとで行われたが、科ありとされた山徒の交名は同七日条に写しとられている。

(104) 『大日本仏教全書 華頂要略 四』一八一〜二頁。『中世法制史料集』一(第五刷、岩波書店、昭和四十四年)四七五〜六頁。

(105) 網野善彦氏『蒙古襲来』(小学館、昭和四十九年)四〇三頁。この「関東事書」の解釈と歴史的意味については同書四〇三〜六頁参照。

(106) (文保元年三月三十日)伏見上皇宸翰(『宸翰英華』一八一頁)。

(107) 『続史愚抄』。中原親鑑の出発はずいぶんもたついたらしい。「親鑑(三月)廿二日進発勿論」(注106所引宸翰)といわれ、「今明之間東使上洛云々」（『花園天皇宸記』文保元年三月三十日条）と予想されていたのに、実際の入洛ははるかに遅れた。このことは当件についての使者が一名であることともあわせて発遣主体たる幕府側の対応の乱れを反映しているのではあるまいか。

（108）文保の和談の経過については拙著『南北朝期公武関係史の研究』（文献出版、昭和五十九年）一二～七頁参照。

（109）「金沢文庫所蔵文書」（正和四年）十二月二十九日玄爾書状（『神奈川県史』資料編二、五四四頁）に「□(東カ(安))使案藤左衛門入道上洛(廿八日)候て、（中略）六波羅数百人軍兵、馳向毘沙(門脱)堂、召取爲兼(京極)候」とみゆ。また安東自身も「三百余人」の軍勢を関東からひきつれてきており（同書五四五頁、「金沢文庫所蔵文書」某書状）、為兼逮捕だけのためには大がかりすぎることから考えれば、京都に対する示威行為としての目的もあったのであろう。

（110）『花園天皇宸記』文保元年三月八日条。

（111）「公敏公記」（『歴代残闕日記』一二）文保二年十月十七～二十日条、『尊卑分脈』一、一六三頁。『公卿補任』二、四六三頁にも関係記事がある。

（112）「武家年代記裏書」元応元年九月二十一日条。なお「武家年代記・北条九代記の祖本として、少なくとも鎌倉時代末期に関する限り充分信頼すべき鎌倉年代記の裏書」（佐藤進一氏『鎌倉幕府訴訟制度の研究』二三七～八頁）では、六ヶ国の六波羅への返付が評定されたのは元応二年九月二日のこととされている。

（113）「武家年代記裏書」・『花園天皇宸記』。前者によれば鎌倉出発が九月二十四日、鎌倉帰着が十月四日である。一方『太平記』巻一はこの時の「東使」を長崎四郎左衛門泰光と南条次郎左衛門宗直とに作るが、これが錯誤であることは岡見正雄氏の指摘（同氏校注『太平記』㈠〈角川文庫〉三〇五頁）のとおり。

（114）『花園天皇宸記』同日条。『太平記』が「東使両人、資朝・俊基ニ具足シ奉テ、鎌倉へ下着ス」とするのは誤り。

（115）『花園天皇宸記』正中二年二月九日条。

（116）同記、同年十一月二十二日条は、この日の夜東使佐々木清高が「其勢甚多」の体で上洛したことを伝えるが、その目的は詳らかでない。

（117）これに先立つ事例として二つをあげておかねばならない。一つは元徳元年の二階堂道蘊の上洛。当件については高梨みどり氏の専論「二階堂道蘊の元徳元年上洛」（『歴史教育』一六―一二、昭和四十三年）がある。道蘊は鎌倉幕府末期に個性的な政治志向を持った人物であり（拙著『建武政権』教育社、昭和五十五年、九二～三頁参照）、当該期の幕府政治の性格を考える上でも欠くことのできぬ存在である。元徳元年の上洛もその意味で重視せねばなるまいが、関係史料の解釈は必ずしも容易ではない。このことについては最近、筧雅博氏が「道蘊・浄仙・城入道」（『三浦古文化』三八、昭和六十年）と題する論文において注目すべき見解を出している。いま一つは、元徳二年十二月、後醍醐天皇の皇子尊珍法親王が越前配流となり、このことに「東使三浦安芸入道々光」がかかわったという『鎌倉年代記裏書』の記事である。前後の事情は全く不明で、配流の理由も分明でないが、状況から考えれば、元弘の変に引き寄せて理解してよいであろう。

(118) 『鎌倉年代記裏書』元徳三年五月五日条。なお『太平記』や『南方紀伝』はこの時の使節を二階堂下野判官・長井遠江守に作るが、岡見正雄氏の指摘（校注『太平記』(一)、三一八頁）の如く、信頼することができない。

(119) 岡見氏校注『太平記』(一)付録。

(120) 刊本では『続史料大成』一八、三四五頁にのせるが、引用掲出に当ってはその原本である京都大学付属図書館所蔵「鎌倉年代記」によった。

(121) 「楠木合戦注文」（岡見氏校注『太平記』(一)付録）。

(122) 『太平記』巻七。

(123) 岡見氏校注『太平記』(一)、二三八頁脚注二三。

(124) 『鎌倉年代記裏書』。

(125) 『花園天皇宸記』元弘元年十一月二十五、二十六、二十八日条。

(126) 同右、同年十二月二十七日条。

(127) 『増鏡』久米のさら山、『続史愚抄』元弘二年三月五日条。

(128) 『西源院本太平記』。岡見氏校注『太平記』(一)、三八一頁参照。なお『太平記』（巻四）は「東使工藤次郎左衛門尉・二階堂信濃入道行珍」が上洛するとしるすが、岡見氏の指摘のとおり、それは史実ではないと思われる。『系図纂要』二に収める二階堂系図中の「行朝」（法名行珍）にかけての「笠置囚人死罪流、爲東使元弘二年正月上洛」なる注記は『太平記』の当該箇所を素材としたのであろう。

(129) 『花園天皇宸記』当該日条参照。

(130) 『高野山文書』六（総本山金剛峰寺編）七七頁。

(131) 「道平公記抄」（岡見氏校注『太平記』(一)付録）。

(132) 「吉水神社文書」建武元年二月日吉水院真遍坊領紛失状に「……同（元弘三年）閏二月一日東使道蘊引率数万騎之軍勢、責上之時、……」や「……爰去年（元弘三年）春兵部卿親王家于時二品親王御住山之刻、東使出羽入道率数万騎之軍士、奉討落　宮之間……」（『大和古文書聚英』一六八〜九頁）などとみえる。

(133) いずれも『太平記』巻一一。

(134) ただ最後の道蘊は先述のように軍勢を動かしている。

(135) 目崎徳衛氏「鎌倉幕府草創期の吏僚について」（『三浦古文化』一五、昭和四十九年）一二頁。

(136) 東使を勤めた二階堂氏出身者を系図の上に示しておく。

（・印は東使所見のある者、。印は評定衆になった者。以下同じ。また※印は政所執事就任者）

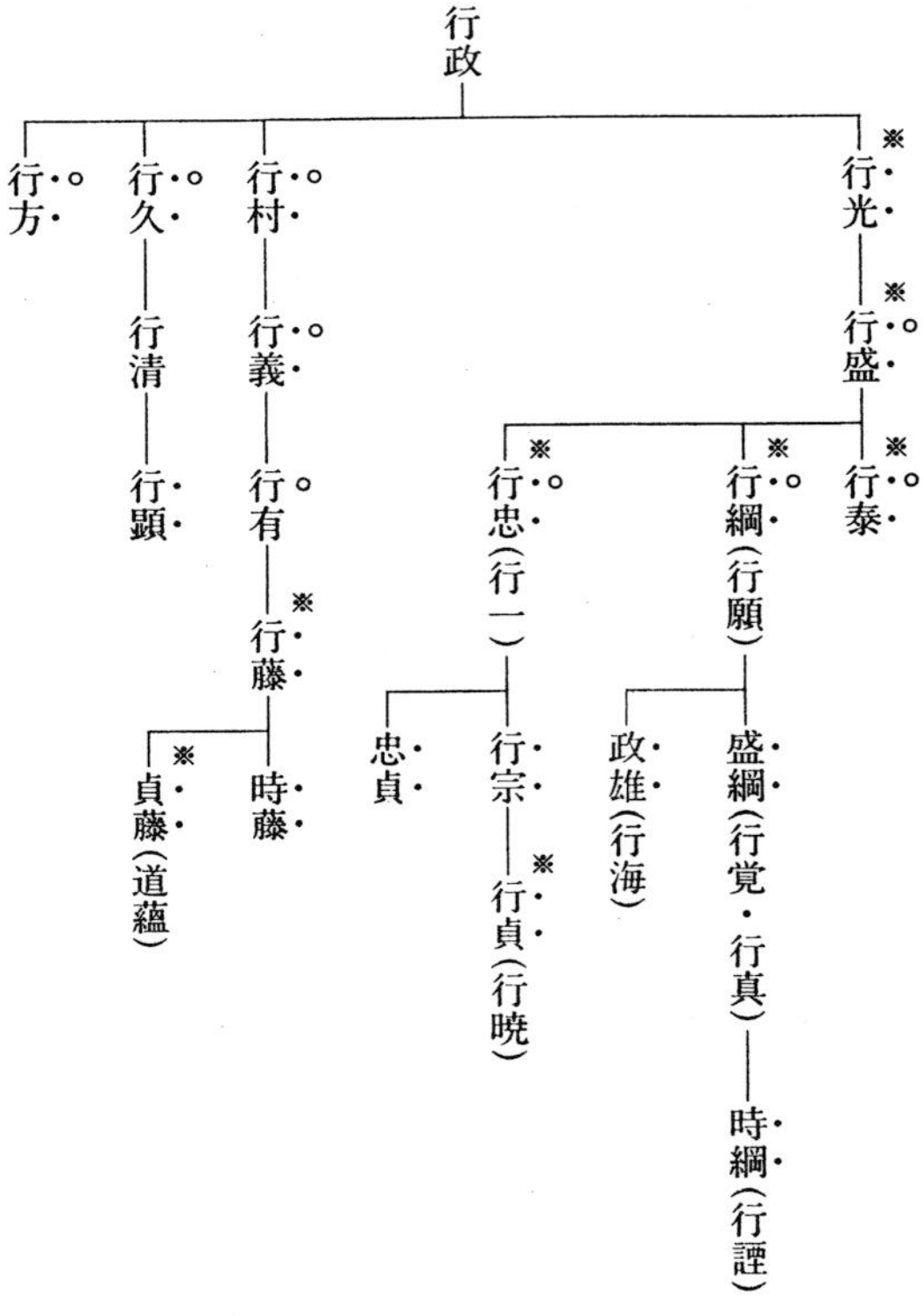

幕府は最重要案件については、いわば幕閣たる現職の評定衆を派遣することを辞さなかった。たとえば仁治三年の後嵯峨天皇擁立の際の東使二階堂行義と安達義景はいずれも現職の評定衆であった。二階堂氏の場合、他にも行綱（行願）と行忠（行一）の例がある。

(137)　東使を勤めた佐々木氏出身者も系図の上に示しておこう。

秀義 ┬ 定綱 ── 信綱 ── 氏信 ── 宗綱
　　 ├ 経高
　　 └ 義清 ── 泰清 ── 時清 ── 宗清 ── 清高

このうち氏信は評定衆在職中に東使を勤めている。

(138)　長井氏については小泉宜右氏の専論「御家人長井氏について」（『古記録の研究』所収、続群書類従完成会、昭和四十五年）がある。また同氏出身の東使を同様に系図上に示そう。

時広 ── 泰秀 ── 時秀 ── 宗秀 ── 貞秀 ── 挙冬(高)

以上のほかに、長井道潤（徳治三年九月、『続史愚抄』『歴代皇紀』、藤井孝昭氏所蔵「東寺長者補任」）、同高秀（元徳元年十一月、「金沢文庫古文書」）がいるが、系図上の位置は明らかでない。注目すべきは、南都合戦の処置のため永仁二年二月二十四日から翌三年五月六日の間在京（『勘仲記』「実躬卿記」）した両使の一人宗秀であって、彼は当時執権北条貞時が前年十月新設した執奏（総員七名）のメンバーであり、前年五月には越訴頭人にも任ぜられた（執奏は永仁二年十月廃止されているから、宗秀は在京中に解任されたことになるが、東帰直後の永仁三年六月には寄合衆として顔をみせる）。ちなみに今一方の東使二階堂行藤も上洛当時政所執事在任中であって、東帰（「実躬卿記」によれば、行藤は宗秀に遅れること一日の五月七日に下向）直後の六月には宗秀と並んで寄合衆に加わっている。以上の宗秀・行藤の経歴については佐藤進一氏「鎌倉幕府職員表復原の試み」（其一）（『中央大学文学部紀要』史学科二八、昭和五十八年）永仁元〜三年条による。

(139)　高冬が系図上の挙冬であること、注(138)所引小泉氏論文、七一九頁による。

(140) 注(117)所引筧氏論文、八〜九、一五頁。および田中稔氏「秋田城介時顕施入の法華寺一切経について」(「大和文化研究」五―六、昭和三十五年)参照。

(141) 注(138)所引佐藤氏論文、其三(同紀要三〇号、昭和六十年)。

(142) 安達氏出身の東使は次のとおり。

景盛―義景
- 頼景
- 時盛
- 泰盛
- 顕盛―宗顕―時顕―高景
- 長景
- (大曽禰)時長―長泰

このうち時盛(おそらく高景も)は評定衆在職中に東使を勤めている。

(143) 同様に両氏出身の東使を示す。

〔三浦氏〕義明
- 義運―盛運
  - 時運―頼運
  - 頼盛―時明
- 義澄―義村―泰村―光村

この他、光政(『吾妻鏡』文応元年七月四日条)、安芸入道々光(『鎌倉年代記裏書』元徳二年十二月条)がみえるが、系図上の位置は不明。

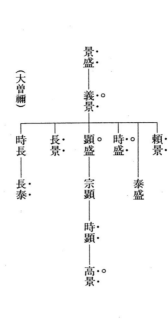

〔宇都宮氏〕頼綱――泰綱――景綱┬貞綱
　　　　　　　　　　　　　　└泰宗――時綱

このうち景綱は現職評定衆の立場で建治三年に山門の紛争のために二階堂行忠（現職評定衆）とともに上洛（『建治三年記』）。

(144) 得宗被官の軍事面での活躍は、得宗被官が侍所頭人に任ずるという制規の存在ぬきには理解することができない（注43所引佐藤氏論文、一一二〜三頁、川添昭二氏「日蓮と武士との関係」〈『日本仏教』八、昭和三十五年〉、三二頁参照）。

(145) 『太平記』巻四に、元弘の変での罪科人処分のため「東使工藤次郎左衛門尉・二階堂信濃入道行珍二人」が上洛したとするが、これが史実ではないと考えられること注(128)で指摘したとおり。

(146) 得宗被官の蓄財ぶりは尾藤氏・安東氏の例（たとえば、岡田精一氏「御内人〝尾藤氏〟について」『武蔵野』五二―二、昭和四十九年、戸田芳実氏「播磨国福泊と安東蓮聖」『兵庫県の歴史』一三、昭和五十年、参照）のほか、飯沼助宗も加えることができる（「実躬卿記」正応五年四月二十三日条、『増鏡』さしぐし）。

(147) 道蘊は幕府滅亡後「賢才ノ誉、兼テヨリ叡聞ニ達」（『太平記』巻一一）していたので建武政府下の職員に召し仕われたが、建武元年十二月六条河原で誅された。「番場蓮華寺過去帳」は六十八歳とする。

第二節　蒙古襲来と朝幕交渉

はじめに

鎌倉時代の公武関係を考えるとき、外交問題に対する公武の対応の仕方は一つの重要な指標となることは言を待たない。この点を掘り下げることによって、当該期の外交権の所在を推定するてがかりを得ることができるからである。

鎌倉時代における外交問題の最たるものといえば、いわゆる蒙古襲来をめぐる問題にほかならない。蒙古の襲来が日本の中世社会の諸側面に与えた影響は甚大であった。それらのことがらについては、相田二郎氏の名著『蒙古襲来の研究』(1)をはじめとして、これまでにさまざまの視点からの多くのすぐれた研究が蓄積しており、(2)いまや何も付加すべきものは残されていないようにも見受けられる。

しかし、蒙古問題への対応の中に見え隠れする当時の外交権の所在について、特に公武関係史の視点からこれを正面から取り上げた論考はさほど見当らないようである。(3)外交権というすぐれて高度な国家公権の行使を迫られたとき、当時の公武の最高権力機構たる朝廷と幕府がどのような手続きを踏んで、どのような接触をみせ、いかなる処置をとったかは、鎌倉時代の公武関係上の重要な局面としてみのがすわけにはゆかないし、さらに、この時の対処の仕方は南北朝・室町時代における対外交渉の諸問題を考えるための前提としての意味を有している。

ここでは、十三世紀後半期にゆくりなくも起こったこの未曾有の「国難」に対する朝廷・幕府の対応の仕方を通して、とくに外交権の所在に留意しつつ、当該期の公武関係のありさまを具体的に考えることにしたい。従って、事件の推移を細かくたどることは避け、もっぱら問題点を摘出するという方法を取ることにしたい。

一　文永年間の返牒をめぐって

(1)文永五年の牒使到来

日本側の史料で「蒙古」の文字の見える最も早いものは、大外記中原師栄の日記「新抄」(「外記日記」)で、その文永四年(一二六七)十一月二十五日条に、

高麗牒状到来、蒙古国打取高麗、又可打日本之由云々、

との記事がある。[4] この段階ではまだ高麗・蒙古の国書は日本の当局者の手にもたらされていない。従って、この記事のもとになったのは、牒使が日本本土に接近しているという緊迫した空気の中で、京都に伝わった情報であろう。

高麗の使者が高麗・蒙古国書を携えて大宰府に到着したのは、翌文永五年正月のことであった。大宰府は言うまでもなく、古代律令時代の日本の外交の窓口であって、鎌倉時代の当時には鎌倉武家政権の支配下に置かれ、機能上の変化をとげていたが、それでもなおその伝統的な地位には重いものがあった。高麗の使者はそのような古式にのっとった外交ルートで国書を届けたわけである。中原師守の日記『師守記』貞治六年(一三六七)五月九日条には、この年に到来した高麗国使に返牒を与えるか否かが問題になったとき、大外記中原師茂(師守の兄)

が注進した数々の先例が写し取られている。その中に、[5]

文永五年閏正月八日、蒙古国賊徒可責日本云々、依之自高麗有牒状、筑紫少卿（武藤資能）入道以飛脚進牒状於関東云々、

高麗使者秘書賢、

と見えることによってそのことは知られるのであるが、この記事では、今一つ大宰少弐の地位にあって大宰府を管理していた御家人武藤資能が「牒状」をまず関東の鎌倉幕府に送致したことが注目される。大宰府にもたらされた「牒状」は鎌倉幕府の指令ルートを経由して武家政権によってまず受理されたわけである。ちなみに、『鎌倉年代記裏書』[6]にも同種の記事をのせるが、そこでは「高麗牒使潘阜」の名が見えている。

しかし、幕府はこの「牒状」を京都朝廷に転送した。『師守記』同日条の勘例記事の中に、以下の文章がある。

（文永五年）二月六日、関東使二人上洛、依蒙古国事也、□□関東使者両人参入道相国（西園寺実氏）北山亭、蒙古国□□相副高麗牒、

自武家進上、

蒙古が日本をうかがっているという情報は朝廷にも届いていた。時の関白近衛基平の日記『深心院関白記』はその辺の様子をよく伝えているが、[7]基平が当初から蒙古を「異国賊徒」と記している点は蒙古に対する当時の公家界の世評の一端を指し示す事実として注意される。同年二月五日、亀山殿に出かけていた後嵯峨上皇は「異国事」につき関東（鎌倉幕府）の使者が入洛するということを聞いて俄かに帰還、翌六日早旦関白を召し、対応策を練った。[8]右記記事にみるように、その日のうちに関東の使者二人が入洛した。

関東使二名の姓名は分からない。しかし、公武交渉の手続きを知るうえで注目されるのは、関東使が七日、西園寺実氏の邸に参じている点で、そのことは実氏が関東申次の職にあったことによる。記事に見るように、実氏に届けられたのは蒙古国書と高麗牒状であるが、「蒙古国事」をめぐる幕府と朝廷の交渉は関東申次を介しての

オーソドックスな手続きを踏んでなされている。また記事中の「武家」とは、この場合、六波羅探題を指すのではなく、武家側、つまり鎌倉幕府を指すと見たほうがよかろう。

ここに本件は朝廷の管轄に移されたわけだが、外交権の所在をうんぬんする際の指標は朝廷がどのような決定を下したか、そしてそれが執行されたか否かであろう。この二点について調べてみよう。

後嵯峨上皇は院中に評定衆を召集し、対応を評議した。評議は二月八日の院評定を皮切りに[9]、幾度も開催されている。三月二十七日には「蒙古・高麗等国書啓、何様可被行哉」[10]につき、仗議が行われている。議論の中心は、蒙古・高麗両国に対し、返牒を遣わすべきか否かであった。評定衆の面々はそれぞれ所存を注申したが[11]、その具体的内容はほとんど知られない。ただ関白近衛基平が「不可有返牒之由」の所存を注申したことはその日記によって知られている[12]。衆議は容易に一致しなかったが[13]、結局この基平の意見の線で落着し、返牒は遣わされなかった[14]。この決定は関東に伝達されたものと思われる。

このように見てくると、当時の外交権は朝廷にあったようにも思われる。しかし、幕府は朝廷に対して全くフリーハンドな外交上の裁量権を認めていたのかとなると、どうもそうでもなさそうである。朝廷がいまだ結論を出していない文永五年二月二十七日の時点で、讃岐守護北条有時に対して「蒙古人挿凶心、可伺本朝之由、近日所進牒使也、早可用心之旨、可被相触讃岐国御家人等」きことを命じた関東御教書が存在しているから[15]、幕府は朝廷における返牒の有無についての議論を容認しつつ、実際には来襲に備えて厳戒態勢を構築しようとしていたことが知られるのである。たまたま朝議が返牒なしと決したから、朝幕間に対応上のそごが生じなかったまでのことと見るべきであろう。幕府側は朝廷の意思のいかんにかかわらず、初めから蒙古との交渉拒否の姿勢であったものと察せられる。したがって、朝廷の外交権はあくまでも先例のみに依拠した形式的なものであった[16]。このことは、以下に見るように、翌年の二度目の牒使に対する朝幕の対応の仕方に明瞭である。このとき朝幕の意見は食い違った。

(2)文永六年三月の牒使到来

蒙古・高麗の使者は文永六年三月、再び日本に到来した。関係史料は乏しいが、『帝王編年記』同年三月七日条に以下の記事が見える。

蒙古国使八人・高麗国使四人、従類七十余人着対馬国之由、午時自九国申六波羅云々、

この記事では、国使来着の第一報が九州よりまず六波羅探題に伝えられたことが注目される。このことを伝える使者が即刻六波羅から関東に発遣されたであろう。今回の牒使到来に関係する他の史料として、『師守記』貞治六年五月九日条に記された、以下の記事がある。

同(文永)六年四月廿六日、於院有評定、異国間事、去比蒙古国并高麗国者、上下六十余人来着対馬島、是去年帯牒状到来之時、無返牒之条、蒙古国成疑貽、爲尋聞実否也云々、

件度連年牒状到来之間、有沙汰、被清書下、返牒無相違者、可遣大宰府之由、雖被仰合関東、不可被遣返牒之旨、計申之間、被略畢、

「異国間事」が後嵯峨上皇の院中での評定にかかっているから、今回も前回と同様、関東より朝廷に一件の対応が移管されたものと察せられる。史料の後半部よりうかがわれるように、朝議は返牒を遣わす方向で一致を見、返牒を大宰府に滞在中の使者に遣わすべき由を関東に「仰合」わせたところ、関東はその不可を「計申」したため、返牒のことは沙汰止みになったのである。注目すべきは幕府の方針が朝廷の決定をくつがえした点であり、朝廷の外交権はあくまでも形式的で形骸化したものと言わざるを得ない。

(3)文永六年九月の牒使到来

文永六年九月には三度目の牒状使が到来した。『鎌倉年代記裏書』は牒状使として高麗の全（金）有成、高柔

二人の名を挙げている。大宰府は同年九月二十四日付で解状を発し、以下のように報告した。(17)

去十七日申時、異国船一隻来着対馬島伊奈浦、依例、令存問来由之処、高麗国使人参来也、仍相副彼国并蒙古国牒、言上如件、

この文書は、菅原長成が作成した文永七年正月の「贈蒙古国中書省牒」の冒頭に引かれたもので、差出人は記載されていない。相田氏は「太宰府の守護所から、蒙古ならびに高麗の齎らした文書を京都の太政官に上った(18)」ときに付された文書と解されているが、筆者は大宰府現地の最高指揮者の少弐（武藤）資能が鎌倉幕府の執権北条時宗に対して提出した申状と見るのが自然だと思う。従って、例によって関係文書一結が鎌倉から京都に移送されたと考えられる。

さて、朝廷では返牒を遣わすことに決し、菅原長成に命じて、文永七年正月付蒙古国中書省宛ての日本国太政官牒（すなわち先の「贈蒙古国中書省牒」）および同年二月付高麗国慶尚普安東道按察使宛ての返牒を作成させた。双方ともに『本朝文集』巻第六十七に収められている。(19)しかし、この返牒は相田氏の指摘のように、蒙古の国書に応ずるためのものではなく、日本が「神国」たる所以や、智や力をもって競争するような国柄ではないことを説明した、いうなれば門前払いを通知するための返事であった。この返牒を伝達された幕府は従来どおり、返牒拒否の方針を貫き、これを握り潰したと考えられている。

(4)文永八年の牒使到来

文永八年八月にも高麗の牒使が到来した。その来着の様子を克明に知ることはできないが、吉田経長の日記『吉続記』(20)文永八年九月二日条に、以下の記事が見える。

参内、関東使随身高麗牒状、向西園寺大納言許、（実兼）亜相（大納言のこと）参院申入云々、

関東よりの使者が高麗の牒状を持参し、関東申次西園寺実兼の邸に入ったこと、実兼は早速後嵯峨上皇のもと

に参じ、そのことを申し入れたことが知られる。関東使の名前は分からない。九月中に院評定が度々開かれ、対応の仕方について評議がなされた。

返牒の有無につきどのような経緯が朝幕間であったか不明であるが、おそらく返牒は遣わされなかったものと察せられる。この時の「高麗牒状」は実は、高麗・三別抄よりもたらされた、日本に対しての援助要請を内容とするものであった。(21)

(5)　蒙古使趙良弼の到来

文永八年十月には蒙古の牒使がまた到来した。関係記事をいくつか挙げよう。

①『鎌倉年代記裏書』

今年文永八十月、蒙古牒状重到来、使趙良弼、前々依無返牒、今度牒者良弼直可伝大将軍、出案文、不献正文、

②『吉続記』文永八年十月二十三日条

蒙古船着岸今津郡件所自大宰府相隔三里云々捧牒状云々、依此事、東使入洛、向西園寺大納言(実兼)亭、亜相(実兼)参仙洞執奏、仍俄今日可有評定之由、帥(中御門経任)中納言奉行云々、

③同記　文永八年十月二十四日条

異国事、去夜評議、関白殿(鷹司基忠)・花山院前右府(通雅)・内府(花山院師継)・権大納言・吉田中納言(経俊)・帥中納言(中御門経任)等参仕云々、今度牒状、朝使直可持参帝都、不然者不可放手之由申之、蛮夷者参帝闕事無先例、牒状之趣可承之由、少卿(大宰少弐武藤資能)問答、就之彼朝使書写牒状与少卿、彼状自関東進之、其趣、度々雖有牒状、無返牒、此上以来十一月可爲期、猶爲無音者、可艤兵船云々、可有返牒云々、先度長成卿草少々引直可遣云々、今日花山院前右府・内府・前中納言・吉田中納言等参仕云々、事之次第已以大急、及獲麟歟、可歎々々、

以上の記事から知られるのは、以下のようなことがらである。まず蒙古国より趙良弼が使者として日本に派遣

された、趙良弼は蒙古の牒状を出先機関にではなく、直接「大将軍」（至元八年〈文永八年〉九月二十五日趙良弼書状では「国王幷大将軍」）に渡すといった強い決意でやってきたこと、日本側では慣例によって大宰府が交渉に当ったが、使者は牒状の正文を渡さなかったため、案文でもって関東に伝達したこと、一件はやはり関東より関東申次のもとを経由して後嵯峨上皇の手に移されたこと、そして牒状の内容はといえば、返牒の期限を十一月までに限り、もし返牒なき場合は兵船をさしむけることも辞さないとの強硬なものであったこと。

注目すべき点が二つある。一つは、牒使が牒状を渡そうとした相手の「大将軍」が鎌倉幕府を指すことは明白であることから、蒙古が交渉の相手として幕府を強く意識し、朝廷と同等に扱っていること。いま一つは、蒙古の強硬な態度に狼狽した朝廷では返牒を遣わすことに決し、文永七年に菅原長成が起草した返牒（これが関東の反対で日の目を見なかったことはすでに述べた）を「少々引直」、つまり少々手直しした上で今回の返牒に用いようということになったこと。

朝廷側では返牒を遣わすという方向で意見をとりまとめつつも、一方では同年十月二十二日より異国御祈として熾盛光法の修法が梨本門跡のもとで開始された。これに対して青蓮院門跡が「此法当門跡所行来也」と異議を唱え、同法の修法をめぐって「両門確執」の状況になったことなどが『吉続記』にみえている。熾盛光法は「天変御厄等、凡鎮護国家第一秘法」と称された天台青蓮院流専修の「大法」であって、(22)このような法を修した事実自体、朝廷側の対応の特質をよく表している。

この時も、朝廷側の返牒の決定は幕府によって握り潰されてしまったらしい。握り潰されるのが分かっていて、なぜ朝廷は返牒の可否を真面目顔で評議しているのか、さらにさかのぼって言えば、許容の範囲は極端にせばめられているのに、なぜ幕府は関係文書一結を京都に転送し、院評定での評議を容認しているのか。当時の外交問題をめぐる公武関係の核心はこの点に集約的に表現されている。

ちなみに、この年（文永八年）十一月、蒙古は国号を「元」と定めた。しかし、日本側の史料ではこの後も依然として「蒙古」の表記を使用している。

(6) 大宰府と関東の連絡ルート

対外関係上の重大事項は、これまで具体的に見てきたように、外交の窓口たる大宰府の少弐氏より直接的に関東の鎌倉幕府のもとに伝達するというのが原則だったと思われる。場合によっては、関東向けの使者が途中六波羅探題に立ち寄ることはあっても、六波羅はあくまでも経由地であって、何らの積極的措置をとることはできなかった。

文永十一年十月の元軍の襲来に際しても、同月十三日に対馬で合戦が行われたとき、少弐資能はそのことを報告するため、飛脚を関東に向けて差遣している。[23] 鎌倉幕府は対外関係上の第一情報を独占的にキャッチするシステムと権限とを保持していたといってよい。

このように見てくれば、朝廷の外交権の実質がいかなるものであったか、おおよそ見当がつくであろう。

二　建治・弘安年間の返牒をめぐって

(1) 建治元年の元・高麗使

文永十一年十月の蒙古の襲来（いわゆる文永の役）は「凶賊船数万艘浮海、而俄逆風吹来、吹帰本国」[24] といったていで元の敗退に終わったものの、世祖フビライはなおも日本招諭を企図し、牒使を派遣した。

建治元年（一二七五）四月十五日、元・高麗使は牒状を携えて長門国室津浦に着いた。彼等牒使五人は同八月鎌倉に召し下されたが、同九月七日には鎌倉の竜口で処刑された。その間の事情は『鎌倉年代記裏書』に詳しい。

さて、今回の牒状に対して幕府と朝廷がどのような対応をしたか。まず『兼仲卿記』建治元年十月二十一日条

(増補史料大成本には欠落)を見よう。

今日異国牒状有評定、左大弁具房《久我》卿読申牒状、参仕公卿并其趣可尋記者也、相国《花山院通雅》・内府《花山院師継》・土御門大納言定実・治部卿《吉田経俊》・大理《中御門経任》・左大弁《久我具房》、堀川大納言《源基具》・帥《源雅言》両人不参云々、

この日、亀山上皇の仙洞で「異国牒状」についての評定が行われているのであるから、本件に関して、通例のごとく、すでに関東から関係文書が転送されていたものと見なくてはならない。

また『師守記』貞治六年五月九日条には、

□《建》治元年十月廿二日、別当経任《中御門》為院御使、参□《摂》政殿下《鷹司兼平》、被進今度関東奏聞蒙古国去夏比到着牒状等、

との記事が載せられており、これによって建治元年の牒状はこの年の「夏比」到来したこと、関東は十月になってそれを京都に転送したことが知られる。これに対して、朝廷側がどのような対応をしたかをうかがうための史料に恵まれないが、たとえば、翌建治二年正月十六日に「蒙古国御祈」「異国降伏」のために、押小路烏丸仙洞(亀山上皇の御所)において熾盛光法を修した事実[25]などの諸状況から推測すれば、返牒を遣わすようなことはとても考えられない。しかし、幕府は京都に牒状を転送し、朝廷はそれについて評定をするという従来の方式がこの段階でも守られていることは注意してよい。

(2) 弘安二年の遣使

弘安二年(一二七九)にも元の使者が到来した。しかしこの時の使者は、南宋を滅亡に追い込んだフビライが旧南宋の降将范文虎に命じて仕立てさせたものであった。『鎌倉年代記裏書』には、かの使者は同年六月二十五日に「着岸」したこと、持参した牒状の内容は前々のようであったこと、博多において「斬首」されたこと、が記されている。

一方「異国牒船」の対馬到着の風聞を弘安二年六月二十六日とする『師守記』貞治六年(一三六七)五月九日

条所載の記事には、「筑紫使者通関東云々」とあって、このときも使者到来の報告は大宰府から関東に向けてなされたことが知られる。

さて、日本の当局はこれにどう対応したか。右の『師守記』同日条には、以下の記事が続いている。

(弘安二年)七月廿五日、於院有評定、大宋国牒状入大函、有銘、有沙汰、件返牒状可通好之趣也、無其儀者、令責日本歟云々、彼牒状昨日自関東進上云々、

また、『兼仲卿記』には以下の関係記事が見える。

〔弘安二年七月二十五日〕参殿下(鷹司兼平)、次謁信輔(平)、宋朝牒状自関東去夜到来、今日於仙洞有評定、殿下已下皆参、(吉田経長)左大弁宰相束帯読申牒状云々、如伝聞者、宋朝為蒙古已被打取、日本是危、自宋朝被告知之趣歟、今日人々議不一揆云々、

〔弘安二年七月二十九日〕今日異国牒状内々有御評定、書状之躰違先例、無礼也、亡宋旧臣直奉日本帝王之条、誠過分歟、但落居分関東定計申歟、

これらの記事を総合すれば、亡宋旧臣よりの牒状はまず関東に進められ、その後関東より京都へ転送され、院での評議にかけられたこと、その牒状は通交か若しくは交戦かという厳しい選択を迫るものであったこと、牒状の書式が先例と違い無礼であるとして拒絶反応を示したこと、などが知られる。この状況からみれば、返牒を遣わすはずはあるまい。

外交権をめぐる公武関係を考えるとき最も注目されるのは、右に示した史料末尾の「但落居分関東定計申歟」の文言である。意味するところは、本件について朝廷に報告があり、朝廷では例によって対応を評議してはいるが、大筋はすでに幕府の意向によって決まっているではないか、といったところであろうか。そこには、本日記の記主勘解由小路兼仲の嘆息を通して、有名無実化した朝廷の外交権の一端が如実に示されている。当初より通

交拒否の態度を堅持しつつ、着々と防戦態勢を強化してゆく鎌倉幕府の軍事力のもとに、朝廷の平和的外交権は閉塞されていった。

三　弘安度の襲来と幕府の支配権強化

(1)弘安度襲来の情報伝達の経路

弘安四年度襲来での最前線の情報の伝達の様子は、左大史小槻顕衡の日記を顕衡四世の孫兼治が応永の頃筆写したものと推定されている『壬生官務家日記抄』[26]によってある程度うかがうことができる。その弘安四年六月二日条に、

異国船襲来、去月廿二日、被打入壱岐・対馬嶋之由、自鎮西飛脚夜前到来于六原、即打通関東之由風聞、実説可尋之、

とあり、元の壱岐・対馬来襲を知らせる「鎮西飛脚」(少弐氏発遣の使者であろう)がまず京都の幕府出先たる六波羅探題に到着し、その報は即刻関東へ伝えられたという風聞が京都に流れたことが知られる。同六月中に鎮西よりの早馬が数度六波羅に到来したことが知られ、六波羅が関東への情報伝達の重要な中継地となったことがうかがわれるが、そのことは建治年間を画期とする幕府による六波羅の制度的充実策とおそらく無関係とは考えられない(第三章第一節参照)。また、六月三日には亀山上皇の仙洞で評定が開かれた事実が知られるが(同日記抄、同六月四日条)、そこでは、むろん返牒など外交上の問題が議題となったのではなく、異賊調伏のための祈禱や諸社への奉幣のことなどが議論されたのであろう。これより先、異国降伏御祈として弘安四年三月二十五日亀山上皇の御所「靡殿」で五壇法が(宮内庁書陵部所蔵「五大成」下)、同年四月八日には根本中堂で七仏薬師法が修されている(『大正新脩大蔵経』図像篇十一)。その様子を『増鏡』(老のなみ)は次のように描いている。

其比、蒙古起こるとかやいひて、世の中騒ぎたちぬ。色々さまざまに恐ろしう聞こゆれば、「本院(後深草)・新院(亀山)は東へ御下あるべし。内(後宇多)・春宮(伏見)は京にわたらせ給て、東の武士ども上りてさぶらふべし」など沙汰ありて、山々寺々に御祈り、数知らず。（中略）東にも、いひしらぬ祈りどもこちたくのゝしる。（中略）この度は、いとにがにがしう、牒状とかや持ちて参れる人など有て、わずらはしうきこゆれば、上下思いまどふ事かぎりなし。

(2) 幕府の支配権強化

弘安度の襲来が日本国内における公武の支配関係に重大な影響を及ぼす法規定を置き土産にしたことも、外交問題と公武関係を考える上でみのがすことはできない。簡単にいえば、鎌倉幕府は異賊襲来といういわば外圧をてこにして、国内における支配権を一層強固なものにしたのである。『壬生官務家日記抄』によってよく知られた事実ではあるが、まず関係史料の必要部分を挙げておこう。

①(弘安四年七月六日) 依異国警固、鎮西九ヶ国幷因幡・伯耆・□□(出雲カ)・石見、不可済年貢、可点定、又件国々雖［　　］庄園同下知之由、去夜自関東令申云々、（下略）

異賊合戦之間、当時兵粮米事、［　　］要鎮西及因幡・伯耆・出雲・石見国中国□(衙カ)□(領カ)□(公カ)家本所一円領得分幷富有之［　　］米穀、令見在者、可点定□(由カ)□、□(可カ)□(被カ)［　　］此旨可令申入(以カ)春宮大夫(西園寺実兼)□(殿カ)□(給カ)之状如件、

弘安四年六月廿□(八)日

相模守(北条時宗)

陸奥守殿(北条時村)　越後左近大夫将監殿(北条時国)

②(同年閏七月九日) 蔵人佐俊定、内々示合云、依異国事、諸社職掌人可警固本社事、幷寺社権門領・本所一円地庄官以下、随武家下知、可向戦場事、両条可［　　］□□(此事)□仍准拠　宣旨大切云々、

③(同年閏七月二十一日) 自関東差遣鎮西使者両人、今日上洛、異国賊無残誅了之由申上云々、実説猶可尋之、

(中略)諸社職掌人警固本社幷本所一円地庄官、可向戦場事、可被　宣下之由、先日武家申行候歟、而異賊退散之上者、雖不可及沙汰、昨日猶被宣下之、上卿一上・弁頼尚(二条師忠)□□、可載去九日之由被仰下官云々、件口宣尋取所継書也、

すでに網野善彦氏は著書『蒙古襲来』において、右記の史料を踏まえて、弘安度襲来の際の幕府権限の強化の経緯を要領よく整理している。それによれば、①については、幕府は文永度とは違って長引くものと予想して「鎮西九か国と因幡・伯耆・出雲・石見などの諸国の国衙領や本所一円地の年貢、および富有な人々のもっている米穀を現地で差し押え、兵粮米とすることとし、その実施について、朝廷の承認をもとめた」と解釈されている。また②については、幕府が朝廷に対して、幕府の力による諸社警固をやめ、諸社が自前でこれを行うこと、および寺社権門領・本所一円地の武士たちを武家の命令に従わせ戦場に馳せ向かわせること、以上の二項を宣旨でもって承認するよう申し入れた、と解された。そして③については、②で幕府が要請していた条項について異賊が退散し、その喫緊性が減じたにもかかわらず、閏七月二十日に勅許が下ったこと、しかも「非常事態のなかでこの宣旨が発せられたことにした(27)」い幕府の意向を容れて、その日付はさかのぼらせて同月九日とされたこと、を指摘した。

史料の解釈とその内容的評価については、右の網野氏の理解で委曲が尽くされていると思われる。

しかし、筆者はこの宣旨を法的てことした幕府の支配権拡大にしめる、「西国成敗」の拠点六波羅探題の役割に注目したい。①に見える国衙・公家・本所一円領、富有の輩からの兵粮米徴収の勅許申請が、関東の執権北条時宗から両六波羅宛てに直接指令された点も当該案件への六波羅の深い関わりを示唆しているが、なんといっても、当時の公家日記においてはふつう「武家」の語は六波羅探題を指すことから見て(鎌倉幕府のことは「関東」と表現するのが通例)、②および③の記事中の「武家」は六波羅を意味していると考えられるから、宣旨の下付を

申請した直接的な当事者あるいは六波羅ではなかったかと推察される点がひときわ注目に値しよう。むろん、幕府の意思と無関係に六波羅が独走したと言っているのではない。幕府の半ば恒久的な異国防御態勢の中で、六波羅探題が重要な役割を担うようになったのではないかと推測するのである。そのように見ることができるならば、六波羅探題の展開と蒙古襲来との関係を考えるうえでのてがかりが得られよう。

ちなみに、『兼仲卿記』弘安五年（一二八二）十月記紙背に三カ条の事書を記した一紙が含まれているが、その冒頭の一条「爲異国征伐、大和国寺僧国民被召之間、可蒙免許事副衆徒申状」をもって「弘安四年のモンゴル襲来後に、再び鎌倉幕府が高麗征伐を計画したことを示すもの」(28)とする解釈が行われている。妥当な意見と思うが、そこに見る興福寺配下の大和国寺僧国民に対する軍事動員は、②③の史料によって獲得されたことが知られた権限の具体的発現とみてよい。

四　正応五年の牒状使

『師守記』貞治六年（一三六七）五月九日条に載せられた中原師茂の注進記事の最後は、正応五年（一二九二）に到来した「蒙古国牒状使」についての事例である。関係記事は以下のとおり。

正応五年十一月十二日、自鎮西飛脚到着、蒙古国牒状使着西府事云々、明日相副六波羅使者、可令馳参関東云々、
十二月八日、今日関東使者参洛、随身異国牒状云々、
□日、関東使者持牒状函、参太相国（西園寺実兼）今出河第、付□　□則奏聞、
□（十）六日、頭左大弁頼藤朝臣（葉室）、異国牒状事書・関東御返事綸旨、献今出河相国第、
同六年四月廿二日、今度異国牒使被返送本国、関東計申云々、

正応五年は弘安度襲来の弘安四年（一二八一）より十一年目にあたる。「蒙古国牒状使」が大宰府に来たことを知らせる鎮西の飛脚が、この年十一月十二日に六波羅に到着、六波羅は使者をつけて関東に差し向けた。十二月八日、関東の使者が一旦関東に届けられた牒状を持って参洛した。関東の使者は、さっそくその牒状の入った函を関東申次西園寺実兼の邸に届けた。実兼はすぐその牒状を伏見天皇に奏聞する手続きをとった。十六日条の記事は、そこに見える「関東御返事綸旨」(29)は関東に遣わす返事のための伏見天皇綸旨のことと解されるから、この日、蔵人頭・左大弁葉室頼藤は異国牒状事書と返事の綸旨を関東申次西園寺実兼に献じたことを記したものであろう。牒使は翌正応六年四月二十二日、関東の「計申」によって返牒をもらえないまま帰国させられたのである。この間の正応六年三月二十二日には、伏見天皇の二条富小路内裏において青蓮院慈助法親王を大阿闍梨として異国降伏のための大熾盛光法が始修されている。(30)

鎌倉時代におけるフビライ関係の最後の対外交渉の記事はこれである（異賊が薩摩国子敷島〈甑島〉に襲来したという事件は『吉続記』正安三年十二月十日条に見える）。

五　蒙古問題をめぐる公武交渉と関東申次

これまで個別的に見てきた鎌倉時代の外交問題をめぐっての公武間の交渉の重要な場面に、関東申次西園寺氏がたびたび現れた点は注意に値する。ふつう大宰府にもたらされる異国牒状はまず鎌倉幕府に送進されるのであるが、つづいてそれは京都朝廷に転送されるしきたりであった。関東申次西園寺氏の役割とは、関東よりの使者によって京都に持参された異国牒状を受理し、これを奏聞して朝廷の政務機構のうえにのせること、および「治天の君」の命を受けて朝廷側での決定を関東に伝えることであったと言ってよい。

つまり、関東申次は外交問題をめぐる公武交渉のパイプ役を果たしているわけであり、朝廷のあくまでも形式的な外交権は、この関東申次の媒介を通して保たれていたと言っても過言ではあるまい。

外交問題の審議は院の評定にかけられた。現在の閣僚クラスともいうべき評定衆たちが院のもとに召集されて、議論する姿はすでに具体的な史料をもって示した。では、関東申次西園寺氏はその評定衆のメンバーであったか、また朝廷の意思決定にいかなる役割を果したか。少なくとも、本節で垣間みた蒙古・高麗に対する返牒の可否に関する議論の席にはついぞその名を見出せなかった。しかし弘安十年（一二八七）十月から開始された後深草院政下で「清撰」された五人の評定衆の中に含まれたことは事実である（『公衡公記』弘安十一年三月二十七日条）。こういった点についても今後掘り下げて考えてみる必要がありそうである。

おわりに

本節では、鎌倉時代の外交権のあり方を外交上の問題をめぐる公武交渉の中に探ってみた。結局、朝廷が伝統的に保持してきた外交権は、当初より通交拒絶・返牒拒否の態度を崩さない鎌倉幕府のかたくなな方針のもとに、それ自体完結しない状況にあったことがわかった。幕府がなぜそのような態度をとったか、その理由については別途考察の余地がある。ただ、朝廷では幕府によって握り潰されることが予想されるのに、少なくとも文永八年までは返牒の意向を公然と幕府に示すだけの気力を持っていた点は、朝廷の外交問題に対する発言権を評価する上で注意される。

漸次朝廷の決定は幕府の意向を先取りして、そごのなきよう設定されるという傾向を強くしてくるが、それでも関東の幕府はその受理した異国牒状を朝廷に転送する慣行を変更させることはなかった。朝廷の外交権は基本的にはいわば鎖国のような政策をとる鎌倉幕府のもとで、有名無実であったといわねばなるまい。

最後に、南北朝時代の貞治六年二月に来日した高麗国使に対する公武の対応についてふれておこう。(31) この時も返牒すべきか否かが随分議論されたが、結局、後光厳天皇の主催する朝廷では返牒しないと決して鎌倉以来の先例を墨守したのに対して、将軍足利義詮の率いる室町幕府は同年六月の国使帰国にさいして返牒を遣わしたのである。この件に関しては種々論ずべき点があるが、最も注目すべきは、室町幕府が東アジア世界の大きな変貌を見据えた上で、それまで朝廷が形式的にも保持していた外交権を積極的に獲得しようとしている点である。つまり、中村栄孝氏の指摘のように、[32]この返牒をめぐる事件はいわば朝廷の形式的な外交権が幕府に移る端緒となったといってよい。室町三代将軍足利義満はこうした父祖が残した先蹤を踏まえて、応永八年（一四〇一）に日明貿易を開始することができたと言っても過言ではないのである。

（1）吉川弘文館、昭和三十三年。同四十六年重版。

（2）川添昭二氏『蒙古襲来研究史論』（雄山閣出版、昭和五十二年）所収の研究文献目録参照。

（3）もっとも、このことについて全く言及がないわけではない。たとえば中村栄孝氏は、

鎌倉政権は（中略）外交についていては、京都の政府の伝統的政策にゆだねていた。（中略）大宰府の九州支配と貿易管理の権限を接収したので、当然、外交のことにも関与することになった。（中略）（高麗から対外関係上の抗議があった場合は＝引用者注）原則として大宰府の旧例にのっとり、鎌倉に報告し、さらに朝廷に申達して、その決定にもとづいて措置した。外交上における鎌倉政権の限界であって、やがて、モンゴルからの国書が来たばあいにも、（中略）同じような手続きがとられたことは、いうまでもない。（同氏『日鮮関係史の研究』上、二七頁、吉川弘文館、昭和四十年）

と述べ、また、川添昭二氏は、

蒙古・高麗両国の国書は大宰少弐武藤資能に渡され、資能は閏正月五日、鎌倉幕府に送り、幕府はこれを朝廷に転送した。ときに二月七日である。外交上の重大な局面でのこの手続きは、朝廷と幕府との関係、すなわち日本の中世国家の性格を考えるのに重要な指標になる。外交権は形式的にもせよ、朝廷にあったのだ。（同氏『日蓮』〈人と歴史・日本11〉五〇〜五一頁、清水書院、昭和四十六年）

と簡潔に指摘し、さらに村井章介氏は、

蒙古襲来前後の対外的緊張のなかで朝廷のはたした役割は、ほぼ一貫して異国降伏の祈禱のみであって、外交政策の決定については、形式上の権限は朝廷（厳密には日本国王たる天皇）にあっても、実質上は幕府の意思が貫徹した

（同氏『アジアのなかの中世日本』一六八頁、校倉書房、昭和六十三年）

と問題の核心をついた指摘をしている。本節はこのような先学の箇にして要を得た指摘をトレースするものにすぎない。

（4）「続史籍集覧」第一冊（昭和五年）一五四頁。なお、黒田俊雄氏『蒙古襲来』（「日本の歴史」8、中央公論社、昭和四十年）五八頁で、

大外記師栄の日記の断片の前年（一二六七）十一月二十一日の条に「来蒙古国□」とある……

と指摘されているが、典拠史料は同じものと見られる。

（5）『史料纂集師守記　九』一七七頁。

（6）『増補続史料大成』五一（昭和五十四年）所収。

（7）同記、文永五年閏正月十日、同年二月四日条。

（8）『深心院関白記』（陽明叢書・記録文書篇六）文永五年二月五日・六日条。

（9）『深心院関白記』同日条。

（10）『師守記』貞治六年五月九日条に引かれている。

（11）『深心院関白記』文永五年二月十七日条。

（12）『深心院関白記』文永五年二月十九日条。

（13）注(10)で示した箇所に、文永五年二月中のこととして（原本破損のため何日条かは不明）、「今日有評定、可有返牒否事、不一揆云々」と記されている。

（14）注(10)で示した箇所に引用された、文永六年四月二十六日の記事に見える（本書二一八頁に掲出）。なお、相田二郎氏『蒙古襲来の研究』七頁では、蒙古国書の写本を伝えた僧宗性の奥書に「諸卿の評定に依り返牒を遣はされず」と記されていることが指摘されている。

（15）「新式目」。『鎌倉遺文』では一三巻九八八三号文書として収録。なお、網野善彦氏『蒙古襲来』（小学館「日本の歴史」10、昭和四十九年）一四三～四頁参照。

(16)　注(3)所掲、川添・村井氏の指摘参照。
(17)　『新訂増補国史大系』三〇（昭和四十一年）所収。『鎌倉遺文』一四巻一〇五七一号文書。
(18)　相田氏注(1)著書、一〇頁。
(19)　注(17)と同じ。なお高麗国宛ての牒状は『鎌倉遺文』には見当らない。
(20)　『増補史料大成』三〇（昭和五十年再版）。
(21)　根本誠氏「文永の役までの日蒙外交――特に蒙古の遣使と日本の態度――」（『軍事史学』五、昭和四十一年）、石井正敏氏「文永八年来日の高麗使について――三別抄の日本通交史料の紹介――」（『東京大学史料編纂所報』一二、昭和五十三年）、村井章介氏「高麗・三別抄の叛乱と蒙古襲来前夜の日本」（『歴史評論』三八二・三八四、昭和五十七年、のち同氏『アジアのなかの中世日本』に収録、校倉書房、昭和六十三年）、高橋公明氏「室町幕府の外交姿勢」（『歴史学研究』五四六、昭和六十年）参照。
(22)　「華頂要略」八、門主伝一七。『大日本史料』六―一七、六七四頁。
(23)　『兼仲卿記』文永十一年十月二十二日条（増補史料大成本では欠落）。
(24)　『兼仲卿記』文永十一年十一月六日条（増補史料大成本では欠落）。
(25)　「門葉記」巻第五（熾盛光法五）。『大正新脩大蔵経』図像篇一一、三七頁。
(26)　国民精神文化研究所が昭和十年三月に刊行した『元寇史料集』二にその影印版が収められ、これに付された『元寇史料集解説』には読み本と解題が載っている。本文引用においては、同解説の読み本を参考にし、同影印版に拠って関係記事を掲出した。
(27)　注(15)所掲網野氏著書、二一五～七頁。
(28)　瀬野精一郎氏『歴史の陥穽』（吉川弘文館、昭和六十年）三〇二頁。注(15)所掲網野氏著書、二一五～七頁にも関係記述がある。
(29)　注(5)所掲の史料纂集本では「関東御返事・綸旨」と翻刻している（九巻、一七八頁）。
(30)　宮内庁書陵部所蔵「熾盛光法例」（柳―４０１）。
(31)　関係史料は『大日本史料』六―二七所収の貞治六年二月是月条、同年四月十八日条、同二八所収の同年五月二十三日条、同年六月二十六日条に網羅されている。研究論文では三浦周行氏「室町幕府の外交事情」（同氏『日本史の研究』第一輯下、岩波書店、大正十一年。昭和五十六年復刻）、注(3)所掲中村氏著書所収「室町時代の日鮮関係」などがある。

(32)　中村氏注(3)著書、一五八頁。

【追記】

入稿後、南基鶴氏「蒙古襲来と鎌倉幕府―対応策の性格をめぐって―」（『史林』七三―五、一九九〇年）が発表された。関連する記述がなされているが、触れることはできなかった。併せてご覧いただきたい。

第三節　皇統の対立と幕府の対応

――「恒明親王立坊事書案　徳治二年」をめぐって――

はじめに

宮内庁書陵部には「恒明親王立坊事書案徳治二年」（以下、事書案と略称する）と称される一巻の古文書が所蔵されている。[1] 同部の『和漢図書分類目録』増加一によれば伏見宮本として分類されており（伏七三〇）、鎌倉期の写とされている。この名称は成巻の際、文書内容と端裏書とをふまえて考案されたものであろう。本文は縦二九・二センチ、横約五一センチの料紙（楮紙）四枚を貼り継いだものに記されている。

鎌倉後期政治史の研究は前期のそれに比べていちじるしく遅れている。その鎌倉後期政治史の中核をなす公武関係についての諸問題もさほど明らかにされているとは言いがたい。本節では先年拝見する機会を得た右の史料を通して、皇位継承をめぐる内廷の実情、これにかかわる鎌倉幕府の対応の仕方などについて考察し、鎌倉期の公武関係史を総体的に把えるための一助としたい。

筆者は同様の観点から宮内庁書陵部所蔵「御事書并目安案」に即した考察をすでに行った。[2] 嘉暦三年（一三二八）のこの文書は本節で取り扱おうとする徳治二年（一三〇七）の事書案と性格の上で似かよっている。これまで鎌倉後期の朝幕関係や皇室における両統（持明院統・大覚寺統）の対立などについては主に『花園天皇宸記』によってこれをうかがい知ることができたのであるが、それはあくまでも文保頃より以降の、両統間の競合が最も鮮烈となった時期の様相である。本事書案はそれに先行する徳治以前の段階での様相を垣間みせてくれる。鎌倉後期の朝幕関係と両統対立の深刻化の状況を段階的に理解するためのてがかりともなろう。

ちなみにこの事書案は必ずしも学界未知のものではなく、すでに昭和五年岩波書店刊行の三浦周行氏『日本史の研究』第二輯　第一編第二「両統問題の一波瀾」なる論稿において概略説明されてはいる。(3) しかし三浦氏による本史料の使用は部分的であり、史料全体を示したものでもない。また最近刊行の竹内理三氏編『鎌倉遺文』第三十巻（自嘉元四年至徳治三年）に収録されていないことからみれば、近年は忘れ去られた史料のように思われる。史料内容は実に興味深く、研究上の利用価値は高い。本節で取り上げる所以である。(補注1)

一　史料の翻刻とその概要

まずこの事書案の全文を以下に掲出することから始めよう。行替わりは」で示した。

（題簽）「恒明親王立坊事書案徳治二年」

（端裏書）「不出之事書案（補注2）　経親（平）卿書之　徳治二年」

東宮（富仁＝花園）践祚事、於今者尤可有其沙汰」歟、正安新院（後伏見）御脱屣（屣）之次第、就境触事、」猶難○（被）散御愁欝、纔雖被行冠礼、如」叙位・除目未及御前之儀、宇佐宮勅使」雖進発不被待参宮之期、忽以転変、」凡代始有限之公事等大略未被○（遂）行之」処、楚忽之儀沙汰、今更被述子細者」再似被表御恥辱歟、猥依一方之○（御）競望」輙及其沙汰者、向後之濫吹更不可有尽」期之間、只任天運偏以穏便之儀于今未」被出御一言之処、近曾天変地妭（妖）連綿」

而無絶、世上更不静謐、両法皇(後深草・亀山)相続崩御、」男女貴種・大臣・公卿等多以帰泉、先規定」稀歟、災殃之甚何過之哉、政道若有」不叶天意之故歟、就之被廻攘災之計」略者尤可在斯時乎、新院○御在位纔三ヶ年」雖無指御科、忽以推譲、当今(後二条)登極以後」已七ヶ年、更不可謂早速、況於比(此)正安之」儀哉、抑後深草院・亀山院両方御流不」可有断絶之儀由、関東先ゝ被申了、此条於後」嵯峨院叡慮重ゝ有子細、度ゝ被申関東了、」定有御存知歟、甎○先就亀山院御素意、可」立一方之御流之処、御存日之間、万里小路殿(後宇多上皇)」偏御向背孝道已欽了、此条世以謳歌、都鄙」所和也、倩案事情、事莫大於不孝、明王以」孝治天下古典之所載也、而御不孝之至、御遺」跡事遂不及御委附、被申置昭訓門院(藤原瑛子)了、」依之今方及御訴訟歟、之上者云御在生云御没後、」併被毀破御素意之条、旁以露顕了、」且親王(恒明)立坊事、被申置万里小路殿并此(持明院統)」御方被整置両方御承諾之御返事、以之」可被仰関東之由、被進置慇懃之御書於」親王云ゝ、凡御所并御文書以下始終可為」親王御管領之由被仰置歟、然者以親王可為」御正嫡之条、御素意之趣旁以分明歟、此上者」万里小路殿難被奉用一方之御正流乎、於」親王御事者、法皇(亀山)御存日偏可被扶持申」之由慇懃被申置之間、当時即不被奉見放」者也、就之彼御生涯之安否、自昭訓門院」重ゝ有被歎申之旨、且直雖被仰遺関東」于今無被計申旨之間、已被失御安堵之謀云ゝ、」凡不依尊卑貴賎皆以父母之譲為規模之処、今被」破分明之御素意者、向後傍例可為何様哉、」所詮如先ゝ沙汰、両御流共不可有断絶之儀」者一方可在彼親王(恒明)歟、但若雖為法皇之」御素意、○親王若難被備法皇○御正嫡者、亀山院御流爰」可断絶歟、然者就根源、尋後嵯峨院御素意、」可帰正統・長嫡之御一流乎、文永後嵯峨院」崩御之刻、於御素意者雖為分明、只以劣」羈之御自称、亀山院知食天下事了、今亀山」院崩御之時、被破顕然之御素意、上皇(後宇多)毎事」御管領之条、彼是似有用捨、且御存日被申」置之趣、崩御以後有相违事者可為御不孝之由」被載御遺書云ゝ、不孝之君争可知食天下事」哉、凡尋後嵯峨院御素意者、無可被分両流」之所見、守亀山院之御遺勅者、親王(恒明)可為継嗣」之正嫡、云彼云是、当時之儀不叶其理乎、抑」勘両方御治天之年紀、亀山院御流前後廿」五三、年自文永九年至弘安十年、自正安三年至当時、於後深草院御流者纔十四年自弘安十年至正安三年、両御流雖相並尤可有嫡庶之」差別、況於〇〔爲〕玄隔之年紀哉、就中正安卒爾」之推譲、于今未被休〔慰〕御愁吟、此上任道理」早速被計申者、且叶天意且可爲攘災之」寂哉」

（以下余白）

順序としては最初にこの事書案の内容と性格について述べておかねばなるまい。三浦氏は前掲論稿の中で「此書は恒明親王の立坊の事に及ばぬでもないが、それは寧ろ従たるもので、此書の作られた主たる目的からいへば、富仁親王（のちの花園天皇―筆者注）践祚事書案と申した方が当って居る」こと、つまり「此書は後二条天皇の徳治二年に、持明院統から幕府へ皇太子の践祚を促さるゝ為めに遣された事書案であ」[4]ること、を指摘した。この指摘はまさにそのとおりだといわねばならぬが、しかし、こう言い切ってしまっては、持明院統が政権回復のための手段として、しかも大覚寺統の系譜に属する恒明親王の立坊を支援するという方法をとっている本事書案の持つ特質を充分くみとることができまい。本文中で「亀山院御素意」が皇位の正当な継承を決定する最も重要な論拠としてあげつらわれているのはひとえにこの一点にかかるのであって、先述の嘉暦三年（一三二八）の後醍醐天皇の譲位を催促する目的でしたためられた「御事書并目安案」にみえる争点とはおのずから異なるものがある。

三浦氏は事書案に披露された趣意をおおまかに三つに分けた。第一は「後伏見天皇譲位に対する持明院統の御不平に基くものである」[5]。それは後伏見天皇の在位が二年六ケ月の短期に終わり、しかもこの間行わるべき朝儀が挙行されなかったことに対する憤懣と愁嘆であり、「只任天運偏以穏便之儀于今未被出御一言」という欝屈した心情に根差していた。三浦氏はまた後伏見天皇の短期在位は両統迭立という鎌倉幕府の方針によるとし、「申さば両統迭立案といふ幕府の高等政策の貴い犠牲となられた」[6]ものとみるが、幕府の両統迭立策を交互即位の制

度の成立とみなすには確証を欠くので、むしろ幕府をまきこんだ両統間の政治的力関係に主因を認めるべきだと考える。(7)

第二は「近年天変地妖が打続いて世間の穏かでなく、後深草・亀山両上皇の引続いての崩御(8)に加えて皇族大臣公卿の不幸の重なるは、政道が天意に合はぬ故であろうから(9)」、「廻攘災之計略」らさんがための政権の交替をほのめかしていることである。このことについて三浦氏は「当時の思想としては当然乍ら、譲位を迫るが為めには余りに理由が薄弱であらう(10)」と述べるが、当時幕府がかかる現象に敏感であったことを併考すれば(11)、一笑に付すわけにはゆかず、むしろ幕府に圧力をかける上で一定の効力を持ったとみるべきではあるまいか。

第三は「恒明親王の事より延いては大覚寺統全体に対する持明院統の態度を明らかに(12)」したものであって、直接的には治天の君後宇多上皇の不孝によりその政務の権は正当に継承されたものでなく、後二条の皇位も同様と主張するのである。三浦氏は事書案に開陳される持明院統による種々の「大覚寺統の切り崩し(13)」に対し、どちらかといえば大覚寺統弁護の立場から遂一反証を示し、結局「恒明親王立坊についての法皇の御素意に違背し奉った者は幕府である(14)」として、幕府をもって紛糾生起の元凶と決めつけた上で、この事書が「幕府の当路を動かして持明院統に傾かせる程の効果を奏したらうと想像するには猶ほ多大の余地がある(15)」と述べ、この事書の効力について疑問視された。しかしこの事書が幕府に達したものとして、直ちにその実効力を論ずるには問題があるし、また幕府を諸悪の根源とするがごとき見方はやはり当時の幕府の皇位問題へのかかわり方と立場を無視するもので、いささか武断に過ぎよう。

二　端裏の記事

この事書の性格を知るための最大の難題は事書案の端書に記された「不出之事書案　経親卿書之　徳治二年」につい

ての解釈である。管見の限り、先学の論稿の中にこの端裏書への言及はみあたらない（〔補注1〕に記したように『皇室制度史料』皇族四での翻刻の底本には端裏書がない）。一方これに関連して、『公卿補任』徳治二年（一三〇七）条、前権中納言・従二位平経親の個所に「二月十日‐‐御使下向関東。三月廿九日上洛」[16]なる記事が付されているのが目にとまる。

龍粛氏はすでに先述の事書案と『公卿補任』の記事とを併考して「二月十日（徳治二年――筆者注）に平経親が両方（持明院統および恒明親王側――同）の連合の使として東下し、事書を幕府に伝えて、譲位の発言を求めた」[17]と指摘された。龍氏によれば、平経親が関東に持参したのはまさにこの事書だとされている。しかし、端裏書に注目すれば如何であろうか。

端裏書の筆跡は本文（及び加筆訂正分）のそれと同一と看取せられ、従って端裏の文字は本文書写の当人によって書き付けられたものと思われる。また「経親卿書之」（傍点筆者）とある以上、この事書案が平経親自身の書写であることはまず考えられまい。そうなると、この事書案は徳治二年に平経親が書いた事書正本を間もない時期に何人かが書写したものということになろう。問題は「不出之」の解釈である。所期の提出先について考えれば、この事書が関東への愁訴を内容としている点からして、鎌倉幕府とみることも可能であるし、もっと狭い範囲に限れば、持明院統の首脳部（伏見院とその周辺）とみることも不可能ではあるまい。さらに出されなかったのは事書正本か、或いはこの事書案かという問題も生ずる。それらの結着はひとえに端裏書の文字の解明にかかっているのであるが、いずれかに断定する手がかりが筆者にあるわけではない。しかし筆者は、事書本文に述べられた訴えが関東への強い方向性を持っている点から、断言を控えつつも、一応事書正本が何らかの事情で関東に提出されなかったものとみておくことにしたい。

この事書が「不出之」の扱いとなったのは、内容や表現の上で不適当な箇所を含む故であろうが、しかし書きしるされた事柄自体に事実関係の誤りはない。むしろ提出をはばかるほどの内容を持つ本事書案の中にこそ持明院統や恒明親王側のむき出しの政治的主張をうかがい知ることができよう。この不提出と思われる事書と実際提出された事書との異同を明らかにすることは不可能であるが、後者は前者を修正したものであり、基本的な主張の上でさほどのへだたりはないと考えてよいであろう。

ここで少し平経親について掘り下げてみよう。経親は桓武平氏の門流をくみ、父は正二位・権大納言平時継。経親が弘安十一年（一二八八）正月に従四位下に叙されたことを書き留める『公衡公記』弘安十一年正月五日条は、彼が「当時執権卿《(平時継)》之愛子」であることも注記している。父時継は持明院統の後深草院に仕える廷臣だったことが知られる。経親もその後正和二年（一三一三）権大納言まで進んだが、間もなく辞退、文保元年（一三一七）伏見院の崩御に際して出家した。経親はいわば伏見院の近臣であり、[18] 持明院統ゆかりの京極派の主要歌人の一人であって、[19]『玉葉和歌集』に五首、『風雅和歌集』に一首の和歌を残している。[20] この一門は弁官・蔵人から身を起こし重職に至る者を輩出しており、[21] 経親もその中の一人である。『伏見天皇宸記』には正応二年（一二八九）正月十七日条に左少弁としてみえるのを始めとして、同五年、永仁元年（一二九三）の記に散見、『花園天皇宸記』においても正和二年、同三年、元亨二年（一三二二）の記に散見し、花園天皇の信任を得て、その身辺に候した様子がうかがえる。関東との関係で注意されるのは『花園天皇宸記』正和二年十月九日条にみる、花園天皇が当夜方違のために玄輝門院御所たる衣笠殿に参じていた時、経親が面会にやってきて「下向関東之間事等」[22] を申したという記事であって、この「下向関東」がたとえば徳治二年二～三月にかけての関東下向といった過去のことをいうのか、[23] 或いはこれから関東へ下向することについてか、いま一つはっきりしないが、平経親が関東と何らかのつながりを有し、持明院統はそのつながりを関東との一つのパイプとして活用したであろうことは推測に難くない。平経親はあくまでも持明院統の伏見上皇の近臣であるから、経親を使者に立てた徳治二年の関東との交渉は持明院統の主導の下に行われたとみなくてはなるまい。(24)　恒明親王側（その中心は母昭訓門院瑛子であろう）の政治的立場は持明院統に接近したものであった。一方、幕府が申し入れにどう対応したかは不明である。しかし同（徳治二）年七月に中原親鑑と宇都宮貞綱の二人の関東御家人が相次いで関東使として上洛している。(25)　その任務は不明だが、中原親鑑がのちの文保元年（一三一七）四月、両統の皇位争いの調停のために再入洛していること（いわゆる文保の和談）、東使はその役割の性格上同一案件に関する任務を負って二度以上上洛するケースが少なくないことから推測すれば、徳治二年（一三〇七）七月の遣使が皇位問題の調停を目的とし、しかも事書（本文所掲の事書案そのものではない）による幕府に対する働きかけに推された東使発遣であった可能性も充分に考えられる。このように推測することが許されるならば、徳治二年の事書は幕府の重い腰を動かし、持明院統の愁訴をうけて大覚寺統への打診を試みさせるほどの効力を発揮したが、大覚寺統の強い拒否に会ったため、その意図するところを直ちに実現させるには至らなかったものとみられる。

しかし、当の後二条天皇が翌徳治三年八月二十五日、二十四歳で没したことによって政局は急転。翌日、花園天皇が践祚し、父伏見上皇の院政が開始された。政権は大覚寺統から持明院統へ移ったのである。けれども、東宮のポストには同年九月十九日に尊治親王（後宇多上皇の皇子。後二条天皇の弟。のちの後醍醐天皇）が据えられ、恒明親王の出番はなかった。

三　恒明親王の略歴

次に、肝心の恒明親王の立場や経歴などについて判る範囲で概略述べておこう。恒明に関する史料は実に乏少だと言ってよいが、その中でも比較的重要なものは『園太暦』（同時代人たる洞院公賢の日記）観応二年（一三五一）九月六日条にのせる評伝である。以下に引用する。

伝聞、入道一品式部卿恒明親王今日巳刻薨給、生年四十九歳、年来不食寝膳、乖例給、自去四月比興盛、今（令イ）遂帰泉下、此親王者亀山院鐘愛之御末子、（西園寺瑛子）昭訓門院所奉誕給也、

この記事によって、恒明が嘉元元年（一三〇三）生まれであること、[26]母は西園寺実兼の女、昭訓門院瑛子であることが知られるが、何よりも「亀山院鐘愛之御末子」なる史料表現は恒明の皇族における独特の境遇を端的に物語っている。[27]亀山天皇崩御の嘉元三年に多くの所領を譲り受けた恒明は（「亀山院御凶事記」）、それ以後、どのような経歴をたどったか。恒明の動向をうかがうための史料は少ないが、幸い彼が必然的に接近した持明院統の花園天皇の日記の若干箇所において登場するので、これをてがかりにして調べてみよう。『花園天皇宸記』における恒明の初見は文保三年（一三一九）二月十四日条であって、恒明が元服後初めて持明院殿に参じたことをしるす。恒明の元服は前年の文保二年十二月二十日であるが（『続史愚抄』）、時に恒明は数えで十六歳。この年にしての元服は当時の慣例に照らせば遅い方に属する。[28]続いて三月十一日条は、恒明が同九日の県召除目で中務卿（前任者は尊治親王）に任ぜられたことをしるす。恒明を中務卿親王と称するのはこのことによる。恒明はこののち『花園天皇宸記』による限り、正中二年（一三二五）九月十日条の、祖父西園寺実兼の月忌法要のため北山第に参じた記事まで処々に散見するが、それらの所見の多くは持明院統の皇族やこれに近仕する公卿たちとの詩歌管弦や蹴鞠などの遊芸にうち興じ、花鳥風月を愛づる姿を垣間みせるものであって[29]（仏事も含まれる）、恒明の周辺に生ぐさい政治的なにおいを感じさせない。『増鏡』（秋のみ山）によれば、元亨二年正月三日、後醍醐天皇は恒明親王の「御家」常盤井殿（大炊御門京極）に滞在する父後宇多法皇のもとに朝覲行幸におもむいている。この時期における後宇多――恒明間の兄弟関係、および親政を開始したばかりの後醍醐のかかわりの一端をうかがわせることがらである。やがて中務卿のポストは正中二年に元服した尊良親王（後醍醐一宮）に移ったが、[30]恒明は嘉暦二年（一三二七）正月五日の叙位では二品に叙された（「嘉暦二年日記」図書寮叢刊『九条家歴世記録』一）。従って「嘉暦

二年日記」嘉暦二年正月七日条や『花園天皇宸記』元弘元年（一三三一）十月八日条にみえる「中書王」、および同記翌年四月十日条にみえる「中務卿親王」はこの尊良にほかなるまい。『増鏡』（春の別れ）は嘉暦二年頃の恒明と後醍醐との関係について「常盤井の式部卿宮（恒明）は、亀山院の御子なれど、当代といと念比《ねんごろ》なる御中」としるしている。建武新政下での恒明の動向は、建武元年十二月十七日の京官除目で中務卿に再任されたこと、翌二年十一月二十六日の京官除目で式部卿に補任されたこと[31]ぐらいしかわからない[32]。南北朝期に入ると恒明は北朝の下でも式部卿に在任し、北朝公家社会との密接な関係を保ちつつ[33]、観応二年（一三五一）の終焉を迎えた[34]。

四　鎌倉幕府の対応

さて本文所掲の事書案に一貫する主張は、文書冒頭に「東宮践祚事、於今者尤可有其沙汰歟」としるされたごとく、東宮富仁（のちの花園天皇）の践祚の妥当性であるが、そこに述べられたいくつかのことがらは当該期における持明院統の境遇や大覚寺統との関係、さらには関東の皇位問題へのかかわり方などを具体的に映し出している。筆者の関心に即していえば、この事書案における大きな興味はここにある。

順序は前後するが、まず後嵯峨院の崩御後、皇位決定に甚大な影響力を持つことになった鎌倉幕府の基本的なかかわり方について考えてみたい。この事書案には「関東」の文字が四回登場する。行論の必要上、そのくだりを左に抜き書きする（傍点筆者）。

①（前略）抑後深草院・亀山院両方御流不可有断絶之儀〔由〕、関東先ゝ被申了、此条於後嵯峨院叡慮重ゝ有子細、度ゝ被申関東了、（後略）

②（前略）且親王（恒明）立坊事、被申置万里小路殿（後宇多院）幷此御方（持明院統）被整置両方御承諾之御返事、以之可被仰関東之由、被進置慇懃之御書於親王云ゝ、（後略）

③（前略）当時即不被奉見放者也、就之彼御生涯之安否、自昭訓門院重〻有被歎申之旨、且直雖被仰遣関東、于今無被計申旨之間、已被失御安堵之謀云〻、（後略）

①〜③についてその典拠をおさえつつ若干付言しよう。①については、「関東先々被申了」とは『吉続記』正安三年（一三〇一）十一月二十五日条にみる関東の申し入れ「先〻依被下御使被申子細、恐悚不少、両御流践祚不可依違、遅速可在叡慮」を踏まえたものであろうこと、また「於後嵯峨院叡慮重〻有子細」とは大覚寺統が常に標榜する後嵯峨院の遺勅の内容に対する異議のことであり、「弘安五年八月十二日以後、同十年十月廿一日以前」に起案された「後深草上皇の御覚書を伏見天皇が御記し遊ばされた」御事書[35]やこれをもとに伏見天皇が書き記した宸筆御事書[36]に具体的に示されているように、後嵯峨院の素意は関東に諮れと指示した以外、何の所存もなく、治世は亀山天皇へという素意なるものは円満院宮円助法親王（後深草・亀山の異母兄）の虚構であるとの主張である。以上によって、すでに亀山院政下の弘安年間に後嵯峨院の素意をめぐって大覚寺・持明院両統間で争いが起こり、持明院統側の主張は幕府にも達せられていたことが知られる。一方幕府は、こうした持明院統側の不満に対して熙仁親王（のちの伏見天皇）の立坊（建治元年・一二七五）・践祚（弘安十年・一二八七）、それに胤仁親王（のちの後伏見天皇）の立坊（正応二年・一二八九）を斡旋することによってこれを宥めたが、他方大覚寺統側も同様に幕府に働きかけて邦治親王（のちの後二条天皇）の立坊（永仁六年・一二九八）を勝ち取った（これらのことがらについては本書一五〇〜一頁参照）。そのような京都よりの頻繁な働きかけに幕府はだんだん辟易するようになった。先に述べたように、幕府は正安三年十一月「両御流践祚[37]不可依違、遅速可在叡慮」（『吉続記』）と、両統からの遺使を忌避する態度を表明するのである。そこにうかがわれる幕府の基本的態度は皇位問題への意識的な不関与であろう。

次に②については、直接に関係する文書が二つ残存している。

(イ)恒明親王儲弐間事、当時后宮女院等之間、可備其器之仁無所生之上者、承候之趣、非無謂候歟、今度沙汰之時、以此旨可被仰合関東之由承候了、毎事被仰置之趣、不可有相違之条勿論、心安被思食之条、年来孝行所存、可顕此時候歟、恐惶謹言、

嘉元三七月廿八日　　世仁(38)

(ロ)立坊之間事、院《(後宇多)》幷持明院殿《(伏見)》御返事如此、不絶夜鶴之思奔波、以至孝之志、可被謝者也、且以此旨必可被仰関東者也、毎事前右府《(西園寺公衡)》候へば、可被仰合也、雖不及成人、如此書置、可被達遠方也、

嘉元三年八月五日(39)

(イ)は「法皇《(亀山)》に御答へになつた」(40)後宇多上皇の消息、(ロ)は亀山上皇より「皇子恒明に賜はつた」(41)消息であって「現存の範囲内で此宸翰は最も御絶筆に近いものと看做してよい」(42)ものである。『宸翰英華』第一冊は(ロ)の宸筆消息についての解説の中で次のようにしるす。長文にわたるが、この間の事情を的確にとらえた文章であるので引用する。

(前略)而して天皇《(亀山)》の最も大御心に留めさせられたのは、妃昭訓門院の生み給うた当時三歳の皇子恒明親王の御将来であつた。即ち安楽寿院領等重要な御領を直接に贈進あらせられた外に、当時御在位の後二条天皇に皇子が坐しまさなかつたところから、皇太子に立たしめんと思召したのである。天皇は先づその御旨を以て後宇多天皇に諮り給ひ、後宇多天皇は七月廿八日を以て之に御賛同の旨御書を上られた。ついで天皇は持明院統の伏見天皇に御諮り遊ばされたが、これ亦御同意の御回答を得られた。依つて恒明親王にこの御消息を賜はつて、後宇多天皇、伏見天皇の御回答の趣を通じ給ひ、併せてこの御思召を必ず鎌倉幕府に通達すべきこと、万事は昭訓門院の御兄前右大臣西園寺公衡に仰せらるべき旨を伝へられたのである(同書七〇〜七一頁)。

右の解題中の「後宇多天皇は七月廿八日を以て之に御賛同の旨御書を上られた」との箇所は前引の(イ)の文書に依拠している。また「当時（嘉元三年――筆者注）御在位の後二条天皇に皇子が坐しまさなかつた」とあるのは事実に反し、後二条天皇には恒明より三、四歳年長の邦良という嫡子がいたのである。(43)従って、自らの嫡孫邦良を「儲弐」の器にあらずとして卑下し、あえて(イ)を父亀山院に捧げた後宇多院の心の内は複雑であったに相違ない。思えば後深草・亀山両院の父後嵯峨院は文永四年（一二六七）十二月亀山院に嫡子世仁（のちの後宇多院）が生まれると、翌五年八月、生後一ヵ年にも満たぬ世仁を、しかも亀山院の同母兄後深草院の皇子たる三歳も年長の煕仁（のちの伏見院）をさしおいて立坊させることによって実質的に亀山流を嫡流とし、これに皇位を継承させる方針をうち出したのであったが、今回においては晩年の亀山院が大覚寺統におけるこの基本方針に大きな変更を加えようとしたものということができよう。

以上を踏まえて②をみれば、このくだりが時期的には嘉元三年（一三〇五）九月の亀山院崩御直前のことがらであること、しかも書かれた内容は事実に依拠する、信頼度の極めて高いものであることが知られる。この「恒明親王儲弐間事」が早晩関東へ達せられたであろうことは次の③によって充分推測できよう。

③に関しては、母昭訓門院が恒明の将来に一沫の不安を感じ始めた時期、つまり後宇多院が父帝の遺勅の履行を意識的に忌避し始めたのはいつごろかということが「亀山院御素意」違背をめぐる大覚寺統内部の紛争の顕在化の経過をうかがう上でてがかりとなろう。文中にみえる「且直雖被仰遣関東」がこうした事態の発生によって引き起こされたこと明白であるので、この点からみてゆけば、昭訓門院派遣の関東への使者とは徳治元年（一三〇六）五月と七月の二度にわたって下向した前権中納言藤原頼藤に他なるまいから、(44)当該紛争は嘉元三年の亀山院没後わずか半年にして早くも顕在化したものとみられる。

①～③によってうかがわれる富仁践祚にむけての持明院統側の主張はむしろ同統に属しない恒明の立場と境遇

に同調し、これに便乗するという方法を採用している。これは後二条天皇の退位を幕府に訴える上で、持明院統の有する大義名分よりも、恒明親王のもつそれがはるかに有効だと認識せられたためであろう。特に②などは条理の上では強い説得力を持つようにも思われるが、しかし実際の効果のほどは定かでない。その背後にはむろん皇位問題に対する幕府の基本方針が存在したであろうが、何よりも、後宇多院による第一次の院政が、こともあろうに持明院統に属する花園院によって「乾元・嘉元之間、政理不乱」(45)と評されるほど、善政のほまれ高かった事実を見落してはなるまい。むろん花園院の批評は乾元・嘉元の間（一三〇二～一三〇六）との時期限定をしているが、徳治年間（一三〇六～一三〇八）もその余光の中にあったであろう。つまり政道の興行という現実が持明院統による愁訴の効力を弱め、幕府の対応を消極的なものにしたと考えられまいか。

次に後宇多院と持明院統および恒明親王との間に紛争を惹起した「後嵯峨院御素意」及び「亀山院御遺勅（御素意）」が皇位の争奪戦の中でいかなる役割を果したかについて考えてみたい。まずこの事書案の中でそれらがどのように取り扱われているか。最初に「後嵯峨院御素意」については、

①（前略）此条於後嵯峨院叡慮重ゝ有子細、

②（前略）亀山院御流爰可断絶歟、然者就根源、尋後嵯峨院御素意、可帰正統・長嫡之御一流乎、文永〔法皇〕後嵯峨院崩御之刻、於御素意者雖爲分明、只以髣髴之御自称、亀山院知食天下事了、

③凡尋後嵯峨院御素意者、無可被分両流之所見、

というぐあい。次に「亀山院御遺勅（御素意）」については、

④（前略）暫〇〔先〕就亀山院御素意、可立一方之御流之処、

⑤（前略）云御在生云御没後、併被毀破御素意之条、旁以露顕了、（中略）然者以親王可爲御正嫡之条、御素意之趣旁以分明歟、

⑥(前略)今被破分明之御素意者、向後傍例可為何様哉、(中略)但若雖為法皇之御素意、〇親王若難被備〇御正嫡者、
　亀山院御流爰可断絶歟、
⑦(前略)今亀山院崩御之時、被破顕然之御素意、上皇毎事御管領之条、彼是何有用捨、

というように言及されている(傍点筆者)。徳治二年段階では「後嵯峨院御素意」が後宇多院と伏見院とを、また「亀山院御遺勅(御素意)」が後宇多院と恒明親王(あるいは母昭訓門院)とを当事者としたことはいうまでもない。ところがこの事書案における伏見院の主張は前掲史料に明らかなように、直接的な関係を有しない後者に主たる論拠を置いているのであって、この時期における皇位問題の特質はこの点にあるといってよい。筋を通すならば、伏見院にとって「後嵯峨院御素意」をたがえ「髣髴之御自称」をもって治天下となった亀山院の遺勅など論外のはずであった。しかし事書案はその対抗関係にある亀山院の遺勅を認めた上での愁訴であるので、その主張内容はすぐれて現実に即したものになっている。既に前にも述べたように、伏見院はそのような筋を通すよりも、後宇多院との関係が冷却した恒明親王と結び、より喫緊性の高い「亀山院御遺勅(御素意)」違背を糾弾することによって実質的な効果を期したものとみられる。従ってそこに開陳されるのは「明王以孝治天下、古典之所載也」の一文に象徴されるような硬直した孝道論である。事書案に堂々と述べられるこのような孝道論が当時の公武社会で実際どれほどの説得力と実効性とをもったかについては別途考察の余地を残すが、それなりの意味を有したからこそかかる形で登場したものとみるべきであろう。

　事書案の主張の眼目が、亀山院の明白な素意によって皇嗣に指名された恒明こそ正当な皇位継承者であって、素意に違背した後宇多院は「不孝之至」である、即刻恒明を立坊させよ(同時に富仁親王の践祚が実現する)という点にあること言うまでもないが、上掲史料⑥にはいま一つ注目すべきことが秘められている。「但」より以下の文章において、恒明が正嫡であることは亀山院の素意であるにもかかわらず、もし正嫡を備えられがたければ、

亀山流は断絶するという意味のことを述べている。ここで恒明の「難被備○《御》正嫡」きか否かを判断する資格をもつとみなされるのは鎌倉幕府にほかなるまい。この論理は「後深草院・亀山院両方御流不可有断絶」[46]（事書案中の表現）という正安三年（一三〇一）の幕府よりの申し入れを逆手にとったものといえよう。調停者としての鎌倉幕府は好むと好まざるとにかかわらず、皇位をめぐる紛争の中で、実にのっぴきならぬ立場に立たされてゆくのである。

五　両統対立の経緯

ひとくちに持明院統と大覚寺統の間の両統対立と言っても、後嵯峨院の没後に亀山院が治天下の地位を得た当初からきびしい対立関係にあったわけではなく、鎌倉後期を通して同じような状況が続いたのでもない。両統の対立は各々の置かれた立場の変化を反映してその様相と性格とを変えてゆくのである。そこで次には、これまで述べてきた徳治二年（一三〇七）の「恒明親王立坊事書案」（これまで事書案と略称）と、すでに紹介する機会のあった嘉暦三年（一三二八）の「御事書并目安案」（以下、目安案と略称）との内容的な比較検討を通して、両統の対立関係の進展の経過をその契機に注目しつつみることにしよう。いずれも持明院統側によって作成された幕府への愁訴状であるが、前者は在位足かけ七年目をむかえた後二条天皇の譲位を、また後者は同じく十一年目をむかえた後醍醐天皇の退位を各々要請する内容である。

すでにこれまで述べてきたことから明らかなように、「後嵯峨院御素意」をめぐる後深草院の亀山院に対する反感は弘安年間後半ころからはっきりした形をとってあらわれたが、[47]このいわば持明院統の大覚寺統に対する悪感情は伏見院に至って一層露骨なものになった。[48]一方「亀山院御素意」をめぐる恒明親王側の後宇多上皇に対する反感はすでに亀山院没後まもなく顕在化した。ここに持明院統と恒明親王側との利害が一致したため、双方は合力して後宇多院に対抗することとなった。徳治二年の事書案成立の背景にはこのような事情があった。

では嘉暦三年の目安案はどうか。この目安案の内容と性格についてはすでに述べたことがあるので詳細はくりかえさないが、持明院統が幕府への追随の姿勢を強く打ち出していることに注意すべきである。(49) 政権の座から長く放擲された同統の焦燥感をまざまざとみせつけられる。この目安案にみなぎるものは文保の和談の際における後宇多上皇の策略的な手法に対する持明院統の不満であって、より具体的には同上皇がこの時量仁親王（のちの光厳天皇）の践祚を約諾したにもかかわらず、後醍醐天皇が交替する気配を一向にみせないことに対するいきどおりである。目安案の中には後嵯峨院や亀山院の素意のことなど片鱗もあらわれない。両統間の対立の争点は徳治年間のそれではなく、まさに様相は一変している。持明院統にとっては積極的に幕府に傾斜することこそ衰亡から脱却するための捷径であったにちがいない。元弘の変で後醍醐天皇が失脚したのちの元弘元年（一三三一）九月に開始された後伏見上皇の院政が幕府に強く依存する形で運営されたのも以上のいきさつから考えれば至極当然な結果である。

ちなみにかの徳治二年の事書案において持明院統の支援をうけて、立坊にこぎつけようとして果たせなかった恒明親王は甥に当る尊治親王（のちの後醍醐天皇）が立坊した翌年九月の時点で早くも立坊の望みを実質的に失ったとみてよい。晩年の子恒明親王をいとおしむ亀山院の遺志はここに反故と化したのである。

六　事書の立案者

さて、幕府に提出されなかったと考えられるにせよ、この事書のそもそもの立案者は誰であろうか。最後にこの問題についてふれねばなるまい。平経親自身が立案・清書した可能性が全くないわけではないが、そう断定することはできない。むしろその背後に立役者がいるようにも思われる。この点に言及しているのは管見の限り三浦氏のみのようである。氏は次のようにいう。[50]

此事書案はもとより伏見上皇の御旨を奉じたものではあつたらうが、私は主として持明院統随一の策士であつた京極為兼が、大覚寺統の内訌を利用して其攪乱を謀ると共に、持明院統の運命開拓を画策した結果として作製されたもので、為兼の平生からこれを考へると、彼れ自身の執筆に成つたものか、然らざるも彼れの口吻を其儘筆にうつしたものと看做して大差なからうと思ふ。

つまりは前権中納言京極為兼説であるが、三浦氏はその具体的根拠を挙げてはいない。伏見院の寵遇を得て栄耀を誇った為兼は永仁六年（一二九八）三月佐渡配流の憂き目にあいつつも、乾元二年（一三〇三）閏四月許されて帰洛、[51]再び往時の権勢を回復した。『花園天皇宸記』元弘二年（一三三二）三月二十四日条の「（前略）仍武家配流佐渡国、経数年帰京、又昵近如元、愛君之志軼等倫、是以有寵、正和朕(花園)加首服之時爲上寿、任権大納言（後略）」という記事は為兼のそうした姿をよく映し出している。為兼説の場合若干気になるのは、為兼の権勢が一世を風靡したのが徳治よりやや下る正和年間（一三一二〜一七）[52]である事実との整合性であるが、これとてもとより為兼説を否定するきめ手にはならない。

筆者は徳治二年当時の関東申次・前右大臣西園寺公衡も有力な候補に挙げてよいのではないかと考える（時に公衡四十四歳）。その理由はまず第一に前掲の嘉元三年（一三〇五）八月五日亀山上皇宸翰に明記されているように、公衡が亀山院によって恒明の扶持を委嘱された人物であること。嘉元三年閏十二月公衡が亀山院の遺勅を守らぬ後宇多院と衝突して勅勘に会い、翌年二月に関東のとりなしによって許されるまで籠居を余儀なくされたことはすでに先学の指摘されたところであるが、[53]公衡が恒明の伯父（瑛子の実兄）であるという縁戚関係からみて、公衡がなおも執拗に恒明扶持の姿勢を崩さなかったであろうことは推測に難くない（公衡は同時に後二条天皇の乳父でもあり、[54]のち公衡の女は「恒明親王御息所」〈『尊卑分脈』一〉となった）。加うるに公衡が幕府—朝廷間の交渉の公的窓口としての関東申次のポストにいたことも、かかる事書の作成を容易ならしめたであろう。

つまり京極為兼説と西園寺公衡説とが並立すると思われるのであるが、肝心の恒明親王との関係においては公衡の方がはるかに深く、筆者の考えはどちらかといえば西園寺公衡説の方に傾く。そこで西園寺公衡と平経親との間に何らかの特別な関係があったか否か知りたいところであるが、現在のところ筆者はそのための確実な史料をみいだしていない。

おわりに

以上、「恒明親王立坊事書案」という持明院統側から鎌倉幕府へ提出する目的でしたためられたと考えられる史料を通して、主に文保の和談以前における両統対立の実態を垣間みた。それによって徳治年間における両統の反目の要因・様相を理解するとともに、対立の進行過程をその契機に即して段階的に把握することができた。ちなみにこの事書案は第一次後宇多院政期の京都政界の内情をうかがうための一級史料であり、今後その多面的な分析が必要であろう。

(1) 中世の公武関係史を研究するための史料を収集していた筆者は昭和五十七年九月、書陵部を訪れた際、同部の飯倉晴武氏の御教示によってこの史料の存在を知り、即座に筆写した。同氏の御厚意に謝意を表したい。なお〔補注1〕参照。
(2) 拙著『南北朝期 公武関係史の研究』（文献出版、昭和五十九年）第一章第一節。
(3) そのほか、龍粛氏『鎌倉時代』下（春秋社、昭和三十二年、二四五～六頁）にて、事書案の内容の概要が示されており、また辻彦三郎氏「後伏見上皇院政辞退申出の波紋」（竹内理三博士還暦記念会編『律令国家と貴族社会』吉川弘文館、昭和四十四年、六〇九頁）にて、この三浦氏の論文にふれている。
(4) 三浦氏「両統問題の一波瀾」三一頁。
(5) 同右、三三～四頁。

(6) 同右、三三頁。
(7) 事書案では「両方御治天之年紀」として、「亀山院御流」二十三年、「後深草院御流」十四年と算出・対比し、皇位交替の論拠の一つとしている。三浦氏はこれに対し、「両統御治世年代の比較は宜しく弘安十年即ち後深草上皇の御治世より起算すべき」とし、持明院統の治世の方が「寧ろ五六年長い結果となる」（注(4)所引三浦氏論文、三四頁）と述べるが、かかる計算自体さほど意味を持たない。
(8) 後深草院は嘉元二年七月、亀山院は翌三年九月に崩御。またこの事書案の成立した徳治二年の七月二十四日には後宇多院の寵妃遊義門院姈子（後深草院皇女）が三十八歳で没した。
(9) 注(4)所引三浦氏論文、三四頁。
(10) 同右。
(11) 『天台座主記』正和元年六月十二日条参照。
(12) 注(4)所引三浦氏論文、三四頁。
(13) 同右、三五頁。
(14) 同右、三六頁。
(15) 同右。
(16) 『新訂増補国史大系　公卿補任　二』三九一頁。
(17) 注(3)所引龍氏著書、二四五頁。
(18) 『園太暦』貞和二年十二月二十九日条には、延慶年間（一三〇八～一一）に前権中納言平経親が伏見上皇の仰せを奉じた院宣（四月十六日付。「正応五年制符」を守り、倹約を励行せしむ）が引載されている。また伏見院政下では評定衆となり、延慶二年三月八日延慶法を制定する評定に参画している（「京都御所東山御文庫記録」甲二百八）。
(19) 井上宗雄氏『中世歌壇史の研究』南北朝期、明治書院、昭和四十年）一六〇頁。
(20) 『和歌文学大辞典』（明治書院、昭和三十七年）五三二頁。歌自体は『校註国歌大系』第六巻（玉葉和歌集）二六五、四五六、四六三、五一五、五五五の各頁、および同第七巻（風雅和歌集）二四六頁に掲載されている。このうち第六巻五五五頁にのせる、

深草の山の紅葉にこの秋は　なげきの色をそへてこそみれ

の歌は嘉元二年の後深草院の崩御を悼むものであるが、「後深草院崩御記」（『公衡公記』四所収）同年七月十六日条にみる「以深草経親卿山庄之傍山為山作所、法華堂造営以前、御骨蹔可奉安置安楽行院（経親卿管領之仏堂也、在深草）云々」の記事とあわせよむとき、経親が持明院統に極めて親しく仕えていた様子をうかがうことができる。

（21）経親の子宗経は建武政府下の雑訴決断所衆、光厳院政下の評定衆、孫親顕は後光厳天皇親政下の右大弁・記録所衆。

（22）『史料纂集 花園天皇宸記　一』一〇四頁。

（23）注(22)所掲史料の校訂者頭注では「平経親関東下向の際の事等を奏す」と標出されており、過去の下向のことと解されている。

（24）前年の徳治元年四月十八日、後宇多上皇の使者として権中納言吉田定房が関東へ下向した。定房は翌五月に帰洛したが、これに前後して今度は昭訓門院の使者として前権中納言葉室頼藤が五月二十三日に関東へ下向した。頼藤は一旦上洛後、七月八日に再び下向している（『公卿補任』）。恒明の立坊を要請する徳治二年の関東との交渉がこの頼藤の下工作と連携するものであったことは疑あるまい。

（25）「歴代皇紀」徳治二年七月十四、十六日条（『改定史籍集覧』一八）。

（26）『系図纂要』一、三六四頁も同様に記す。ちなみに宮内庁書陵部の『和漢図書分類目録』に「恒明親王御降誕記乾元二」なるものが登載されている（柳一二九二）。当該史料を閲覧するに、これは一巻の巻子仕立てであるが、題簽に「皇子御誕生記完」と記され、また表紙には「乾元二年五月六月公茂公記」と記されていることから、要するに三条公茂の日記「公茂公記」の写の一部であることが知られる。恒明の誕生に直接関係する箇所のみを左に引用しておこう。

「乾元二年五月」（朱書）
九日（丙寅）天霽、昭訓門院自夜前有御産気、仍□　□今出川法皇（禅林寺殿（亀山））本来、御坐彼方、就之今日□　□申剋皇子降誕了、

【恒明と西園寺家】

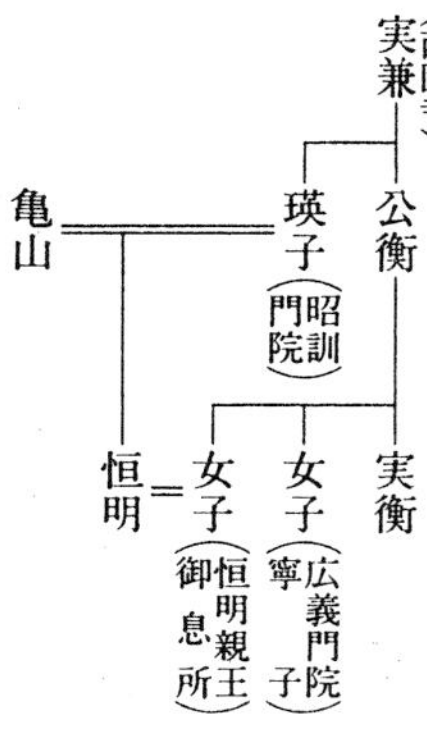

右の記事によれば、恒明の誕生は、乾元二年（八月五日に嘉元と改元）五月九日申剋ということになる。
また「五大成」下（宮内庁書陵部所蔵）には「乾元二年閏四月十四日、於今出川殿、為昭訓門院御産御祈、被行之（五壇法）」と見え、「門葉記」第一三〇（門主行状三『大正新脩大蔵経』図像篇一二、二六三頁）には「乾元二年五月一日、為昭訓門院御産御祈、於今出川殿、始修仏眼法（割注略）、九日皇子降誕、恒明親王是也」と見ゆ。恒明親王略系図を右に掲げる。

(27) 晩年の皇子である恒明に対する父亀山院の溺愛ぶりは『増鏡』（さしぐし）にも描かれている。

（前略）やがて院号ありしかば、昭訓門院ときこえつる、その御腹に、一昨年ばかり、若宮生まれ給へるを、限りなくかなしき物に思されつるに、いま少しだに見たてまつらせ給はずなりぬるを、いみじう思されけり。

また亀山院が自らの諱「恒仁」の頭文字を偏諱として与えている点もみおとせないし、「玉葉和歌集」巻第七（『校註国歌大系』六、三六九〜七〇頁）に収める次の和歌は亀山院の庇護の下で廷臣から祝福される、生まれて間もない恒明の姿を伝えている。

恒明親王生まれて始めて七瀬のはらへし侍るとてよみ侍りける　賀茂在藤朝臣
君がためなゝせの川にみそぎして　やほ万代を祈りそめぬる

なお『実躬卿記』によれば、恒明の親王宣下は生後三ヵ月にも満たぬ乾元二年八月三日であった。

(28) たとえば、伏見十三歳、後伏見十一歳。遅い例では後醍醐の十六歳という例がある。

(29) 恒明の勅撰集への入集状況をみれば、続千載へ二首、続後拾遺へ一首、風雅へ五首、新千載へ三首、新拾遺へ一首となっており、つまりは五種の勅撰集に総計十二首を入集している。

(30)『系図纂要』一、三八一頁。

(31) いずれも『実隆公記』文明七年九月十八日条（『皇室制度史料』皇族二、九四頁）。

(32)『史料綜覧』によれば、恒明は嘉暦二年正月五日に二品に、さらに建武元年正月五日には一品に叙されたと記されている。

(33)『園太暦』康永三年八月一日条の「式部卿親王」、貞和二年十二月二十四日条の「式部卿宮」、それに貞和四年四月十九日条の「式部卿親王」はいずれも恒明のことである。

(34) 恒明には全仁という子息がいたが、全仁は貞治六年に没した。『師守記』貞治六年七月十九日条の頭書に全仁親王薨去のことが次のようにしるされている。

今日入道中務卿三品全仁親王御事、御年〻〻、数月御労、去月十五日御出家、故式部卿恒明親王御子、亀山院御孫也、依此御事、武家五ヶ日止物沙汰云々、

この記事を日記にかきつけた主税頭中原師守は、亀山院に寵愛されながらついに践祚どころか立坊にさえもこぎつけなかった悲運の父恒明親王をも想起したことであろう。

(35) 引用はいずれも『宸翰英華』一、一二八頁の同解説。本文は次のとおりである（同書一二七〜八頁）。『皇室制度史料』太上天皇三、一八頁にも収録。伏見宮旧蔵。

一、旧院（後嵯峨）御素意、被仰合関東之外、無別所存事、
一、治世事、旧院御素意、可為内裏新院（亀山）之由被思食之趣、故円満（円助）院宮被構出事、
一、世上浮説雖不知実正、若為綷実者、難治次第也、武家争可思放哉事、

(36)『宸翰英華』一、一二九頁。『皇室制度史料』太上天皇三、三八〜九頁にも収録。京都御所東山御文庫御物。

一、文永八年正月御不予之時、十六日申刻勅語云、治天事、何方トモ不被定仰、偏可計申之由、仰関東也、定有計申旨歟、今可思食合云々、
一、被下円助親王勅書云、二品事、雖何方、就御治世申入者、定不可有子細歟云々、
一、御治世事、輙難計申之由、関東令申之時、任先院御素意、被申禁裏之由、被仰出之条、更無所拠、件御返事、円満院宮祗候、召相国（西園寺実兼）被書之、於御前被加封事、

このときの宸筆御事書は全十ヶ条から成っているが、いま行論に直接関係する第一〜三条のみを掲出した。各条の解釈については注(35)所載分も含めて、『宸翰英華』一の各々の解説を参照のこと。また注(3)所引辻氏論文、六〇〇〜一頁参照。

(37) この申し入れは最も直接的には正安三年正月の後二条践祚に伴う東宮えらびの際の、両統よりの関東への激しい遣使競争に端を発したのではあるまいか。

(38) この文書は和田英松・佐藤球両氏著『増鏡詳解』の中に引かれているものである。三浦周行氏はこれに注目し、その出所を調べ「大沢清臣氏旧蔵の屋代弘賢氏校正本増鏡の書入であつたらし」いところまでつきとめたが、それ以上はわかっていない（同氏論文、二四頁）。このような事情のため『宸翰英華』には収録しない。『鎌倉遺文』には収められて

よいように思うが、採録されていない。

この文書のいま一つの問題は年次の表記である。三浦氏の引いた『増鏡詳解』を繙いてみれば、くだんの文書は巻中の二四五頁の語釈の中に改行なしで書きつけられている。日付は「嘉元三七月廿八日」と記されているため、「嘉元三」が付年号か、或いは書下し年号のうち「年」が脱落したのか、いまひとつ明確でない。筆者はどちらかといえば付年号とみたいが、本文引用においてはひとまず『増鏡詳解』の表記のままとした。

(39) 『宸翰英華』一、七〇頁、佐々木信綱氏旧蔵。注(4)所引三浦氏論文、二七頁。『鎌倉遺文』二九巻二二二九六号。

(40) 注(4)所引三浦氏論文、二四頁。

(41) 『宸翰英華』一、七〇頁。

(42) 注(4)所引三浦氏論文、二八頁。

(43) 邦良の誕生については『系図纂要』一が正安元年の生まれに作るが（三七〇頁）、村田正志氏は「皇年代略記」に従い、正安二年（一三〇〇）の誕生とする（『国史大辞典』4、「邦良親王」の項）。

(44) 注(24)参照。

(45) 『花園天皇宸記』元亨四年六月二十五日条。

(46) 徳治二年の事書案に書きしるされた表現が、文保元年（一三一七）に中原親鑑が東使として調停のために上洛したとき（いわゆる文保の和談）、「両御流皇統不可断絶之上者、有御和談、可被止使節往返云々」（『花園天皇宸記』元亨元年十月十三日条。傍点筆者）というほとんどそっくりそのままの形であらわれている点は注意される。

(47) 注(35)参照。

(48) 注(3)所引辻氏論文、六〇一頁。

(49) 注(2)参照。

(50) 注(4)所引三浦氏論文、三六～七頁。

(51) 『公卿補任』二。

(52) 注(3)所引龍氏著書、二四八頁。

(53) 同右、二四五頁。

(54) 「後深草院崩御記」嘉元二年七月十六日条（『史料纂集　公衡公記　四』二〇頁）。

〔補注1〕　筆者が宮内庁書陵部所蔵の「恒明親王立坊事書案」を閲覧・筆写したのは昭和五十七年九月六日のことであったが、本史料が同部著作の『皇室制度史料』皇族四（吉川弘文館、昭和六十一年）三一〜三頁に収録されていることに気付いたのは本節を書き終えてのちであった。しかし同刊本では端裏書が無かったり、訂正や挿入の字句（加筆・訂正部分の墨色は本文の文字に比べて幾分うすい）が明示されなかったり、必ずしも原本どおりというわけではない。従って本節で全文を掲載する意味が全く消滅したわけでもないので、あえて削除することをとりやめた次第である。宮内庁書陵部は本文書の閲覧・紙焼頒布、および翻刻のための御許可を下さった。飯倉晴武氏をはじめ書陵部の関係各位に心より謝意を表したい。

〔補注2〕　本文で掲げた事書案は『村田正志著作集』七・風塵録（思文閣出版、昭和六十一年）三四〜六頁にも収録されていることを知った。村田氏は端裏書の記事の一部を「不知之事書案」と読んでおられる。また本節注(38)に関連しては村田氏の同書二五頁に「久邇宮旧蔵文書」として当該文書を収めている。付年号である。

第三章　朝幕交渉と六波羅探題

第一節　六波羅探題の「洛中警固」

はじめに

六波羅探題（以下、単に六波羅と称する場合もある）が承久の乱を契機として成立したことは言うまでもないし、その歴史的役割を集約的に表現する史料文言として『吾妻鏡』承久三年六月十六日条の「如右京兆《（北条義時）》爪牙耳目、廻治国之要計、求武家之安全[1]」および『沙汰未練書』の「洛中警固并西国成敗[2]」とがあることも周知のとおりである。鎌倉幕府の京都出先として百年以上の長期にわたって鎌倉時代の政治史に大きな足跡を刻した六波羅探題の機能を表現するにこれにまさるものはあるまい。

これまで六波羅探題に即した研究がなされなかったわけではないが、研究成果の蓄積では、同じ鎌倉幕府下の広域支配機関たる鎮西探題の研究に比してははるかにみおとりがするのは否めない。加えて、従来の六波羅探題研究の重点は武家訴訟機関としての構成・管轄権、および幕府制度の中での位置付けに専ら置かれており[3]、一方幕府の対京都政策の最前線に立つ六波羅探題の役割にはほとんど目が向けられなかった[4]。

関東と京都との交渉の中で六波羅探題がどのような役割を果たすかということは鎌倉政権における同探題の地

位を測る尺度となりえよう。本章はそのような観点から六波羅の公武交渉史上の役割を考察することによって、鎌倉期の公武関係の一端を明らかにしようとするものである。

「洛中警固」とその周辺

六波羅探題の活動を示す史料を集め、これらを編年に並べてみると、六波羅探題の制度としての変遷の様相がおのずから浮かび上ってくる。本章ではその様相を制度的発展の契機をおさえながら具体的にみてゆきたいが、第一節では元応・元亨年間の成立と目される『沙汰未練書』にしるされた六波羅の二つの機能「洛中警固」と「西国成敗」のうち前者を中心に述べ、後者については第二節で述べることにしたい。むろん六波羅が現実に果たした諸機能をこの二つの枠内に押し込めたり、峻別したりする意図はない。叙述の便宜上、おおまかに二本の柱を立てるだけのことである。

(1)建治以前

六波羅探題が京都の治安維持の任務を果たすものとして公家側から大いに頼りにされていたことは、朝廷側の所轄官庁たる検非違使庁の追捕・検断能力の顕著な低下もさることながら[5]、南方探題二代目の北条時盛が延応二年（一二四〇）に「年来在京守護」[6]と称されていること、北方探題三代目の北条重時が寛喜二年（一二三〇）六月朝廷側の慰留を排して東帰を決行しようとした時、一公家が「河東無一人者、天下定為夜討之場歟」と恐れ、後堀河天皇の綸旨で重時の下向を止めえた時に「京中之安堵何事過之哉」[7]と胸をなでおろしたこと、さらにその重時がついに東帰した宝治元年（一二四七）七月、京都の一公家が「当時無京都守護之棟梁歟」[8]と不安な胸中を吐露したことなど多くの挙証に明らかである。このように六波羅はあたかも使庁同様の朝廷の警察機関とみなされたわけであるが、[9] この「洛中警固」をめぐる朝廷―六波羅の関係についてはもう少し具体的に調べてみる必要がある[10]（以下の記述の時間的指標は北方探題をもってする）。

六波羅の「洛中警固」が文字どおりの洛中の範囲内にとどまるはずはなく、洛中を中心にその周辺に及ぶことは自明であろうが、関係史料の中で比較的早期の事例は、元仁元年（一二二四）四月、京都六角堂辺を経廻していた四人の異国人（同年正月ころ越後国白石浦に漂着した難破異国船の生存乗員）を朝廷の命をうけて洛中から追却したというものである。[11] 史料原文は「仰武家、被追洛中了」と表現する。武家が六波羅を指すのは明瞭であり、三年間にわたる初代北条泰時（北方）・時房（南方）両探題の在任期間の最末期のできごとである点注意される。[12]

約六年に及ぶ北条時氏の北方探題期（元仁元年六月～寛喜二年三月）になると探題のこの種の活動の史料所見が次第に増えてくる。六波羅独自の裁量権の下での活動としては、嘉禄二年（一二二六）十月「京中黒衣法師可停止之由」を沙汰したこと、[13] 式部大夫源孝行の対馬所領土民を虜掠した強盗を搦め取ったことなどがあるが、[14] 注目すべきは職務遂行における関東および朝廷との関係である。

まず関東との関係については、安貞元年（一二二七）熊野山衆徒が蜂起して神躰をふりかざして入京するただならぬ事態に直面した六波羅はこれを「公家重事」として関東に注進、関東は評定を経て、京畿御家人等を召集して入洛以前にこれを防ぎ止めよと六波羅に指示したこと、[15] いま一つ、寛喜三年日吉二宮宮仕法師と六波羅の武士（「河東武士」「時氏郎従」と表現）三善為清の従者との闘争がもとで六波羅―山門間に下手人引き渡しと処罰をめぐる厳しい対立が生じたこと、[16] 以上の二つの事件が注意される。

後者についての関東のかかわりは以下のとおりである。当件が朝廷の手に余る案件であったため、「所打殺神人、非関東沙汰」[17] とか「殺害神人事、所行是時氏郎従也、何被仰関東、早被仰時氏可給下手人」[18] という山門の反駁を受けつつも、朝廷側の対応は「衆徒之訴、当時只被仰関東、可随彼申」[19] と消極的なものであった。こうして

六波羅探題(南・北)の系図上の位置と年齢

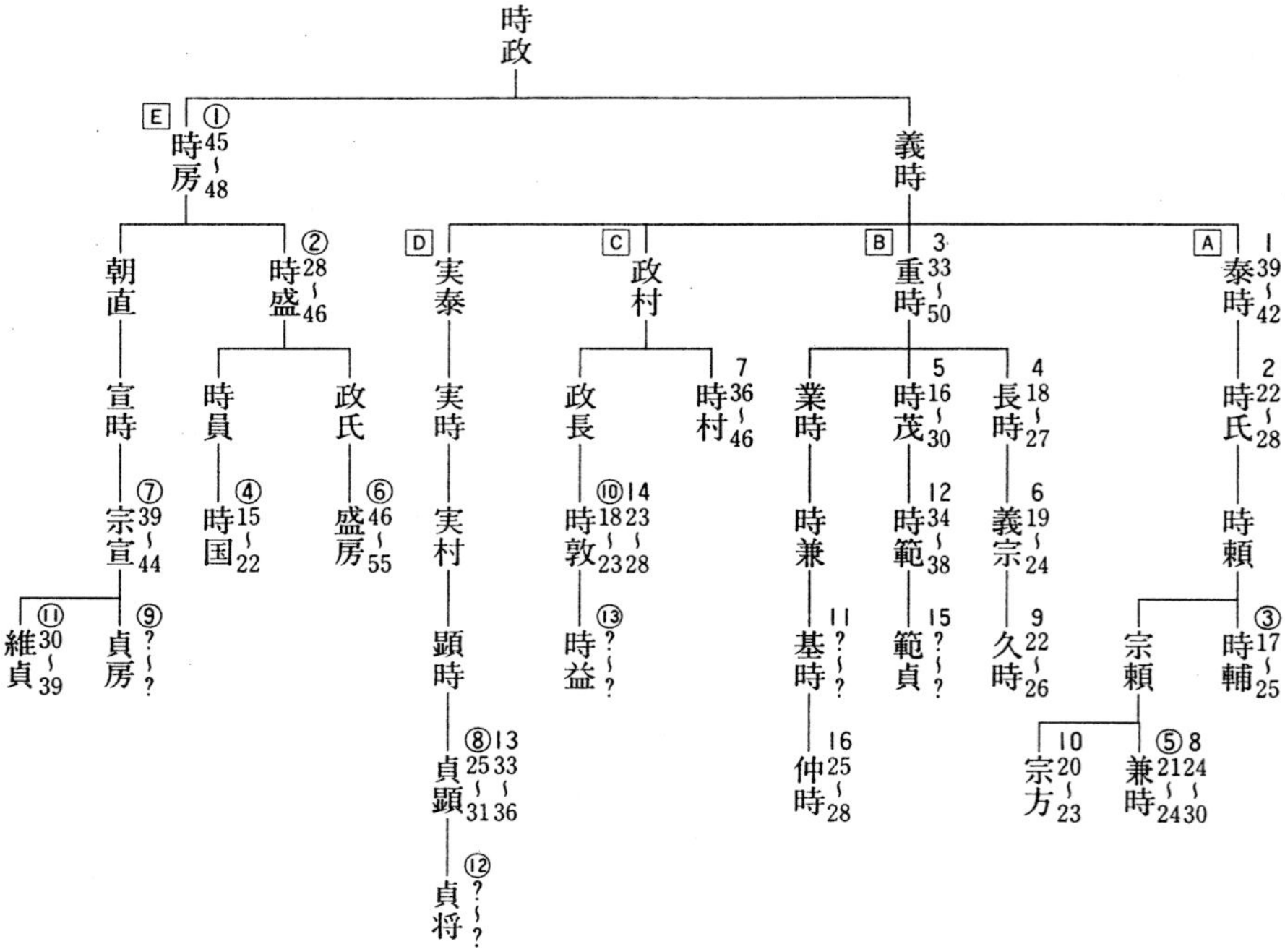

系統 / 区別	A	B	C	D	E	計
六波羅北方	4	9	2	1	0	16人
六波羅南方	2	0	2	2	7	13人

注 (1) 1～16は北方の、①～⑬は南方の代数。
(2) 代数の下の小文字の数字は在任期間中の年齢(数え年)。
(3) 右下の表は在任者の系統別整理。

一件は関東の裁断に委ねられ、やがて時氏家人の三善為清と大江貞知とを流罪に処するとの関東の返事が「内々」に朝廷側にもたらされた。(20)この時、探題時氏が「猶不承伏渋申」したのは当然であろう。

「洛中警固」を任務とする六波羅が多く武力的手段を用いたため、職務遂行の過程で生じた抗争事件が相手の寺社側から関東に訴えられて、一件にかかわった六波羅武士（しかも探題の指示の下に出動した）が処罰されるということは常に起こりえたのであって、関東が六波羅の立場を支持してくれる保証がない限り、探題はその任務遂行の上での矛盾に悩まざるをえない。同様のケースはこのほか北条長時探題時代の宝治二年、および北条時村探題時代の弘安二年（一二七九）、同五年、同七年にもそれぞれ認められる。(21)六波羅探題個人の憤懣にもかかわらず、常に関東の処分が断行される。幕府の京都出先たる探題の立場と権限の基本的性格をうかがわせる事実といえよう。

一方、朝廷との関係では次の二つのことに留意したい。一つは、安貞二年四月の南都と多武峯との合戦が原因で、公家のなだめにもかかわらず山門が蜂起、後堀河天皇は六波羅に綸旨を下して対処を要請したこと。一件は翌五月六波羅より関東に上申された。(22)幕府は直ちに評定を経て、出羽前司中条家長を東使として京都へ特派することに決めた。(23)綸旨・院宣を六波羅に下して幕府の助力を得るというやり方は公武交渉の一般的な方法であるが、この事例が比較的早い時期のものであることに特に注意したい。

いま一つは、嘉禄二年二月「京中博奕狂者」を搦め取ったこと。幕府の追加法をみれば、前月の正月二十六日付で北条泰時・時房署判の関東下知状の形式をとって、前年の嘉禄元年（一二二五）十月二十九日宣旨を順守すべしとして、三カ条の法令が諸国御家人等に宛てて下されている。(24)その中の一カ条が「博戯輩」を停止すべきことであり、本件はまさに本法令の適用事例とみなせよう。「宅財」を賭けて勝負する博奕が「喧嘩」「闘殺」をひきおこすことは自明なので、(25)六波羅の取締りの対象となったのであろう。またこのケースでは、公家法が武家法の法源となっていること、つまり公家法と武家法との相互関係およびその運用の仕方を具体的に知ることのできる点も見落せない。

以上みたような時氏期の六波羅の活動内容は泰時・時房期には史料上確認しえないものであり、時氏の北方探題在任期には、彼が執権北条泰時の嫡子という貴種性も手伝って、六波羅探題運営の基礎が築かれたとみてよいのではあるまいか。(26)

さて北方探題時氏の後任として上洛したのは泰時の弟重時であった。重時は小侍所別当という重職に任じていたから、これを辞しての着任であった。重時の北方探題在任は寛喜二年三月より宝治元年七月までの十七年間にわたる。むろん南北合わせてのべ二十九人の探題の中でも長期滞在組に属する。仁治三年（一二四二）五月に南方時盛が東帰して以降の五年間は重時一人探題時代であった。結論から先に述べるならば、六波羅の制度は一応この重時期に整備されたとみてよい。貞永元年九月に泰時によって「五十ケ条式条」(27)（いわゆる貞永式目）が、十一月には「六波羅成敗法十六ケ条」(28)が六波羅に示され、また文暦二年（一二三五）七月には六波羅の所轄区域が定められた。(29)

重時期の探題の活動の特徴についてみよう。まず第一に、検挙した犯罪人を関東へ送還せよという関東の指令が六波羅に対してたびたび出されていること、(30)これは六波羅の「洛中警固」の権能を関東の強力な関与のもとに一層強化する意図に出たものと考えられ、文暦元年八月に一旦東下した重時が翌月郎従千騎を率いて帰京したこととあわせて、(31)六波羅探題の機能面での充実を図ったのであろう。第二は、南都と石清水八幡との用水相論を発端とする抗争への対応である。嘉禎元年（一二三五）五月の確執・喧嘩のときは「計沙汰」せよとの院宣を受けた六波羅は早速関東に指示を仰いでいるし、同年十二月南都衆徒が春日神木を捧げて木津辺に発向したとき、入京を阻止せよとの「勅定」を受けた六波羅は兵を差し向けたのち関東に指示を仰いでいる。関東では「公家重事」として評定を経て、紛争処理の指揮のために東使として関東評定衆後藤基綱が差遣されることになった。(32)「執柄家并藤氏公卿皆以閇門」(33)という深刻な事態は関東をして当件を「公家重事」と認識させるに充分であったろう。これを要するに、京都を混乱におとしいれる南都・北嶺、石清水など京畿の大寺社（すでにみたように時氏期には熊野神社の例もある）の嗷訴においては、勅命によって六波羅が応急的対応をとることは許されても、最終的処置は関東の専権に属していたと考えられる。第三は、「洛中警固」のために暦仁元年（一二三八）篝屋役が新設され、大番役を勤める武士とともにその任務遂行に大きな成果をあげたこと。(34)この六波羅主導の洛中警備機構の整備は王朝の検非違使庁の追捕・検断機能を肩替りした部分があったことは否めまい。仁治二年六月使庁が「洛中殺害人」＝重犯人の処断を六波羅に委ねることにした(35)事実はそのあらわれである。

重時の探題としての最後の一年は実に多事多難であった。寛元四年には「宮騒動」が、翌宝治元年には宝治合戦（三浦氏の乱）が起こった。両事件が京都の動静と深い関係を有しただけに探題の対処も容易ではなかったろう。しかし重時は執権時頼に協力して難局をのりきり、宝治元年七月には幕府の連署（仁治元年の時房没以来空席）に招請されるのである。これまで重時の帰東に反対した(36)三浦泰村は宝治合戦で自害し、すでになかった。

重時の替りとして子息長時が宝治元年七月、北方探題として「六波羅成敗」に当ることになった。(37)仁治三年五月時盛が辞めて以来南方は空席のままで、長時の九年間におよぶ在任中にも南方は補されなかった。長時探題期の特徴は、まず朝廷側との頻繁かつ円滑な相互交渉があげられる。探題と朝廷との交渉はそれ以前も行われていたことは当然であるが、前代重時期の最末の寛元四年十月、公武交渉の正式な公家側窓口として関東申次のポストが置かれたことが関東―朝廷の交渉はもとより六波羅―朝廷のそれをも一層円滑にしたものと考えられる。『葉黄記』に散見するうちで一証を挙げれば、宝治二年八月十二日、南都の内訌に発する夜討の企てを前に朝廷側は六波羅に「制止院宣」を下したが、探題長時から子細を申してきたので、評定衆・伝奏葉室定嗣はこれを後嵯峨上皇に伝奏した。上皇の意志は「相（前脱カ）国」[38]関東申次西園寺実氏のもとを経て、直ちに長時に伝えられた。この例によれば六波羅→朝廷の申し出の窓口には院司・評定衆・伝奏の葉室定嗣が、朝廷→六波羅の伝達には関東申次西園寺実氏が各々当ったことが知られる。[39]

初代の宮将軍宗尊親王の招請・東下も長時の探題時代のできごとである。しかし朝廷側との交渉は建長四年（一二五二）二月二十日に上洛した関東派遣の特使＝東使二階堂行方・武藤景頼の二名がこれを直接担当しており、[40]探題長時の出る幕は全くなかった。ただ飛脚を立てて、後嵯峨上皇から示された案を関東に伝え、折り返し関東の返事を院側に伝達したこと、[41]関東の命に応じて他の「可然在京人」と共に、白羽の矢の立った上皇の一宮（『吾妻鏡』は「十三歳宮」「仙洞御鍾愛之一宮」と記す）宗尊親王を同年三月十九日より七日の行程で鎌倉に送り届ける役目に甘んずるしかなかった。[42]

探題長時の公武交渉上の業績は父重時が執権時頼の指令の下に倉卒に開いた、九条家に替って西園寺家を仲介とする朝廷との交渉のしくみを、一定度ととのえたことにあるといってよかろう。かつて一世を風靡した入道前摂政九条道家が悲運のどん底で突然の死をとげるのは宗尊が鎌倉に旅立つ日より約一ヵ月前の二月二十一日である。[43]

長時が康元元年（一二五六）三月「六波羅釐務」を辞すと（十月には時頼の出家に伴い執権となる）、替って弟時茂が翌四月に着任した。時茂は文永七年（一二七〇）正月に都で没するまで十四年間北方探題の座にあったが、兄長時の場合と異なるのは、仁治三年五月以来空席であった南方探題に文永元年十月より執権時宗の庶兄時輔が補されたことである。そのため時茂北方探題期の末期五年余りはこの南方時輔の存在に留意せねばならない。時茂が探題に就任した年は執権北条時頼が三十歳の若さで出家、法体の身で幕政を主導する体制を固めた年、つまりちょうどいわゆる得宗専制へと飛躍的な傾斜をみせた時点に当っていた。しかし、そうした幕政の専制化が六波羅に及ぼした変化が政務機関の充実と裁判権の強化であったことをみのがせない。

まず第一に正元元年（一二五九）六月十八日付探題時茂宛ての関東御教書において「西国雑務事」については「於自今以後者、殊重事外、不可注進、直可令尋成敗」きことを命じたことがあげられる。(44)また文応元年六月一日に犯科人のうち「殊重科張本」については先例に任せて関東に送致するが、「軽罪」については六波羅で尋沙汰する権限を与えたこと、(45)弘長元年（一二六一）二月二十九日「殊重事」以外、関東に向けて早馬を差し向けることを禁じたこと、(46)等々も支証となろうが、いま一つ、関東裁許状の文面に六波羅の注進行為が明記され始めるのがこの時期であることにも注意を向けねばならない。(47)関東の裁許のための準備的役割を果たす六波羅の注進が関東での訴訟進行上の重要な一階梯としての位置を与えられたわけであり、その背後には当然にある程度の六波羅の機関としての充実がなくてはなるまい。

こうした六波羅の制度面での整備（しかもそれは当時の幕府政局のあり様と不可分の関係にあろう）が六波羅の権威と地位を一段と高めることになったことは明らかであろう。

先述のように、文永元年十月時宗庶兄の時輔が南方探題に補されると、二十二年半ぶりに南北両探題がそろうことになった。北条一門の主流たる泰時流よりの南方探題補任は初めてのことで、それだけにこの人事の異例さがうかがわれる。(48)時輔の南方時代は文永九年二月いわゆる二月騒動で誅死するまで八年余りであるが、北方は文永七年正月の時茂没後未補のままであったので、これより以降約二年間は南方時輔の一人探題時代であった。

正元・文応期より顕著となった六波羅機構の整備は文永に入ってからもなお続いたと思われる。佐藤氏が既に指摘されたように、(49)六波羅の越訴制度に関する史料は僅かながらも、その初見が文永四年十二月日の一陳状案であることがこの推測を支えるが、さらには同氏が紹介された文永八年三月当時六波羅のものと推定される評定・引付・内談を兼備した制規(50)の存在が何よりの挙証となる（但しこれが実際に運用されたか否かは不詳）。ちなみに、もし時茂没後北方の補任を拒否し続けた時輔がこの六波羅機構整備の推進者だと考えることができるならば、いわゆる二月騒動の起こった理由の一つをこの角度からみすえることが可能となるであろう。[51]

時茂や時輔の探題時代においても、重事はことごとく関東よりの特使＝東使の担当するところであった。文永元年「南都山門等悪徒之張本」を処罰するため二人の東使（長井時秀・二階堂行頼〈行綱〉）が数百騎の軍勢を率いて入洛したこと、[52] 文永三年将軍宗尊を廃したのち、[53] 若宮惟康王の将軍宣下を要請すべく二人の東使（二階堂行一・安達時盛）が関東申次西園寺実氏の邸に入ったこと、[54] 文永五年高麗使が蒙古・高麗の国書を初めて持参したとき、大宰府の少弐資能より届けられた両国書を幕府は東使を派遣して直接に（六波羅をとびこして）西園寺実氏邸に持ち込んだこと、[55] それらのことはいずれも六波羅の国制史上の地位を雄弁に物語っている。

長時息の義宗が北方として補任されたのは文永八年（一二七一）十一月である。やはり重時流に属する。これより建治二年（一二七六）十二月までの五ヵ年に及ぶ義宗の北方時代における最大の事件が着任後一年もたたぬ文永九年二月十五日の南方時輔誅伐（二月騒動）であることは言うまでもない。この事件について『帝王編年記』は「可誅時輔之由、関東飛脚到来云々」と記し、関東の執権北条時宗の指令の実行であったことを伝えている。この二月騒動の歴史的性格については川添昭二氏によって次のように妥当な総括がなされている。[56]

二月騒動は得宗権力確立のために行なわれた北条氏一門及び時宗庶兄時輔打倒事件であり、かつそれは、緊迫した蒙古問題の処理と不可分な形で幕府内の不統一を解決し得宗権力に一元化するために行われた粛清であった。

義宗の北方時代はいわゆる初度の蒙古問題が最高潮に達し、ついには来襲をみるに至る時期に当る。六波羅としては蒙古問題をめぐる幕府―朝廷間の交渉において重要な役割を果したと考えたいところであるが、義宗期に限っていえば、文永十一年十月に蒙古軍が対馬に到り、合戦に及んだということが九州よりの早馬によって六波羅に伝えられたこと（『帝王編年記』同月十七日条）くらいしか具体的事実が知られない。この情報はさらに六波羅より関東に伝えられたであろう。関東は六波羅から情報の提供を得ることはあっても、蒙古問題に関して朝廷との交渉に六波羅を積極的に介在させた事実は文永の役（文永十一年）段階までは史料の上で確認することができない。その役目は関東から直接朝廷側へ派遣される東使の果たすところであった。[57] むろんこのことは六波羅が蒙古問題の埒外にいたことを意味するのではない。建治二年（一二七六）九月二十六日治部少輔勘解由小路兼仲奉、興福寺別当法印御房宛ての藤氏長者御教書[58]において、流刑確定者の刑執行を直ちには行いえないという当時の六波羅の状況が「武家近日無便宜之境節也」としるされているのは、六波羅が蒙古問題の他の側面への対応（例えば防備体制の整備など）で忙殺されていたことを物語るであろう。

義宗が北方探題を辞める一年前の建治元年十二月には時房流の時国が入洛しているが、この時国入洛は直ちに南方就任を意味するものではなく、時国の正式就任は建治三年十二月と推察される。[59] 建治三年はまさに両探題欠員という異例の年であった。

『建治三年記』によれば、この年「山門梨本衆徒」の狼藉のことについての折衝が公武間で行われているが、六波羅の関与は単なる文書の伝達程度の域を出ていない。

(2)建治以後

建治以降の六波羅の構成と機能を考える上で最も重要な史料は北条時宗邸「山内殿」における「御寄合」で議された六波羅政務の条規についてしるす、『建治三年記』建治三年十二月十九日条の記事である。[60] これは「奥州《北条時村》被申六波羅政務条々」なのであるから、七代目の六波羅北方として上洛することが決まった北条時村の要請に応える形で六波羅の政務内容全般が明文化されたものといえる。内容は六波羅における諸事務とその担当者を定め、さらに「内裏守護事」「大楼宿直事」「在京人事」「仙洞御使幷貴所使者来臨事」にもふれている。六波羅における訴訟手続きの分担を定めた点などは六波羅機構発展史上特筆すべきであろう。

探題の補任については、以上の条規に補足して申し合わせられた「一、越後左近大夫将監(北条)時国・奥州(北条時村)相共致六波羅雑務可加署判之由、可被仰也」の一ヵ条が注目される。要するにこの時点で北条時国の南方就任が確定したわけであり、北方北条時村とともに両探題が揃ったのである。六波羅の任務を「六波羅雑務」と表現した点も注意を要する。[61] 時村の北方就任が幕府の多大の期待を担うものであったことは時村が評定衆・二番引付頭人を経歴した幕府要人であること、前執権北条政村の息であることによってもうかがわれるが、それまでの探題の多くが十〜二十歳代という若年だったにもかかわらず、時村が三十六歳の壮年であることにも明白である。この人事は寛喜二年（一二三〇）に小侍所別当より転じた三代目北方重時の赴任に匹敵しよう。六波羅探題の制度的発展過程を建治年間をもって前後に分けて考えようとする所以である。

時村の北方時代は建治三年より弘安十年（一二八七）までの約十年間であるが、『勘仲記』の記事の残存も手伝って、比較的多くの関係史料を得ることができる。この期間に公武の間にさまざまの事件が起っている。その第一は何といっても弘安四年のいわゆる弘安の役をピークとする外敵襲来にかかることであろう。このとき六波羅が文永度とは異なり、関東—朝廷間の交渉に重要な役割を果たした事実を次の著名な史料によって知ることができる。[62]

異国合戦之間、当時兵粮米事、□要鎮西及因幡伯耆出雲石見国中□(国)□(衙領公カ)家本所一円領得分、幷富有之□米穀、令ㇾ見在ㇾ者、可ㇾ点□(定)ㇾ□(由)、□□(可被)此旨、可ㇾ令ㇾ申ㇾ入春宮大夫(西園寺実兼)□(殿)ㇾ□(給)ㇾ状如ㇾ件、

弘安四年六月廿□(八)日　　相模守(北条時宗)□

陸奥(北条時村)□(守)殿　越後左近大夫将監(北条時国)殿

この文書は、異国警固のため鎮西・因幡・伯耆・出雲・石見等の諸国の国衙領・本所一円領より年貢を兵粮米として徴収すべきことを、執権北条時宗が六波羅をして関東申次西園寺実兼に申し入れさせた（最終的には奏聞を経て勅許を得ようとした）ものである。関東が東使を介さず、六波羅に命じた点に特に注意すべきであろう。ちなみに関東が六波羅に命じて関東申次に事柄を申し入れるときは通例「依仰執達如件」の書止文言を持つ関東御教書を用いるのに、この例は「状如件」という下知型直状形式をとっている点に著しい特徴がある。

時村期には寺社間の抗争やこれに起因する嗷訴事件も多発している。弘安二年の石清水八幡宮神輿入洛、(63)同四年の興福寺と多武峯との喧嘩、(64)さらには用水相論がもとの興福寺と石清水八幡の抗争(65)などにおいて六波羅は対応に忙殺されている。しかし六波羅の措置は必ずしも関東のバックアップを得るとは限らず、(66)すでに寛喜三年の時氏段階でみられた任務遂行上の矛盾はいまだに解消されていない。六波羅はこれに対して院宣返上、つまり朝廷からの依頼拒否をもって自己防衛した。時村は少なくとも二度にわたって亀山上皇院宣を受取り拒否した事実がある。(67)

綸旨や院宣を六波羅に下して六波羅の武力装置を発動させるというしくみは自らさしたる武力を持たない朝廷にとって必要不可欠であったこと言うまでもない。「被下綸旨（院宣）於武家」などの文言で表現されるこの方式が朝廷から関東申次西園寺氏を介して六波羅への勅裁伝達のルートとして定着するのも時村期だと考えたい。史料表現としてはすでに安貞二年（一二二八）五月にみえることは前述したが、(68)康元二年（一二五七）三月園城寺衆徒が蜂起したとき、六波羅武士の発向を要請する関東申次西園寺実氏に対し、六波羅の使者が「賜院宣可申」と言上したことは、(69)先の方式がまだ必ずしも一般化していなかった事情を反映するであろう。翻って考えれば、時村が二度にわたり院宣を返上した事実の背後には、既に一般化したそのような手続きを遮断する意図があったとみれよう。管見の限り勅裁を六波羅に向けて施行した関東申次西園寺氏の文書の実例初見が弘安五年十一月九日付[70]であるのは以上の推測を支えるであろう。

以上のほか、時村期には弘安元年（一二七八）十二月「沽価事」が六波羅に仰せ合わされて沙汰されたこと[71]、また弘安元年十二月の六波羅裁許状に六波羅引付の活動が初めて確認されること[72]、などの特記事項がある。それらはいずれも時村期が六波羅の制度発展史上の一つの画期であることを示すものである。しかし関東は南都・北嶺や石清水といった大寺社のかかわる紛争などには依然として東使を特派し、直接にこれを処置していたことを見落してはならない。

時村が北方を辞する少し前から兼時・久時の在任期に至る弘安末期から永仁年間にかけての時期には、幕府政治は得宗専制の色を一層鮮明にする。その永仁年間以降は六波羅訴訟制度上重要な時期であって、上横手雅敬氏は「裁判面に於ける六波羅の独立は、一応永仁以後約十年間で完成する」[73]と述べておられる。永仁末から正和に至る二十年余り、北方探題でいえば宗方・基時・時範・貞顕の四代（時範が六波羅で卒したのち、後任の貞顕が着任するまで約三年間北方探題未補の事態が生じた）にわたる時期にも論ずべき点は多々あるが、嘉元二年（一三〇四）七月十六日に没した後深草院の弔問に「よひ過ぐる程に、六波羅の貞顕・憲時（時範）二人御とぶらい参れり。京極のおもての前に、床子に尻かけてさぶらう（ふ）」[74]という体で参列している事実はおそらく朝廷と六波羅の関係の日常化を象徴するであろうことを指摘するにとどめる。一方、関東は盛んに東使を派遣して公家側の重要事項（践祚・立太子など）に直接に関与している。

鎌倉後期の政治史の展開の上で、文保の和談（文保元〜二年・一三一七〜八）は一つの重要な画期をなしている。この事件当時の六波羅北方は北条時敦、南方は北条維貞であったが、この時だけは六波羅が皇位継承をめぐる朝廷—関東の交渉に一定度のかかわりをみせている点注目すべきである。即ち『実任卿記』や『公敏公記』によれば[75]、文保二年正月両六波羅は使者を関東に遣わし「勅書」（おそらく後宇多法皇のものか）を持参、翌二月使者が持ち帰った「関東御返事」を長井貞重（六波羅評定衆）が関東申次西園寺実兼の北条第に持参したというもの。全くの異例に属するこの六波羅の行為は複雑な背景を有するであろう。[76]

さて鎌倉末期の六波羅の動向を特徴づけるのはむろん討幕運動の高まりへの対応である。宮廷関係の狼藉事件で六波羅が張本・与同者を捕えることはすでに兼時北方時代の正応三年（一二九〇）三月の朝原為頼事件に関連して与同者と目された参議三条実盛の捕縛においてみられるが、[77]元亨四年（一三二四）九月十九日の討幕未遂事件、いわゆる正中の変の鎮圧と与同者の逮捕は警察機関としての六波羅の性格を浮きぼりにした。同計画が九月二十三日の北野祭で六波羅武士が喧嘩の鎮圧に出動した隙をねらうというものであったから[78]（南方大仏維貞は八月十七日に退京）、関東が直ちに六波羅の軍事力を増強したのは当然である。南方維貞の後任金沢貞将は同年十一月、「超過于先例」した五千騎ばかりの軍勢を率いて入京した。[79]事件の主謀者として六波羅に預けられた日野資朝・同俊基が十月関東へ送られ、関東で罪科を糾明された事実は旧態依然たる六波羅検断権の未熟さを物語っている。

二度目の討幕未遂事件＝元弘の変は直接的には元弘元年（一三三一）四月二十九日の計画発覚より元弘二年三月の後醍醐天皇の隠岐配流までを含むが、この事件への六波羅の対応は如何であろうか。まず後醍醐天皇の内裏出奔の元弘元年八月二十四日以前の第一段階では二人の得宗被官が関東より使節として派遣され、両使は六波羅を指揮して与同者を逮捕している。逮捕者は六波羅にとじこめられ、やがて関東に送検された。元弘の変の争乱としての比重はむろん後醍醐内裏出奔以降にある。出奔の翌日の二十五日、六波羅は「御門の親しく召し使ひし人々の家々へ押し入」[80]り、万里小路宣房・三条公明らの天皇側近の公卿を捕えた。山城笠置城にてたてこもった天皇の方へは九月はじめ関東の指令によって「承久の例」に任せて二十万八千騎の軍勢が差し向けられたので（『鎌倉年代記裏書』）、九月末には落城、天皇は捕われ、十月四日六波羅南方に移された。すでに京都では関東の支持によって量仁親王が践祚していたので（即ち光厳天皇）、ここで後醍醐天皇が持ち出していた剣璽が光厳天皇に渡されることになった。光厳は元弘元年八月二十七日より難を避けて六波羅の保護下、「六波羅の北なる檜皮屋」に両院（後伏見・花園）と共に入っていた。(81)

注目すべきは元弘元年十月六日六波羅南方時益の宿所より「任元暦之例（後鳥羽天皇の例）、上卿・参議等参向」(82)の中でとり行われた剣璽渡御の儀が六波羅探題の主導の下にあったと思われること（奉渡に至る折衝も六波羅がこれにあたった）、それに捕われた後醍醐天皇ならびに尊良・宗良二皇子の検知などの事情聴取を六波羅が積極的に行っていること、である。関東はその調査報告をふまえて同年十一月、後醍醐天皇以下の処分内容を光厳天皇の朝廷に伝えた。このとき「京方輩事沙汰」（『鎌倉年代記裏書』）のために、東使長井高冬が派遣された。皇族を除く与同者の処分内容が伝えられたのは翌年四月十日であった。

「洛中警固」のための六波羅の軍兵が外部からの敵に攻められる時に洛中（最終的には皇居）の防衛軍と化すことは当然のなりゆきであった。世情不安が高まりゆく元弘三年正月に朝廷では光厳天皇の関東行幸が「大略治定」(83)したが、即時実現するところとはならず、まもなく「都には去三月十二日より十余度の合戦に打負て、六波羅を城郭に構へ皇居として、軍兵数万騎楯籠る」（「梅松論」）状況となった。しかし五月七日足利尊氏らの率いる討幕軍との戦いに敗れた六波羅は天皇（光厳）・上皇（後伏見・花園）を奉じて京都を脱出しようとする。「梅松論」はその様子を次のように描く。

両六波羅の北方は越後守仲時、南方は越後親衛時益、相議して曰く、（中略）先行幸を洛外に成奉りて関東の合力をも相待、又は金剛山を囲める勢どもに事のよしを通じて合戦を致すべし（中略）と、此よしを奏聞申けれぱ、勅答には、宜武家の心に任すべき由、被仰出間、七日の夜半に六波羅を御出有て、苦集滅路を経て東に趣て（下略）

右の叙述はおそらく荒唐無稽ではあるまい。窮地に立った六波羅が光厳天皇の関東行幸を決行しようとしたものとみることができるからである。

元弘の争乱の中で何故天皇の関東下向が画策されたか深く掘り下げて考えねばならぬが、当面の六波羅に即していえば、最期の土壇場に至って関東の力に依存しようとした点に「幕府政治組織上の一行政機関」(84)の域をついに脱しえなかった六波羅の出先としての性格が端的にあらわれているように思われる。

おわりに

鎌倉幕府―朝廷の交渉に六波羅探題が常にかかわれるとは限らなかった。東使を介した六波羅をとびこしての交渉も頻繁に行われたし、六波羅や関東申次の披見を許さぬ極秘文書も持ち込まれた。後者の一つの実例は『花園天皇宸記』元弘元年十一月十日条にみえる。後醍醐出奔後の内裏より「蛮絵御手箱」を探し出すようにとの北条高時の朝廷宛ての書状を入れた函は「武家(六波羅探題)幷西園寺(関東申次西園寺公宗)大納言不可開之、直可進御所」きものとされていた。六波羅はこれをみたいと申し出たが「関東直所進之状、被下武家之段、無先規」と拒否されたのである。このできごとは公武交渉における六波羅の関与の限界をあざやかに指し示している。

本節ではそのような限界を絶えず持ちつつも、幕府政治や公武関係の変化に即応して自らの性格を形造ってきた六波羅探題の活動の姿を、主として「洛中警固」の機能とその周辺からながめてみた。関東からの制約を受けながらも西国に独自の地位と権限を誇ったのも確かであろう。六波羅発給の下知状が奉書ではなく直状の形式をとるのがそのよい証である。

本節で扱えなかった「西国成敗」(主として訴訟関係)をめぐる六波羅の公武交渉史上の役割、さらには六波羅と検非違使庁の関係などのことがらについては、以下順次考えてゆくことにしたい。

（1）『新訂増補国史大系　吾妻鏡　二』七七六頁。
（2）『中世法制史料集』一（岩波書店、昭和四十四年）三六一頁。
（3）従来の主たる六波羅探題研究の中で、その構成や機能に即したものとしては佐藤進一氏『鎌倉幕府訴訟制度の研究』（畝傍書房、昭和十八年）第四章「六波羅探題」、上横手雅敬氏の①「六波羅探題の成立」（『ヒストリア』七、昭和二十八年）、②「六波羅探題の構造と変質」（『ヒストリア』一〇、昭和二十九年）がある。上横手氏には他にも、鎌倉後期の悪党問題への対応の中で同探題の性格を考察した③「六波羅探題と悪党」（『金沢文庫研究』五九、昭和三十五年）、六波羅在任中の北条重時について述べた④「六波羅の北条重時」（『日本文化季報』Ⅲ―4、昭和五十四年）がある。
一方、右の観点とは異なる研究論文としては、六波羅探題の鎮西に対する権限の性格と推移とを究明した瀬野精一郎氏「鎮西における六波羅探題の権限」（『九州史研究』〈昭和四十三年〉所収、のち同氏『鎮西御家人の研究』吉川弘文館、昭和五十年、に再録）、六波羅探題の命令を遵行する両使の性格を通して六波羅と西国の地域権力とのかかわりを論じた外岡慎一郎氏「六波羅探題と西国守護――〈両使〉をめぐって――」（『日本史研究』二六八、昭和五十九年）がある。

六波羅探題については解明さるべき問題が多いが、同探題研究のための基本史料の提供という意味で、瀬野精一郎氏による『鎌倉幕府裁許状集』（㊤関東裁許状篇、㊦六波羅・鎮西裁許状篇、吉川弘文館、昭和四十五年、増訂版昭和六十二年）刊行の意義は大きい。
（4）本節で注目する六波羅と幕府、および朝廷との関係に比較的ふみこんだ研究としては山本博也氏「関東申次と鎌倉幕府」（『史学雑誌』八六―八、昭和五十二年）があるが、時期的には鎌倉前半期に重点が置かれている同論文の主眼は、関東申次の在任者を確定すること、いくつかの公武をまきこんだ事件に対しての朝廷・幕府・六波羅三者の対応をとおして朝廷に対する幕府の基本的態度を考えること、に置かれており、公武関係における六波羅の役割を正面からとりあげたものではない。
（5）徴証は多いが、たとえば追加法六三条「京中強盗殺害人事」（天福元年八月十五日、『中世法制史料集』一、八八～九頁、以下追加法の条数は本書による）、『吾妻鏡』仁治二年六月十日条などを参照。
（6）『平戸記』延応二年正月二十八日条。
（7）『明月記』寛喜二年六月二十四日、二十五日条。
（8）『葉黄記』宝治元年七月三日条。同七月七日条も参照。

(9) 注(4)所引山本氏論文、二二頁。

(10) 六波羅探題の位置については、大正四〜五年に編集された『京都坊目誌』（下京之部坤）六六頁に、
　北庁の位置は五条（今の松原）の南より六条坊門（今の五条）の間、南庁の位置は六条坊門（今の五条）六条（今正面通）の間、大和大路の東にありしが如し。大和大路の東にありて、六波羅蜜寺に隣接す。

と記されている。現在の京都市東山区の鴨川左岸中央部の一角を占めるこの地域は当時「河東」と呼ばれ、ここに居を構える六波羅探題もそう称されることがあった。六波羅探題はいわば洛外の鴨川べりに所在したわけで、同探題の京都とのかかわりを考える時、この場所・位置の問題を度外視することができまい。後考に期したい。

(11) 『百錬抄』元仁元年四月十一日条（新訂増補国史大系本、一六一頁）。

(12) 六波羅の「洛中警固」機能を考える時、その前身としての京都守護のそれをもあわせみなければならない。この点については別途詳しい調査を必要とするが、すでに上横手氏は、京都の治安維持の中心は在京御家人であったと述べておられる（注3所引上横手氏①論文、一二頁）。

(13) 『明月記』嘉禄二年十月十一日条。

(14) 同右、寛喜元年九月十六日条。

(15) 『吾妻鏡』安貞元年二月二十九日、三月一日条。

(16) 『明月記』安貞三年三月二十五日〜五月十日条。なお当該件の関係史料は『大日本史料』五—五、五〇〜三、一一三〜四頁に収載。

(17) 『明月記』寛喜元年四月四日条。

(18) 同右、同月六日条。

(19) 同右、同月三日条。

(20) 同右、同月二十二日条。

(21) 『葉黄記』宝治二年八月十二日条、『吉続記』『仁部記』弘安二年五月六日条、『勘仲記』同五年二月一日条、同七年九月十日条参照。このうち、弘安五年のケースについて見よう。この場合は六波羅武士四人が春日神木に狼藉を働いた科で関東より流罪に処されようとしたのであるが、探題時村は関東に対して「可奉防由奉勅定、時村下知在京武士了、可被罪科彼等者、向後如此重事之時、下知定不叙用歟、任下知奉防之上者、不慮之狼藉出来、更不可爲存京之武士咎」と、思

いのたけをぶちまけている。注(4)所引山本氏論文、二二〜五頁参照。また、弘安二年のケースについては、本書三三六〜九頁参照。

(22)『吾妻鏡』安貞二年五月二十二日条。

(23)同右、同月二十三日条。

(24)追加法一五〜一七条。なおこの三カ条は嘉禄元年十月二十九日発布の新制三六カ条（『百錬抄』同日条参照）の内である。

(25)追加法一六条。

(26)上横手氏が六波羅において対決・問注が行われたことを示す史料は嘉禄三年のものが最も古いと述べておられることも考え合わせるべきである（注3所引上横手氏①論文、一一頁）。

(27)『吾妻鏡』貞永元年九月十一日条。

(28)同右、同年十一月二十九日条。

(29)追加法八四条。

(30)追加法七〇・一〇〇・一〇三・一一七条。『吾妻鏡』嘉禎元年七月二十三日条、延応元年四月二十四日条、仁治二年六月十八日条、寛元三年正月九日条など。

(31)『明月記』文暦元年八月二日、同年九月四日条参照。

(32)『吾妻鏡』嘉禎元年五月二十三日、十二月二十九日、同二年二月二十八日の各条参照。

(33)同右、嘉禎元年十二月二十九日条。

(34)篝屋役については、さしあたり塚本とも子氏「鎌倉時代篝屋制度の研究」（『ヒストリア』七六、昭和五十二年）参照。

(35)『吾妻鏡』仁治二年六月十日条。

(36)同右、寛元四年九月一日条。

(37)同右、宝治元年七月十八日条。

(38)『葉黄記』宝治二年八月十二日条。『大日本史料』五—二六、三四五頁。なお同記宝治元年三月十七日条にみえる「相国」も「前」字の脱落とみるべきであろう。相国久我通光は宝治二年正月十七日上表、同十八日没、なのであるから（『公卿補任』による）。

(39) 時茂北方時代の正元元年五月、東使二人が将軍御書を捧げて後嵯峨院に申し入れをした際に、交渉のお膳立て役の六波羅との折衝や、院と関東申次との連絡役に院司・評定衆・伝奏の吉田経俊が当ったことが想起される（『経俊卿記』同年五月二十九日、六月一〜六日条）。

(40) 『吾妻鏡』建長四年二月二十日条。

(41) 同右、同年三月五日条。

(42) 同右、同年三月六日、三月十三日、八月六日条参照。なお宗尊の東下については『増鏡』（内野の雪）が次のように描く。

おなじ(建長四年)二月十九日に都を出給。その日将軍の宣旨かうぶり給。かゝる例はいまだ侍らぬにや、上下めづらしくおもしろき事にいひ騒ぐべし。御迎へに東の武士どもあまたのぼる。六波羅よりも名ある物十人、御送に下る。上達女・殿上人・女房などあまたまいる。

(43) 九条家の没落の契機とその様相については佐藤進一氏『日本の中世国家』（岩波書店、昭和五十八年）一六四〜六頁参照。

(44) 追加法三一四条。なおこの条規の性格については注(3)所引佐藤氏著書、二四二〜五頁、および同上横手氏②論文、一八〜九頁参照。

(45) 『吾妻鏡』同日条。

(46) 同右、同日条。

(47) 管見の限り、その初見は「鰐淵寺文書」弘長三年八月五日関東下知状（『鎌倉遺文』一二巻八九七四号）。

(48) 泰時流からの南方としては時輔のほか、おいに当る兼時（宗頼の子）が出ている。

(49) 注(3)所引佐藤氏著書、二四七〜九頁。

(50) 佐藤氏「鎌倉幕府政治の専制化について」（『日本封建制成立の研究』所収、吉川弘文館、昭和三十年）一〇六頁、一二二頁註9。

(51) 二月騒動については川添昭二氏「二月騒動と日蓮——自界叛逆難——」（『前進座』四、昭和五十四年）、同氏「北条氏一門名越（江馬）氏について」（『日本歴史』四六四、昭和六十二年）参照。

(52) 「新抄」文永元年十二月十四日条。

(53) 宗尊は文永三年七月二十日京都に戻ったが、初めのうちは「御下りのおり、六波羅に建てたりし檜皮屋」（『増鏡』北野の雪）に入った。この「檜皮屋」は六波羅北方館に付属、もしくは隣接して建てられた将軍専用の宿舎とみなされ、宗尊は六波羅の監視下に置かれたものと思われる。

(54) 「新抄」文永三年七月二十二日条。

(55) 「深心院関白記」文永五年二月七日条。本件で「武家使者」（六波羅の使者か）が参院したのは同月十四日のことであった（『帝王編年記』）。なお翌文永六年再び高麗使が来訪した時は、一行が対馬に到着した時点でその情報が九州より六波羅に伝えられている（同前）。このときの通交は玄関口の大宰府で拒絶された。

(56) 同氏注(51)所引著書、一六～七頁。

(57) 蒙古問題に関する東使については「深心院関白記」文永五年二月五、七日、『吉続記』文永八年九月二日、十月二十三日条を参照。

(58) 『勘仲記』同日条。

(59) 北条時国の南方就任はほとんどの辞典類では建治元年十二月十三日の入洛をもってしている。ところが『建治三年記』建治三年七月八日条によれば、西園寺実兼の「御函」を「六波羅留守」が早馬をもって送進したと記されていること（『吾妻鏡』建長四年四月五日条が、北方探題長時下向中〈南方欠員〉の六波羅を「六波羅留守」と記したことも参考となる）、さらに建治二年四月二十四日六波羅下知状（「備前金山寺文書」、『鎌倉遺文』一六巻一二三二四号）・同年七月十七日六波羅御教書（「八坂神社文書」、同一六巻一二四一一号）の署判者が左近将監（北条義宗）一人であること、などによって少なくとも建治二年七月までは南方に着任していないことが知られる。確かに『鎌倉年代記』では「建治元十二十三上洛爲六波羅奉行」とあるが、一方『武家年代記』には「同《(建治)》三十二十九可一方奉行之由被成御教書」「自建治三十二十九至弘安七六波羅南方」と記されている。ここで「六波羅守護次第」（東大史料編纂所影写本）をみれば「同《(建治)》三十二十九可爲六波羅□　□被成関東御教書之□」とあり、先の『武家年代記』の記事に近い。以上を総合して考えれば、時国は建治元年十二月に入洛したが、正式の南方探題となるのは二年後の建治三年十二月とみなすことができる。ただ一つ付言するならば、義宗下向後の探題欠員の状況の中で、時国は建治三年九月には実質的に探題の役割を果たしていることが同年九月二十日北条時宗請文（「雨森善四郎蒐集文書」、『鎌倉遺文』一七巻一二八六七号）によって知られる。時国が南方探題としてみえる最初は弘安元年八月十四日関東御教書案（「入来院文書」、同一七巻一三一五〇号）の宛所においてである。

(60)『続史料大成』一〇、一五〜七頁。なおこの記事については注(3)所引佐藤氏著書、二〇三〜四頁にふれるところがある。
(61)「関東評定伝」（『群書類従』四）は「奉行武家」（建治三年条）とする。
(62)「壬生官務家日記抄」弘安四年七月六日条（『中世法制史料集』一、岩波書店、昭和四十四年〈第五刷〉四五九頁）。同記、同年閏七月七日条も参照。
(63)『吉続記』弘安二年五月条、『花園天皇宸記』正和三年閏三月四日条所載の「八幡宮神輿入洛例」によりその顛末が知られる。
(64)『勘仲記』弘安四年閏七月二十八日、八月六日条。
(65)『勘仲記』弘安五年二〜七月条参照。
(66)注(21)参照。
(67)『勘仲記』弘安五年三月二十九日、同七年九月十日条。
(68)『吾妻鏡』安貞二年五月二十二日条。
(69)『経俊卿記』康元二年三月二十七日条。
(70)『大日本古文書　東大寺文書之三』三〇九頁。なお本書一三三頁参照。
(71)『勘仲記』弘安元年十二月六日条。
(72)「東大寺文書」（『鎌倉遺文』一八巻一三三一六号）。なお注(3)所引佐藤氏著書、二〇一頁参照。
(73)注(3)所引同氏②論文、一九頁。
(74)『増鏡』さしぐし。「嘉元二年後深草院崩御記」（『公衡公記』四所収）参照。
(75)両記、文保二年二月二十一日条（『歴代残闕日記』一〇、一一）。
(76)また『花園天皇宸記』文保元年三月十日条によれば、得宗北条高時の相模守任官を六波羅が「殊忩申」したことが知られるが、六波羅のこの行為も極めて異例に属する。
(77)『鎌倉年代記』正応三年条、「歴代皇記」同年四月八日条、『増鏡』さしぐし。
(78)『花園天皇宸記』元亨四年九月十九日条。
(79)同右、同年十一月十六日条。
(80)『増鏡』むら時雨。
(81)『光明寺残篇』、『門葉記』巻三六、『増鏡』むら時雨。このため後醍醐は「南の板屋のいとあやしきに御しつらいなどして」入らねばならなかった。なお「檜皮屋」については注(53)参照。

(82)『花園天皇宸記』同日条。

(83)「道平公記抄」(岡見正雄氏校注『太平記』㈠付録)。

(84)注(3)所引佐藤氏著書、一九七頁。

第二節　六波羅探題の「西国成敗」

はじめに

『沙汰未練書』が「六波羅トハ　洛中警固并西国成敗御事也」と解説するように、六波羅探題（以下、単に六波羅と称する場合もある）の役割における二本の柱は「洛中警固」と「西国成敗」と言ってよい。鎌倉幕府の訴訟制度下で六波羅の管轄する区域については早く文暦二年（一二三五）七月二十三日六波羅探題北条重時北条時盛宛ての関東御教書(1)によって規定された。この区域の東限ははじめ尾張であったが、永仁五年（一二九七）〜元応元年（一三一九）の間に三河へ移った(2)。かくして鎌倉末期の正中二年（一三二五）正月日蓮華乗院学侶等訴状に「引付御評定云、西国事可為六波羅御成敗旨、先年被定御事書畢(3)」なる一文がみえるが、六波羅所轄の区域について述べるこの史料表現は先の『沙汰未練書』の解説の妥当性を支えるものである。

むろんこの「西国成敗」は元来幕府の所轄権の及ぶ「西国」に生起した訴訟の所轄を意味したが、幕府支配権の拡大・強化はやがて従来王朝や本所の所轄に属した事柄についての訴訟の一定部分をも所定の手続きをとおして「西国成敗」の中に包摂させることとなった。

本節はこの「西国」における六波羅探題の管轄権の実態を特に王朝の支配権との関係の中で考え、もって公武交渉史上の六波羅の役割を明らかにしようとするものである。

一　六波羅探題独自の活動

従来の六波羅探題の管轄権についての研究はその制度・権限の面での整備・強化の過程を詳しく実証しながらも、関東の訴訟制度より受ける制約的側面を強調するあまり、六波羅の独自の活動にさほどの注意を払ってきたとはいえない。外岡慎一郎氏の指摘のように六波羅は「関東からの指令をうけて所轄の諸国に伝達するという役割のほかに、王朝権力の意志を強制執行する役割[4]」を担ったのであり、この役割の積極的評価なしには六波羅の性格を総体的に把えることは困難であろう。

判決（勅裁）の確固たる執行機構を持たぬ王朝にとって、幕府のそれに依存することは無理からぬところであり、ために王朝が受理した訴訟そのものが幕府や六波羅に移管されることとなった。鎌倉期の公武交渉の重要な一側面はここにみられるわけである。

本節ではまずこうした局面において六波羅が関東の指示を仰ぐことなく、独自の裁量において活動した足跡を探ってみたいが、六波羅探題が王朝権力の意志執行に早い時期から、しかも深く関与していたことは、「疋田家本離宮八幡宮文書」に収める次の六波羅御教書写[5]ひとつとってみても容易に推察されよう。

（端書）「武家御教書案」
八幡宮寺所司等申、山崎神人訴之亨、殿下御教書副綸旨・訴状如此、仮守護所幷庄公地頭之威、不可背本所命之由、加下知、可被注申子細之状如件、

寛喜元年三月廿日　　（北条時氏）修理権亮在判

掃部権助《北条時盛》在判

肥後国守護代

この六波羅御教書の内容は、同文書に収める他の関係史料(6)より推して、肥後国住人が守護・地頭の威を借りて新儀交易をするので、これを停止すべく大山崎神人が訴え出たことにかかる。注目すべきは、文書の文面から知られるように、八幡宮寺所司等が申す山崎神人の訴(訴状)はまず朝廷の裁判所に提訴されたこと、さらに朝廷は綸旨(後堀河天皇綸旨)と殿下御教書(九条道家御教書)を介してこの訴状を六波羅探題に移管したこと、である。本件は関東の介在を許すことなく、六波羅によって処置されている。

この事例に明らかなように、王朝の裁判管轄に属する訴人の訴状は案件の内容によっては、王朝サイドの一定の手続きを経て武家サイドの裁許・執行機関に移管された。こういう方式がいつから開始されたか、どの程度の頻度で行われたかは明確ではないし、またこのときの訴状がふつうどのような文言を備えたかも明瞭でない(7)。おそらく六波羅成立後しばらくの間は、かかる訴伝達のルートは開かれてはいたけれども、まだ十分に機能するまでには至っていなかったのであろう。

しかし六波羅をめぐる西国の政治・社会情勢の変動に伴って六波羅の地位と権限が上昇すると、本来的に鎌倉幕府の出先とはいえ、西国成敗の中枢機関としての六波羅の役割に公武の大きな期待が寄せられ、訴訟処理の任務を課されるようになるのは当然のなりゆきであろう。そのことをひとまず訴状を通して垣間みることにしよう。

第二節　六波羅探題の「西国成敗」

(1)公武間訴訟の訴状(I)

王朝の裁許の圏内に属する訴人は、論人が武家に属するような場合、綸旨や院宣を六波羅に遣わしてくれという文言付きの訴状を王朝の裁判所に提出することによって、実質的には六波羅への提訴を行った。このような方式がいつから始まるかなどの点については後述することにして、まずこの種の事例のうちで特に興味深い一つを挙げよう。それは国立歴史民俗博物館所蔵（東洋文庫旧蔵）の『兼仲卿記』紙背にみえるものである。史料引用は原本に拠った。ちなみに活字本では『鎌倉遺文』二三巻に収められているが、そのまま使用するには問題がある。

史料掲出においては行論の都合上一紙分の記事ごとに(A)〜(C)の符号を、また(A)の申状の副進文書には①〜⑥の番号と傍線とを付し、行替わりは」で示した。

(A)七条院法花堂領筑前国殖木庄雑掌謹重言上、」

肥前国御家人納塚掃部左衛門尉定俊・同国守護代野尻入道□（不知カ）□（実名カ）」并糸井左衛門尉茂能法師已下数百人悪党等、公家・武家御」沙汰最中、自四辻宮称令拝領、去年十二月十日乱入領家一円当□（庄カ）」抑留所務、追捕百姓等住宅、致種々狼藉上者、早可被鎮沙汰旨、□（任カ）」傍例、欲申下　綸旨於武家子細状」

副進

一通　裁許　院宣案①正応四（三カ）年六月廿七日 任文殿勘　奏并七条院御譲状・庁下文等可令相伝」領掌給由事、」

一通　綸旨案②同年十月廿四日 四辻宮被申殖木庄事、陳状早速可令進給由事、

一通　重綸旨案③同年十一月十一日 殖木庄事、忩可被召進陳状由事、

二通　奉行新宰相于時頭亮御返事案④同年十二月五日 ⑤正応五年正月十四日

一通　当国守護少弐書状案⑥正応四年十二月十三日 当時乱入悪党間事、

右当庄領家職事、正応二年八月十日就関東御　奏状、四辻宮□」

（以下欠）

(B)裁許院宣案

筑前国殖木庄領家職事、任文殿勘　奏」并七条院御譲状・庁下文等、可令相伝領掌」給者、依」院宣執達如件、

正応三年六月廿七日　　在判

謹上　大政（ママ）大臣僧正御房

追申

任文殿勘状并証文等被裁許之由、先（カ）」雖被申四辻宮（善統親王）、不被申是非□有（カ）」聖断也」

(C)（前欠）

給、仍執達如件、

正応五
正月十四日　　中宮亮（平）仲兼

大宰少弐書下案

筑前国殖木庄雑掌申乱入本所一円領、抑」留運送船、致狼藉由事、訴状如此、為尋沙汰」早速可被上府候、仍執達如件、

正応四年十二月十三日　　筑後守（少弐盛経）在判

納塚掃部左衛門尉殿

以上の(A)〜(C)は現在三つの巻子の紙背にはなれればなれとなっているが[8]、それらが内容的に各々関連していることと、および筆跡がすべて同じであること[9]からみて、もとは(A)が申状、その他はこの申状に貼り継がれた具書であることが知られる。しかもこの申状を朝廷の裁判所へ挙達した挙状と目される異筆の文書が存在することから[10]、

この申状は正文と考えられる。また申状は後欠のため年紀が不明であるが、客観状況からみて正応五年のものと推察される。[11]

最初に申状・具書の原形について考えよう。申状に記載された副進文書の目録と具書とを対応させれば、(B)の正応三年（一二九〇）六月二十七日後深草上皇院宣案が①に、[12](C)の正応五年正月十四日中宮亮平仲兼奉書案（前欠）が⑤に、[13]そして同じく(C)の大宰少弐武藤盛経書下案が⑥に相当することが知られる。[14]つまり正応五年と推定したこの申状には本来①から⑥の順で各々の具書が書き継がれていたが、[15]やがて放たれ反故紙として日記の料紙とされたとき、冒頭の申状の後半部分、②③の正応四年十月二十四日、同年十一月十一日の伏見天皇綸旨案二通、④の正応四年十二月五日平仲兼奉書の全部、および⑤の正応五年正月十四日同奉書の冒頭よりほとんどの部分を含む数紙が散逸して、現状を呈するに至ったわけである。

次に内容についてみれば、この申状は七条院法花堂領筑前国殖木庄雑掌が、肥前国御家人納塚掃部左衛門尉定俊・同国守護代野尻入道ら[16]が「公家・武家御沙汰最中」、つまり公武に提訴中の正応四年十二月十日に、四辻宮より拝領したと称して「領家一円」の当庄に乱入し「種々狼藉」を働いたことを訴えているのである。事書の末尾に「欲申下　綸旨於武家子細状」とあるから、本件を伏見天皇の綸旨でもって六波羅探題の裁許機関に係属してもらおうと要請していることが知られる。この文言は訴訟管轄の上で王朝側に属する訴人が申状を朝廷を介して六波羅に付すための常套句なのであり、このような文言を備える申状の出現と様式の定着化は、手続きの面で王朝が重要な役割を果たすとはいえ、実質的には六波羅が王朝の訴訟機関としての役割をも課されたことを意味するであろう。

その意味でかかる文言を備えた申状がいつから登場するかについては注意を要しよう。かかる申状出現の前提として、例えば『吾妻鏡』安貞二年（一二二八）五月二十二日条に、南都衆徒と多武峯との合戦に際して、山門が朝廷の宥めをふりきって蜂起、事態を憂慮した朝廷は「被下綸旨於武家」、つまり六波羅に綸旨を下してこれを鎮定させようとしたことが記されているが、六波羅がすでにこのように王朝の武力装置として機能しており、またこれを発動させるための手続きがあった点に注目せねばならない。王朝権力の意志を六波羅が強制執行することがふつうのことになってくれば、訴訟の裁許もいきおい六波羅に期待がかかり、申状が六波羅に向けて出されるのも自然のなりゆきであろう。訴える相手が御家人であればなおさらのことである。

では実例としては如何。正応五年のものと推定した本文所掲の申状に「□（任カ）傍例」とある点からみれば「欲申下　綸旨於武家」のような方式が正応五年をかなりさかのぼって行われていたと思われるが、ひとまず現在管見の及んだ範囲内で言えば、申状におけるこのような表記・表現は正応四年十一月日高野山衆徒申状に(17)「且以為国中悪党之根本、不日召取、可処重科之由、被下　綸旨於武家」とみえるのを初例とする。むろん実際にはもっと早い時期から現われていたであろうが、そのような主張の生起の背景を考える上で、弘安五年（一二八二）十月、東大寺衆徒が同寺領伊賀国黒田庄住人清定・康直以下輩の狼藉を停止するための院宣を得ようとして王朝に提出した申状の案文（『大日本古文書東大寺文書之十』六三号文書）にみえる「謹検案内、諸国山賊以下夜罸（討）強盗等之大犯者、皆是武家成敗之限也」、および「検先例、雖爲本所一円之地、本所之沙汰難治之時、武家直可召取之由被下　院宣者、承前不易之例也」なる文言はひときわ注目される。六波羅は弘安年間にはすでに王朝・本所の喪失したかかる大犯に対する追捕・検断権を代行する役割を負い、それが六波羅の職権行為として一般的に認められていたことを知ることができる。このことは文永～弘安期の著しい社会変動を大きな契機とする、六波羅の西国との関係の一層の深まりとおそらく無関係ではあるまい。加うるに、六波羅の制度面からみれば、建治三年（一二七七）十二月北条時村の北方就任に当って制度の充実がはかられた事実(18)もみおとせない。

この種の申状はこれより以降残存例が多くなるが、訴の移管先についてみれば「武家」（六波羅）とするものが圧倒的に多く、一方「関東」（幕府）とするものは地頭職の停止を要請するケース[19]などに限られる。このことはとりもなおさず六波羅の訴訟所轄面での活況を裏付けているが、実際問題として西国訴訟のうちの多くは六波羅に持ち込まれる性格のものだったのであろう。

以上のようにみてくれば、先掲の『兼仲卿記』紙背の筑前国殖木庄雑掌申状は現存するこの種の申状の中では比較的早い時期のものということになるが、この素性の明らかな良質の申状についてはいまひとつ注意すべきことがある。この申状が正文と推定されることについては前述した。では朝廷にひとまず提出され、続いて六波羅での訴訟行程にのせられて関係各所を往来して申状本来の役目を果たし了った本文書が何故朝廷側に戻され、ついには公家日記の料紙に使用されるに至ったかである。しかしながらいわゆる事切文書の取扱いについては明らかでなく、本件の場合も同様である。かかる具体事例をある程度収集して始めて議論も可能となろう。ちなみに本申状の紙継目に花押があるか無いか興味を引かれるが、現状による限り認められない。勘解由小路兼仲が反故となった本文書を日記の料紙として整える際、裏花押のかかる幅だけ切断したことも考えられないでもないが、横幅は三紙とも約五十センチとほぼ等しいので、その可能性は低かろう。

(2)公武間訴訟の訴状(II)

武家側に属する訴人が公家側に属する者を訴える時、訴人は六波羅探題に訴状を提出した。まず具体事例をみよう。

次に示す史料はいずれも『兼仲卿記』の紙背に残ったものである。[20]行論の都合上(D)(E)の符号を付ける。行替わりは」で示した。[21]

(D)大和国平田御庄官名主等謹言上、

欲早当国磯野村住人等募御墓守権威、放入数□□(十疋カ)」牛馬於当御庄飼作麦刻、致打擲蹂躙上者、任前□□」御下知、被召出彼狼藉人等、被行重科子細事、

副進

関東御教書案一通

六波羅殿御教書案一通

件条去四月之比、当村住人等募御墓守権威、乱入当御庄□□」郷、放入数十疋牛馬於作麦、及散々狼藉之間、加制止之処、□」打擲蹂躙庄民等畢、凡当村住人等募御墓守権威、致□□(狼藉カ)」事、不限今度之間、前々令言上子細時、被成下御下知・御□□(教書カ)」所詮任先例被召出彼狼藉人、為被行重科、言上如件、

弘安二年八月　日

(E)大和国平田庄官名主等申」当国磯野村住人等乱入当庄」放飼牛馬、致狼藉由事、地頭代」状副解状具書謹進上候、子細載状候、以此旨可有御披露候、恐惶謹言、

(弘安二年)九月二日　　左近将監平時□(国)(裏花押)

陸奥守平時□(村)(裏花押)

進上　右少弁殿(平信輔)

(D)は大和国平田庄々官名主等申状。内容は、大和国磯野村住人が御墓守の権威を募って平田庄に牛馬を放ち入れ狼藉を働いたとして、平田庄々官名主等がその処罰を求めたものである。本文書に注目された笠松宏至氏は本文書が申状正文であること、申状正文が勘解由小路兼仲の日記の料紙に用いられたことから、この申状が幕府や六波羅に提出されたのではなく、朝廷に訴え出たものであると認められること、を指摘された(22)。

しかし、日記として仕立てられた時、別の巻へ行き別れとなった(E)文書を一緒にして考える時、笠松氏の指摘

になかった新たな知見を得ることができる。

(E)について『鎌倉遺文』は六波羅御教書とするが、いわゆる御教書の定型からはずれるのでここでは一応、六波羅探題北条時村北条時国連署書状としておく。両探題の裏花押が存在するから、本文書が正文であること言うまでもない。(E)は(D)と内容的に密接に関連しており、年紀についても、『鎌倉遺文』の注記のように(D)にひきつけて弘安二年とみてよいと思う。(E)は、平田庄々官名主等の訴を京都(当時亀山上皇の院政期)の裁判所に受理させる手続き文書としての機能を果たしている。文書中の「地頭代状」に副えられた「解状具書」とはつまり(D)の申状および関東御教書案・六波羅御教書案各一通の副進文書(おそらく貼り継がれていたであろう)を指すとみてまちがいない。

そのように考えれば、「地頭代状」とはこの訴を六波羅探題に向けて挙達した挙状[23]とみることが可能となる。つまり平田庄々官名主等はまず申状(つまり(D))・具書を地頭代[24]の挙状によって六波羅探題に挙達、さらに六波羅は(E)の文書によってそれらの関係文書を公家側に送付して対応を要請したものとみられる。(E)の宛所「右少弁」は平信輔である。[25]また(E)の送付先をあえて朝廷と言わず公家側とみたのは理由があるが、以下の行論の中で自ら明らかとなる。ともあれ(D)の申状はまず六波羅探題に提出されたのである。

(3)公家側(朝廷も含む)宛ての六波羅探題書状

以上述べたように(E)は六波羅所管の武家側と公家側とをつなぐ(武家→公家の方向)手続き文書といえる。このような文書を広く収集整理すれば、六波羅・公家間の裁判管轄上の関係をうかがいうるのではと考え、検索したところ全十三点を探すことができた。収集の不十分さは免れないが、以下ひとまずこれらをもとに推測することにしたい。十三点の六波羅探題書状の概略は表1(後掲)のとおりである。[26]寺社宛てのものもこれに準じて考えてよいが、今回は一応除外することにした。

全部を通覧して知られるのは、まず形式の上では、発給の日付に年号を付さないこと、書止めは「以此旨、可有御披露候、恐惶謹言」であること、探題の署判（官位・実名）が備わり、しかも裏花押であること[27]、宛所には「進上」の上所が付いていること、等々であり、次に内容の上では、畿内近国（大和の事例が多い）内を係争地とする、六波羅探題に提訴された訴訟について公家側の所轄に属する相手方よりの陳状の提出、或いは論人の召喚・糺明、係争地の実検などを要請するためのものであること、である。文書の書式はすこぶる厚礼であるけれども、永続的効力を有しない単なる手続き文書にすぎないため、役目を果たしたものはたとえ正文であっても反故紙として公家日記の料紙に用いられたのである。この種の文書があまり残存していない理由はそこにあるといえる。

ここで注目したいのは、㈠六波羅の書状はどこに提出されたか、つまり公武双方にまたがる訴訟に際して公家の側では武家よりの申し入れをどのように受理したか、㈡実際の審理・対決・裁許といった裁判の諸行程は公武いずれで行われたか、である。

まず㈠について。表1に示した事例のうち2・3が本所近衛家宛てであることは端書や関係史料より明白なのであるが、そのほかについては宛所の欄をみよう。ほぼ同時期の6と7の名宛人はいずれも平信輔となっている。平信輔が弁官であることから朝廷宛てと考えたくなるが、結論から言えばこれらは摂関家に宛てたものとみたい。その理由は『春日社記録』三所収「中臣祐賢記」[28]弘安三年三月二十二日条によれば、7の名宛人左少弁平信輔はこれをうけて（弘安三年）三月十七日付で権弁（冷泉経頼）宛ての「殿下御教書」[29]（同日条に収める三月二十日藤氏長者鷹司兼平宣の追申の中の文言）を発給していること、つまり7は平信輔に受理されて摂関家の政務機構に乗せられたことである。左少弁平信輔はこの場合、摂関家の家司とみた方がよさそうである。6も同様にみてよいが、6の

表1　公家側宛ての六波羅探題書状（訴訟関係のみ）

	月　日	文書名	署　判	上所・宛所	内　容	出　典
1	（宝治元～康元元）八・一六	六波羅探題書状	左近将監平「長時」	進上・石見前司	興福寺三綱申ス春日社神鹿間ノコトニツキ、申状ヲ進上シ、披露セシム、	大橋文書
2	「建長三」一二・一八	同前	左近将監平長時（裏花押）	進上・兵部権大輔（時仲）	尾張国長岡庄雑掌、堀尾庄地頭家綱ト相論スル堺ノコトニツキ、参決スベキ由ヲ家綱ニ相触レドモ其節ヲ遂ゲズ、依リテ政所御下知ニ随フベキコトヲ直チニ下知セシコトヲ披露セシム、	参軍要略抄・下紙背文書
3	（正嘉元）後三・四	同前	左近将監平時茂（裏花押）	進上・兵部卿	尾張国堀尾庄地頭行家・行綱等申ス長岡庄ノ同庄押領ノコトニツキ重訴状・具書ヲ進上シ、関東御教書ノ旨ニ任セ、実検ヲ遂グベキコトヲ披露セシム、	〃
4	「文応元」一二・六	同前	左近将監時茂	進上・修理権大夫	湯浅二郎左衛門尉宗業申ス押小路堀川地ノ事ニツキ、訴状ヲ進上シ、披露セシム、	高野山文書
5	（文永九～一〇）七・九	同前	左近将監平義宗（裏花押）	進上・民部卿	多武峯九品院住僧良算申ス慶弁以下輩ノコトニツキ、重訴状・具書ヲ進上シ、先ヅ張本慶弁ヲ召シ出シ、子細ヲ尋ネ、与力人等ニ於テハ追ッテ沙汰致スベキコトヲ披露セシム、	兼仲卿記 自弘安七年九月一日至二九日記紙背
6	（弘安二）九・二	同前	左近将監平時国 陸奥守平時村	進上・右少弁（平信輔）	大和国平田庄官名主等申ス当国磯野村住人等ノ狼藉（乱入・牛馬放	兼仲卿記

			（いずれも裏花押）		飼）ニツキ、解状・具書ヲ副ヘ、地頭代ノ状ヲ進上シ、其ノ旨ヲ披露セシム、	自弘安六年一〇月一日至一二月二〇日記紙背
7	（弘安三）三・九	同前	左近将監平「時国」 陸奥守平「時村」 （おそらく裏花押）	進上・左少弁（平信輔）	大和国三輪山本宮庄地頭代西阿申ス春日神主・正預以下神人等ノ狼藉(打入)ニツキ、訴状ヲ進上シ、早ク彼ノ輩ヲ召喚シ糾明スベキコトヲ披露セシム、	中臣祐賢記 弘安三年三月二二日条
8	（正応二〜五）七・九	同前	丹波守平盛房 越後守平兼時 （いずれも裏花押）	進上・右馬権頭入道	悲田院領大和国畔庄雑掌観仏申ス永覚ノ当庄下司ト号シ追捕狼藉ヲ致スニヨリ、申状・具書ヲ進上シ、其ノ旨ヲ披露セシム、	兼仲卿記 自永仁元年一二月一日至三〇日記紙背
9	（〃）七・九	同前	同前 同前 （同前）	同前・同前	大和国平田庄地頭代行政申ス同国当麻庄住人忠行法師ノ大番用途抑留ノコトニツキ、重訴状、具書ヲ進上シ、其ノ旨ヲ披露セシム、	兼仲卿記 自永仁二年正月一日至三〇日記紙背
10	（正安四、或ハ嘉元元）八・二六	同前	左馬助平基時 中務大輔平貞顕 （いずれも裏花押）	進上・勘解由次官	神沢太郎右衛門尉重綱申ス播磨国久留美庄雑掌好国ノ和与□用途ヲ請取リナガラ其ノ道ニ遣サズ、苅田狼藉ヲ致スニヨリ、申状ヲ進上シ、其ノ旨ヲ披露セシム、	宮内庁書陵部所蔵「源光盛外四名寄進状」
11	（応長元）六・五	同前	越後守平時敦 右馬権頭平貞顕 （いずれも裏花押）	進上・左京権大夫入道	北野宮寺申ス紅梅殿在地人等狼藉ノ事ニツキ、「尋御披露」セシム、	紅梅殿社記録
12	（応長元）八・七	同前	越後守平時敦 前越後守平貞顕 （いずれも裏花押）	進上・左京権大夫入道	八幡宮大山崎神人等申ス淀・河尻・神崎・渡辺・兵庫以下諸関津料ノコトニツキ言上シ、其ノ旨ヲ	離宮八幡宮文書

					披露セシム、	
13	（正中二）一〇・二九	同前	越後守平範貞 前越後守平貞将 （いずれも裏花押）	進上・法性寺前宰相	東寺領伊予国弓削島雑掌光信申ス当島公文大輔房以下輩ノ追捕狼藉ヲ致スコトニツキ、申状・具書ヲ副ヘ、別当法印状ヲ進上シ、早速論人等ヲ召喚シ、糾明スベキコトヲ披露セシム、	国立国会図書館所蔵「武家文書」

場合は係争地大和国平田庄が一乗院領（もと関白家領）であること[30]も支証となる。[31]おそらく1も内容から考えて摂関家向けとみてよかろう。5については宛名の民部卿前権中納言勘解由小路経光が摂関家の家司と考えられること[32]、同時期におそらく本件に関して探題北条義宗宛てに関白九条忠家家御教書が発されていることから推して[33]、5も摂関家向けとみてよいのではあるまいか。

次に8・9について。名宛人右馬権頭入道は『公衡公記』弘安十一年正月十九日条に収める「関東状」の宛所右馬権頭入道（三善為衡）とみてよいのではあるまいか。この推測が許されるならば、8・9の六波羅書状は関東申次家へ提出されたことになる。

実は11・12も8・9と同様に関東申次西園寺家へ出されたものであるが、そのことは以下に示す12の関係文書によっても知られる。一連の関係文書として稀有の例でもあるので12を含めて引用しておく。出典は『島本町史』史料編所収の「離宮八幡宮文書」である。

①八幡宮大山崎神人等申、淀・河尻・神崎・渡辺・兵庫以下諸関津料事、子細以有尚・頼成（藤原）言上候、以此旨可有御披露候、恐惶謹言、

（応長元年）八月七日　　越後守平時敦（裏花押）

前越後守平貞顕（裏花押）

進上　左京権大夫入道殿

②八幡宮大山崎神人等申、淀・河尻・神崎・渡辺・兵庫以下諸国《ママ》津料事、武家状并使者申詞如此、可令奏聞給之状如件、

（花押）

（応長元年）八月十日

（源資栄）頭宮内卿殿

③（包紙ウワ書）「八幡検校法印御房　宮内卿（資栄）（草名）」

当宮大山崎神人等申、淀・河尻・渡辺・兵庫以下諸関津料間事、前左府状副武家状并使者申詞如此之上、可為何様哉之由、　院宣候也、仍執達如件、

（応長元年）八月十七日　宮内卿（資栄）（草名）

（善法寺尚清）八幡検校法印御房

『島本町史』は①を六波羅書状、②を某書状、③を伏見上皇院宣とし、年次を応長元年（一三一一）と推定する。[34]文書名のつけ方や年次の推定はおおむね妥当と考えるが、ただ②については、これが③の（西園寺公衡）「前左府状」に相当し、花押も関東申次西園寺公衡のものと認められるので、[35]西園寺公衡消息[36]とでもした方がよい。

この三通の文書によって明らかなように、まず「淀・河尻・神崎・渡辺・兵庫以下諸関津料事」[37]（免除のことか）についての八幡宮大山崎神人等の訴え（申状の形式をとったか否かははっきりしない）は有尚・頼成なる使者（六波羅の使者）によって関東申次家の窓口に申し入れられた（即ち①）。①を受けた関東申次西園寺公衡は①の「武家状」、および六波羅使者の言上内容を筆記した「使者申詞」とを提示して、その奏聞を蔵人頭・宮内卿源資栄に命じた（即ち②）。かくして一件は治天の君伏見上皇に上奏され、上皇の意志は宮内卿源資栄の奉ずる院宣として

実体化した（即ち③）。上皇は関係文書一結を八幡検校法印に示し、大山崎神人等の訴えに返答すべきことを命じている。

さて次は10と13である。10については係争地播磨国久留美庄が九条家領であることと、(38) 宛所の「勘解由次官」が藤原《（九条）》光経であること(39)くらいが知られる。提出先について推測すれば摂関家（九条家）あたりとみるのが無難ではなかろうか。また13の提出先については東寺領伊予国弓削島に関するものだけに判断に苦しむ。ただ宛所の「法性寺前宰相」が藤原雅任と推定されること、(40) 追捕狼藉を働いたとして雑掌が訴える同島公文大輔房の背後に同人、さらにはその主家がいたことは手懸りとはなろうが、詳しいことはわからない。4とともに後考にまちたい。

以上を要するに、前掲表の六波羅探題書状は案件の内容や性格に応じて朝廷や摂関家などの権門の裁判機構の窓口に向けて出されたものと推測される。

次の㈡の問題、即ち訴訟の主導権の所在についてはいま即座にこれを明瞭に示す史料をみいだせないが、ひとまず先にみた大山崎神人の訴についてみよう。関係史料の三通をすでに掲出したけれども、これらだけからは大山崎神人と八幡検校の間の当の争いの内容がわからないし、また爾後八幡検校がどう対応したかも明らかでない。しかし同文書に収める次の六波羅両探題宛て関東御教書が本件と内的関連を有し、本件に対する裁許と認められるならば（時間的懸隔は三年）、いま少し問題を掘り下げることができる。以下にその史料を示す。(41)

八幡宮大山崎神人等申、内殿御燈油料荏胡麻等諸関所津料事、去々年四月十二日注進状并事書披露畢、所詮任代々　勅裁、向後可停止其煩之由、被下　院宣之上、不及子細、任被仰下之旨、可被加下知之状、依仰執
達如件、

正和三年十月十日　相模守《（北条熙時）》（花押）

武蔵守殿《（金沢貞顕カ）》

越後守（北条時敦）殿

この文書は八幡宮大山崎神人等の訴える「内殿御燈油料荏胡麻等諸関所津料事」について「所詮任代々　勅裁、向後可停止其煩之由、被下　院宣之上、不及子細」として、神人等の訴えを支持し、その裁許の執行を六波羅に命じたものであるが、幕府側の会議で披露された「去々年四月十二日注進状并事書」とは六波羅より関東に進上された当件についての具申書であり、幕府裁許のための予備的調査書であったものと考えられる。この関東御教書をうけて正和三年（一三一四）十二月七日六波羅施行状が発給されている。(42)

要するに本件が幕府や六波羅の裁判所で所轄されたことが知られるのであるが、ここで先掲『兼仲卿記』紙背の(D)申状についての笠松宏至氏の文章が想い起こされる。(D)申状においては、笠松氏の指摘のように、「前々令言上子細時、被成下御下知・御□□（教書）」の中の「御下知・御□□（教書）」が副進された「関東御教書一通・六波羅御教書一通」を指すことはまちがいない。(43) 注目すべきは「前々令言上子細時」の結論が関東御教書・六波羅御教書によって下されていること、つまり前回の訴訟の時も結局幕府側によって裁断されていることである。このことは先の推測を支えるであろう。

しかし六波羅が受理したかかる訴の裁許がすべて関東の手によって下されたとみるのも誤りであろう。六波羅が西国における成敗権を関東に通じることなく行使しえたことは、寺社権門―地頭御家人間の訴訟を自らの職権において裁許した多くの六波羅下知状の存在に明らかである。(44)

外岡氏の指摘のように、(45) 西国に対する王朝の支配権が六波羅探題の全面的協力のもとに幕府滅亡に至るまで存続したことも事実ではある。次の六波羅下知状は領家・地頭間の下地中分に関するものであるが、六波羅探題が王朝側に提起された案件について王朝権力の意志を執行した好箇の事例である。(46)

和泉国（大鳥郡）大鳥庄雑掌定覚与当庄上条地頭田代豊前又次郎基綱代良遍相論所務条々事、

右、如今年七月廿日　院宣者、当庄中分事、光景法師状副訴状具書如此、可被仰下武家云々、如同月廿一日西薗寺前左大臣(公衡)家御消息者、中御門前中納言(為行)奉書如此云々、如去月三日定覚和与状者、当庄所務条々、就弘安・永仁両度御下知、雖番訴陳、以和与儀、於向後者、可令中分一庄下地之由、地頭代出状之間、相互止沙汰畢、但今年八月中遂検注、田畠・在家以下悉可令中分下地於両方歟、若背此状者、可被申行雑掌於御下知違背罪科云々、如同日良遍和与状者、子細同前、如同日基綱状者、当所中分事、以良遍令言上云々者、和与之上者、不及異儀、早任彼状、相互可致沙汰之状、下知如件、

応長元年八月十二日

越　後　守平朝臣(北条時敦)御判

前越後守平朝臣(北条貞顕)御判

和泉国大鳥庄の中分についての雑掌定覚の訴状は光景法師の挙状によって王朝の裁判所に提出された。訴状の日付は明らかでない。この訴状にはおそらく応長元年七月三日付の雑掌定覚・上条地頭代良遍両人の和与状、および同日付の地頭基綱状が具書として貼付されていたと考えられる。訴状を受理した王朝はこれを同年七月二十日付の伏見上皇院宣[47]でもって六波羅に移管するよう関東申次西園寺公衡に命じたのである。西園寺公衡は翌二十一日、その旨を六波羅に伝達している。六波羅はそれらの関係文書の要旨をつなぎあわせて同年八月十二日に「早任彼状、相互可致沙汰」との和与状裁許を下したのである。王朝に提訴された事案を王朝よりの移管手続きを経て、六波羅が裁許した点に、王朝権力の意志執行者としての六波羅の役割が明瞭なのである。

だが、六波羅はこれに甘んじていたのでは決してない。たとえば先にみた(D)の申状のように同じ公武間の訴訟でも六波羅に提訴された案件については、むしろ六波羅の指揮の下で、六波羅の裁判所で書面審理・対決を遂げ六波羅もしくは関東の裁許をみたものと考えられる。むろんこのことは六波羅の裁判制度即ち引付の整備の具合

と密接に関係している。六波羅引付の一応の整備は文永・弘安以降と察せられるから、六波羅のこの面での役割が明確化するのも同時期以降とみなければなるまい(48)。

このように考えれば、先に表1に整理した十三通の公家側宛ての六波羅探題書状は六波羅が受理した訴訟の進行のために陳状提出などの手続きをとらせるよう各々の属する権門に対して要請するための文書とみなすことができよう。六波羅が朝廷のみならず摂関家に対しても独自の裁量で訴訟の指揮ができたことは公武間の訴訟における六波羅の役割を考える上での重要な指標となろう。要するに六波羅は西国における王朝権力の意志を代行するとともに、王朝の裁判権を合法的に蚕食する一面を持ったから、王朝にしてみればまさに諸刃の剣というべき存在であった。

二　関東との政務的関係

六波羅探題の役割の評価にはなんといっても関東の幕府との関係を抜きにすることはできない。ここでは主として文書の授受の仕方に注目することによって、両者の政務の上の関係を考えようと思う。六波羅が関東の京都出先として成立した以上、対京都政策の上でも六波羅が関東の指令の執行・伝達者、或いは関東の裁許のための下級審としての役割を基本的に負ったことは言うまでもないし、六波羅の「西国成敗」権の拡充が公武交渉における六波羅の地位と役割を重くしたことも自明であろう。

公武の交渉における関東―六波羅の関係を調べるために、ひとまず六波羅を中継ぎとした幕府より朝廷への口入の実例を整理しておく（後掲表2）。現時点で管見に及んだこの種の実例は十七例にすぎないが、ひとまずこれらに即して考えることにしたい。むろん関東より六波羅への指令の内容は表2に示したような関東申次への申し入ればかりでは決してない。

表2　六波羅探題宛て関東の指令（朝廷への申し入れ）

	年月日	文書形式	署判人	名宛人	被伝達人	内容	出典
1	文暦二・七・二三	関東御教書	泰時・時房	重時・時盛	二条中納言家（定高）	諸国庄公預所地頭相論ノ時、非法アラバ預所定使等ヲモ罪科ニ処スベキコトヲ申シ入レシム、	新編追加（追加法八七条）
2	文暦二・七・二四	同前	同前	同前	同前	重ネテ宣下シ、念仏者ト称シ黒衣ヲ着スル輩ノ濫行ヲ停止セシムベキコトヲ申シ入レシム、	同前（同前九〇条）
3	（宝治元）六・五	北条時頼書状	時頼	重時	冷泉太政大臣（西園寺実氏）	三浦泰村・同光村以下舎弟一家ノ輩、合戦ニ及ビ、誅罰サレシコトヲ申シ入レシム、	吾妻鏡、宝治元・六・五条
4	建長二・三・五	関東事書	／	（六波羅）	富小路（西園寺実氏）	山門僧徒ノ寄沙汰ヲ誡ムベキコトヲ申シ入レシム、	同前建長二・三・五条
5	弘長二・八・一二	関東御教書	（長時・政村カ）	（時茂カ）	同前	造正八幡宮嶋津本庄役ノコトニツキ、「近衛殿御文」等ノ何様タルカヲ申シ入レシム、	薩藩旧記巻九
6	弘安四・六・二八	北条時宗下知状	時宗	時村・時国	春宮大夫（西園寺実兼）	異国警固ニヨリ、鎮西・因幡・伯耆・出雲・石見等ノ諸国ノ本所一円領ノ年貢ヲ徴収スベク申シ入レシム、	壬生官務家日記抄、弘安四・七・六条
7	永仁四・八・二三	関東御教書	貞時・宣時	久時・盛房	西園寺（実兼）	紀伊国阿弖河庄ヲメグル高野山金剛峯寺雑掌ト寂楽寺雑掌トノ訴訟ノ聖断タルベキ由ヲ申シ入レシム、	高野山文書、宝簡集三三
8	永仁六・五・二五	同前	同前	宗方・宗宣	同前	杵築大社造営ノコトニツキ、早ク其ノ功ヲ遂グベキノ由下知アルベキコトヲ申シ入レシム、	出雲北島家文書

9	永仁六・一〇・二	同前	同前	同前	同前	杵築大社造営ノコトニツキ、正税寄進及ビ叡負尉廿人御免ノコトヲ仰セ下サルベキコトヲ申シ入レシム、	出雲千家家譜
10	延慶二・五・五	同前	師時・宗宣	貞房	西園寺左大臣家(公衡)	円城寺僧正大師号ノコトニツキ事書一通ヲ示シ、其ノ趣ヲ申シ入レシム、	金沢文庫古文書
11	延慶三・九・一〇	同前	同前	貞顕・時敦	同前	一円ト梵証ノ相論スル播磨国福泊升米ノコトニツキ両人以外ヲ撰ビ仰セ付クベキコトヲ申シ入レシム、	大和福智院家文書
12	延慶四・正・二三	同前	同前	同前	西園寺前左大臣家(同前)	広義門院御産御祈ノ事ニツキ、急速ニ沙汰進ムベキ由ヲ申シ入レシム、	広義門院御産愚記
13	元応二・七・二九	同前	高時・貞顕	維貞	西園寺入道前太政大臣家(実兼)	尾張国甚目寺庄ノコトニツキ、事書一通ヲ示シ、其ノ旨ヲ申シ入レシム、	勧修寺文書
14	元亨四・二・五	同前	高時・貞顕	維貞・範貞	西園寺右大将家(実衡)	永嘉門院(瑞子女王)御使薩摩前司家知申ス室町院(暉子内親王)御遺領ノ事ニツキ事書一通ヲ示シ、其ノ趣ヲ申シ入レシム、	東寺百合文書エ
15	嘉暦四	関東事書		(六波羅)	西園寺家(公宗)	四辻宮家領十七ケ所ノ内タルニヨリ、摂津国仲庄・筑前国植木庄ヲ四辻宮ニ返進スベキコトヲ申シ入レシム、	東寺百合文書ほ
16	元徳三・六・二一	関東御教書	茂時(連署)	仲時・時益	同前	仏名院々主職並ビニ同院領摂津国野鞍庄ノコトニツキ菩提院僧正信助等ノ異議ヲ斥ケ、大覚寺二品性円法親王ノ管領ヲ認ムベキコトヲ申シ入レシム、	醍醐寺文書二
17	元徳三・九・五	同前	守時・茂時	同前	同前	凶徒対治ノタメニ、大仏貞直・金沢貞冬・足利高氏ヲ差遣セシコトヲ申シ入レシム、	光明寺残篇

この表によって、六波羅を介して朝廷に申し入れられる事柄の性格とその方法、および幕府→関東申次の交渉における六波羅の役割が知られる。

まず関東よりの指令がとる文書形式についてみれば、六波羅探題宛ての関東御教書が常例というべきであろう（4・15の関東事書の場合は別に関東御教書が発給されたとみられる）。3と6は特例であるので左に示そう。(49)

3若狭前司泰村(三浦)・能登前司光村(同)以下舎弟一家之輩、今日巳剋、已射ニ出箭一之間、及ニ合戦一、終其身以下一家之輩及余党等被ニ誅罰一候畢、以ニ此趣一可下令レ申ニ入冷泉太政大臣殿一給上候、恐々謹言、

(宝治元年)六月五日　　　　　　(北条時頼)左近将監

謹上　(北条重時)相模守殿

追啓　□(礼紙申状云)

毛利入道西阿不慮令ニ同心一之間、被ニ誅罰一畢、

6異国合戦之間、当時兵粮米事、□要鎮西及因幡伯耆出雲石見国中□(国衙領公カ)家本所一円得分、并富有之□米穀、令ニ見在一者、可ニ点□(定)ニ□(由)□、□(可被)□此旨可下令レ申ニ入春宮大夫□(西園寺実兼)(殿)ニ□(給)上之状如レ件、

弘安四年六月廿□(八)日　　　　(時宗)相模守□

(時村)陸奥□(守)殿　(時国)越後左近大夫将監殿

表2に掲げたこの種の文書がふつう「依仰執達如件」の関東御教書のきまり文句で書き止められるのに比べ、3が「恐々謹言」の書状形式、また6は「状如件」の下知型直状形式をとる点で他と著しく異なっている。その理由を考えるに、3の場合は新執権時頼がはるかに年長の、祖父泰時の弟重時に宛てたため、丁重な書式となったのであろうし、(50)6の場合は得宗として幕政の最高権力を掌握しおえた時宗が異国襲来の異常事態に直面しての重大な決意をこめたためであろうか。ちなみに3にみえる「冷泉太政大臣」とは西園寺実氏とみたい。(51)

次に署判人と名宛人について。まず署判人は執権・連署の発給の形をとるのがふつうであるが、連署が任命されていなかったり、執権が何らかの理由で署判を加えることができぬ場合は、執権もしくは連署の単一人による発給となった。一方名宛人については、両探題に宛てられるのを原則とするが、南北の片方しかいない場合にはそれへ宛てざるをえなかった。

さらに被伝達人についてみれば、関東申次がこの役目を果たしていることがわかる。関東申次の重要な役割の一つはまさにここにあったのである。寛元四年（一二四六）に関東申次のポストが西園寺氏に固定される以前の1・2のケースについては「二条中納言家」（二条定高）が登場しているが、これは当時公武の交渉窓口の役割を果たしていた九条道家の家司とみられる。

さて、六波羅探題・関東申次を介した幕府の朝廷への申し入れの内容については、東使を特派してのそれとの関係に留意せねばならない。東使を介しての交渉の実態についてはすでに考えてみたが、(52)その結果得られた知見をふまえれば各々の申し入れの内容には明確な性格の相違が認められる。

東使とは幕府が派遣する特使であるから、東使を介しての交渉は幕府→朝廷間の直接的な折衝であって、六波羅の関与を排除して行われる点に著しい特徴を有する。(53)第二章第一節でみたように、その申し入れの内容は皇位継承の問題、天台座主の改替、将軍の招請など公武のトップレベルの人事、興福寺・石清水八幡宮間の抗争に象徴される当時の超一級の寺社権門のかかわる事件、さらには蒙古問題のごとき国の外交権にかかわる事件、といったような重大案件を中核としており、六波羅側からいえば、六波羅はこれらの公武間の重事にはほとんど関与することができなかったのである。関東の幕府はこのような王朝に対する直接的支配を最後まで貫き通したのである。鎌倉幕府の王朝との交渉のルートには、東使を介した直接的なものと、六波羅を介したどちらかといえば間接的なものとの両様があったこと、その二つの方式の性格のちがいは同時に幕府体制下における関東―六波羅の関係を反映したことは注意されよう。そのようにみれば、表2の内容欄に示したごとき事柄はさしずめ六波羅経由に属する一般的案件といえよう（ただ6の事例だけは当時の特別な政治的事情をも考慮せねばなるまい）。

これまで公武交渉における関東↓六波羅の指令をみたのであるから、やはり六波羅↓関東の方向での文書の動きもいちおうふれておく必要があろう。倉卒な検索の結果、わずかに五点を探しえた。もとより脱漏はまぬがれないが、ひとまずそれらを表3に整理してみた。[54] 同様の文書形式をとってはいても公武交渉関係以外のものは除外している。[55]

関東宛ての六波羅探題の文書の特徴は、㈠文書形式が探題の書状（連署）であり、「(以此旨)可有（洩）御披露候、恐惶謹言」のような典型的な上申文言を備えること、㈡年紀のしるし方は書下し年号、無年号の両様があること、㈢差出人の署判の仕方は官名と実名とをしるす厚礼のもので、しかも裏花押がふつうであったかもしれぬこと、[56] ㈣上所はいずれも「進上」であること、㈤名宛人についてみれば、1・2が幕府評定衆、[57] 3が幕府引付衆、そして4・5が得宗被官であること（このことは執権政治から得宗専制への移行を具体的に示す一挙証として注目される）、などである。六波羅は関東に対して実に厚礼の書状を出して、その指示を仰いでいたのである。

次に幕府側に移管するための勅裁が関東に宛てられるか、六波羅に宛てられるかという点から関東と六波羅の関係を探ってみよう。この点についてはすでに外岡慎一郎の整理があり、同氏は関東移管の訴訟案件が大まかにみて、①興福寺・春日社関係、②港湾・関所関係、③禅宗寺院関係、④諸国有力寺社関係、⑤その他、の五つのグループに分けられ、一方六波羅移管の案件については「若干の例外を除いて、六波羅探題所轄の諸国内で発生した殺害・刃傷・押領・年貢抑留等の犯罪に関する内容に一括できる」とされた。[58] 外岡氏の右の整理はおおむね妥当と考えられる。六波羅は西国成敗の一般的権限を付与されながらも、やはり関東の直轄事項にはそれが西国に属してはいても直接的関与を許されず、むろん裁許権もなかったのである。[59] 以上は王朝への対応の仕方からみ

表3　関東宛て六波羅探題の文書（対京都関係）

	年月日	文書形式	差出人	名宛人	内容	出典
1	「嘉禎元」九・二八	六波羅探題連署書状	掃部助時成（盛） 駿河守重時	斎藤兵衛入道（長定）	尾張国長岡庄ト堀尾庄トノ相論ニツキ、「近衛殿御方」(本所)ニ申シ入レ、「勘解由中納言家御奉書副政所御下文」ヲ関東ニ進上ス、	参軍要略抄(下)紙背
2	建長五・二・一一	六波羅探題北条長時書状	左近将監長時（裏花押）	清左衛門尉（満定）	右ノ事ニツキ、「大殿御所」ニ申シ入レ、「御返事幷訴陳具書等」目録ヲ副ヘテ関東ニ進上ス、	同前
3	（宝治元～建長七）七・二一	同前	左近将監長時	伊勢守（二階堂行綱カ）	笠置寺僧等申ス福智法眼長賢ノ狼藉ノ事ニツキ、茂綱・清継ヲ以テ言上セシム、御尋アリテ、其ノ旨ヲ披露セシム、	中野忠太郎氏手鏡
4	（延慶元）一一・七	六波羅探題北条貞顕書状	越後守貞顕	尾藤左衛門尉	円覚寺額ノ事ニツキ、伏見上皇ノ宸筆ヲ頂クベク西園寺公衡ニ伺ヒ申セシトコロ、悉ク下サルコトヲ関東ニ披露セシム、	円覚寺文書
5	延慶三・二・七	六波羅探題連署書状	越後守平時敦 右馬権頭平貞顕 （いずれも裏花押）	長崎左衛門入道（高綱）	東寺領若狭国太良庄雑掌申ス下地以下所務ノ事ニツキ、「訴陳状具書等」目録ヲ副ヘテ進上シ、其ノ旨ヲ披露セシム、	教王護国寺文書

た西国における訴訟案件の管轄区分についての知見であるが、六波羅の西国成敗権の性格を考える上で重要な事柄といわねばならない。

三　「西国界」と六波羅探題

西国における本所相互間の堺相論は「聖断」によるという原則は南北朝期まで持続した。むろん鎌倉期にあっても堺相論が公家の重事であったことは、左大臣九条道家が承久二年（一二二〇）伊勢国和田庄堺相論に対して「此条大事也」と述べている事実（『玉蘂』同年五月二十日条）に明白であるが、果たしてその実態はどうであったかを特に六波羅探題とのかかわりで一見しておこう。まず関係史料を挙げておく。(60)

①『吾妻鏡』貞永元年九月一日条

畿内近国并西国境相論事、共以為公領者、尤可為国司成敗、於庄園者、為領家沙汰、経奏聞、可為聖断之由被定、且以此趣被仰六波羅（重時・時盛）云々、

②『葉黄記』宝治元年正月二十六日条

今日評定式日也、（中略）定詞予（葉室定嗣）書之、惣四ヶ条也、

一　高野山領名手庄（紀伊）与粉河寺領丹生屋村（大和）相論堺事、

於武家遂対決、以問注記送関東、而於堺事者、可為公家御成敗、相論之間狼藉出来了、於此事者、就被仰下、可致沙汰之由、時頼（北条）申上之、仍評定、可被下勘記録所之由、人々被定申之、（下略）

③『吾妻鏡』建長六年十月二日条

西国堺相論事、有其沙汰、一向可為本所御成敗之間、雖有訴訟、不及召決、其中一向関東御領叓者、尤可有其沙汰之由、所被仰遣六波羅也、

④『経俊卿記』正嘉元年四月十九日条

正嘉元年四月十九日雅言（源）　奏、

（中略）

同堂（藤津庄円堂カ）領永富保与倉見庄堺相論事、

仰、永富保申帯武家之去文之由申之、倉見庄可爲武家成敗之由申之、以両方申状可相尋武家、

⑤『経俊卿記』正嘉元年九月二日条

正嘉元年九月二日雅言（源）　奏

（中略）

永富保与倉見庄堺相論事、

仰、忩可遂対決之由可下知之旨、可仰武家、

⑥『兼仲卿記』自正応五年九月一日至卅日　紙背

（前略）抑当社領摂津国山田庄（八部郡）□（与カ）播磨国（美嚢郡）淡河庄堺相論幷喧嘩沙汰候、両庄共ニ依爲武家所□於六波羅雖致沙汰候、山田庄ハ摂津北端、淡河庄ハ播州南端まて候□、雖爲両庄沙汰、両国境候、仍可□（爲カ）公家御沙汰歟之由存候歟之間、自□（淡河）方可申下　院宣之由秘計候□（上カ）□、若如然事申入　殿下御所候□（以下欠）

⑦「追加法」六八四条（正安二年七月五日）

一　西国堺相論事

以弘安八年六月十一日被仰六波羅条々内、於領家一人所、有地頭相論事者、任旧儀可被沙汰、次関東御一門御領与京都御領堺事、可爲聖断条、不可違式目之文云々、条々諸事、所被書遣也、早守法可被成敗之状、依仰執達如件、

正安二　七　五

陸奥守（宣時）御判

相模守（貞時）同

上総前司殿（鎮西探題北条実政）

これらの史料によって西国堺相論に対する六波羅の関与についてみれば、本所領家相互の堺相論は「聖断」とする幕府の基本原則を当然ながら六波羅もきびしく遵守させられ、幕府側は「相論之間狼藉出来」の場合に限って介入できたことが知られるが、反面「堺事」以外の訴訟案件については「於武家遂対決、以問注記送関東」る道が開かれていたことも推測することができよう[61]（②）。堺相論もその性質によっては六波羅に移管されることもあったようである（④⑤）。

掲出した史料の中で最も興味深いのは⑥の記事である。この記事についてはすでに佐藤進一氏が注目せられ、これが「建治ころのものと思われる」こと、庄園の境界がたまたま国界と重なった場合の裁判であり「幕府と王朝との関係を考えるうえに重要な史料」であることを指摘された[62]。簡潔で要を得た佐藤氏の指摘に付加するものを持たないが、本節の趣旨に従って六波羅の役割に注目してみよう。山田庄[63]は摂津国八部郡に、また一方の淡河庄[64]は播磨国美嚢郡に属し、確かに両庄の境界は両国の国界ともなっている。まず両庄が共に「武家所□[65]」であるところから六波羅において沙汰された。「武家所□」とは両庄が六波羅の訴訟管轄下にあったことをいうのであろう。ところが淡河方がこの六波羅の沙汰に不満だったのか、本件は国界であるから「公家御沙汰」つまり聖断たるべしとの法理をもち出し、王朝の裁断を仰ぐべく行動を開始しているのである。国界にかかわる相論が聖断に属するという法理についてはこれ自体深く掘り下げて究明する必要があるが、この件についてはこの法理が六波羅およびその背後の幕府の成敗権の伸長をはばむ役割を果したであろうことを指摘するにとどめたい。

ちなみに、幸いここに本所領庄園間の堺相論に対して幕府・六波羅がどの程度かかわることができたかを具体的に知るためのよい史料がある。宮内庁書陵部所蔵「参軍要略抄」下の紙背に残った近衛家領尾張国堀尾庄と同長岡庄の間の堺相論にかかる全二十七通の文書である[66]。これらは飯倉晴武氏の解説に述べられているように「地頭が関係する本所領の訴訟について、鎌倉幕府と六波羅探題、それと本所、現地間の文書通達経路を示す材料(67)として稀有の史料といえる。(68)個々の文書の内容について逐一紹介する遑はないが、本所領庄園間の堺相論における本所・関東・六波羅の関与の仕方の特徴を、飯倉氏の解説を参考として、当面必要な範囲でまとめれば次のようになろう。

①この堺相論についての裁許権は両庄の本所たる近衛家にあった。

②当事者の地頭は関東の口入を求めて、幕府に訴えているが、幕府は「地頭等之訴訟非可黙止」(69)との配慮から本所に対して一定度の申し入れはできても裁許自体を下すことはできなかった。

③六波羅は幕府の本所に対する申し入れを本所に伝え、また本所よりの返答を幕府に進めるなど、幕府―本所間の連絡役をつとめている。

④幕府は本所の裁許を家人の主としての立場から地頭に下知し、六波羅はこれを施行した。

堀尾・長岡両庄の庄園としての性格について考えるとき、「新田神社文書」所収の正応二年（一二八九）十月日国分友兼申状案にみえる、(70)

於関東御口入地者、専申付関東御挙状於本所、令安堵之条、諸国一同先傍例也、

の文言が参考となる。関東御口入地の地頭は関東の挙状を本所に申し付けることによって本所より安堵してもらうというこの傍例は関東御口入地に対する幕府の介入の限界を雄弁に物語っている。堀尾・長岡両庄の堺相論をめぐる関東の対応もこれに酷似していることから、両庄を関東御口入地とみることが許されるのではあるまいか。西国堺相論に対して幕府は原則として裁許権を有しなかったものと思われる。(71)果たして元亨二年（一三二二）六月日堀尾庄雑掌良有申状案には「西国堺事、自元可為聖断之旨定法也」との文言がみえている。(72)

おわりに

以上、六波羅探題の役割を特に対王朝・公家の側面に注目して述べてみた。六波羅探題が決して関東の京都出先としてその指令なくしては活動できなかったのではなく、関東の直接支配にかかわる事案はむろん関東の指示を仰ぎ、或いは注進を行う一方では、王朝の西国支配権と深くかかわりつつ、探題独自の活動を行っていたことを知ることができた。なかでも最も注目すべきは、王朝側で提起された訴を移管された上、これを審理・裁許し、さらには強制執行のシステムの上にのせるという機能である。このことは王朝権力を支える六波羅の役割の一端を示すであろう。

しかし六波羅探題のポストはその重責にみあわない権限の不完結性などのために必ずしも北条氏一門の就任者に歓迎されなかった。仁治元年（一二四〇）に南方探題北条時盛が父時房の没に際して一旦東下したとき「関東祗候」をしきりに嘆願した事実、(73) さらに延慶元年（一三〇八）に南方探題北条貞顕が北方への転任を拒んで三カ条にわたる理由を述べた事実(74)はそのことを雄弁に物語っていよう。かつて上横手雅敬氏は、

六波羅の権限の強化は、惣領制的（血縁的）全国支配の枠内でのみ進められたのであり、後の関東管領のような完全な独裁とは趣を異にしているのである。

と述べられたことがある。(75) また近年外岡慎一郎氏は六波羅と西国守護との関係に注目して、六波羅探題が「六波羅分国とも称すべき独自の支配地域を形成したこと」を指摘された。(76) 六波羅探題の性格評価にかかわるこの二つの指摘をいかに整合的・統一的に鎌倉政権の支配構造の特質把握に向けて生かすかが今後の課題となろう。

（1）　追加法八四条。以下追加法の条数は『中世法制史料集』一による（岩波書店、昭和四十四年）。

（2）佐藤進一氏『鎌倉幕府訴訟制度の研究』（畝傍書房、昭和十八年）二三五〜九頁参照。

（3）総本山金剛峰寺編『高野山文書』一、三七頁。ちなみに永仁五年九月日東大寺学侶等申状案には「謹検案内、尾張以西之沙汰、可為六波羅成敗之旨、自往古被定置者歟」（「東大寺文書」、『鎌倉遺文』二六巻一九四六四号文書）とみえる。

（4）同氏「鎌倉後期の公武交渉について――公武交渉文書の分析――」（『敦賀論叢』創刊号、昭和六十二年）五六頁。

（5）『島本町史』史料篇、四八八頁。

（6）「疋田家本離宮八幡宮文書」二・三・四号文書（『島本町史』史料篇）。

（7）参考となる事例はある。「春日社旬幷日次御供事」についての訴えを内容とする嘉禎二年九月二十八日春日社司連署申状には本文中に「早爲被仰下武家、社司等所々馳言上候也」と、さらに追申には「猶可被仰付武家之由思給候」と記され、六波羅への申し入れを要請している。これをうけて（嘉禎二年）九月三十日二条定高書状が出された（「春日社司祐茂日記」、『鎌倉遺文』七巻五〇五〇〜一号文書）。

（8）(A)は「自永仁二年二月一日至六日巻」紙背、(B)は「自永仁元年十二月一日至卅日巻」紙背、さらに(C)は「自永仁二年三月一日至十九日巻」紙背に残存する。ちなみに『兼仲卿記』紙背に残る九州関係の文書は数少ない。本件に関する一連の史料はその中で中心的地位を占めている。

（9）(B)(C)にみえる端書「裁許院宣案」「大宰少弐書下案」の文字も同筆。

（10）(B)が含まれる同じ巻の紙背にみえる次の文書（後欠）である。」は行替わり。

　七条院法花堂領筑前国殖木」庄雑掌申、肥前国守護代」野尻入道幷定俊以下武家被」管輩及茂能法師等悪党人率」数多人勢、公家・武家御沙汰𥇥」中乱入当庄、致種々狼藉由」事、雑掌申状副具書如此、且任」先例、且准先規、可鎮沙汰」之旨、□（欲）被下　綸旨於武家」（以下欠）

本文書は後欠のため発給人、名宛人を知りえないが、内容からみて本文引用の申状を裁判所へ挙達した挙状と考えられる。あえて推測すれば七条院法花堂領筑前国殖木庄の領家（具書の院宣の宛所太政大臣僧正は領家か）あたりの挙状とも考えられよう。なお本文書は『鎌倉遺文』二三巻に一七三七四号文書（文書名は某請文）として収められている。

（11）表裏の関係にある紙背文書と日記自体の記事の時間的関係に注目すれば、正応五年正月以降永仁二年二月以前の幅に限定できるが、申状が反故と化す時間を考慮するならば、正応五年あたりが最も妥当なところであろう。

（12）『鎌倉遺文』では⑤との関連において正応五年の箇所に二三巻一七七九六号文書として収められている。

（13）年次表記に一年のくいちがいがあるが、後伏見上皇院宣の残存のぐあいからみて、正応三年を採るべきと考える。なお

『鎌倉遺文』では一三巻一七三七三号として収める。

（14）『鎌倉遺文』では一三巻一七七九五号。本文が大変よみづらいことは確かで、写真版からの読み取りは不可能に近かろう。この刊本では平仲兼請文と命名され「有御披露候、恐々謹言」と読み取られているが、これは全く誤りである。

（15）『鎌倉遺文』では一三巻一七七七一号。この文書についてはすでに川添昭二氏が少弐氏の体系的研究の中でふれておられ（同氏『九州中世史の研究』吉川弘文館、昭和五十八年、一四〜七頁）、武藤盛経の「筑前守護としての発給文書」とみなされている。

この文書は鎮西談義所頭人としての立場からの召文とも考えられるので、肥前国御家人納塚定俊らの狼藉を排除するための殖木庄雑掌の訴は最初（つまり本申状を王朝に提出する前年の正応四年）鎮西談義所に提出されたことになる。おそらく本所雑掌はまもなくこの談義所を見限り、六波羅に訴えようとしたのであろう。雑掌が筑前国内の一庄にかかる本訴訟を六波羅の裁許に委ねようとした事実の裏には六波羅の西国成敗権が存在せねばなるまい。瀬野精一郎氏は六波羅が鎮西への権限を有するのは正応六年三月までとされた（同氏『鎮西御家人の研究』吉川弘文館、昭和五十年、八五頁）。本史料はその期間内の最末期の一件ということになる。

（16）肥前国御家人としての納塚・野尻氏については、注(15)所引瀬野精一郎氏著書、一八二〜三頁に本史料に即しての知見が述べられている。

（17）「高野山文書」続宝簡集八十四（『鎌倉遺文』一三巻一七七六三号文書）。もっとも「望請　天裁、仰武家、経急速御沙汰」のような表現まで含めれば、すでに弘安年間にその実例を認めることができる（「東大寺文書」弘安五年八月日東大寺衆徒申状土代、『鎌倉遺文』一九巻一四六九二号など）。

（18）「建治三年記」建治三年十二月十九日条。

（19）東大寺領美濃国茜部庄地頭職の停止にかかる正中三年三月日東大寺衆徒等申状土代、嘉暦元年七月日東大寺衆徒等申状土代、いずれも『大日本古文書東大寺文書之十一』所収。また『鎌倉遺文』二二巻一七二〇〇〜三号文書も参照。

（20）(D)は「自弘安六年正月日至三月廿九日一巻」紙背、(E)は「自弘安六年十月一日至十二月廿日一巻」紙背。

（21）引用史料は原本によったが、『鎌倉遺文』では(D)が一三六九一号文書として、(E)が一三六九三号文書（いずれも一八巻）として収録されている。ちなみに一三六九一号文書の事書部分の「飼作麦刻、剰致打擲……」のうちの「剰」は原本になく、削除すべき文字である。

(22)　日本歴史学会編『概説古文書学』古代・中世編（吉川弘文館、昭和五十八年）一五〇～一頁。なお(D)文書は日本歴史学会編『演習古文書選』荘園編上に五四号として写真掲載されており、釈文・解説の部分においては本文書が「朝廷に訴え出」るためのものであった旨のことが記されている（一二九頁）。笠松氏の記述はこの考え方を採用している。

(23)　六波羅宛ての挙状としては、さしあたり大炊寮雑掌の申状を六波羅探題北条維貞に対して挙達した、文保年間の大炊頭中原師右の挙状が『師守記』紙背に数点残存している（『史料纂集師守記　七』三三～七、八九～一〇〇頁参照）。

(24)　この地頭代が誰かについて検索すれば、約十年後の正応年間のものと推測される、右馬権頭入道宛て七月九日六波羅探題連署書状（『兼仲卿記自永仁二年正月一日至卅日巻』紙背文書）にみえる「大和国平田庄地頭代行政」とあるいは同一人と思われる。一方『兼仲卿記』には多武峰十禅師御墓守と抗争する「平田庄内疋田郷執行政行」（弘安二年八月十八日、二十三日条）があらわれ『同記正応元年八月十三日至廿八日巻』紙背、（無年号）十月十九日多武峯寺僧良忠申状に「大和国平田庄官曳(疋)田兵衛□(政)行」ともみえる。この疋田政行こそ(D)申状における訴人の中心人物だったであろう。
　ちなみに先の七月九日六波羅探題連署書状は『鎌倉遺文』に六波羅御教書の文書名で収録されているが、同一の文書を三ヵ所にわたって推定年次を異にして（文言の異同も少しある）収めるという誤りをおかしている（二二巻一七〇六三・二三巻一七三八三・一七九六四号文書）。

(25)　『弁官補任』二（続群書類従完成会）三頁。『鎌倉遺文』の比定も同様。

(26)　筆跡よりみて、6と9は確実に、おそらく8も同一の右筆が書いたものと思われる。

(27)　1・4は原本により確認することはできなかったが、裏花押である可能性は高い。また3については注(66)所引の飯倉晴武氏の翻刻では官職・実名の下に「裏判」の二字が脱落している。

(28)　増補続史料大成に収録。

(29)　『鎌倉遺文』一八巻一三八八〇号がこれであるが、文書名を「亀山上皇院宣」と誤っている。

(30)　清水正健氏『荘園志料』上、一九七～九頁。『演習　古文書選』荘園編上、五四号文書についての注(1)（同書一二八頁下段）。

(31)　笠松氏は(D)の申状正文が勘解由小路兼仲の日記の料紙に利用されたことをもって、(D)が朝廷以外に向けられた可能性を全面否定されたが（注22所掲書、一五一頁）、一乗院門跡を出す立場にある摂関家に提出されたと考える余地は十分にあろう。ではなぜ摂関家にもたらされた(D)・(E)の文書が兼仲の日記の料紙に利用されたかについては、兼仲がたとえば殿下御教書を奉じ（『兼仲卿記自弘安元年十月一日至十二月七日巻』紙背、七月十三日付、自筆）、関白近衛家基家御教書を奉じる（『同自正応五年九月一日至卅日巻』紙背、(正応二年)七月二十四日付、これも自筆。『鎌倉遺文』二三巻一七九六九号に収めるが、日付の「十四日」は「廿四」の誤り、年次比定も誤り）など、摂関家の家司としての顔をあわせもっていることを考えれば納得がゆこう。

(32)　子の兼仲が家司であったことからの推測である。兼仲が家司であった徴証については注(31)参照。

(33)　『兼仲卿記自弘安七年九月一日至廿九日巻』紙背、「文永十年」十二月二日付、但し前欠。『鎌倉遺文』二〇巻一五二九五号。

(34)　「離宮八幡宮文書」三・四・五号文書（『島本町史』史料編所収）。『鎌倉遺文』では三二巻二四三九〇・二四三九二（但し宛所に誤植あり）・二四三九九号。ところが『鎌倉遺文』はこの三通の文書を正和三年の箇所にも収めている（三三巻二五一九六・二五一九八・二五二〇二号）が、おそらくこれは『神戸市史』資料一（神戸市役所、大正十二年）における年次比定の誤りをひきついだものと思われる。

(35)　花押の照合には東京大学史料編纂所小宮木代良氏の手をわずらわせた。記して謝意を表したい。

(36)　応長元年より十年ほどのちの元応・元亨年間の成立といわれる『沙汰未練書』に「消息トハ　西園寺以下時人御教書也」としるされている。

(37)　この例と同様に、前表8・9の場合も使者が派遣されている。頼成は9にもみえている。六波羅にはこのような職務を専掌する事務官がいたものと思われる。

(38)　「九条家文書」正応六年三月十七日九条家文庫文書目録。九条忠教譲状（『鎌倉遺文』二三巻一八一二五・一八一二六号文書）。

(39)　『公卿補任』正和四年条、藤原光経の項に「(永仁六年)八月廿八日任勘解由次官。（中略）嘉元々九廿四兼中宮権大進（次官如元）」とみえるし、正安三年二月八日の「後伏見院御幸始記」（『史料纂集公衡公記　二』）に供奉殿上人の一人として「勘解由次官(九条)光経」があらわれている（同前、二七八頁）。

(40)　『公卿補任』二、正中二年条（五〇二頁）。『尊卑分脈』二、一一八頁。後者によれば、雅任の祖父顕雅にかけて「号法性寺」としるされている。ちなみに『花園天皇宸記』において雅任は二ヵ所にしか登場しないが、そのうちの一つ元亨四年三月十九日条では、室町院遺領のことにつき永嘉門院（宗尊親王の女瑞子）の使者として吉田定資のもとに向っている。

(41)　『島本町史』「離宮八幡宮文書」六号文書（三七〇頁）。

(42)　同右七号文書。なお外岡慎一郎氏は先掲の正和三年十月十日関東御教書をもって「勅裁により、関東申次を介して案件の処理等が幕府に委任されたことを示す訴訟関係文書」（注4所掲外岡慎一郎氏論文、五二頁）に含め（同氏所掲表33の事例）、本案件が港湾・関所関係の訴訟案件であり、このため北条氏との深い関係の故に本件が関東所管となったと指摘された。本件が北条氏の権益と関係の深い港湾・関所関係の訴訟であることは認められるが、先の正和三年関東御教書が外岡氏のいわれる勅裁の関東委任の一事例だと直ちに認めてよいかといえば問題がある。この正和三年関東御教書の文言が他のかかる事例と比べて風変わりなのは提訴の仕方、その後の訴訟進行の経路が異なるためであろう。筆者はこの一件はまず六波羅に提訴されたものと考えている。

(43) 注(22)所掲書、一五〇頁。

(44) 瀬野精一郎氏編『鎌倉幕府裁許状集』下（吉川弘文館、昭和四十五年）を参照されたい。

(45) 注(4)所掲外岡氏論文、五八頁。

(46) 「田代文書」。注(44)所掲裁許状集所収四九号文書。

(47) この文書は「田代文書」に残っている。『鎌倉遺文』三二巻二四三七四号文書。

(48) 『経俊卿記』康元二年三月七日条によれば、この日藤原経俊は右少弁源雅言の奏事三ヵ条を伝奏したが、そのうちの一つ「良野郷地頭非法事」についての後嵯峨上皇の勅答は「仰、問注記遣関東之上、可相待成敗歟」というものであった。朝廷の裁判所における問注記（対決記録のこと）を関東に送ってその裁断を待てという内容である。おそらくこのことは六波羅における裁判機構の未整備の事情を反映する事実といえよう。

(49) 3は『新訂増補国史大系　吾妻鏡　三』、三八二～三頁。6は昭和十年刊行の『元寇史料集』二（国民精神文化研究所）にコロタイプ版で収められているが、本節引用に当っては『中世法制史料集』一（岩波書店、昭和四十四年、第五刷、昭和四十四年）四五九頁より採用した。旧字体は新字体に直した。

(50) 重時はこれより一年ほど前の寛元四年八月にも時頼よりの書状（「左近大夫将監時頼遣重時之状」と表現）を受けている。この書状はいわゆる宮騒動の顛末や公家側への徳政要請、叙位除目、さらには関東申次の選任などについての重大な内容をもっていたが、その趣を「内々可披露」きことを後嵯峨上皇の院司参議葉室定嗣に依頼しようとした重時は、その状をそのまま院の奏覧に入れたいという定嗣の意見を拒んだのみならず、書写させることも拒み、篇目のみを「折紙」にしるし、二枚のうち一枚を自身で持つことで折り合いがついた。周知のとおり以上のことは『葉黄記』寛元四年八月二十七日条にしるされているが、「折紙」に着目された笠松宏至氏は「彼（重時＝筆者注）のおかれた表現の仕様もない微妙な立場と、もり込まれた内容の重大さ、この二つの条件を同時に許容する」折紙の性格を見すえられた（同氏「『日付のない訴陳状』考」〈昭和五十二年〉三〇四頁。『日本中世法史論』所収、東京大学出版会、昭和五十四年）。また上横手雅敬氏は「定嗣との応対から窺われる重時の慎重な人柄は、その家訓に見られる処世観と重なって、興味をそそるものがある」と述べておられる（同氏「六波羅の重時」二頁、『日本文化季報』Ⅲ―4、昭和五十四年）。

いずれも傾聴に値する意見と思われるが、ここではやはり第一に重時自身が奏覧を躊躇した「是私状也」という理由、つまり関東御教書の形式をとっていなかった点（むろんとれなかった理由も考慮すべし）に注目すべきであろう。

(51)『新訂増補国史大系』、『鎌倉遺文』九巻六八三五号文書は「久我通光」を比定し、一方『大日本史料』五―二二、七四頁は「藤原実氏」を比定する。なるほど『公卿補任』二によれば、当時の太政大臣は久我通光であるが、すでに前年の寛元四年十月に関東申次には西園寺実氏が幕府によって指名されているので（『葉黄記』同月十三日条）、この場合も同人とみた方が妥当と思われる。つまり「前太政大臣」とみられる。

(52) 本書第二章第一節参照。

(53) むろん上洛した東使が六波羅館に入ることはある。しかし六波羅探題が東使の任務遂行に積極的に介入したことは史料にこれをうかがうことができない。

(54) 表2は公武間の問題に関する六波羅宛ての指令をすべて収めるものではないから、表3の事例とそのまま直ちに対応させて考えることはできない。

(55) たとえば「肥前山代文書」暦仁二年正月二十七日六波羅挙状（『鎌倉遺文』八巻五三七五号文書）、延応元年九月一日同前（同巻五四七〇号文書）など。

(56) 表3のうち2・5は裏花押であるが、3・4については検討の余地がある。このうち4については『鎌倉市史』史料編二の編者によって「コノ文書、署名ノ右ヲ切抜キ、貞顕ノ花押ヲ宛嵌メ居レリ、花押ハ別ノ文書ノモノナラン」との注記が施されている（四七頁）。原本による調査を必要とするが、筆者はあるいはこの文書はもともと裏花押であったためにこのような作為が施されたのではないかと密かに思っている。1については宮内庁書陵部所蔵「参軍要略抄」(下)紙背文書原本による限り、「掃部助時成(盛)在判　駿河守重時在判」となっているが、案文であるために正本でどのようであったか一寸疑ってみる余地はあろう。

(57) 瀬野精一郎氏は1の「斎藤兵衛入道」を関東問注所奉行人斎藤長定とみておられる（同氏『鎮西御家人の研究』一〇〇

頁）。

（58）注（4）所掲同氏論文、五四～六頁。

（59）関東移管を命ずる勅裁は王朝の手でその都度関東に伝達されたとは考えられない。そこでこのことを考えるための手がかりを探してみよう。『公衡公記』正和四年三月十六日条によれば、同年三月八日の鎌倉大火に際して後伏見上皇は院宣（「治部卿奉書」）を関東申次西園寺公衡に下して「炎上事、被驚思食之由」を関東に申さしめたが、このとき「書副愚状、申関東」した公衡は院宣と自らの消息とを六波羅に遣わしたことが知られる。つまり後伏見上皇院宣と西園寺公衡消息は六波羅経由で関東に伝達されたわけである。おそらく関東移管の勅裁も関東申次の施行状もこの事例と同様に六波羅の手によって関東へ届けられたと考えられる。ちなみにこのとき、火災を見舞うための吉田定房の奉ずる「大覚寺殿院宣」（後宇多上皇院宣）、平経親の奉ずる「法皇院宣」（伏見上皇院宣）も西園寺公衡のもとにもたらされたが、それらも公衡より六波羅へ遣わされている。そこには対幕府交渉の正式窓口たる関東申次の役割があざやかに示されている。

（60）以下六波羅探題成立以降のものに限ったが、それ以前の事例として『玉蘂』承久二年五月二十日、二十六日条は注目される。

（61）次の史料は関東で受理した訴訟案件について幕府が六波羅に召決・注進を命じたことを示すものであるが、ここで参考となる。

①紀伊国日前国懸国造宣親与興福寺住僧信暁相論神宮寺別当職事、両方申状副具書遣之、子細見状、早召決彼是、可被注進之状、依仰執達如件、

仁治三年三月廿六日　　前武蔵守（北条泰時）在―（判）

相模守殿（北条重時）　越後守殿（北条時盛）

②（端裏書）「六波羅状」

紀伊国日前国懸国造与興福寺住僧信暁相論神宮寺別当職事、去三月廿六日関東御教書如此候、早企上洛可遂対決之由、可被仰含信暁候歟、以此旨可令申沙汰候、恐惶謹言、

四月十三日　　越後守時盛（裏花押）

相模守重時（裏花押）

進上　亮律師御房

①は「春日神社文書」所収（『鎌倉遺文』八巻六〇〇五号文書、『大日本史料』五―一四、三〇九〜一〇頁）、②は「大橋文書」所収（『大日本史料』五―一四、三一〇頁）。

(62) 同氏『勘仲記』の紙背文書」（『日本文化の歴史』月報七、昭和四十四年）三頁。

(63) 注(30)所掲清水正健氏著書、三七九頁参照。

(64) 同右、一〇六一〜二頁参照。

(65) □の文字は料紙下方が切断されたためほとんど読み取り不能である。しかし佐藤氏は「摂(?)」と判読されている。

(66) 関係史料はすでに飯倉晴武氏によって翻刻されている（「尾張国堀尾・長岡両庄堺相論文書」『古文書研究』三号、昭和四十五年）。本節を草するに当って同氏の翻刻されたテキストを利用させて頂いたが、その際原本の紙焼との照合を行った。

(67) 同右、一〇七頁。

(68) 全二十七通のうち関東・六波羅関係としては、関東下知状一通（飯倉氏の翻刻の文書番号によれば四号、以下同じ）、関東御教書五通（十一・十六・十七・十九・二十一号）、六波羅探題施行状一通（十二号）、六波羅探題書状四通（十・十八・二十・二十四号）、以上総計十一通である。

(69) 十九号文書の中の文言。

(70) 『鎌倉遺文』二三巻一七一七五号文書。

(71) 『大日本古文書東大寺文書之十二』四二三号大井庄下司職券文は東大寺領美濃国大井庄下司職還補をめぐる大中臣則親と惟宗言光との相論にかかる正元二年〜文永元年の間の四通の文書を含む。これは堺相論の例ではないが、西国の一本所領庄園たる大井庄（関東御口入地か）の下司職補任に対する本所・幕府・六波羅の対応を垣間みせる。詳述する余裕はないが、要は則親還補のことが本所東大寺によって決せられたことである。

(72) なお本所成敗と聖断の関係については、関東御口入地摂津国生嶋庄の相論にかかる「凡依無本所御成敗、直可有聖断之旨被仰下之時」なる文言が参考となる（傍点筆者。『兼仲卿記自永仁二年三月一日至十九日巻』紙背、正応五年八月日覚照申状（前欠）。『鎌倉遺文』は二三巻一七九九五号として収めるが読みに誤りがあるので、この引用は原本に拠った）。『九条家文書』二に関係文書を収める。

(73) 『吾妻鏡』仁治元年七月九日条。

（74）「金沢文庫古文書」（延慶元年）十一月三日北条貞顕書状（『金沢文庫古文書』四七号文書）。なお上横手氏「六波羅探題と悪党」三〜四頁参照（『金沢文庫研究』五九号、昭和三十五年）。

（75）同氏「六波羅探題の構造と変質」（『ヒストリア』一〇、昭和二十九年）二〇頁。

（76）同氏「六波羅探題と西国守護――〈両使〉をめぐって――」（『日本史研究』二六八、昭和五十九年）六一頁。

【追記】

近年、六波羅探題に関する研究はにわかに活気を帯びて来た。旧稿の発表とほぼ同じ頃あるいはそれ以降に公表された論文として、以下のようなものがある。本書では関係論点について、いちいち触れることができなかった。

①森幸夫氏「六波羅探題職員ノート」『三浦古文化』四二　昭和六十二年
②　同　「南北両六波羅探題についての基礎的考察」『国史学』一三三　昭和六十二年
③高橋慎一郎氏「六波羅探題被官と北条氏の西国支配」『史学雑誌』九八―三　平成元年
④　同　「六波羅探題被官の使節機能」『遥かなる中世』一〇　平成元年
⑤森幸夫氏「鎌倉幕府による使庁からの罪人請取りについて」『日本歴史』五〇五　平成二年
⑥稲葉伸道氏「鎌倉幕府裁判制度覚書――六波羅探題の裁判管轄について――」『年報　中世史研究』一五　平成二年
⑦森幸夫氏「六波羅探題職員ノート・補遺」『国学院雑誌』九一―八　平成二年
⑧田良島哲氏「六波羅探題発給の二枚の制札」『日本歴史』五一一　平成二年
⑨森幸夫氏「六波羅評定衆考」小川信先生古稀記念論集『日本中世政治社会の研究』続群書類従完成会　平成三年

第三節　六波羅探題と検非違使庁

はじめに

鎌倉時代の京都を考えるとき、検非違使庁（当時、使庁〈「しちやう」[1]と訓む〉と略称された。以下、この略称を使用することがある）の活動・役割を抜きにすることはできない。使庁は「王朝国家の本拠である京都の治安・警察・裁判（民事裁判）を担当し、そのことによって王朝権力をもっとも強力に支え」[2]たからである。官職の沿革を述べた北畠親房著『職原鈔』は使庁について「朝家置此職以来、衛府追捕・弾正糺弾・刑部判断・京職訴訟、併皈使庁、仍爲国家之枢機、歴代以爲重職者也」[3]と説明している。使庁の機能・役割を簡潔に示した表現である。中世の使庁に関する研究はある程度蓄積されており、筆者も特に鎌倉時代末期の使庁官人の存在形態や南北朝時代における北朝の使庁の活動の実態と終焉について述べたことがある。[4]近年、丹生谷哲一氏は年来の研究をまとめ、『検非違使――中世のけがれと権力――』（平凡社選書102　昭和六十一年）として公刊された。同書は特に身分制との関係に力点が置かれている。

一方、洛外六波羅の地には承久の乱ののち、鎌倉武家政権の京都出先として六波羅探題（以下、単に六波羅と記す場合がある）が置かれた。六波羅探題の機能・役割を端的に表現している史料上の文言が『沙汰未練書』に見える「洛中警固并西国成敗」(5)であることは周知のとおりである。六波羅探題についての研究も近年とみに盛んになってきており、筆者も六波羅探題の公武交渉という観点から「洛中警固」および「西国成敗」の両面に即してすでに述べた（本章第一、二節）。

しかし、使庁および六波羅探題についての研究は各々深められてきてはいるものの、両者の関係についてはふしぎなことにほとんど触れられることはなかった。(6)右に記したことからうかがわれるように、使庁と六波羅探題とはその日常業務、特に洛中の治安・警察・検断といった場面ですこぶる隣接した位置関係にあったのである。

使庁の機能は南北朝時代の末期に室町幕府の侍所によってほぼ吸収されるが、(7)鎌倉時代後期にあっては、使庁は文書紛失状に証判を加えてその土地の所有権を保証する権限、(8)洛中敷地田畠およびその周辺の土地関係の裁判を裁許する権限(9)などを堅持し、それらを通して強固な京都市政権を築き上げていた。六波羅探題が職務上接触を持ったのはそのような民事的側面ではなく、あくまで治安・警察的要素のつよい刑事的側面であった。

六波羅探題は武家政権の京都出先であったから、日常的に京都の王朝政権と接触を持ち、常に公武交渉の矢おもてに立っていた。従って、使庁と六波羅探題との関係は鎌倉時代の公武関係の一つの重要な縮図と言って過言ではない。使庁と六波羅探題との関係についての究明は広く公武関係を考える上での手がかりを与えよう。ことさら「一つの」と言ったのは、六波羅探題が公武交渉の唯一の媒体ではないからである。第二章第一節ですでに述べたように、幕府は鎌倉より特使（これを関東使とか東使と称した）を派遣して、直接王朝と交渉することがあったし、また両者間の直接交渉があったからである。

本節では、そのような視点に立って、特に両者の接触面に注目し、もってその歴史上の意味を探ってみたいのであるが、史料的制約が大きく、ほとんど断片的事実のつなぎ合わせに甘んじるしかないのが実情である。

六波羅探題と使庁の関係は探題設置（承久三年〈一二二一〉六月）以来、約一世紀にわたる。この間さまざまのできごとを通して、両者の関係が漸次変化していったことは言を待たないが、まず最初に確認しておくべきことは、六波羅探題の設置自体が既設機関としての使庁の機能・役割を大きく変化させたことである。

詳しくは後述するが、弘安二年（一二七九）、ある殺害事件をきっかけにして石清水八幡宮神人の嗷訴が起こった。このとき王朝は対処に苦慮したが王朝管下の使庁に解決させる能力はなく、結局武家（六波羅探題）の武力に頼るほかなかった。その様子を前権中納言日野資宣は日記『仁部記』（内閣文庫所蔵写本）弘安二年五月六日条に次のように記している。

承久以後如此事、使庁之沙汰有若亡事旧了、山門連々之蜂起、皆依武家之力落居、限今度何可申子細哉、

この文言には洛中の治安・警察面における六波羅探題と使庁との関係が集約的に表現されていると言ってよい。ことにかかる関係形成の画期が承久の乱であると述べられている点も、ある意味では当然のこととはいえ注意されよう。

こうして開始された両者の関係がその後どのように推移するか段階的に理解するのは容易ではないが、筆者はすでに本章第一節で述べた六波羅探題の「洛中警固」機能強化の側面から見て、結論的には、両者の関係の推移にとって蒙古の襲来という事件が更なる画期となったと考えている。もうすこし細かくいえば、北条時村の六波羅探題就任・入洛（建治三年、一二七七）をおおまかな指標として、前後二期に分けて考えてよいのではなかろうか。そして、そのことを通して、六波羅探題が使庁の機能・役割を代替してゆく過程、そしてその当然の結果として王朝が払った代償について考えてみたい。

なお、六波羅探題設置以前の時期については、ここでは割愛する。

一　六波羅探題と使庁との協力・協調関係

まず、前期の特徴を一言で言うならば、協力・協調の関係であろう。

建長六年（一二五四）成立の説話集『古今著聞集』一二（偸盗一九）には、「強盗の棟梁大殿小殿が事」と題した一話が含まれているが、(10) そこには鎌倉時代初期の使庁のありさまをうかがう上で示唆に富む記事がある。関係部分を要約しよう。

「大殿」と「小殿」はともに「きこえある強盗の棟梁」であったが、「大殿」は「後鳥羽院の御とき、からめられ」た。罪を悔いた片方の「小殿」はある時、使庁の官人高倉判官中原章久のもとへ出向き、自分を逮捕してくれと申し出る。事情を聞いて「あわれに」おもった章久が小殿に言った言葉の中に、次のような部分がある。

いまは使庁の庁務停止したるなり。かつはきゝもおよぶらん。年来つくりをける籠（イ楼）どももみなうちやぶりて、仏所につくりなどして、一向庁務をとゞめて、後世のことをいとなむなり。

話は仏教風にアレンジされているので、そのまま事実として受け取るわけにはゆかないけれども、使庁職務の実態をある程度映していると言ってよいのではあるまいか。犯科人の逮捕は使庁の重要な職務であるのに、これを収容するための施設たる牢獄を取り壊して「仏所」となしたと言っている。強盗・夜討人、殺害人などの逮捕・拘禁という従来使庁が担ってきた刑事的側面の職務が、その武力的能力の弱体化に伴って形骸化していった事実を反映した説話と言っていいのではあるまいか。

この説話の時間的設定は「後鳥羽院の御とき」をさほど下らない時期で、しかも登場人物たる「高倉判官章久」「徳大寺殿に祗候の源判官康仲」の表記を生かす時期を割り出せば、(11) おおよそ承久の乱直後の寛喜年間前後と推測される。

その同じ説話の中で、康仲は小殿に対し、「真木島の十郎」を逮捕するように命ずるのであるが、その「真木島の十郎」とは「年比、使庁・武家うかがえども、いかにもからめえざりける」「強盗の張本」であった。この場合の「武家」とは六波羅探題を指すと見られるが、注目すべきは、「強盗の張本」逮捕のために使庁と六波羅探題が協力していたと描かれている点である。

使庁は王朝の警察機構としての範囲を出なかったため、その持てる武力にはもとより限界があった。王朝権力が使庁の武力機構の不備を、幕府の力によって補おうとしたとしても不自然ではない。使庁の武力面の弱体さは、例えば、寛喜三年（一二三一）の伊勢公卿勅使発遣にあたって、行事官等は使庁の守護能力の「尫弱」さを危惧して、神宝所の守護を「任嘉禄例」せて六波羅に命じてほしいと申し出た事実に直接的にあらわれている。[12] 六波羅が使庁の武力の不備を補うものとして王朝の期待を担ったため、両者の協力・協調体制が生まれたのである。

六波羅探題の任務に「洛中警固」があることはすでにのべたが、それが前身の京都守護の職務の発展延長線上にあることは、六波羅探題が「京都守護」などと依然として称し続けられている事実によってもうかがわれる。[13]

五味文彦氏の研究によれば、承久の乱後、幕府は六波羅探題を中核として「洛中警固にあたる統制のとれた組織的な武力」を編成し、嘉禎四年（一二三八）に洛中辻々に幕府の手によって始めての「洛中警固のための独自の組織」たる篝屋が、御家人所役として設置されるに及び、「鎌倉期の洛中警固は、使庁保官人の保内警固と、六波羅篝屋守護人の大路・辻警固からなる体制が整備された」とされている。[14] 五味氏はまた、貞永式目の制定を契機に「使庁と六波羅との間に洛中支配に関し、権限の明確化が要請され」たとし、「延応元年に使庁と武士との洛中支配に関する諸権限の分割が完成する」と述べておられる。同氏の所論をその典拠史料によって確認しつつ、両者の管轄区分が定まるまでの諸契機を段階的に整理すれば、以下のようになろう。

①貞永元年（一二三二）に「京中強盗殺害人事」は「使庁沙汰」とした。

②翌天福元年（一二三三）になって、殿下（九条教実）から「武士相共可致沙汰」との申し出があった。このことについての六波羅の注進に対し、幕府は「武家不相交者、難事行歟、随被仰下、可有沙汰也」と指示した。これについて、五味氏は「九条教実からの申し出により、武士と使庁とが共に沙汰することとした」と解釈されている。結論的に言えばそうであろうが、なおも武士が関係しない件に係わるのはいかがなものかと逡巡している点は注意される。(15)

③文暦二年（一二三五）には「京都刃傷殺害人事」について「爲武士之輩、於不相交者、可爲使庁沙汰也」という条規が定められた。(16) 文面には、「刃傷殺害」事件で武士が関係していない場合は「使庁沙汰」とだけしか記されていないが、反対解釈して、武士が関係した場合は武家沙汰、つまり六波羅探題の管轄ということを意味していると考えてよい。五味氏は、この条規について、その適用の範囲が従来の「強盗殺害」から「刃傷殺害」に拡大したこと、当該事件に武士が関係したか否かによって六波羅探題の管轄か使庁の管轄かを明確にしたこと、を読み取っておられるが、(17) まさにその通りであろう。

④暦仁元年（一二三八）の篝屋設置を経て、翌延応元年には「四一半之徒党」「銭切」への対処の仕方（逮捕、送致、住宅の破却など）を決め、また六波羅が逮捕した犯人の住宅資材の処分法を定めた。京中ではなお使庁の所轄権を尊重しつつも、六波羅の捜査・逮捕権を広く認めた点、注意される。篝屋に打ち留められた「物具」については、篝屋守護人にあてがわれた。(18)

⑤延応元年（一二三九）には他にも六波羅に対して関係法令が出された。一つは「諸社神人狼藉事」(19)、いま一つは「重科輩被放免事」(20)で、いずれも条件付きながら幕府の検断権を強化する内容のものである。

そこで、以上の大綱的な事柄を念頭に置きつつ、他の史料によって別の側面を見てみよう。まず、幕府が使庁に対して指示をする際の手続きについてである。『吾妻鏡』仁治二年正月十九日条に、(21) 以下のような記事が見える。文書が二通含まれているので、便宜的に①②の番号を付した。

又去年十一月可相鎮洛中群盗間事有評定、被仰相州、々々就被申之、公家被仰付使庁等云々、彼状等到来、

①群盗可相鎮間事、任関東申状、可致其沙汰之由、可被仰遣武家之旨、摂政殿御消息候也、仍上啓如件、
(仁治元年)十二月十三日　　右大弁経光
謹上　堀河中納言殿

②群盗可被相鎮間事、綸旨如此、殊可致其沙汰之由、被仰使庁候畢、可令存其旨給之状、所被仰下候也、仍執達如件、
(同)十二月廿三日　　権中納言親俊
相模守殿

最初に内容の概略を示しておこう。仁治元年（一二四〇）十一月二十九日「洛中群盗蜂起」への対応策が執権北条泰時亭における評定で議され、その結論（太鼓・松明の使用と供出法）は六波羅の北条重時に仰せ遣わされた（『吾妻鏡』同日条参照）。右記史料中の「相州」「相模守」とは重時のことである。重時はそのことを王朝に伝えた。王朝はさらに本件に直接的に係わる保官人を所轄する使庁に「仰付」けた。かくして王朝が幕府の申し入れに従って処置したことを幕府側に伝えるために出されたのが①および②の文書であり、その案文が仁治二年正月十九日に六波羅から幕府に届いたので『吾妻鏡』の収載するところとなったのである。

①は、そのことを六波羅の重時に伝えよと堀河中納言（親俊カ）に命じた摂政近衛兼経御教書である。文中の「関東申状」が幕府より六波羅を介して王朝に届けられた申し入れであることは言うまでもない。また②は①を受けた権中納言堀河親俊がそれを六波羅の北条重時に伝えるために出した奉書である。[22] 幕府・六波羅と使庁との関係をうかがう上で注目されるのは、関東の幕府が洛中の治安上の問題、しかも使庁のかかわる案件に対して、

所定の手続きを通して申し入れができたことである。洛中の治安維持を直接に担当する使庁―六波羅の活動を支える、朝廷―幕府間のある種の協力態勢をそこにうかがうことができるのではあるまいか。

使庁と六波羅探題の管轄関係を考える上で『吾妻鏡』仁治二年六月十日条の記事は注目される。(23) 探題重時の時期に属するが、以下に引用する。

洛中殺害人等事、至重科者、雖為使庁沙汰、申給之、可行所当咎之由、被仰遣六波羅云々、

幕府のこの決定は次のような関東御教書の形をとって「追加法」に収まっている。(24)

一、殺害人事、

右、雖為使庁沙汰、人至于重犯之輩者、申給之、可行所当罪科之由、御下知先畢、早任彼状、可被申沙汰也、

仍執達如件、

仁治二年六月十日　　前武蔵守（泰時）判

相模守（重時）殿

越後守（時盛）殿

表記の異同についてみれば「重科」―「重犯」と相違してはいるが、実体としては共に殺害人を指している。五味氏もこの史料に触れておられ、先述⑤の後段（追加法一一七条）の執行を再度沙汰したものとされている。(25) 後者の文中に「御下知先畢、早任彼状」云々とあるから、本法令には先行法が存在するとみるべきだろうが、それはおそらく追加法一一七条を直接指してはいまい。追加法一一七条は「強盗幷重科之輩」の関東送致を指示するにとどまるからである。この法令は、殺害人が武士か否かによって管轄を区分せず、一括して六波羅の管轄とするという先行法を一層徹底させたものと見られ、六波羅探題の洛中検断権の優位性を決定付けたと考えられる。

先述の「洛中警固のための独自の組織」たる篝屋が突然停止されたのは、仁治二年より五年後の寛元四年（一

二四六）十月のことであった。(26)むろん、篝屋はのちに復活するが、この時の停止がいかなる意味を持つか当時の公武の政治情勢の中で検討する余地がある。この停止については、王朝へのサービス削減による御家人負担の軽減と理解する考え方もあるが、(27)廃止以前の寛元二年の段階で「近日群盗蜂起、連夜襲来人家、上下難遁云々、（中略）辻々守護武士於今者全無其詮歟、又是関東之衰微之故歟」（『平戸記』同年九月八日条）なる記事によってうかがえるように、廃止直前ごろの篝屋制度は多分に有名無実化していたと思われることから、いま少し実体に即して再検討する必要があろう。(28)

翌宝治元年（一二四七）七月には、寛喜二年（一二三〇）三月の着任以来十七年間にわたって六波羅北方探題に在職した北条重時が幕府の連署として鎌倉に召還された。筆者は、六波羅探題の制度はこの重時の探題時代にほぼ整備されたと考えている。(29)すでに述べたように、公武交渉の正式な公家側窓口として関東申次のポストが置かれ、西園寺実氏が指名されたのもこの重時探題時代末期の寛元四年十月のことであった。六波羅と使庁の職務上の関係を調整する仕事の上でも、重時の果たした役割が大きかったであろうことは言うまでもない。

殺害人の逮捕・拘禁が六波羅探題の管轄になったことはすでにのべたが、北条時茂（重時の子）の六波羅北方探題期に、使庁が逮捕した殺害人を六波羅へ引き渡す状況を詳しくうかがうことのできる興味深い記事が『経俊卿記』（『吉黄記』とも。吉田経俊の日記）の中に見える。同記、正嘉元年（一二五七）八月十五、十六日条、および同九月九日条(30)の記事内容を総合すると以下のようになる。

左近大夫将監家棟を殺害した犯人源長継および継子信濃房・下手人福次郎の三名が使庁の手で逮捕された。公家側では彼等に対して流罪宣下をすべきかどうかが検討されたが、公家側で流罪の処分を執行するのであれば宣下するのもよいが、宣下ののち六波羅探題（史料表現は「武家」）に「召渡」すのでは「理不可然歟」との意見が強く、結局八月十六日に後嵯峨上皇の裁可によって宣下は省略と決まった。このくだりには、自前で流罪宣下とその執行をやりたくてもやれない公家側のもどかしさがよく現れている。

さて次は六波羅への引き渡しである。同九月九日、犯人三名は使庁官人中原章澄の手より武士（六波羅探題詰めの武士か）前壱岐守佐々木泰綱に「請取」られた。その手順は次の通りである。犯人たちはまず官人のもとより二条河原に向かい、そこで実質的には泰綱に「請取」られたが、犯人と官人・武士たち一行はそこより「中御門」大路に入り、同大路を「西行」、「東洞院」大路を「南行」、そして「二条」大路を「東行」して、二条京極に至った。ここで「路頭儀」が執り行われた。その後「河原」（二条河原か）で泰綱は最終的に犯人を請け取り、「二条」大路を「西行」、京極大路を「南行」して、六波羅へ「参向」した。この日の諸儀式を見た吉田経俊は「一日之荘観也、可謂希代之事」と賞している。

問題となるのは、被害者家棟・加害者源長継の身分階層であるが、いずれもこれを確定する史料に恵まれない。ただ長継については「散位」と見えるので、たぶん公家身分であろう。おそらく両者ともどちらかといえば公家側に属する人物と思われる。だからこそ公家側は自力で処分したかったのではあるまいか。六波羅探題の検断権強化のほどをうかがわせる具体事例といえよう。[32]

以上の殺害人引き渡しの作法の中には、洛中の「路」や賀茂の「河原」の問題、そして「路頭之儀」の意味など他にも論ずべき興味深い問題が含まれているが、ここでは立ち入らない。

二　六波羅主導態勢の確立

蒙古の襲来が公武関係に与えた影響についてはすでに述べた。[33] 異国防御の一環として六波羅の機構と機能の充実がはかられ、関東からは北条時村が北方探題として派遣された。建治三年（一二七七）十二月のことである。六波羅の制度的整備は使庁との関係にもすくなからざる影響をおよぼしたに違いない。とくに蒙古襲来以降、検断的側面での使庁機能が低下し、その分を六波羅が補うというより、使庁の職務を代替すると言ってよいような方式が確立するのであるが、その重要な契機の一つは北条時村の探題着任と思われる。これより以降を後期と見て、以下考えてみたい。

さて、京都の「警固」を主任務の一つとする六波羅探題、および使庁を悩ませたのは所領問題や刃傷事件を発端とする南都・北嶺、および石清水八幡宮といった大寺社の嗷訴であった。かれらは神輿・神木を押し立て、神威を借りてしばしば嗷訴し、そのたびに京都市中を混乱に陥れた。六波羅探題と使庁とはこういった場面で警備の矢おもてに立った。次にそのような場面での六波羅と使庁のかかわりあいを見てみよう。

弘安二年（一二七九）五月四日、石清水八幡宮の神輿一基が入洛、五条東洞院に振り捨てられた。これを押し留めようとする六波羅の武士とのぶつかりあいで、神人一人が落命、負傷者も出た。この事件への公武の対応は『仁部記』『吉続記』の当該日条、それに『花園天皇宸記』（正和三年閏三月四日条）などに詳しく記されている。そのうち『花園天皇宸記』の記事は左大史小槻伊綱が勘進した「八幡宮神輿入洛例」である。

これらの史料によって事件の展開・推移、および公武の対応、特に使庁と六波羅探題の動きを大まかに見ておこう。

塩小路・油小路の在地人で日吉末寺(34)赤山神人の蓮法法師が、私宅乱入・盗人の嫌疑をかけられた油商人「八幡神人重能山崎御神人」の妻と息女を搦め取り、そのうち息女を責め殺したことが事件の発端だった。当然のことながら、八幡神人たちはこれを王朝の法廷に提訴した。『仁部記』に「神人訴訟已及三ヶ年」（弘安二年五月三日条）とあり、訴訟が建治二年に開始されているから、殺害事件の生起はその直前だろう。八幡神人側は当初、蓮法を使庁に召し出すように訴えたが、事は遅々として進まず、しびれを切らした八幡神人は嗷訴に踏み切ったのである。事態は「朝家之重事」と認識され、神輿帰座のためには蓮法を召し出すしかなかった。日吉神人たる蓮法は天台座主公豪僧正の支配下にあったので、天台座主は彼の「神人職」を解いた。

ここで注目すべきは、蓮法を召し出すために六波羅探題と使庁がどのような動きをとったかである。朝廷では「使庁沙汰猶難事行歟、尤被仰武家可被召出」（『吉続記』弘安二年五月五日条）と、使庁の能力の限界を認識した上で、武家、すなわち六波羅探題に蓮法の召し出しを命じようとし、関東申次西園寺実兼を通して打診した。しかし六波羅探題北条時村は「座主解神人職之由令申之上、日来為使庁沙汰、使庁尤可致沙汰」（同記、同月六日条）と、これを拒否したのである。

一方、『仁部記』ではすこし違った言い方がとられている。注意すべきは、六波羅探題は王朝に対して事前調査の徹底を要求していることが「武家近日如此事、被究淵底之後、可被仰下之由申之」（弘安二年五月五日条）のくだりから知られること、そして要請拒否の理由として六波羅探題が、

日来使庁之沙汰雖不事行、被解神人式(職カ)之後、未及重沙汰候歟、然者使庁之沙汰似未尽事歟、重有其沙汰、不叶之時可承、

と言っている点である。つまり、六波羅探題は頭から突っぱねているのではなく、使庁に職務遂行の努力を促しつつ、それでもかなわぬ場合は受諾もやむなしとの態度をとっているのである。

こうして蓮法の逮捕は使庁が執行することになった。同月七日、使庁は使者を蓮法の宿所へ遣わし彼を召し捕ろうとしたが、当の蓮法は「宮仕法師勇士等」にガードされ、「一切無所恐」かった（同記、同月七日条）。使庁がこの件におよび腰だった様子は「如官人不差遣、以尫弱之下部一両輩、遣蓮法々師宅、聊爾之沙汰也」（同記、同月八日条）とも表現されている。その結果、蓮法は逐電、八幡神人の使庁に対する不信・不満の念を募らせた。

使庁は自力での逮捕は至難と判断し、その旨を奏聞した。王朝は再び六波羅探題に仰せ遣わすための手続きをとった。「はじめに」で挙げた日野資宣の「承久以後云々」の述懐はこの時のものである。八幡神人は七日夜の

段階では「蓮法々師事、可召出之由、武家申領状者、帰座不可有子細」、つまり六波羅探題が蓮法逮捕を確約するならば神輿を帰座させようとの申状を提出していた。しかし六波羅の了承にも係わらず、翌八日には「沙汰緩怠」を理由に検非違使別当（参議左兵衛督藤原親朝）の解官なくんば、帰座させないと新たな要求を突き付けた。果たして、使別当は即日解任された。(35) すでに「奉行官人」中原明綱は「沙汰之緩怠」で解官済み（同六日）であったが、(36)「何其罪不及長官哉」という理屈で押し切られたのである（同記、同日条）。八幡神輿は翌九日、帰座した。

さて、逐電した蓮法は十二日六波羅探題に召し出された（同記、十二日条）。『花園天皇宸記』の記事には、十日に天台座主公豪僧正が蓮法を六波羅に「召渡」し、翌六月六日六波羅が薩摩国に配流したとある。

この事件の経過の中に、六波羅探題と使庁との関係がくっきりと浮かび上がってくる。注目すべき第一は、何の背後関係もない単純な殺人事件の場合は別として、かかる寺社権門の権威を背景にした事件の場合、使庁の力ではいかんともし難いという現実である。すでに見たように、王朝自身が「使庁沙汰」のてぬるさを認めているが、しかし王朝は六波羅探題を自身の武力・警察機構として動かすことが可能だった。しかし六波羅は蓮法逮捕を一旦は辞退したものの、二度目は幕府の許可を仰ぐことなく了承している点も注意してよい。そこには、洛中の治安・警察という使庁にとってすこぶる重要な任務が六波羅探題によって代替される様子がよく写し出されている。第二は、別当をはじめ使庁の官人が神人の訴の前にいとも簡単に解官されている点である。使庁の治安・警察機構はきびしい局面ではもろさをさらけだした。のちに蓮法の配流を六波羅探題が断行した点も注意されてよい。

蓮法逮捕後にも興味深い事実がある。『仁部記』弘安二年五月二十一日条によると、この日院評定が開かれ、蓮法断罪のことが議された。評議に先立ち、「召取相尋子細之処、於殺害之科者無所遁候、断罪之趣如何様可候哉」という六波羅探題による取り調べの結果が報告された。六波羅探題の犯人尋問と王朝への報告という役割をそこにうかがうことができる。評定ではまた、蓮法を禁獄すべきか、流罪に処すべきかも議題になった。「武家之獄舎」（六波羅探題の牢獄）に禁獄すべきだとの意見も出たが、「非君之所知食哉、流刑已所当也」との日野資宣の意見が通り、遠流と決定した。

とはいっても、使庁が犯罪の調査・犯人の禁獄などの職務をまったく放棄したわけではない。現に右の一件においても、蓮法の逮捕・尋問は六波羅に移管されたが、蓮法によって盗人と嫌疑をかけられた神人重能の「盗犯之実否」は使庁において「五問五答」に及ぶ尋問が行われているのである。他の事例では、例えば、弘安六年（一二八三）八月、使庁より廷尉六人が出向き「四条橋爪」で神輿入洛の時に狼藉を働いた宮仕六人を請け取り、禁獄した事実などもある。(37)

しかし、六波羅探題の側にも悩みの種はあった。すでに触れたように、北条時村は王朝より蓮法逮捕を要請されたとき「為使庁沙汰」として、これを固辞した。その真の理由はもし蓮法の背後にいる日吉神人の反撃、そしてそれに伴う六波羅武士処分といった事態の生起が十分予想されたからである。こういったケースは従来より六波羅にはつきものだった。六波羅の処置を関東の幕府が必ずしも支えてくれるとは限らない。従って、六波羅も慎重にならざるをえず、できることなら係わりを避けたいのは当然であろう。(38)幕府の京都出先たる六波羅のこのような悩みは幕府の対権門姿勢が一貫していなかったから、到底解消されるはずはなかった。鎌倉幕府の武家政権としての一つの特質といえよう。

右に見たような六波羅探題の殺害人逮捕・検断の実効力が認められてくると、六波羅探題に持ち込まれるこの種の訴訟件数はおのずと増加したであろう。その画期がいつごろか明確ではないが、現存史料の上では弘安年間ころの事例がよく目につく。むろん史料残存の偶然性もあるが、いまいくつかを挙げてみよう。

①『兼仲卿記自弘安六年十月一日至十二月二十日巻』紙背、（後欠）祝部成顕重申状(39)

……成貫（事書で「殺害犯科人」と記されている）不恐　聖断、不叙用□　□相語当庄地頭弘家、乱入庄家掠取彼縁仏（成願領柞田庄の代官）令殺害之間、所訴申武家□（以下欠）

②『同右自弘安十年八月一日至三十日巻』紙背、（後欠）□宮城判官従五位下行左衛門少尉中原章長申文

……所相謀之強盗交名武家注進之内丹波八郎入道、章□□（長）之、奏覧白状之後、相副　院宣被召渡武家之処、其仁無□□（相違カ）由、武家注進訖、所相謀既絶常篇、追捕之功異他者歟、件□（信カ）季称布古刑部法師召取、章顕号平河兵衛次郎□各忽蒙賞畢、其後被渡遣武家之処、共非其仁之由□……（以下略）

③『同記』紙背、（日付なし）庁頭府生惟宗景直申状(40)

……（衛府下部・摂津国菅井神田村駕輿丁宗正法師を狼藉の科で）所詮付武家、以厳密沙汰、欲令罪科、……

④『同記』紙背、弘安九年三月十日衛府重申状(41)

……（③と同じく、宗正法師を）欲被禁獄、不然者可被仰武家歟、……

④を除いた他の三点は年紀が不明である。しかし日記の日付からみて少なくとも弘安年間のものであることは確かである。

①〜④の記事は、六波羅探題が狼藉人・殺害人を逮捕・処罰する機関と認識されたことをうかがわせている。なかでも②によれば、検非違使は自ら追捕した強盗を白状に追い込んだのち院宣を副えて六波羅探題に「召渡」し、六波羅探題ではさらに彼を取り調べて、その結果を使庁に「注進」していることが知られる。使庁と六波羅探題の間の連携関係を思わせるが、主要な役割を演じているのが六波羅探題であることは明瞭である。②の中文をしたためた中原章長の目的は「犯人追捕賞」（その真犯人たることは六波羅移送後の調査に負う）として、従五位上に叙されんことであったから、そのような使庁と六波羅探題との関係は極めて普通の、日常的なものであったことが察せられよう。延慶三年（一三一〇）八月、紅梅殿社の敷地の範囲をめぐる北野社と在地人との訴訟に起因

した両者間の刃傷事件で、北野社は同十一月まず使庁に訴えたが、半年後今度は六波羅探題に提訴したことがここで想起される。[42] 使庁は六波羅にとっては初期的段階の仕事をするような存在になっていたとみられる。

使庁の追捕・検断面での能力は六波羅に劣り、使庁沙汰の実効性に問題があったため、六波羅主導の態勢がこのような過程を経て確立していった。三条実躬の日記『実躬卿記乾元二年八月記』紙背（尊経閣文庫所蔵）には、以下のような文書が残っている。

醍醐寺悪党人等事、綸旨幷具書、加一見謹返上候、辺土居住輩、使庁追捕不可叶候歟、何様可候歟、可被計披露候、章文誠恐謹言、

十一月廿九日　　左衛門少尉章文

差出人の中原章文は使庁官人である。章文については今江広道氏が触れておられ、弘安十年（一二八七）から嘉元二年（一三〇四）にかけて史料の上に現れることを指摘された。[43] 右記文書には年号がないが、この今江氏の指摘、表《おもて》の日記の日付、それに文中に「綸旨」と見えることを勘案しておおよその範囲を割り出すならば、正応五年（一二九二）ころより永仁五年（一二九七）までの約五年の間と考えられる。[44] この文書は「醍醐寺悪党人」（同寺で狼藉を働く悪党という意か）の追捕を命ずる「綸旨」、つまり伏見天皇の綸旨を受けた使庁官人中原章文が「辺土居住輩」、つまり醍醐のごとき辺地の悪党追捕は使庁の手に負えないので、関係文書を返上するという内容である。宛て先は記されていないが、おそらく直属の上司たる使別当だろう。この史料は使庁官人自身が検非違使庁の追捕能力の限界を吐露している点、ことさら注目に値する。本件の処置が所定の手続きを経て、六波羅探題の担当するところとなったであろうことは想像に難くない。

鎌倉末期になっても、使庁の弱体ぶりには変化がなかった。文保元年（一三一七）五月付の聖無動院道我書状に書き付けた吉田定房（当時従二位・前権中納言）の勘返状には「使庁沙汰ハ中々不可事行と被申候き」[45] なる文言も

見えているし、元応二年（一三二〇）十月には、神人禁獄にかかわった使別当や使庁官人たちが山門の圧力によって配流され、(46)元亨二年（一三二二）二月には、強盗張本など狼藉比類なき囚人たち三十余人が獄舎から脱走するという事件も発生した。(47)ただ、元弘元年（一三三一）十月天皇護持の本尊の二間観音が盗まれたとき、使庁が「尋捜」を命じられているが、(48)そこには小規模ながらも王朝の警察機構を維持している使庁の実態が指し示されている。

一方、六波羅探題について見れば、例えば、幕府派遣の特使（東使）の指揮を受けつつも、正和三年（一三一四）五月一日新日吉社頭で起った乱闘事件の張本山徒多数を逐次六波羅に召し出し糺明しているが、(49)この事実はそのような面での六波羅探題の職務権限の充実・強化をうかがわせる。また、元亨四年十一月、六条坊門猪熊を火元とする京都大火の消火活動に六波羅探題南方北条貞将とその手勢の者たちがあたり、これを消し止めて「高名」を博した事実は、(50)同探題が京都の民政に太い根を深くおろしていたことを証している。

おわりに

以上、個々の具体事例を挙げつつ、六波羅探題と使庁の相互関係の変化をたどってみた。六波羅探題が次第に使庁の追捕・検断面での職務を代替していく過程が知られた。その六波羅―使庁間の関係の変化はつまるところ、幕府―朝廷間の関係の変化の具体的表現であった。鎌倉時代の朝幕関係は蒙古襲来という事件を重要な契機として、大きな変化を遂げる。そのことは洛中警固という場面においては、六波羅探題と使庁の関係にそのまま投影された。鎌倉の武家権力の西への波及・拡大といった歴史的趨勢の中で、六波羅は王朝に接近し、深く入り込み、王朝の守護・警察機構を担った。王朝はそれによって何とか政治権力として体制を維持したが、また反対に失ったものも少なくなかった。

南北朝時代初期のある史料は、検非違使が流人追却を行わなくなったことについて「近年流人、無検非違使追却之儀、武家召出其身、遣配国而已、仍検非違使只承仰定帰家而已」[51]と記すが、そのような事態のまえぶれはすでに鎌倉時代に見られたのである。建武元年（或いは二年）京都二条河原に掲げられた「二条河原落書」の冒頭で「此比都ニハヤル物」として「夜討・強盗」があげられたのは、六波羅探題の武力を基礎にした洛中警備態勢の崩壊、建武政府の治安維持対策の不徹底（建武政府は旧幕府下での篝屋の制度を継承したのではあるが）に起因するところ大と考えられる。

（1）氏名未詳奉書（端裏書に「内奏御返事　永仁四　十一　十二」とあり）。『大日本古文書東寺文書之一』八七〇頁。
（2）佐藤進一氏「室町幕府論」（岩波講座『日本歴史』7、昭和三十八年）三二頁。
（3）『群書類従』五、六二五頁。
（4）拙著『南北朝期公武関係史の研究』（文献出版、昭和五十九年）四七～五一頁・三三一～五九頁。なお、中世の使庁に関する既往の主たる研究については同書三五三頁の注(1)参照。
（5）佐藤進一・池内義資両氏編『中世法制史料集』二・室町幕府法（岩波書店、昭和四十四年、第三刷）三六一頁。
（6）ただ五味文彦氏「使庁の構成と幕府」（『歴史学研究』三九二、昭和四十八年）において、鎌倉初期の使庁と六波羅探題の関係について簡単に触れられたところがある。
　最近、発表された森幸夫氏「鎌倉幕府による使庁からの罪人請取りについて」（『日本歴史』五〇五、平成二年）は、罪人引き渡しの制度の成立についての問題を通して、鎌倉幕府と検非違使庁との関係を考察したもので、建久元年の源頼朝上洛が重要な画期となったことなどが指摘されている。しかし、同稿は、本書での以下の記述と部分的に係わるけれども、六波羅探題と検非違使庁との関係を主たる問題としたものではない。
（7）注(2)所引佐藤氏論文、および注(4)所引拙著第三章第五節「北朝の検非違使庁」参照。
（8）現時点において筆者が収集しているもののうち最も早いのは、「越前島津家文書」に収める弘安六年八月日沙弥行照文書紛失状に使庁官人が証判を加えた例。『鎌倉遺文』二〇巻一四九三五号文書（巻頭に口絵写真あり）。また、湯山賢一

氏「越前島津家文書」〈続〉（『古文書研究』一五、昭和五十五年）九三頁参照。

なお、南北朝期分については注(4)所引拙著、三三五～八頁で表示しておいたが、その後気付いた事例を参考までに、ここで挙げておきたい。

①建武四年七月二十八日　僧覚賀文書紛失状（『九条家文書』三、八八頁）

②暦応三年二月日　雑掌沙弥光性文書紛失状（『早稲田大学所蔵文書』上、三五七頁）

③同三年六月日　比丘尼観明文書紛失状（『九条家文書』三、九七頁）

④同四年卯月二十五日　比丘尼如空文書紛失状（同右、一〇一頁）

⑤同四年十二月十一日　不断光院如光文書紛失状断簡（同右、九八頁）

⑥応安五年正月二十日　沙弥観教文書紛失状（『大徳寺文書』二、一五一～二頁）

⑦至徳二年四月日　中原為景文書紛失状（同右、一五四～六頁）

⑧応永六年十月十日　三善景衡文書紛失状（「宝鏡寺文書」二、『大日本史料』七―四、一二五～六頁）

(9) 橋本初子氏「中世の検非違使庁関係文書について」（『古文書研究』一六、昭和五十六年）二〇頁所掲の一覧表「鎌倉末・南北朝期の庁例」参照。

(10) 岩波日本古典文学大系『古今著聞集』（昭和四十一年）三五一～七頁。

(11) 例えば、北条重時（北方）が「京都守護」（『吾妻鏡』寛喜二年二月十九条）、「京都（洛中）守護之棟梁」（『葉黄記』宝治元年七月三、七日条）と、また同時盛（南方）が「年来在京守護」（『平戸記』延応二年正月二十八日条）と、さらに同時村（北方）が「京都守護」（『建治三年記』建治三年十二月十九日条）と称されている。

(12) 『民経記』寛喜三年十月四日条（『大日本古記録民経記　四』一〇八頁）。

(13) 中原章久、源康仲は、たとえば『民経記』（日野経光の日記）寛喜三年十月四日条にそれぞれ「尉」「大夫尉」として登場しており、当該説話の時間的設定は大体この辺の時期と思われる。また「徳大寺殿」については岩波日本古典文学大系の校注者は「藤原公継か」としているが（三五二頁頭注二一）、その子実基の可能性も高い。

(14) 注(6)所引五味氏論文、一四～六頁。

(15) 以上①②の典拠は「就天福元年八月十五日六波羅注進十七ヶ条、被加関東押紙内」の一ヵ条である。『中世法制史料集』一（岩波書店、昭和四十四年）鎌倉幕府法、追加法六三条（以下、追加法の条数はすべて本書による）。

（16）　追加法八四条（文暦二年七月二十三日付）。

（17）　注（6）所引五味氏論文、一五頁。

（18）　④の典拠は追加法一〇〇・一〇四・一〇五条である。

（19）　追加法一一三条。

（20）　追加法一一七条。

（21）　『国史大系吾妻鏡　三』二七四頁。

（22）　『鎌倉遺文』は両文書を採録し、①に摂政近衛兼経御教書（八巻五六九一号）、②に権中納言親俊奉書（八巻五七一〇号）という文書名を付している。②で気になるのは、「仰下」の主体が誰かということ、そして文中に「綸旨如此」とある点である。「綸旨」は当然①でなくてはならないのに、①の文書形式は綸旨のそれではない。実はこの二つの事柄は以下述べるように相互に関係していると思われる。まず前者については、奉者堀河親俊が「左府（近衛兼経）御方執権人」（『葉黄記』嘉禎三年正月十四日条。九条道家の日記『玉蘂』同日条にも収む）であったことから、「仰下」の主体は摂政近衛兼経とみなすべきであろう。そうなるとまた問題が一つ生じる。兼経がなぜ自らの「執権人」に宛てて御教書を出したかという問題である。このことと深く関連している後者について考えるためには、当時の四条天皇の周辺を見る必要がある。まず四条天皇の年齢を調べよう。寛喜三年二月十二日の誕生（『史料綜覧』四）、翌貞永元年十月四日受禅（同書）の同天皇は、仁治元年で数え年十歳にすぎない。このような幼帝が綸旨を出すこと自体困難なことであったにちがいない。『鎌倉遺文』は四条天皇綸旨として四三九五号と四七九六号の二点を載せている。しかし、前者は貞永元年のもので年齢の上から文書自体検討を要するし、また後者は形式的にみて通例の綸旨ではない。要するに、四条天皇は容易に綸旨を出せる状況になかったため、摂政御教書を綸旨と称するような場面があったのではないか。つまり①は形式は摂政御教書でありながら、実質は四条天皇綸旨であったと考えれば説明がつくのではないか。綸旨であったから、摂政近衛兼経の「執権人」たる親俊に宛てられたのである。兼経は発受両面で一人二役を演じているわけだが、その立場は各々異なるのである。以上のことは当該期の摂政の役割・機能を評価する上でも注意しておいてよい。

また②の文書としての機能について見れば、朝廷より幕府へ文書を伝達するときの手続きに照らして、それは勅裁たる綸旨・院宣を武家側へ伝えるための手続き文書（施行状）に相当する。

（23）　注（21）、二八一頁。

(24) 追加法一六二条。

(25) 注(6)所引五味氏論文、一六頁。

(26) 『史料纂集葉黄記　一』二〇三頁。寛元四年十月十三日条。

(27) 佐藤進一氏『日本の中世国家』(岩波書店、昭和五十八年)一七二頁。

(28) 篝屋制度については、五味克夫氏「在京人と篝屋」(『金沢文庫研究』九―八・九、昭和三十八年)、塚本とも子氏「鎌倉時代篝屋制度の研究」(『ヒストリア』七六、昭和五十二年)参照。また、「寛元四年」正月十九日北条重時書状案(『東寺百合文書』イ、『鎌倉遺文』九巻六六〇九号。『大日本史料』五―一九、四〇一頁)も廃止直前の篝屋役の実態を考える上で参考になる。

(29) 本書二六八頁参照。

(30) 図書寮叢刊『経俊卿記』三五二、三五九頁。

(31) 佐々木泰綱は『吾妻鏡』に頻繁に登場する。彼は鎌倉御家人の身で検非違使を経歴した。泰綱の任検非違使の時点は不明だが、九条道家の日記『玉蘂』嘉禎三年二月七日条にはすでに「検非違使」として登場している(同日条の、泰綱が「関東将軍〔九条頼経＝道家の子〕鐘愛」であるという記述は要注意)。『吾妻鏡』では同年六月二十三日条に「検非違使近江大夫判官」で見え、仁治元年八月十六日条までは検非違使に在任している。翌二年正月十四日条には「壱岐前司」で見えるので、両時点の間にこれを辞したものと考えられる。したがって、正嘉元年の殺害人請け取りの時には六波羅探題に詰めていたものと思われる。

(32) ここで見た使庁より武家側への犯罪人引き渡しに酷似した事例が、すでに六波羅探題設置以前の建保四年にも認められる。『吾妻鏡』建保四年三月十九日、二十二日、同六月十四日の記事を総合すると以下のようである。

同年二月五日夜、東寺宝蔵に群盗が押し入り、「仏舎利道具已下代々宝物等」を盗み取った。事を重大視した朝廷は、同月九日宣旨を下し、この盗人たちを「尋捜」すよう全国に指令した。しかるに、同月二十九日盗人たちは「東山新日吉辺」で「大夫尉秀能」「淡路守秀康」らの手で生け捕られた。秀能は検非違使、秀康は藤原姓で院北面(『吾妻鏡』承元四年七月二十日条)であった。盗人たちは四月十八日秀能の指揮で「三条坊門東洞院家」より「正親町西洞院」の使別当(藤原顕俊)の屋敷門前に向かい(一行の道順も検討の素材となる)、続いて「獄舎」に入れられた。その後盗人たちは「夷島」に追放されることになり、四月二十九日廷尉の手より「広綱」に渡された。その受け渡しの場は「一条河原」であった。この「広綱」とは関東御家人佐々木左衛門尉広綱のことで、広綱は盗人等を鎌倉に送致した。幕府では六月十四日に沙汰があり、奥州追放と決した。

この事件に見る盗人の逮捕から処分にいたるそれぞれの処置には、いくつかの興味深い事柄が含まれている。まず第一に、使庁側で逮捕・禁獄した盗人を武家側に渡し、幕府の処断に委ねたこと。その手続きはのちの延応元年七月二十六日付の法令（追加法一一七条）の「自今以後、強盗幷重科之輩、雖被禁獄、申出其身、可被進関東」という文章表現そのままであり、実質は延応元年の立法よりはるかに先行していたという事実である。第二に、すでに六波羅探題設置以前の「京都守護」の時代から使庁はこのような形で重科人の追放を幕府に依存していた事実である。ただ注意すべきは、処分を断行するのが「京都守護」ではなく幕府であることで、そこには「京都守護」の検断権の性格が表れている。ちなみに、この盗人の受け渡しおよび関東への送致の場面で在京都武家勢力の代表のような振るまいをみせている佐々木広綱（『吾妻鏡』建保六年九月二十九日条の神輿入洛阻止の場面では、「住京健士」の一人として名を見せる）については、その公武交渉上の立場に即して深く掘り下げて検討する余地を残しているように思う。

そのほか、『葉黄記』宝治二年七月一日条には、使庁で逮捕した南都僧らしき栄円・玄芸両名を六波羅探題（北条長時）に召し渡す様子が書き留められている。

(33) 本書第二章第二節。
(34) 『吉続記』弘安二年五月四日条。
(35) 使別当の後任人事については『吉続記』弘安二年五月十日条に、
　使庁事、雖被仰、右衛門佐爲方申子細、仍被仰左衛門権佐仲兼云々、
と見え、第一候補の藤原為方が辞退したことが知られる。使別当のポストがいかなる性質のものであったかがうかがわれる。
(36) 『花園天皇宸記』正和三年閏三月四日条所載の勘例には、
　（弘安二年五月六日）同日、検非違使右衛門少尉中原明綱被解官、八幡訴訟奉行之間、神人依訴申也、
と見える。
(37) 『史料纂集 公衡公記 一』一八頁　弘安六年八月十七日条。
(38) この種の具体的事例については、本書二六七頁参照。

(39)『鎌倉遺文』では二〇巻一四九六三号文書がこれに相当する。本書四五七頁表Cの11の事例。なお『兼仲卿記』紙背文書の読みは原本によった。このため刊本の読みとは異なる部分がある。以下同じ。

(40)『鎌倉遺文』では二一巻一五八四一号文書がこれに相当する。本書四五四頁表Bの25の事例。

(41)『鎌倉遺文』では二一巻一五八四〇号文書がこれに相当する。本書四四八頁表Aの56の事例。

(42)本書四〇六頁参照。

(43)同氏「法家中原氏系図考証」（『書陵部紀要』二七、昭和五十一年）二七頁。

(44)その根拠は以下の通り。この文書の年次はまず日記表の日付、乾元二年八月より以前でなくてはならない。さらに文中に「綸旨」が発されたことが見えるから、天皇親政が行われていた時期と考えてよい。今江氏が指摘された期間に親政を行った天皇は伏見しかいない。したがってこの「綸旨」は伏見天皇綸旨ということになる。では伏見天皇の親政期はいつからいつまでかというと、終わりが永仁六年七月の後伏見天皇践祚にともなう伏見上皇院政の開始であることは明白であるが、もう一方の始まりの時点がはっきりしない。後深草上皇は正応三年二月十一日に出家してのちもしばらく同上皇の院宣が散見する。伏見天皇綸旨もほぼ同時に出始めるので、しばし両者は混在するが、文書の現存状況から見て、伏見天皇綸旨がほぼ後深草上皇院宣を抜き切るのは正応五年ころと思われる。そのような理由から、当該文書の年次の範囲を本文記述のように推測した。

(45)『大日本古文書東寺文書之二』七二四頁。

(46)『史料纂集花園天皇宸記　二』九八頁　元応二年十月五日条。

(47)『花園天皇宸記　二』元亨二年二月二十四日条。

(48)『花園天皇宸記　三』二三五頁　別記元弘元年十月十四日条。

(49)『公衡公記　一』正和三年十月七日条。

(50)『花園天皇宸記　三』元亨四年十一月十九日条。

(51)『光明院宸記』貞和元年六月二十四日条。

第四章　朝廷の訴訟制度

第一節　鎌倉後期における公家訴訟制度の展開

はじめに

鎌倉時代における公家訴訟制度の本格的な展開は、承久の乱ののち鎌倉幕府の強い影響のもとに成立した後嵯峨上皇の院政期に始まると言っても過言ではない。従って、中世の公武関係史のなかでも後嵯峨院政はひときわ重要な意義を持っている。公家の政治や訴訟のための組織・機構が幕府の色濃い影響を受けていることは、後嵯峨院政開始の寛元四年（一二四六）に幕府の要請に応ずる形で院評定制が創設された事実一つをとってみても明瞭といわねばならない。

そもそも鎌倉期の公家訴訟制度の進展過程は、その契機なり画期なりを指標とすればおおまかに二つの時期に分けられると思う。その一つが、先述した寛元四年の院評定制の創設を契機とする時期であるが、十名の文殿衆の選任（『葉黄記』寛元四年四月十九日条）、西園寺実氏の関東申次就任（同十月十三日条）、吉田為経・葉室定嗣両人による伝奏業務の分担（宝治元年三月十二日条）などもこれに付随する官制上の対応であった。いま一つは、亀山・伏見両院の機構改革に伴う急速な訴訟制度の整備を特徴とする文永・弘安年間以降（特に弘安以降）の時期である。

この現象は、当該期の社会構造の大きな変革が所領関係の訴訟（雑訴）を増加させたこと、王朝自体がこの雑訴の処理を政道興行のための重要課題にかかげ、悲壮なまでの決意をもってこれにとりくんだことなどを背景としていた。

鎌倉期の公家訴訟制度についての従来の研究としては、院評定制の変遷の視点から公家政権の構造を究明した橋本義彦氏・佐藤進一氏の研究、(1)徳政興行がどのような政治的・社会的背景のもとになされたかということを深く掘り下げることによって訴訟法の生起・発展の必然性を当時の政治社会思想の中に追究した笠松宏至氏の研究、(2)また特に鎌倉期の記録所について論じた水戸部正男氏の研究(3)などがあり、公家新制についての研究(4)も活発になされてきた。

本節は、以上のような先学の研究成果に学びつつ、鎌倉後期の公家訴訟制度の整備の道すじを、特に雑訴法の制定などと関連させることによって、具体的にたどろうとするものである。

一　亀山上皇弘安九年の機構改革

文永十一年（一二七四）正月、後宇多天皇の践祚とともに、亀山上皇の院政が始まる。同上皇はその院政期間中の弘安九年（一二八六）十二月に王朝の訴訟制度に重要な改変を加えた。まずその改革の内容とこれを実現させた背景的事情についてみておこう。

(1)その内容

亀山上皇の機構改革に関する直接史料は『兼仲卿記』(5)（別名『勘仲記』）弘安九年十二月三日条である(6)。

三日乙未、晴、早旦参院、雑訴評定也、大臣・大納言徳政御沙汰、毎月一日・十一日・廿一日可被参仕云々、於雑訴者、中納言已下可参仕云ゝ、早旦有出御、中御門前中納言・按察（葉室頼親）・吉田中納言（経長）・右大弁宰相爲方（中御門）朝臣等参仕、予随身文書祗候簀子、演説両方子細、外宮一禰宜貞尚与前神祇権少副隆逸相論貞応関東状令謀作哉否事也、参川国伊良胡御厨内武家被管甲乙人知行地、関東令没収、去進神宮了、而貞尚蒙　聖断領知之処、隆逸依非器濫妨彼分之処、於貞尚者爲謀作之仁之由申出之間、訴陳及二問二答了、仍今日逢評定、人ゝ議奏之趣、謀作事於関東及訴陳之上、不及　公家御沙汰、伊良胡御厨内神田事、於関東避進之分者、貞尚可領知之趣、以前　聖断不可有相違、其外誇彼去状、京都之輩領知分不可致妨、兼又隆逸猶可申所存之旨載訴状之上、早企参洛可弁申旨、可被仰祭主定世朝臣云ゝ、評定之間御不審事等、貞尚代官権禰宜文能祗候之間、以予所有御問答也、今日勅定云、向後一ヶ条可有御沙汰、被召両方訴論人、可有御問答子細□（抹消）之由思食云ゝ、事厳密也、訴論人定開愁眉歟、此後予奏聞条ゝ事、仰詞目六付大外記師顕奏聞、爲向後無相違也、（下略）

この記事によってうかがうことのできるのは、まず第一に、院評定を徳政沙汰と雑訴沙汰とに分けたこと。徳政沙汰には「大臣・大納言」が参仕し、式日は毎月一・十一・二十一日の三度、一方の雑訴沙汰には「中納言已下」（同記、同二十四日条では「中納言・参議等」と表記）が参仕すべきことを定めた。同日記の前後の記事によって少し補足すれば、徳政沙汰はすでに二日前の同月一日に開催され、殿下・三公・大納言等が参仕していること、雑訴沙汰についてはその開催回数は三日条にしるされていないが、同月二十四日条に「毎月六ケ日雑訴沙汰」とみえることが知られる。

第二に当日の雑訴沙汰（評定）の中身についてみれば、議事がどのように進行したかがうかがわれる。参仕者は中御門前中納言[7]以下三中納言と一参議であり、規定どおりの顔ぶれである。議題は外宮一禰宜貞尚の有する「貞応関東状」（三河国伊良胡御厨内の武家被官・甲乙人知行地を幕府が没収して神宮に去り進めたというもの）が謀書であるか否かの判定であったが、当日の評定にもちこまれる以前にすでに「二問二答」の書面審理が済んでいたことは訴訟手続きの上で注目に値する。雑訴評定においては、貞尚の領知を是とする意見が強かったが、結局今一度隆逸の言い分を聞くべく参洛させよということになったのである。評定に貞尚の代官が祗候して事情を聴取されている事実も注意される。そこには、おぼろげながらも、雑訴評定以前の訴陳の存在（文殿衆の担当か）、評定への当事者召喚など、のち制度化される訴訟手続きの萌芽を認めることができよう。

ちなみに徳政沙汰に関していえば、すでに延応二年（一二四〇）には「徳政之沙汰」の文言が現われ（平経高の日記『平戸記』同年正月二十九日条）、さらに文永五年（一二六八）三月二十日に後嵯峨上皇の院中で「徳政之沙汰」があり（近衛基平の日記『深心院関白記』同日条）、亀山上皇の院政下弘安二年にも所見する（日野資宣の日記『仁部記』同年五月十八日条）。弘安九年の亀山上皇の機構改革はこうした先駆的制度の発展延長線上で考えるべきものであろう。

いま少し、その後の徳政沙汰・雑訴沙汰の行方を追ってみよう。徳政沙汰なる表記は『兼仲卿記』に求める限り、弘安九年十二月一日条に初見し、十二月十一日、十二月二十一日（徳政条々）、閏十二月一日、弘安十年二月一日条などにみえる。その議題は「去年制符」の遵守、「官員数」「僧官可被減少事」などで、所領訴訟とは異なり国家的規模の事柄を議する徳政沙汰の内容上の特徴をうかがうことができる。またその参仕者も「大臣・大納言等評議」（弘安九年十二月二十四日条）の原則にそっている。けれども、弘安十年三月一日の「評定」になると様子がかなりかわってくる。この日の評定の議題は「月読宮神躰御騎用御馬足令折損給事」「大宮司事」の二カ条。参仕者は関白鷹司兼平・右大臣九条忠教・春宮大夫西園寺実兼（権大納言）・前源大納言雅言・帥中御門経任（前権大納言）・民部卿日野資宣（前権中納言）・藤中納言実冬（滋野井）・按察葉室頼親（前権中納言）・吉田中納言経長・大蔵卿経業（藤原）・近衛前宰相中将公敦・冷泉宰相経頼・右大弁宰相中御門為方の十三名であった。この議題のうち一方は神事、また一方はいわば雑訴関係のもので、また参仕者についてみれば五名が大臣・大納言以上、八名が参議（いずれも前任者を含む）であるから、そもそもこの日は徳政沙汰日であることを併考すれば、先の両沙汰の取り扱い上の区分がすでにくずれていることがわかる。

三条実任の日記『実任卿記』（『継塵記』とも。『歴代残闕日記』一〇所収）弘安十年十月十二日条にも、関白二条師忠・右大臣九条忠教・内大臣近衛家基らが参仕した「徳政評定」開催の記事が見える。

同様に雑訴沙汰についてみれば、『兼仲卿記』弘安九年十二月三日、十二月八日、十二月十三日、十二月十八日、十二月二十四日条にみえる。このうち十二月二十四日条には、

一・十一・廿一日等徳政沙汰、大臣・大納言等評議、此外毎月六ヶ日雑訴沙汰、中納言・参議等祗候、於件雑訴御沙汰日者、被召訴論人於文殿、被尋子細、於裁許之院宣者、当座可被書下云々、

としるされており、亀山院政の改革の要綱が最終的に整理されている。しかし、翌弘安十年に入ると雑訴沙汰がこの方式で行われたか明瞭ではない。徳政沙汰については先述のとおりである。

弘安十年十月、亀山上皇の院政は終わり、替って後深草上皇の院政が始まる。後深草上皇が積極的に亀山上皇の制度的遺産を継承した形跡はみうけられないが、亀山上皇の機構改革の意義は院評定から雑訴を分離し、院文殿の審理機能を強化することによってこれに対応しようとしたこと、公家訴訟制度が中世に適応した形態へと変貌する上でそのさきがけとなったこと、にあろう。

(2)その背景

亀山上皇が弘安九年の段階で以上のような改革に踏みきることができたのはそのための基盤が形成されてきていたからとみるべきであろう。次にこのことについて、法制度の定立と文殿の審理・注進機能の強化の二面から考えてみたい。

(イ)法制度の側面

訴訟制度を基底から支える法の整備の面からみれば、公家新制との関係が注目される。王朝が雑訴の興行にこ

れまでにない重大な関心と決意を示し、これを媒介にして政道の振興に大きな一歩を踏み出したのは後嵯峨上皇の弘長三年（一二六三）八月の新制においてだといわれている。同新制は四十一カ条から成り、うち四カ条を雑訴関係にさいている。これに付随して記録所・院文殿条々の興行が命じられてもいる。[8] 弘長三年八月新制が発されて五年後の文永五年（一二六八）六月には、「仙洞評定、一月十度、其人数被結番云々、頭弁（藤原忠方）・権弁（中御門経任）相分結番云々」（『吉続記』文永五年六月一日条）と、院評定制に開催日数と結番制とが導入された。この段階ではまだ雑訴評定が分離してはおらず、あくまで院評定制の部分改革にとどまるけれども、評定開催の定例化はもとより、公卿評定衆と頭弁・権弁の結番・評定参加はのちの伏見天皇の正応六年（一二九三）の改革の「雑訴結番」の編成と一脈のつながりが認められ、注意される。こうして雑訴に対する意識は高まり、文永十年四月亀山天皇の宮中の議定で定められた「五箇目篇目」の中で、「神事」「仏事」「倹約事」「任官事」といった伝統的な重要項目と並んで「雑訴決断事」が姿をあらわすのである。「雑訴決断」の用語例としては、管見の限りでは最も早いものである（『吉続記』文永十年四月一日条）。このような政道刷新への意識の高揚は、当時の外敵襲来をめぐる危機感と無縁ではあるまい。あたかも文永五年から八年にかけて、仙洞評定において蒙古の国書や高麗の牒状の処置に関して会議が重ねられていることは当時の公家日記のしるすところである。

こうした動向は、亀山天皇の文永十年九月二十七日新制二十五カ条に直接的な影響を及ぼした。特に雑訴関係の条規は「可停止上下諸人致非理訴訟事」なる一カ条であるが、偽作証文にもとづく訴訟を禁止する方針のもとに、「偽作露顕之証文」については記録所・法家においてチェックするように定めた。[9] この条については水戸部正男氏が「この時代における記録所の存在を伝える資料として注目し」[10] ておられるが、記録所・法家に「下勘」された文書を審査し「言上誑謬之趣、令注毀」る任務が課されたことは記録所・文殿の責務の強化、勘決機能の充実を招来する契機となったろうと推測される。

弘安八年（一二八五）十一月十三日、新制二十カ条が後宇多天皇宣旨によって発布された。[11] その発布の時期からみても、内容からみても、亀山上皇の機構改革を法の上から最も直接的に支えたのはこの新制であること疑いない。その立法の性格については、笠松宏至氏が以下のような的確な指摘をされている。[12]

中世の裁判規範としての実質をそなえた成文法の登場は、弘安徳政のさなか、同八年十一月の宣旨によって発せられた二〇ヶ条の法令をもって嚆矢としなければならないだろう。この立法で、「陳状日数」「訴訟年紀」「越訴」「謀書」などの基本的手続法がはじめて成文化され、以後正応五年・文保三年・元亨元年などの立法によって急速に整備され、やがて次の時代、「暦応雑訴の法」として集大成されてゆく。[13]

一つの具体的事例として「陳状日数」についていえば、本法令では「不可過三十ヶ日」となっているが、伏見天皇の正応五年新制（後述）では日数が二十日と改められた。のち、一時、建武新政期に十五日に更に短縮されたこともあるが、二十日の期限は南北朝期まで一貫して採用された。[14]

(ロ)文殿の審理・注進機能の強化——文殿注進状の成立——

的確な裁許を下すためには予備的審理を尽くすことが肝要なことは言うまでもない。訴陳状の審理、対決といった訴訟進行過程での基礎的部分を担当する文殿衆の責務の強化が裁許の的確さ、迅速さを保証することも自明であろう。文殿に課されたこのような要請は法曹家たる文殿衆の地位を上昇させ、制度的にはやがて文殿庭中を成立させるのである。文殿は雑訴評定より下された訴陳について審理・勘奏するようになった。南北朝期の北朝での事例でいえば、上皇による裁許は文殿の注進内容をそのまま採用するものであった。文殿の注進の信頼性が院政の訴訟機構を支えたということもできよう。従来、文殿の職員たる法曹家は、雑訴の奉行より訴訟に関して意見を聴取されることはあったが、ふつうそれは個別的になされた。文殿衆は個々別々の勘文を提出したのである。[15] 従って、文殿衆の総意をかきしるす文殿注進状の成立は院政の訴訟制度史の上でもまさに画期的なできごとといえる。

では一体、文殿注進状はいつごろ出現したのか。管見の限りでは、文殿注進状の初見は次に示す、国立歴史民俗博物館所蔵『兼仲卿記』紙背に残ったものである。(16) 五つの断簡が元来一つの文書であったことは筆跡が同一であることによって知られるが、日記として仕立てる際に天地が同一幅に整えられ、裏文書の文字が上下各々一字程度切りとられているため、これが文殿の注進状であることはみすごされやすい。この文書冒頭の「□□」のうち下の文字は下半分が残っており、これを「殿」と読めることが本文書を文殿注進状とみなす最も有力な根拠である。五つの断簡の前後を内容によって判断して並べてみた。これらに順次(A)〜(E)の符号を付け、(17) 行替わりは「」で示した。

(A)　□(文カ)□(殿)
注申、国平(津守)与康重(清原)相論座摩社神事執行□(事)、」□□(師顕カ)・師冬・章澄・明盛・章長等申云、召決両方□」□康重
代官者所存載度々訴陳畢、□根本□」□難申子細云云、委細見申詞、住吉社者代々□」□社管領之上、仁平
以後数通証文備進之□」□座摩神主執務分限篇目十箇条本□」□進之間、康重又可注先申先例之由、雖被仰
下、于□(今カ)」□不注進之旨申之、然而康重代不及披陳之□」□者、先本社執行之条、不可背理致哉、

(B)□申之、以此趣可仰含康重と申、」□(住カ)吉社使者正禰宜浦綱・供僧定忠・所司隆遍等□」□件神事執行間事、
可停止康重新儀之由、度□(々カ)」□(被カ)下　院宣之処、康重一切不叙用　勅裁、致□□」□妨之間、重有御沙汰、去(弘安七年)
閏四月被下　院宣、本社□」□其沙汰之処、康重猶違背　院宣之間、訴申□」□(処カ)、今如康重代申者、去年(弘安六年)十
二月康重下給　院宣□」□近日又任去年十二月　院宣、可令執務之由、被仰□」□之旨申之歟、所詮、云度
々　聖断、云閏四月　院宣□」□可有相違哉否、先可有沙汰歟之由、雖令如□」□申根元神事執行篇之由、
被尋下之間、粗可申□」□其旨趣、凡住吉社末社別宮等、雖在諸国、或□」□本社一向進退之別宮、或有本

社不進止之□」□於座摩社者、開闢以来本社一円所管領成□□」
(C)□陳状不明申之間、暗難一決、随亦座摩社□」□（任カ）吉末社哉否、如神名帳者、共為大社、短慮難□（測カ）」□矣、」
(D)□庁官畢、康重不帯証文之上、違背　勅裁□」□顕然也、就中本社管領座摩社之条、証文非□」□副目録進
上之数通之状、子細炳焉歟、抑国平□」□□（藉カ）之由、康重代申之歟、雖須弁申、只被尋下神□」□行事狼藉事、
無御問之間、不言上之、御□」［　　］申、又今年六月被下　院宣之由、□」□之歟、此事歎申御奉行
伝　奏并職事□」□於件　院宣者、被棄破之由被仰出畢、□（此上カ）□（任カ）」□（閏カ）四月　院宣、可被仰下と申、

弘安七年六月廿八日

左衛門少尉中原□（章長カ）
明法博士中原朝臣明□（盛カ）
大判事中原朝臣□（章澄カ）
造酒正中原朝臣師□
掃部頭中原朝臣師□（顕カ）
大外記中原朝臣師□

(E)

この弘安七年（一二八四）六月二十八日文殿注進状は、摂津国座摩《いかすり》社の神事執行をめぐる住吉神主津守国平と座摩社神主清原康重との間の訴訟を審理・勘奏したものである。欠落部分があって詳細まで文意をとりがたいけれども、要するに座摩社は住吉社の末社だとして神事執行の必然性を主張する住吉神主津守国平の言い分を支持するもののようである。文殿注進状の成立過程を考える上で最も注目すべきはその書式である。つまり一件を評議した文殿の総意は国平の主張を是としたが、注進内容をみると両論併記の形式をとっており、師顕・師冬・章澄・明盛・章長五名の国平支持の多数意見と、これに賛同しない師宗の少数意見と(18)がかきしるされているので

ある。[19][補注]

実はこの注進状の内容と直接的に関係する重要な記事が『兼仲卿記』弘安七年六月二十八日条にしるされている。まさにこの日の評議の結果として先の注進状が作成されたのである。いま引用する。

廿八日甲戌、朝間晴、及未斜雨降、早旦参院奏事、次参殿下(鷹司兼平)内覧条々事、次帰参院、住吉神主国平与坐摩神主康重相論神事執行事、於文殿遂対決、師顕(中原)奉行也、一決遂早、訴論人起座、文殿衆勘決是非、問注記并勘決状等師顕付予、付宗親朝臣内々　奏聞、〇御所為押小路大納言二品第、宗親馳参彼御所、勅答云、文殿衆師宗一人雖申子細、其外一同上者、於神事者国平可施行之由、可被仰下之由思食、参殿下、如何様可候乎之由被申合、於御前読申問注記・勘決状等、其後被仰下是非、其趣注折紙付蔵部了、国平可施行之由被仰下之間、即下知社家了、

この記事内容は先の注進状と全く対応しているから、これによって注進状の内容理解を容易にすることができる。この日、訴論人は院の文殿に召喚され、対決を遂げた。その後「文殿衆勘決是非」して「勘決状」、つまり前掲の文殿注進状をかきあげたのである。注進状はまず問注記とともに亀山上皇の上覧に供され、「文殿衆師宗一人雖申子細、其外一同上者、於神事者国平可施行之由可被仰下之由思食」なる勅答を得たうえで再び奉行の手より関白のもとへもたらされた。一件はここで決定し、結果が国平に伝えられたのである。

この記事において注目すべきことが二つある。一つは勅答が文殿衆の多数意見に規定されていること、つまり文殿勘決が注進状として大変強い力を持ったこと。[20]もう一つは、すでに橋本義彦氏が着目されたように、[21]訴論人の文殿への召喚、対決、文殿衆による是非勘決など、のちの文殿庭中の具体的内容のいくつかがすでにこの時期にあらわれていること、である。

ちなみに、この座摩社神事執行をめぐる訴訟においていま一つ注意すべき記事がある。『兼仲卿記』弘安七年

八月十六日条である。

十六日辛酉、陰晴不定、時〻雨降、早旦参院、今日可有評定之間、資通卿与俊定朝臣相論小林上庄事、可有沙汰之間、随身文書祗候、又住吉神主国平与坐摩社神主康重相論神事施行本末等事、於文殿遂問注、開闔師顕(中原)着座、所召決両方也、訴陳状等、先日為予奉行下賜師顕早、御前評定、殿下(鷹司兼平)御参、一品・春宮大夫(西園寺実兼)・帥卿(中御門経任)・前平中納言(時継)・按察(前脱カ)権中納言(源資平カ)・二条前中納言・吉田中納言(経長)・宮内卿(藤原経業)等祗候、文書数ヶ条之間、小林庄事無沙汰也、

つまり先の一件がこの日の院評定にかけられたのである。同年六月二十八日には「国平可施行之由被仰下之間、即下知社家了」の文言から知られるように、すでに下知が下っているのであるから、この日の院評定で評議されたのは一見奇異ではある。座摩社神主清原康基の越訴によるものとは想定しがたいので、先の「下知」は決定的なものではなかったかとみなさざるをえまい。この日の記事で注目されるのは、評定衆たちが「召決両方」して「於文殿遂問注」げる法廷に参席していると考えられることであるが、[22]文殿との機能上の連携が不十分なことや、この仕方がどの程度継続したかも不明確なことから考えて、それは文殿庭中としては完成したものではなかったと思われる。弘安九年十二月の亀山上皇の改革内容のうち、「於件雑訴御沙汰日者、被召訴論人於文殿、被尋子細、於裁許之院宣者、当座可被書下」の規定はこの方式の発展延長線上に置いてよい。

以上のような文殿の制度の拡充が文殿衆に任ずる法曹家の成長、地位の向上と密接な関係を有していることはいうまでもない。[23]

亀山上皇の弘安九年の機構改革は今まで述べてきたような状況を背景にして実施されたということができよう。

二　伏見天皇正応六年の機構改革

鎌倉後期の公家訴訟制度の改革でもう一つ重要なものは、伏見天皇による正応六年（一二九三）六月のそれである。亀山院政は弘安十年（一二八七）十月に終り、その後約二年半の間後深草上皇の院政が続いたが、[24]正応三年二月同上皇の出家に伴い、伏見天皇の親政が開始された。同上皇は政務担当者としての意欲旺盛で、公家政治の振興に力をつくした。この伏見天皇の機構改革が文永・弘安の亀山院の施政方針の延長上にあること疑いないが、その内容と特質を考える前に、親政開始二年半後に発布された正応五年七月の新制にふれねばならない。

(1)正応五年七月新制

伏見天皇は正応五年七月二十五日、[25]新制十三ヵ条を発し、亀山院政以来の雑訴への対処を基幹とする政道の振興に大いなる意欲をみせた。三浦周行氏は「是等の規定は一二の除外例あるも、殆ど全部記録所の訴訟に関する手続法と看做すべく、従って従来新制の条文に存せしもの極めて稀れなり」[26]と正応五年七月新制の特徴を概括された。しかし、本新制の本文については三浦氏が出典を必ずしも明示されていないため、後学の研究にやや支障をきたしていたが、後藤紀彦氏の研究[27]によってこの点が克服された。同氏は田中本制符を底本としつつ、新制本文のテキストを確定された。

本新制がほとんど記録所の訴訟手続きに関するものであること疑いないが、その性格をうかがうためにはこのとき初めて立法化されたものと先行法からの継承事項とを区別して考えねばならない。まず新生面では第一に、「訴陳不可過二問二答」の規定によって訴陳回数が「二問二答」を限りとすること、[28]「万一子細出来」の場合のみ記録所にて対決を行わせることになったことが注目される。この点についての成文法は全く知られていない

（実態としてはすでに弘安九年にみえる）。さらにこの規定は次代の北朝の訴訟法へそのまま継承されている。出廷を命ずる廻文の制度が「出廻文之後迄廿ヶ日猶令遁避者、早可停止所務」と規定されたことも重要である。記録所廻文の実例を数点あつめることができたが、[29] それは本新制の発布との密接な関係を有している。第二に、「可被定議定文書廻覧日限」の条規についてみよう。これはおそらく議定にのぞむ公卿（議定衆）が会議の開催以前に関係文書を回覧する際の規定と思われる。ここに芽ばえた文書回覧日限の発想はやがて文殿の勘奏日限、勅問の日限などの規定を生み出してゆくのである。第三に「議定日訴論人帯文書正文、可参記録所事」は先の記録所対決とも関連するが、議定の日には当事者を法廷に召喚し「於議定之席有不審事」らば、即座に尋問することとしたのである。当事者の召喚はすでに文殿ではこれを実施した形跡があるが、議定への召喚である点が注意される。

一方、先行法を継承している条規は「陳状日限過廿箇日者、可止所務事」であり、それは明らかに先述の弘安八年十一月十三日宣旨の中の規定をうけている。

要するに、正応五年七月の新制は先行法を修正する一方で新しい条規を加えて、雑訴の手続法を整備・強化しようと企図したものといえよう。こうした法を運用することによって政道の振興を実現させる任務を負わされたのが記録所であった。

(2)記録所の機能強化——記録所庭中の成立——

正応六年（八月五日に永仁と改元）六月一日、伏見天皇は公家訴訟制度に大きな改変を加えた。『兼仲卿記』同日条にみる記録所庭中の開設と雑訴沙汰の整備がそれである。記録所庭中では中納言・参議・弁を各一名ずつ六番に、また寄人を二名ずつ八番に編成して、日を分ちて組み合わせて訴訟に当らせた。一方雑訴沙汰は三番制で、各番大納言・中納言・参議（前任者も含む）ら公卿四名と弁官・法曹家など寄人六〜七名から成り、二日ずつの担当日を決めて訴訟に当った。この結番交名を表に示せば次のようになる[30]。

記録所庭中結番交名

番	参仕日	上卿・奉行	参仕日	寄人
一	子午	権中納言・(左中弁)日野俊光	一日、九日、十七日	(三善)康衡・(清原カ)仲尚
二	丑未	前藤宰相・(右中弁)藤原光泰	二日、十日、十八日	(中原)師顕・(中原)章保
三	寅申	(仲兼)前平宰相・(権右中弁)四条顕家	三日、十一日、十九日、卅日	(中原)師宗・(中原)章名
四	卯酉	(勘解由小路兼仲)右大弁宰相・(左少弁)中御門為行	四日、十二日、廿日、廿五日	(小槻)顕衡・(中原)職隆
五	辰戌	(顕世)堀川宰相・(右少弁)平仲親	五日、十三日、廿一日、廿六日	(中原)師淳・(中原)章継
六	巳亥	(参議)平経親・顕相	六日、十四日、廿二日、廿七日	(清原)良英・(中原)明澄
七		——	七日、十五日、廿三日、廿八日	(中原)明盛・(中原)章文
八		——	八日、十六日、廿四日、廿九日	(清原)良枝・(中原)章淳

雑訴評定結番交名

番	出仕日	頭人	メンバー 公卿	メンバー 寄人	総員数
一	四日 十七日	執柄(近衛家基)	前源大納言(雅言カ) 前右大将(前権大納言西園寺公衡) 吉田中納言(俊定) 右大弁宰相(勘解由小路兼仲)	左大弁(葉室頼藤) 権弁(四条顕家) 康衡(三善)・顕衡(小槻) 明盛(中原)・章保(中原)	十一名
二	七日 廿四日	前相国(西園寺実兼カ)	帥(前権大納言中御門経任) 按察(前権中納言葉室頼親) 前藤宰相 堀川宰相(顕世)	左中弁(日野俊光) 右少弁(平仲親) 師顕(中原)・師淳(中原)・良枝(清原) 章名(中原)・明澄(中原)	十二名
三	十五日 廿七日	一品(堀川基具カ)	右大将(権大納言花山院家教) 吉田前中納言(経長) 前平宰相(仲兼) 平経親(参議)	右中弁(藤原光泰) 右少弁(左カ)(中御門為行カ) 師宗(中原)・良英(清原)・仲尚(清原カ) 職隆(中原)・章文(中原)	十二名

『兼仲卿記』の当該日条には、

衆庶訴人、奉行職事緩怠、下情不上通之間、徒疲訴訟、尤可謂不便、依之、於記録所被置庭中、参議・弁・寄人等被結番云々、

とあり、記録所に庭中を設置する目的と担当者の結番についてしるされている。庭中は先掲表に示す如く、毎日開かれていた。[31] 問題となるのは、毎日開催の記録所庭中および月六度[32]開催の雑訴評定の取り扱い内容、両者の制度的関係である。次に示す『兼仲卿記』の二つの記事に注目したい。

(正応六年六月)四日己丑、晴、参内、前源大納言(雅言)・前右大将(西園寺公衡)・吉田中納言(俊定)・下官(兼仲)等祗候、有雑訴評定、一揆之趣予注之、

一、宣尚申殿村郷内小田、非器甲乙人知行事、

祭主在京者、委猶被尋究、可有沙汰、

一、相藤与相賢相論松尾社領東郷庄事

相兼譲相藤之状雖難悔返、後日重譲相幸状、父相俊法師加署判上者、難破父行事歟、於名田者、任母之譲、相藤可進退之由、可被仰下歟、

一、忠源法印与真助相論城興寺々用事、

忠源知行之時年貢済否、於記録所可有沙汰、

一、左衛門督局申鷹坂庄内小田年貢事、

以前折中之　聖断、不可有相違歟、

事早参殿下、（下略）

(正応六年八月)二日乙酉、晴、依記録所庭中番、早旦参内、左少弁(中御門)爲行・大外記師顕不参、明法博士章保一人祗候、訴人沙弥生心上野国園田御厨并伊勢国散在田畠事申之、章保注進申詞付予、々付内侍先所奏聞也、相尋前藤宰相可

申之由有　勅定、暫祗候、吉田中納言参入、改元字等事所密談也、其後退出、生心申詞、

正応六年八月二日於記録所愁申、

沙弥生心申、太神宮領上野国薗田御厨并伊勢国散在田畠等事、頭左大弁（葉室頼藤）奉行緩怠之間、去六月十日（乙未）庭中之処、件日上卿自前藤宰相家忩可被申沙汰之由、雖被申本奉行職事、于今不及其沙汰と申、

件子細且被尋奉行職事、直被召出正応四年三問三答訴陳、可有其沙汰歟、

明法博士中原章保

前者が雑訴評定、後者が記録所庭中にかかる記事で、いずれも『兼仲卿記』の記主勘解由小路兼仲が担当した案件である。まず記録所庭中についてみると、前掲の結番方式どおり上卿兼仲と明法博士章保（左少弁為行と大外記師顕は不参）が勤務して、沙弥生心の訴える「上野国薗田御厨并伊勢国散在田畠事」に関する訴訟進行の遅滞を聴いていることが知られる。殊に明法博士章保の注進した生心申詞を兼仲が内侍に付し、早速伏見上皇に奏聞している点が注意される。まさに前掲の「衆庶訴人、奉行職事緩怠、下情不上通」の事態を打開する方策の実行といえる。「庭中」については近年、担当奉行を越えた直訴という新しい見解が提出され、受け入れられているようである（藤原良章氏「公家庭中の成立と奉行――中世公家訴訟制に関する基礎的考察――」、『史学雑誌』九四―一一、昭和六〇年）。

次に雑訴評定の記事について。これは兼仲のしるした評定目録である（但し日付と参仕者名を欠く）。大納言・中納言・参議ら当該日の当番（本件は一番局の担当）公卿が参集して、四カ条の雑訴について雑訴評定としての見解を出している。各々の訴訟がどのような方法で提起されたかは判明しない。南北朝期の事例から推考すれば、それらはおそらく記録所の窓口で受理されたものではあるまい。前掲の雑訴評定結番交名の寄人欄の弁官は一件の奉行としての役割を果たしたものとみられる。なお『兼仲卿記』正応六年八月四日条にも雑訴評定一番局の担当

した案件に関する記事がある。

記録所庭中と雑訴評定との相互関係は、これを示す史料が管見に入らず、今にわかに論じがたい。(33) ただ忠源法印と真助との相論事例によって、「忠源知行之時、年貢済否」については記録所で沙汰すべしと命じられていることが知られるので、雑訴評定より記録所へ下勘される事項もあったと考えられる。その最たるものが訴訟の審議・勘奏であったことは言うまでもない。

雑訴評定については、いま一つ議定との関係にふれねばならない。当時の議定関係の史料は乏しく不明なことが多いが、どちらかといえば徳政沙汰の系譜をひくものと思われる。(34) しかしながら議定も雑訴を取り扱っており、雑訴評定との所轄区分は明瞭ではない。参加メンバーは議定の方が高位者であること（参議以上。つまり院政でいえば評定衆にあたる）、雑訴評定で評議された雑訴が議定にもちこまれた事実があること、(35) などによって議定が王朝の最高議決機関として、雑訴評定の上位にあったことは確かであろう。

伏見天皇の記録所機構の改編に関しては、記録所の注進・勘決能力の表現としての記録所注進状の性格の変化にも注目せねばならないが、すでに別途論じたことがあるのでくりかえさない。(36) ただ、記録所注進状がすでに前代に確立した文殿注進状の大きな影響を受けて成立したことだけを指摘しておく。

三　延慶法・正和法・文保法

伏見天皇の改革は、亀山上皇の改革の方針を一層発展・結実させたところに特質の一つがある。この改革はこれまでになく思いきったもので、後代の公家訴訟制度のあり方に実に大きな影響を与えた。

延慶元年（一三〇八）八月、花園天皇の践祚によって二度目の院政を開いた伏見上皇は、翌二年四月に次のような内容の訴訟制度の整備を行った。(37)

一、可被置庭中并越訴事、庭中三日・十八日・廿三日巳上、一日ノ沙汰不可過三箇条、件ノ日々雑訴沙汰、当番伝奏著文殿可問答事、越訴八日・十三日・廿八日巳上、沙汰不可過二箇条、奉行人同可著文殿事、

この規定では、庭中と越訴の式日を定めたことも重要であるが、庭中と同一日に開かれる雑訴沙汰に当番の伝奏を着座させていることこそ最も注目に値する。政務の練達者たる伝奏を媒介として、訴訟機構の円滑かつ迅速な運営を企図したものと思われる。この伝奏が一件の担当奉行として雑訴評定を主導し、上皇への伝奏、さらには勅裁の発給までかかわる方式が考案されたのである。特に鎌倉末期以降南北朝期にかけて伝奏は極めて重要な役割を果たし、公家政治運営の主役の地位を獲得する。そこで、この問題を理解するためには伝奏について検討せねばならない。(38)

伝奏はすでに平安末期より記録類に散見しているが、その活動が軌道にのるのは後嵯峨上皇が権中納言吉田為経と参議葉室定嗣の二人を伝奏に任じ、隔日に出仕させ、諸人の奏事を伝奏させるようにしてからとみてよかろう(39)(『葉黄記』宝治元年三月十二日条)。

その後の各治世の伝奏の補任状況は必ずしも明確ではなく、員数にも変化があった。(40)亀山上皇の弘安二年(一二七九)には大納言中御門経任以下六名の公卿を三番に編成したこともあるが、(41)後深草院政開始以後、弘安十一年三月に新たに前権大納言源雅言が伝奏に加わるまでは、前権中納言平時継と参議平忠世の二人にすぎなかった。(42)やや下って、二度目の後宇多院政開始直後の文保二年(一三一八)二月には、大納言花山院師信以下七名の公卿が伝奏に補されている。(43)(44)

「延慶法」が出された延慶二年四月の時点でどのような伝奏がいたか、いまにわかに知ることはできないが、「件ノ日々雑訴沙汰、当番伝奏著文殿可問答」とは以上のような伝奏を結番制で文殿に参着させることを意味しているのである。伝奏は文殿での訴訟進行の上で重大な任務を課されたといえる。

橋本義彦氏は文殿庭中を「着座公卿と文殿衆によって構成される、院文殿に開設された法廷(45)」と規定された。同氏の指摘のように、後伏見院政の正和四年（一三一五）八月三日にはその実例をみる(46)（『公衡公記』）。

三日己卯、文殿庭中也、着座人〻、
治部卿（日野俊光）　民部卿（吉田定資）　頭左大弁資名朝臣（日野）被着公卿座末　大外（記脱）師宗（中原）朝臣　大外記良枝（清原）　大判事章任（中原）　主水正宗尚（清原）　主税助
章房（中原）、三ケ条章房取目六進入了、篇目載文殿符案、

この日の文殿庭中には、日野俊光以下三名の公卿（日野資名は準公卿、同二十八日任参議）と五名の寄人とが参仕して雑訴三カ条を沙汰した。それは「延慶法」より六年のちの事例であるが、三日に開廷されていること、この日の沙汰が三カ条であることなど「延慶法」の規定に合致することから推測すれば、後伏見院が父伏見院の制度的遺産を継承したとみても不自然ではない。このように考えれば、南北朝期に完成した姿をふつうにみることのできる文殿庭中は、「延慶法」に直接の淵源を有するとみてよいのではあるまいか（「延慶法」は本節付録として収録）。

ちなみに、『師守記』康永元年（一三四二）五月九日条の先例勘申記事の中に、後宇多院政の嘉元二年（一三〇四）七月の文殿庭中のことが記されている。このときの文殿庭中の内容がどのようなものか判然としないが、「文殿寄人守当番可参仕」なる文言によって当時文殿衆は結番制を採用したことがうかがわれる。しかるに南北朝期の文殿衆はもとより、先の正和四年の文殿衆も皆参を原則としているので、この嘉元二年の文殿庭中を正和四年のそれにひきつけて考えるわけにもゆかない。

「延慶法」ののちの雑訴法としては「正和法」「文保法」があるが、これらの相互関係はどうであろうか。「正和法」は後伏見院政の正和三年十一月十三日に発布されたもので、北朝の暦応三年（一三四〇）の「暦応法」（二十二カ条）制定の折、再び持ち出された（『師守記』暦応三年四月十一日条）。「正和法」にも庭中や越訴の制度があり式日が定められていたことが知られるが、内容は不明である。ただ「暦応法」制定のとき「今度可用彼法」

としるされており、「彼法」とは「正和法」を指しているから、「正和法」が「暦応法」の母体となったことは確かである。むろん「暦応法」の中から「正和法」を抽出することは困難である。また「正和法」におくれること二年にして「文保法」(47)が成立するが、その中で文殿に直接関係するものは「一　評定・文殿勘决、雖被究淵底、猶爲無訴人疑、可置起請事」という規定のみである。

以上を要するに、文殿庭中の制度は「延慶法」においてその枠組みができあがり（むろんその背景には正応六年の記録所制度の改革がある）、「正和法」に継承され、さらには公家雑訴法の集大成たる北朝の「暦応法」へと継受されたといえる。

おわりに

日本中世の公家訴訟制度は北朝の光厳上皇の院政下でその最盛期を迎えたと言ってよい。暦応三年の雑訴法の集大成はまさにその象徴であった。本節ではそこに至る前段階としての鎌倉後期の状況を探るため、制度史上の画期的なできごとに即してその意義を検討してみた。その結果、南北朝期の全盛は鎌倉期以来の地道な改革の積み重ねの結実であることを知ることができた。

今後のさしあたっての課題は、純粋に法史的視点に立って「暦応法」の法史上の淵源を追究すること、いま一つは建武新政の法の性格を明らかにすること、である。

（1）　橋本義彦氏「院評定制について」（『日本歴史』二六一、昭和四十五年、のち同氏『平安貴族社会の研究』、吉川弘文館、昭和五十一年）所収。佐藤進一氏『日本の中世国家』（岩波書店、昭和五十八年）第三章「王朝国家の反応」。

（2）　笠松宏至氏「中世の政治社会思想」（岩波講座『日本歴史』中世3、昭和五十一年、のち同氏『日本中世法史論』東京大学出版会、昭和五十四年、所収）。同氏「鎌倉後期の公家法について」（『中世政治社会思想』下・解説、岩波書店、昭和五十六年）。

（3）水戸部正男氏「鎌倉時代の記録所に就いて」（『史潮』八―一、昭和十三年）。記録所については、他に八代国治氏「記録所考」（『国学院雑誌』一二―一〜四・六、明治三十八年）、細川亀市氏「中世における朝廷の民事裁判所――記録所について――」（『法曹会雑誌』一四―一、昭和十一年）、佐々木文昭氏「平安・鎌倉初期の記録所について」（『日本歴史』三五一、昭和五十二年）、堀内寛康氏「文治記録所の一考察――成立の意義を中心に――」（竹内理三氏編『荘園制社会と身分構造』所収、校倉書房、昭和五十五年）。五味文彦氏「荘園・公領と記録所」（同氏『院政期社会の研究』所収、山川出版社、昭和五十九年）などの研究もある。

（4）三浦周行氏「新制の研究」（『京都大学法学論叢』一四―六、一五―一〜二、四〜六、一六―一、大正十四〜五年）、のち同氏『日本史の研究』新輯一に所収、岩波書店、昭和五十七年）。水戸部正男氏『公家新制の研究』（創文社、昭和三十六年）、大石直正氏「鎌倉幕府体制の成立」（『日本史を学ぶ』2中世所収、有斐閣、昭和五十年）、佐々木文昭氏「公家新制の一考察――保元元年新制から建久二年新制について――」（『北大史学』一九、昭和五十四年）、後藤紀彦氏「田中本制符――分類を試みた公家新制の古写本――」（『年報中世史研究』5、昭和五十五年）、水戸部氏「公家新制より見たる鎌倉幕府の成立」（『日本法制史論集』所収、思文閣出版、昭和五十五年）、佐々木氏「鎌倉期公家新制研究序説」（『日本古代史論考』所収、吉川弘文館、昭和五十五年）。

（5）『兼仲卿記』（国立歴史民俗博物館所蔵の原本はこの名称であるから、本節ではこの称を用いることとする）は、『増補史料大成』三四〜六『勘仲記』において翻刻されているが、翻刻当時の種々の制約のためか誤字・脱字、さらには脱落も少なくない。本節で用いる引用記事はすべて原本によって確認・訂正したものである。

（6）『増補史料大成 勘仲記 二』一三二〜三頁に該当記事があるが、活字本には脱落部分が認められる。

（7）この中御門前中納言が誰かは不詳。

（8）五味文彦氏「使庁の構成と幕府――十二〜十四世紀の洛中支配――」（『歴史学研究』三九二、昭和四十八年）一一頁及び一二頁注(13)、注(4)所引佐々木氏「鎌倉期公家新制研究序説」四五九〜六一頁参照。

（9）条文については注(4)所引水戸部氏著書、二三九頁参照。

（10）同右、二三四頁。

（11）条文は『石清水文書一』五四六〜九頁、『中世政治社会思想』下、五七〜六二頁など。ちなみに佐々木氏は「この文書自体、新制の一部分の可能性はある」と述べておられる（同氏「鎌倉期公家新制研究序説」四六八頁）。

（12）注（2）所引笠松氏著書、一七九頁。

（13）「三」は「元」の誤植か。即ち、同氏「鎌倉後期の公家法について」四一五頁に述べておられる「文保元年法」のことと思われる。つまり文保元年の成立と伝える「政道条々」二十四ヵ条（宮内庁書陵部所蔵。拙著『南北朝期公武関係史の研究』文献出版、昭和五十九年、二五三〜六頁参照）のことであろう。

（14）注（13）所引拙著、七七〜八頁。

（15）寛喜三年五月十一日明法博士中原章行勘文（「京都大学所蔵文書」「書陵部所蔵谷森文書」、『鎌倉遺文』六巻四一四一号）、宝治二年十一月八日明法博士中原章行勘文（「東寺百合文書せ」、『鎌倉遺文』一〇巻七〇〇八号）、『経俊卿記』康元二年閏三月一日条（橋本氏注1所引論文一六頁参照）、また『吉続記』弘安二年五月二十一日条にみえる「文殿輩等勘状十余通」も同様であろう。ただ例外的に承元二年四月三日明法勘文（「東寺百合文書イ」、『鎌倉遺文』三巻一七二七号）は連署形式。

（16）以下の史料引用は原本に拠る。なお『兼仲卿記』の紙背文書はこれまでほとんど利用されなかったが、最近『鎌倉遺文』に収録されるに至り、その全貌が知られることになった。ただ同活字本はマイクロフィルムの焼付からの翻刻であるための限界も少なくない。また同文書にふれた文章としては、『鎌倉遺文』の編者竹内理三氏による連載「兼仲卿記裏文書」（同遺文の月報16〜21号）のほか次のようなものがある。

田中稔氏「勘仲記紙背にみえる大和国関係文書（抄）」（『大和文化研究』一〇―一二、昭和四十年）、佐藤進一氏「『勘仲記』の紙背文書」（『日本文化の歴史』月報七、昭和四十四年）、黒川高明氏「兵庫県に関係のある『兼仲卿記紙背文書』について」（上）（下）（『兵庫県の歴史』七・八、昭和四十七年）、新田英治氏「勘仲記」（『国史大辞典』3、昭和五十八年）。

（17）(A)〜(E)の所在は以下のとおり。(A)(E)―「自正応元年八月十三日至二十八日巻」紙背、(B)―「自正応二年正月一日至二月二十八日巻」紙背、(C)(D)―「自正応元年五月十一日至二十九日巻」紙背。このように(A)〜(E)は三巻に分散しており、天地の長さも巻子によって若干の差は認められるが、大体二八センチ強である。各断簡の横の長さは、(A)四六・六センチ、(B)四五・八センチ、(C)一二・二センチ、(D)四二・三センチ、(E)四六・五センチであり、日記に用いられた文書一紙の横の長さは大体四五センチ前後と考えられる。従って(C)のみは裁断された上で貼り継がれたものであろう。これらの断簡はすべて『鎌倉遺文』に収められているが、同一文書の部分として扱われてはいない。また写真版からの翻刻の限界であろうが、読みの誤りや誤植が認められる。参考のため『鎌倉遺文』活字本との対応関係を以下に示しておく。

(A)(C)→『鎌倉遺文』二〇巻一五二二三号、摂津座摩社相論注申状　(B)(D)→同上一五二二二号、明法勘文　(E)→同上一五二二五号、中原師□等連署

(18)　中原師宗の意見がどの部分かにわかに断じがたいが、(C)の部分には座摩社は住吉社の末社だとする国平の主張を支持する多数意見に対して「座摩社□《(住カ)》□吉末社哉否、如神名帳者、共為大社、短慮難□《(渕カ)》□矣」と慎重な態度が読みとれるので、おそらく(C)は師宗の意見の一部であろう。ちなみに『延喜式』九によれば、住吉社も座摩社もともに大社として記載されている。また、宮内庁書陵部に「坐摩社所蔵古文書」が、東大史料編纂所に影写本の「座摩宮古文書」(賜蘆文庫文書四)が所蔵されているが、その中に本件に関係する文書は含まれていない。

(19)　このような書式は従来の個別勘文提出方式のなごりとも考えられる。たとえば『経俊卿記』康元二年閏三月一日条の「加地庄」をめぐる訴訟について法曹輩より提出された「不一同」の文殿勘状と比較せよ。このことは弘安七年六月二十八日付の本注進状がおそらく生まれたてのものであることを示しているであろう。書止文言「可被仰下と申」も、以降のそれとは相違し、本注進状の性格をよく指し示している。

(20)　こののち、文殿注進状の実例としては、さしあたり、『大徳寺文書』一に収める弘安九年十一月八日付、正応三年七月二十一日付、「尊経閣文庫所蔵弘長二年三月一日関東下知状裏文書」の弘安十年四月二十三日付、弘安十年五月十八日付などを探し出すことができるが、それらはいずれも南北朝期に頻出する北朝の文殿注進状と同一の形式を備えている(北朝の文殿については注13所引拙著、一七三〜七頁参照)。また文書形式において、天皇親政下の記録所注進状も殿文のそれを模倣するものであった。

(21)　注(1)所引橋本氏論文、一六頁。

(22)　佐藤進一氏は亀山院政下での評定制の充実発展をうかがう挙証の第一として「評定衆の出席する文殿評定の席に直接訴訟当事者を召喚して対決させることとした」ことをあげ、「これは現在のところ弘安七年頃としか推定できない」とされたが、その依拠される史料はおそらくこれであろう(同氏注1所引著書、一七五頁)。

(23)　当時、文殿衆としてどのような人々がいたか簡単に整理しておこう。寛元四年以降、文殿衆のメンバーを比較的包括的にしるしている史料はおおよそ以下のとおりである。

①『吉続記』弘安二年四月十七日条
②『兼仲卿記』紙背文書弘安七年六月二十八日文殿注進状
③『大徳寺文書』一　弘安九年十一月八日文殿注進状
④『兼仲卿記』弘安九年十二月二十四日条
⑤『尊経閣文庫所蔵弘長二年三月一日関東下知状裏文書』弘安十年四月二十三日文殿注進状
⑥同右、弘安十年五月十八日文殿注進状
⑦同右、年欠（弘安〜正応カ）前欠、文殿注進状
⑧『大徳寺文書』一　正応三年七月二十一日文殿注進状
⑨「西大寺文書」徳治二年十一月八日文殿注進状
⑩『公衡公記』正和四年八月三日条
⑪同右、正和四年八月七日条

これらの史料にあらわれる文殿衆を出身家別に分類すると次のようになる。

〈中原氏〉

師顕（①〜⑦）・師宗（①〜④、⑥〜⑧、⑩⑪）・師淳（①④⑧）・章澄（①②④⑥⑦）・明盛（①〜④、①〜⑧）・章兼（①）・職隆（①③〜⑥、⑧）・章長（①②④）・師冬（②④⑦）・師種（③〜⑦）・章保（③④⑥）・章名（③④）・章継（③④⑥）・明綱（③④）・章顕（③④）・章文（⑤⑥⑧⑨）・章隆（⑧）（なお利光三津夫氏は「章隆」は「章澄」の誤記とする。同氏「『明法条々勘録』成立の背景」〈『法学研究』五九―三、昭和六一年〉四頁）・章右（⑨）・明治（⑨）・章躬（⑨）・明澄（⑨）、師右（⑨）・章任（⑨〜⑪）・章房（⑨〜⑪）・師古（⑪）・章治（⑪）

〈清原氏〉　良季（①⑧）・隆宣（⑤⑥）・良枝（⑧⑨⑩）・俊宣（⑨）・宗尚（⑨）

〈小槻氏〉　顕衡（③）・康衡（④）

全二十三名のうち中原氏二十六名、清原氏五名、小槻氏二名。中原氏出身が圧倒的多数を占めており、鎌倉期をつうじて文殿衆の出自構成は寛元四年当時とさほどかわらない。

（24）後深草院政下の評定については『兼仲卿記』に若干の関係史料がある。次の記事はその最初のものである。

（弘安十一年三月）廿七日壬子、晴、仙洞御治世之後、今日評定始也、人数被清撰、殿下（二条師忠）・儀同三司（源基具）・大炊御門大納言（信嗣）・西園寺大納言（実兼）・

前平中納言時継卿等也、西園寺称所労不参云〻、神宮事等少〻有御沙汰云〻、

「人数被清撰」とあるように、評定衆の顔ぶれは関東申次西園寺実兼を除き、前代の亀山院政期のそれと比べて一変している。後深草院政の開始は弘安十年十月であるから、最初の評定始が半年後にやっと行われたことになる。しかし、同十一年四月に前大納言源雅言を伝奏に加補したこと（『兼仲卿記』同三日条）、開闔中原師顕を奉行とし、衆十人をあつめて文殿始を行ったこと（同八日条）などは後深草上皇の政務への意欲を示す事実である。同上皇の院評定関係史料のうち、最も注目に値するのは『兼仲卿記』の次の記事である。

（弘安十一年九月）廿一日癸卯、（中略）今日有評定、御禊行幸官蔵人方倹約沙汰等也、（中略）一品・前源大納言（雅言）・中院前大納言（通頼）・前平中納言（時継）等祗候、御禊沙汰了、有雑訴評議等、及晩帰了、（下略）

要するに、この日の評定において倹約のことと雑訴とが取り扱われている事実は、すでに述べた亀山院政の弘安十年三月一日の評定（『兼仲卿記』）で弘安九年の沙汰の取り扱い上の区分がくずれた事実とつらなるものである。

（25）正応五年七月新制が同七月の何日に発されたかについては従来明確ではなく、たとえば注（4）所引水戸部氏著書二四一頁のように「正応五・七・？新制」と表記されてきた。発布日を明示する史料が国立国会図書館所蔵「葛川文書」に収められている。以下に引用する。

制符　正応五年七月廿五日　宣旨

一、訴陳不可過二問二答事、

仰、訴陳之要在決真偽、不可好葉（枝脱）之訴陳、不可謂髪鬃之是非、於自今以後者以二問二答也（之）往後（復）、為訴状陳状之究極、委尽所存、勿貽後訴、若万一子細出来者、両方帯文書可出対記録所、出廻文之後迄廿ヶ日、猶令遁避者、早可停止所務、

葛川与木戸庄堺事、青蓮院宮御消息副衆徒解具書如此、子細見状候歟、早任先度被仰下之旨、急可遂記録所対決由、可有御下知之由、天気所候也、以此旨可令申入給、以執達如件、

（永仁三年）後二月一日　治部大輔雅俊

謹上　兵衛督法印御房

追申

源慶書出状於両方候、然者両通真偽同於記録所被糺決之条可宜由、其沙汰候也、

この史料は刊本では村山修一氏編『葛川明王院史料』（吉川弘文館、昭和三十九年）八六七頁に収められているが、本節引用においては原本より翻刻した。読み方が右記刊本とわずかに異なるのはこのためである。『鎌倉遺文』二四巻一八七五二号は右記刊本よりの転載と思われるが、日付「後二月二日」は「後二月一日」の誤りである。

この史料の前半部は正応五年七月新制の一ヵ条、後半部は後伏見天皇綸旨写である。前者の書き出し部分によって、本新制が七月二十五日の宣旨でもって発布されたことが明らかとなる。後者の綸旨は特に記録所の対決や文書真偽糺決という機能に関する史料として注目に価する。

(26) 三浦氏「新制の研究」（第六回）五一頁。

(27) 後藤氏「田中本制符——分類を試みた公家新制の古写本——」（『年報中世史研究』5）。なお本節で引用する正応五年七月新制の条文はこれによる。

(28) 『兼仲卿記』正応六年八月二日条には「正応四年三問三答訴陳」とみえており、本立法以前には実態としては三問三答も行われていたことが知られる。

(29) 管見に及んだ鎌倉期の記録所廻文は次表のとおりである。

ちなみに1は国立歴史民俗博物館所蔵『兼仲卿暦記自永仁二年正月一日至十二月二十九日巻』紙背文書。『鎌倉遺文』二四巻一八三三八号で活字化されているが、日付の「永仁元年八月四日」は「永仁元年八月日」の誤り。本表では文書形式が記録所の廻文であるという理由から八点を掲出したが、しかしこれらが「万一子細出来」の場合の召喚のためのものであったか否かは断言できない。すぐのちにのべるが、本新制の中の「議定日訴論人帯文書正文、可参記録所事」という規定に対応する可能性もあるからである。たとえば本表の1の事例についてみれば、訴論人を召喚する「来廿五日（永仁元年八月）」が戊申の日に当り、当日の庭中は勘解由小路兼仲の担当するところではなかったこと（この廻文は兼仲のもとで残存したのであるから、その廻文によって催される会議が兼仲と無関係とは考えられまい）、廻文中の「各帯文書正文、可被参対之状如件」なる文言が議定日の召喚に関する先の新制の条文と極めて近似していることなどが知られる。

鎌倉期の記録所廻文

	年月日	被召喚者	内容	出典
1	永仁元・八・	尊勝寺所司 玄経法眼	近江国蒲生保の事につき、来る廿五日巳一点文書正文を帯び参対すべし	兼仲卿暦記紙背文書

2	永仁二・一一・	無動寺領近江国葛川庄官 中堂領同国木戸庄官	堺相論の事につき、来る廿八日巳一点文書を帯び参対すべし（「第二度廻文也、初度ハ十月也」）	葛川文書
3	永仁三・六・一一	永仁四年と推定される度会光倫申状の副進文書の中に「一通　記録所廻文案（永仁三年六月）同月十一日」とあり		三条家古文書
4	永仁五・七・一一	季直・秀盛・秀宗 権中納言局雑掌正印	尾張本神戸司職相論のことにつき、来る廿一日巳一点文書を帯び参対すべし	壬生家文書
5	元亨三・一一・一九	春徳丸 仁和寺宮庁	若狭国西津庄訴陳校合のため、来る二十五日、各々記録所に出対すべし	古田券(中)
6	正中二・七・一一	春徳丸 明真 神護寺	若狭国西津庄のことにつき、来る十六日の議定においてその沙汰あるべし、各々文書正文を帯び、辰剋記録所に参対すべし	古田券(下)
7	嘉暦二・三・四	神護寺 春徳丸	若狭国西津庄のことにつき、来る七日の議定においてその沙汰あるべし、文書正文を帯び、辰剋当所に参ずべし	古田券(下)
8	嘉暦二・三・七	春徳丸 神護寺	若狭国西津庄のことにつき、来る十一日の議定においてその沙汰あるべし、各々文書正文を帯び、当所に参ずべし	輯古帖　八

（30）水戸部氏の論文にならって作成した（注3所引論文、八九〜九〇頁）。同氏の表は史料大成本によっているため、表記内容に若干の脱落がある。

（31）水戸部氏が「実に一ヶ月二八回の開催を定め」（注4所引著書、二四三頁）たとされ（『国史大辞典』4、「記録所」の項も同様）、橋本氏が「十九・二十両日を除いて毎日分番参仕した」（注1所引論文、一四頁）とされたのも、史料大成本の誤りに起因する。

(32) 弘安九年十二月の亀山上皇の改革のときも月六度ときめられたことが想起される。

(33) 宮内庁書陵部所蔵「勧修寺経顕奏事目録」（伏四四三）は伝奏勧修寺経顕が後伏見院政の正慶元年十月～十二月の間に伝奏した奏事をかきとめたものであるが、そのうち同年十月十日に奏したものの中に「耳原新庄事」がある。これに対する後伏見上皇の勅答は「仰、庭中中之上者、雑訴之時可有沙汰」というものであった（『皇室制度史料太上天皇三』吉川弘文館、昭和五五年、二八二頁）。鎌倉最末期の事例であるが庭中（この場合は文殿庭中）と雑訴沙汰との関係を考えるための一史料である。

(34) 『兼仲卿記』弘安九年十二月二十一日条及び永仁元年十二月十六日、二十一日条参照。両者とも「制符」について議したことで共通する。

(35) 本文に引用した『兼仲卿記』正応六年六月四日条の雑訴評定記事の中に「松尾社領東郷庄事」が含まれているが、『伏見天皇宸記』正応六年七月十七日条の議定においてこのことが議されている。この日の議定の参仕者は関白(近衛家基)・前太政大臣（西園寺実兼）・前源大納言（雅言）・帥（中御門経任）・吉田前中納言経長・吉田中納言俊定の六名であった。

(36) 注(13)所引拙著、二四～七頁参照。

(37) この一条は「清原宣賢式目抄」の「一　閣本奉行人、付別人企訴訟事」条についての注釈中にある（池内義資氏編『中世法制史料集』別巻御成敗式目註釈書集要、五一二頁）。幕府の庭中を説明するために公家裁判の庭中記事を引用している。本文に引用した条文の直前に「延慶二年四月十六日被下文殿条々ノ内」としるされているので、この条規が伏見上皇の「延慶法」の一カ条であることが知られる。この条のあとにさらに三カ条が続いているが、うち二つは明らかに暦応三年五月雑訴法（「仁和寺文書」、東洋文庫所蔵「制法」）よりの引載であるし、内容の上でも先の一条と齟齬するので、この三カ条をも「延慶法」に含めるのは無理と思われる。注(1)所引橋本氏論文、一七頁参照。なお注(13)所引拙著、一五六頁で『延慶法』の法文は現存しない」としるしたがこれは誤り。本節付録「延慶法の紹介」参照。

(38) 既成の伝奏一覧表としては『中世史ハンドブック』（近藤出版社、昭和四十八年）二七〇～三頁に橋本義彦氏作成の「院政重職一覧」がある。

(39) 注(1)所引橋本氏論文、六頁。

(40) 後深草上皇が「伝奏人数事」につき幕府の意向をうかがった事実（『公衡公記』弘安十一年正月二十六日条）や「関東之形勢不快」のため伝奏補任がさしおかれているという風聞（同記、同年三月二十九日条）から推測すれば、伝奏の選任に関しても幕府が影響力を持っていたことが知られる。

(41) 内閣文庫所蔵「仁部記」三（日野資宣の日記）弘安二年五月十八日条。

甲子、晴、早旦参院下結、近日有徳政沙汰、奏事被定刻限午刻、予等所被結番也、今日当番也、被結三番、今日一番中御門大納言(経任)・予(日野資宣)等也、二番雅言(源)卿・邦経(高)卿、三番資平(源)卿・経長(吉田)卿、已上如此、職事・弁官可候西中門云〻、御所又奏事之旨、可爲常御所南面云〻、予自他奏事数ヶ条申之、

(42) 『公衡公記』弘安十一年三月二十九日条。『兼仲卿記』同年四月三日条は、日来実際に伝奏を勤めていたのは平忠世一人だとしるしている。ちなみにこの二つの日記にはいずれも源雅言の伝奏選任についてコメントが加えられている。西園寺公衡が藤原為房の後胤（いわゆる勧修寺流藤原氏）が伝奏のポストから遠ざけられ「被召加非成業」る事態を「可悲之代也」と嘆いたのに対し、日野流の兼仲は雅言が後嵯峨・亀山・後深草三代の伝奏となったことを「珍重々々」と賞しているのは興味深い。

(43) 花山院師信については花園院による「和漢之才不恥於時輩、可謂良佐、尤可惜〻〻」という評伝がある（『花園天皇宸記』元亨元年十一月一日条）。

(44) 宮内庁書陵部所蔵「継塵記」二（三条実任の日記）文保二年二月二十九日条。この日、「一位大納言師信卿」「六条前大納言有房卿」「坊城前中納言定資卿」「中御門前中納言経継卿」「吉田前中納言定房卿」「前左大弁宰相宣房卿」「中院三位有忠卿」の七名が伝奏に補された。同日評定衆十二名も選任されたが、先掲の七名の伝奏のうち非参議六条有忠を除き六名がみな評定を兼ねている。『兼仲卿記』弘安十一年四月三日条の源雅言の如き「伝奏評定衆」なのである。

(45) 注(1)所引橋本氏論文、一七頁。前述のように、近年藤原良章氏は直訴という理解を提出された。

(46) 『公衡公記』所収「中原章房記」。

(47) 文保元年制定と伝える。本節注(13)参照。

〔補注〕 筆者はこの同筆の五つの断簡をつなげて一括して文殿注進状と見たが、本郷和人氏は論文「鎌倉時代の朝廷訴訟に関する一考察」（石井進氏編『中世の人と政治』所収、吉川弘文館、昭和六十三年）一六一頁注(25)において、『鎌倉遺文』二〇巻一五三二二（本節の符号でいえばB・D）、一五三二五（同じくE）をつなげて「実例はなかなか見ることのできない」「問注記の一部」とされた。その後、同氏は、『史学雑誌』九九―五（平成二年）の「一九八九年の歴史学界――回顧

と展望――」八七頁において、拙稿（本書第四章第三節）を批判して「BとDは文殿衆による問注記であろう」と先の意見を再説された（ただし、前者の同氏論文ではEも含まれていた）。同氏の意見は今後検討することにして、いまはもとのまとした。

付録　「延慶法」の紹介

後光厳上皇院政下の応安四年九月二十六日、関白二条良基以下五人の評定衆は八カ条にわたる政道興行のための法令（当時これを「応安法」と称した）を評議決定したが、[1] このうち第二〜四条は次のとおりである（宮内庁書陵部所蔵「応安四年御定書」[2] による）。

一、任官・叙位・雑訴等、可被停止近習内　奏・女房口入事、

一、近習男女房於　奏達者、雖恐時議、以私会釈請取訴訟条、一切可被停止事、

一、任官・叙位等、以女房被仰伝　奏・職事条、一切可被停止事、

（人々）同申云、以上堅可被守延慶法、

つまり右掲の三カ条については「延慶法」を遵守せよと言っているのであって、「応安法」に先行する「延慶法」の存在が知られる。[3] 一体この「延慶法」とはどのような内容と性格を持った法なのであろうか。

実は「延慶法」と推定される条々の全文は「京都御所東山御文庫記録」甲二百八に収められているが、ほとんど知られておらず、管見の限り、「延慶法」を全体として紹介した史料集・論稿にも接しない。[4]

近年、公家法（特に雑訴関係の法）の系譜に関心を持ち、鎌倉〜南北朝期の公家法の継承関係に注目している筆者にとっては、極めて興味深い史料である。本文において紹介する所以である。[5]

（表紙）「延慶二年三月八日評定雅俊卿書目六」

「（端書）延慶二年三月八日評定雅俊卿書具（ママ）」

参仕人々

摂政（鷹司冬平） 前右大臣（西園寺公衡） 春宮大夫花山院大納言（師信）

前平中納言（平経親） 二条前中納言 前藤中納言

権中納言 大弐（藤原雅俊）

条々

1 一 神宮伝 奏、可被定置其仁事、

2 一 祭主已下祠官等訴訟、闕奉行職事、

一（ママ） 直付伝 奏条、一切可停止事、

3 一 諸社諸寺伝 奏、可被定置其仁事、

4 一 評定式日雖無催促、各可皆参、所労故障時可相」触奉行人、延引時又奉行人可相触其衆事、

一（ママ） 可（ママ）被定剋限事 巳剋

細砕事等雖不及文書廻覧、又雖無出御、其」衆少々参会加了見可申所存事、

5 一 奏事可被定剋限事、巳剋

6 一 被聞食 奏事之時、可被退女房事、

7 一 職事付 奏事於伝奏時、他人不可交座事、

8 一 陳状日数任永仁法、厳密可有沙汰事、

訴陳不可過三問三答事、

9 一 任官・叙位・雑訴等可停止近習内 奏、女房口入事、

若不拘此制禁者、雖爲理訴、永可被停止訴訟事、

10 一　近習男女房於奏達者、雖恐時宜、以私会釈請取訴」訟条、一切可停止事、

制禁之法同上、

11 一　任官・叙位等以女房被仰伝　奏・職事条、一切可被停止事、

12 一　越訴奉行可被定其仁事（人数可爲二人）

13 一　諸社諸寺幷使庁成敗事、訴訟出来時、雖被尋下」子細、無左右可有　勅裁事、

14 一　文殿衆俸禄就忠勤浅深、可有賞罰沙汰事、

15 一　雑訴沙汰漏脱堅可被誡事、

（以下余白）

（1〜15の番号は筆者が便宜的に付し、行替わりは」で示した）

さて、徳治三年（一三〇八、十月八日に延慶と改元）八月、後宇多上皇に替って治天下の地位を得た伏見上皇は、二度目の院政を開始した。右掲条々の制定はそれより半年ほどのちのことである。親政時にあっても政道の興行に意欲的であった伏見上皇が、治天下として三たび政務の実権を握れる時のくるのをいかに心待ちにしたかは想像に難くない。右掲の条々は、第二次伏見院政が手がけた最初の法制定とみられる。ちなみに、この条々と「延慶法」との関係については、この条々が延慶二年の制定であること、先にみた「応安法」において「堅可被延慶法」とされた三カ条がこの条々の中に認められること（即ち9・10・11条）をもってすれば、この条々が即ち「延慶法」であること疑いあるまい。

ところが、「清原宣賢式目抄」には「延慶二年四月十六日被下文殿条々ノ内」として、

一、可レ被レ置二庭中幷越訴一事、庭中三日、十八日、廿三日（巳上）一日ノ沙汰不レ可レ過二三箇条一、件ノ日々雑訴沙汰、当番伝奏著二文殿一可二問答一事、越訴八日、十三日、廿八日（巳上）沙汰不レ可レ過二一箇条一、奉行人同可レ著二文殿一

事、

なる一ヵ条が引用されており、(6) これと先掲の「延慶二年三月八日評定」の「条々」との関係が問題となるが、おそらくこれは三月八日の評定の内容が条規の体裁をとって四月十六日に文殿に下される時に補足もしくは付加された一ヵ条とみることができよう。

冒頭に「参仕人々」として記された八名は、この条々を議定した評定衆の面々である。筆頭の摂政は鷹司冬平、以下前右大臣は関東申次西園寺公衡、春宮大夫花山院大納言は花山院師信、前平中納言は平経親、最後の大弐は前参議藤原雅俊であるが、残り三名の現任・前任の中納言の実名は確定することができない。さらに、この評定目録は末席の評定衆、大宰大弐藤原雅俊によって執筆されたことが端書によって知られる。(7)

いまここで「延慶法」の内容や性格について立ち入った考察を行う余裕はなく、日本中世の雑訴法の発展・継承のみちすじを考えるうえで重要と思われる以下の二点を指摘するだけに留めたい。

第一は、「延慶法」第八条の法文中に「永仁法」なる文字が見えること。これによって、「延慶法」制定の延慶二年（一三〇九）からさかのぼること十余年の永仁年間に「永仁法」が制定されていたことが知られる。「陳状日数」、つまり訴状を受け取ってから陳状を提出するまでの日限についての規定が含まれているのであるから、「永仁法」が雑訴法であったことは疑いない。

「永仁法」に関する今ひとつの所見を記そう。東洋文庫所蔵「香取田所文書」一には、香取神宮神官等が、建武元年（一三三四）五月に発令された建武の徳政令に依拠して、沽却地を取り戻そうと図ったことを示す数点の関係文書が収められているが、その神官側が残した一点の文書の中に「次神官等訴訟不被聞入之間、後日以去永仁法、帯具書等雖申之、猶以不承引……」(8) と見えている。ここにも「永仁法」という文字が登場し、その内容の一端を垣間みせてくれる。

第二は、「延慶法」と「文保法」との関係である。実は、両者の間には今一つ「正和法」が存在している。「正和法」とは後伏見院政の正和三年（一三一四）十一月十三日に発布された法で、のちの南北朝時代の北朝光厳上皇の院政下暦応三年（一三四〇）に出された「暦応法」(9)の母体となったが、法文そのものは知られていない。「文保法」とは宮内庁書陵部所蔵の「政道条々」のことであり、その成立時期については端裏書の「文保元年　院御治世」なる記事を採用して、後伏見上皇の文保元年（一三一七）と考えられている。すでに活字で紹介された史料であるから、(10)敢えて掲載しなかった。

「延慶法」と「文保法」とを比較すると、共通する条項が少なくない。いちいち細かくつき比べることはここではできないが、結論のみを述べると、類似するものも含めて、「延慶法」全十五カ条のうち、第八条「訴陳日数」と第十二条の「越訴奉行」の二カ条を除いて他はすべて「文保法」に継承されている。逆に「文保法」からみれば、全二十四カ条のうち「延慶法」から受け継いでいない条項は十一カ条である。(11)

以上、ただ鎌倉時代の公家雑訴法の継承関係についてごくおおまかなことを述べたにすぎない。各々の法はそれぞれの時代の特質を映し出しており、それらを深く掘り下げ検討することによって、政治史の史料としても利用できる。

そして、個々の法の独自の性格を究明する一方で、「永仁法」「延慶法」「正和法」「文保法」の相互関係、さらに「建武記」に主として収まっている建武新政の法、(12)南北朝期の北朝の雑訴法（「暦応法」「応安法」など）との関係を明らかにすることは、中世公家雑訴法の系譜を体系的に解き明かすことにつながる。今後の課題としたい。

（1）「応安法」の内容および性格については拙著『南北朝期公武関係史の研究』（文献出版、昭和五十九年）二五〇〜六〇頁参照。

（2）「応安四年御定書」によれば応安法は全八ヶ条である。一方、『吉田家日次記』応安四年九月二十六日条にも同じ応安法の条々を引載しているが（『皇室制度史料』太上天皇三、二〇六～七頁、昭和五十五年）、全七ヵ条である。後者は前者にみえる第四条「任官・叙位等云々」の一ヵ条を脱落させているのである。

（3）注（1）所引拙著、二五六頁において「『延慶法』の法文は現存しない」と述べたが、これが誤りであることは既に訂正した。本書三七九頁注（37）参照。

（4）ただ、公家訴訟制度における「担当奉行制」と「庭中」の問題を究明された藤原良章氏「公家庭中の成立と奉行」（『史学雑誌』九四―一一、昭和六十年）の中で「延慶法」にふれられたところがあり、あわせて冒頭の三ヵ条のみを掲出されている。ちなみに本史料は『鎌倉遺文』に収録されていない。

（5）本史料の翻刻は東京大学史料編纂所架蔵の写本（番号2001-1-191）によっているが、その記載どおりであれば全十七ヵ条となる。しかしこの写本では独立した箇条として扱われている「一　直付伝　奏条、一切可停止事」、および「一《（ママ）》可被定剋限事已剋」以下、の二ヵ条は文章構成の仕方からみて、それぞれ直前の条に含まれると思われる。そのように考えれば全十五条となる。本文ではそのようにみて記述した。

（6）池内義資氏編『中世法制史料集』別巻御成敗式目註釈書集要（岩波書店、昭和五十三年）五一二頁。

（7）南北朝期の史料によって、議定の際、議定奉行人不参の場合は末席の議奏が「議定目録」を書くというとりきめの存在が知られたが（注1所引拙著、二二五頁参照）、延慶二年のこの評定目録の執筆者について考えるとき、そのことが想起される。

（8）活字本では『大日本史料』六―一、七二五頁に載せる。

（9）日本思想大系『中世政治社会思想』下（岩波書店、昭和五十六年）九七～一〇三頁。

（10）『皇室制度史料』太上天皇三、一九七～二〇〇頁。注（1）所引拙著、二五四～六頁。

（11）注（1）所引拙著、二五四～六頁では全二十四ヵ条に通し番号を付した。その番号によって示せば、4～9、12、15、16、18、24の十一ヵ条。

（12）注（9）所引書、六七～九六頁。

第二節　北野天満宮所蔵「紅梅殿社記録」に見る訴訟と公武交渉

はじめに

京都市の北野天満宮より昭和五十五年に刊行された『北野天満宮史料　古記録』には「紅梅殿社記録」（表紙には「紅梅殿社　上」とあり）という史料が収められている。(1) 本来全二冊（或いは三冊）であったと思われるが、現存するのは上巻一冊のみのようである。

この記録には、正応六年（一二九三）から正和元年（一三一二）までの文書五十六点が写しの形で含まれているが、あまり広くは知られておらず、『鎌倉遺文』にも収録されていない。

実は、この文書群は、紅梅殿敷地の地利・地役をめぐる訴訟関係文書のかたまりであって、当時の寺社訴訟をめぐる王朝と武家権力（直接的には六波羅探題）とのかかわりを、関係文書の往来・伝達の過程を通して、具体的に語ってくれる希有の史料と言ってよい。(2)

そこには、寺社権門よりの提訴の手続き、王朝の対応の仕方および関東申次の役割、さらには武家権力としての六波羅探題の対応など、公武交渉の手続きとしくみがじつにあざやかに映し出されているし、また刑事事件への対応を通した公家―武家の関係の一面をつぶさにうかがうことができる。

個々の文書は、社家―王朝―地主等の間を当時の訴訟手続きのルールにのっとって行き来しているし、また六波羅探題が関与して以降は関東申次を窓口にして関係文書が公武、社家・地主間を行き来している。従って、本記録所収の文書によってうかがわれる公武交渉の事例は当該期のそれの典型的な一例であるし、また個々の文書は公武交渉関係文書のいわば格好のサンプルなのである。関係文書の機能・役割や動きをこれほど正確かつ詳細に知ることのできる例は他にないといってよかろう。

当該期の公家訴訟に対する六波羅探題の関与の実態に目を向ける時、この史料に見える訴訟のように所領地子関係のいわば民事訴訟と、刃傷狼藉のごとき刑事訴訟とを切り離し、前者は依然として王朝の所管、後者のみ六波羅探題に移管とした事実を明確に証する事例はすこぶる貴重といわねばならない。また本記録には、伏見院政下の文殿庭中の実態を具体的に示す記事も含まれている。

それだけではない。洛中の地に根を張り息づく在地人たち（地主等・地百姓等なども表記）の姿が映し出されている。かれらの社家への抵抗・挑戦に着目すれば、中世都市京都の展開を担った都市民たちのたくましい生きざまをうかがうこともできる。

要するに、本記録所収の文書は鎌倉時代後期の公家訴訟制度の実態と、これに係わる六波羅探題の役割、それに洛中敷地の訴訟をめぐる寺社―在地人たちの動向を具体的に示してくれるのである。本節では叙述の都合上、使用する文書に○囲みの通し番号を付した。

なお紅梅殿跡をめぐる紛争の概要はすでに竹内秀雄氏が紹介されている。(3)

一　紅梅殿社

そもそも、紅梅殿・紅梅殿社とは一体何か、また、この訴訟の起こった鎌倉時代後期、どのような状況であったか。まず、その沿革について知られている範囲のことを整理しておこう。

永仁二年（一二九四）以前の成立ともいわれる『拾芥抄』は「紅梅殿」について「五条ノ坊門北、町面、北野御子家、或天神御所」(4)として所在地・由緒を示し、また弘安年間の成立という北野天神縁起は「丞相の御家は五条坊門西洞院、めてたき紅梅ありければ、後人紅梅殿とぞ名付ける」(5)とその名の由来を述べている。さらにこれに関連して、『十訓抄』『古今著聞集』『太平記』には、いわゆる飛び梅伝説についての記事がある。

近世・近代に編纂された京都関係の地誌類にも「紅梅殿」に関する記事が目につくが（『山城名勝志』『京都坊目誌』など）、その典拠となった史料は右のようなものである。

他方、近年刊行の辞典類では『日本歴史地名体系27・京都市の地名』に「紅梅殿跡」(6)が、また『国史大辞典』5に「紅梅殿」(7)が立項されているが、関係史料の乏少さを反映して、記述内容はすこぶる貧弱といわざるをえない。(8)

中世以前の紅梅殿については、第一に、もともとは五条坊門北・町尻西に所在した菅原道真の邸宅であったこと、(9)第二に、同邸はのち紅梅にちなんで紅梅殿と称されるようになったこと、以上二点をまず確認することができよう。

どうやら、本節で取り上げる「紅梅殿社記録」は、中世の紅梅殿・紅梅殿社、およびその周辺を研究するための史料として、まだ十分には活用されていないように見受けられる。実は、この記録、鎌倉時代中・後期の紅梅殿社の実態をうかがう史料としても興味深い内容を持っている。例えば、紅梅殿社を「菅大臣社」(10)と称したり、

「左京宣風坊紅梅殿社者、当社（北野社）最前之末社、天神在世之霊跡(11)」などといぅ主張がみえるなど、紅梅殿社の性格を直接的にうかがわせる記事もみえる。

以下、紅梅殿社の本社と称する北野社（宮寺）と紅梅殿社の在地人との間の、同地をめぐる訴訟の展開過程を主題にそって追いかけてゆきたいが、紅梅殿社・同跡の実態はそのなかでおのずから浮かび上がってこよう。

三　紅梅殿跡をめぐる争いの発端

「紅梅殿社記録」に含まれる文書で最も古い年号のものは、正応六年（一二九三、付年号）七月二十七日、大夫史（官務小槻顕衡）宛て、伏見天皇綸旨であり、逆に最も新しいものは、正和元年（一三一二）四月十日、富樫介入道宛て、六波羅御教書（北条貞顕・同時敦連署）である。このうち正応六年の文書（他に、同年七月二十九日、勘解由次官〔職秀〕宛て、官務施行状あり）は、本記録内で独立したものではなく、徳治二年（一三〇七）五月日、地主等申状の具書として提出されたものである。申状の提出段階から訴訟の経過をうかがい得るのは、嘉元四年（一三〇六）以降である。

従って、本記録所収の文書によって知られるのは、右記の十四世紀初頭の数年間の訴訟の経過であり、当該訴訟の全貌を知り得るわけではない。確かに、時間的には短いけれども、関係文書の数といい、種類といい、内容の上では実に豊富な素材を提供している。

さて、当該訴訟はどうして起こったのか、まずその淵源をたどってみよう。

菅原道真の屋敷＝紅梅殿は延喜元年（九〇一）の道真左遷後、急速に衰退したと思われるが、やがて天神信仰の高揚に伴い、道真を祭神とする神社＝紅梅殿社に転じたいきさつは容易に推測することができる。

一方、道真の怨霊を鎮めるために社殿が天徳三年（九五九）北野の地に造営された。北野社である。この北野社は菅原道真を祭る天神社の本社として、祭神とゆかりの深い紅梅殿社に対してそれなりの支配権を及ぼしていたものと察せられる。(12) そのことは、嘉元四年（付年号）十二月十一日北野社公文所法印泰禅書状(13)の、

紅梅殿神事勤仕間事、当社執行慶盛法橋至二天福・文暦一（一二三三～三五）、如レ式致二沙汰一候了、其後社家無二沙汰一焉、神事悉退転候了、速相二尋神主之尼一候処、如レ形燈明一燈分許沙汰出□（候カ）云々、於二年来神事一者、永令二退転一候、

というくだりに明らかである。北野社は当初より、紅梅殿社の本社として自らを位置づけ、同社執行を介して、末社紅梅殿社の支配を続けてきたものと考えられる。しかし、鎌倉時代も中期に入った天福・文暦年間までは一応支配を維持することができたものの、その後、北野社の支配は及ばなくなり、神事はことごとく退転した。神事退転の原因は紅梅殿社の廃退と、これにともなう跡地（神領）居住人たちの地子（地利、地役とも表記）の不弁済であった。その様子は、先の泰禅書状のくだりに続いてみえる「乍レ居二住神領一、□（今カ）不レ弁二地利一候之条、住人等所行雅意候」という文言に明瞭である。この居住人たちは北野社側から「在地人」「地主」「地百姓」「百姓等」「土民」「甲乙人」などと称されている。北野社の回禄と紅梅殿社の衰滅とが軌を一にしている点から推せば、両者は不離一体の関係にあったのであろう。北野社が社領経営のたてなおしに腐心している間に、紅梅殿跡では居住人たちが地に根差した権益を着々と築いていた。

つまり、「紅梅殿社記録」にみる訴訟は、紅梅殿跡の地子・地利（当然ながら紅梅殿跡の範囲も問題となる）をめぐる、北野社（紅梅殿を「当社御旧跡」(14)と表現）と現地在住人たちとの熾烈な争いなのである。

前述のように、紅梅殿社に対する北野社の支配が滞ったのは天福・文暦より後であったが、訴訟そのものはいつ頃始まったのだろうか。このことを考える手がかりは、現在知られる嘉元四年（一三〇六）～延慶四年（一三一一）の双方の申状に副えて提出される具書文書にさほど古いものがなく、せいぜい正応六年（一二九三）の伏見天皇綸旨が最古であること。恐らく、この訴訟は蒙古襲来以降の、日本全土を揺り動かしたあの大きな社会的変動

のなかで生起したものと思われる。

むろん「紅梅殿社記録」に見る訴訟文書は嘉元以降のそれに関するものであり、関係する申状のなかで最も古いものは、嘉元四年十月日北野宮寺祠官等申状である。[15]しかし、実は、この訴訟に先行し、その火だねとなった同種の訴訟がすでに存在した。主題とする訴訟の性格をうかがうためにも、両者の関係をいちおう調べておく必要がある。「紅梅殿社記録」には、ごくまれに収録文書の内容を補う、地の文と言うべき記事が含まれている。次はその一つである。

菅大臣社敷地事

一、正応六年　綸旨（同年七月二十七日伏見天皇綸旨[16]＝筆者注）者、芥河三郎左衛門尉盛信以二彼敷地一称二相伝一、寄二付浄照上人一之間、与二達（奪カ）于実忍上人一之刻、依レ申二子細一、可レ注二進菅大臣社敷地分限一之由、被レ尋二下官務顕衡一畢、

同年七月宛二勘解由判官職秀一、依レ成二施行一、於二菅大臣社敷地一、遂二実検一、為二口七丈奥廿丈一之由、被二注進一歟、相二貽御不審一者、可レ被レ尋二下官底[17]一之由所見也、（このくだりは後述の徳治二年五月日地主等申状に見える）

一、徳治二年　院宣（同年四月二十八日後宇多上皇院宣[18]＝筆者注）者、北野社公文所可レ宛二催有限之地利一云々、而当社敷地之外、以二四面壱町一譴責之条、不レ可レ然哉、云二正応一、云二今度一、当敷地之外不レ及二御沙汰一之条、顕然者歟、

訴訟の具体的な展開過程についてはのちに触れるので、ここでは述べない。ただ右の記事で留意すべきは、菅大臣社敷地をめぐる前後二つの訴訟が存在したことである。少し立ち入って見れば、両者の違いは、正応六年（一二九三）の伏見天皇綸旨に象徴される前者が、芥河三郎左衛門尉盛信なる者（同地の住人か）がかの敷地を相伝所領と称して他者に寄付したことに発端したのに対し（この訴訟の内容は詳細に知られない。北野社公文泰禅は徳治

二年の陳状でこの時の裁許に触れ「非分輩与二地百姓等一対論」「社家更不二存知一」と述べている）、徳治二年（一三〇七）の後宇多上皇院宣に象徴される後者は、北野社と四面一町の住人たちとの争いであったこと、また、共通するのは、訴訟の最大の争点が菅大臣社敷地の範囲（史料上の言葉を借りれば「菅大臣社敷地分限」）が四面一町全体か、あるいは口七丈奥二十丈の地かという認定の問題であったことがわかる。従って、菅大臣社敷地の範囲をめぐる訴訟は、まず前者の形をとって生起し、やがて後者へと展開したと考えてよい。もとの根は同じものであったのである。

のち詳しく述べるが、この訴訟には武家権力としての六波羅探題が係わっている。しかし六波羅探題は紅梅殿跡の地子をめぐる一次的訴訟に関与したのではない。両者の抗争がやがて刃傷沙汰を引き起こし、北野社側が所定の手続きを通して、これを六波羅探題に提訴したため、この点に限って六波羅探題が関与するところとなったのである。

三　訴訟の展開

「紅梅殿社記録」所収の個々の文書を編年に並べてみると、北野社と紅梅殿跡住人との間の訴訟の展開のみちすじがよく分かる。各文書は時間的に途切れることなく、流れるように連なっている。しかし、注意してみると、徳治二年（一三〇七、付年号）十二月二十七日後宇多上皇院宣(19)（紅梅殿敷地の事、先度勅裁に任せ、社家進止し神用を全くすべし、という内容）と、この後に続く延慶三年（一三一〇）七月日北野宮寺祠官等申状(20)の間だけが例外で、二年半ほどの時間的空白が認められる。

実は、以下述べるように、この訴訟の展開過程はこの空白を境にして二つの段階に分けて考えることができる。この文書残存の空白の期間はちょうど王朝における政権交替の時期に当っている。徳治三年八月の後二条天皇の早世と共に後宇多上皇の院政（第一次）が終わり、花園天皇の践祚と共に伏見上皇の院政が開始されたのである。

当該訴訟を裁許する治天下が変わり、担当奉行も変わったのであるから、当事者たちにとっても一つの区切れ目と意識されたことであろう。

⑴紅梅殿跡丈数

徳治元（嘉元四）〜二年（一三〇六〜七）段階の訴訟の具体的内容は、紅梅殿敷地の範囲と神役勤仕の先例の有無をめぐっての、北野社と住人との文書の応酬である。前述のように、当時は後宇多上皇の院政がしかれていた。当該訴訟は①嘉元四年十月日北野宮寺祠官等申状の提出によって開始された（その伏線として正応年間の訴訟があったことは既述）。祠官等は紅梅殿敷地住人の神役懈怠を訴え、「任二解状之旨一、可レ興二行退転之神事一之由、被レ下二院宣一」ることを嘆願した。①は②同年十月十三日北野社公文所法印泰禅の添状によって「壱岐前司」に挙達された[21]。泰禅はこのとき社家の主張（神楽神供燈明法施等は往昔以来、かの地居住輩の勤仕）を盛った二通の書状を同人に宛てて出している。

北野社の訴は後宇多上皇に奏聞された。明けて③徳治二年二月五日後宇多上皇院宣が北野別当僧正慈順に宛てて下され、「紅梅殿跡地利事」につき「尋沙汰」せしむべきことが命ぜられた。これが本件に関する最初の後宇多上皇院宣であり、蔵人右衛門権佐藤原資冬の奉ずるところであった（つまり担当奉行が資冬）。

さて、③を受けた慈順は、奉者の異なる二通の御教書を発した。一通は④同年二月十五日御教書で、管下の公文所法印泰禅に宛てて同件についての「尋沙汰」を指示するもの。北野社とおそらく検非違使庁（本来、洛中の所領訴訟・検断・警察を司どる官衙）の官人（以下、使庁官人と称す）との関係をうかがわせる史料として注目されるのが、いま一通の⑤同年二月二十七日御教書である。⑤は同件について「近衛大夫判官」に宛てて、「社家相共」に「興行沙汰」を致さしむべきことを令したもの。⑤の性格を考える糸口は「近衛大夫判官」が誰かを明らかにすることにある。実はこの宛所の文字のすぐ下には小文字で「職直也」との注記が付いている。『北野天満宮史料 古記録』は「直」の文字の横に（事ヵ）とルビを付し、「職事也」と解釈しているようである。しかし、ここはそのまま「職直也」とみてよい。「職直」は「近衛大夫判官」の実名で、「近衛」を称した法家中原氏の一流、中原職直のこととみたい。(22) 中原職直はおそらく使庁官人であったろう。(23)

そのようなことを踏まえて、⑤の内容をみれば、北野社と使庁官人とのむしろ結託と言うのがふさわしいような密接な関係が浮かび上がってくる。徳治二年五月日地主等申状において、その関係ははっきりしてくる。地主たちはこの申状の中で、「官人」(24)職直が使庁下部を指揮して「苛法狼藉」を働いたことを明確に記して、訴えている。職直が実際どんな権限・権益を洛中行政の上に有したかは具体的には分からない。しかし、「鎌倉・南北朝期について、使庁の京都市政の運営形態を見ると、京都の行政単位である保別に担当の検非違使があり、かれは保官人・保務などとよばれて、各管轄保内の治安・警察・裁判その他に責任を負う」(25)という佐藤進一氏の指摘を想起すれば、京都市政の現場における使庁官人の強大な権限をうかがうことができるし、そんな使庁官人と結んだ北野社のもくろみが奈辺にあったかを容易に理解することもできる。

④を受けた泰禅は、やがて⑥（徳治二年）三月五日北野公文所泰禅申状をしたため、別当慈順に対して返答を提出した。そこには、「(紅梅殿跡の)在地人等忘二本末之儀一、背二社命一□（張）帳行」「紅梅殿者、天神御在世旧跡異レ他之地候、社家可レ致二管領一之条、勿論之次第」と、従来の主張が一層強い調子で述べられている。そして、⑥を受けた慈順はその日のうちに、⑦徳治二年（付年号）三月五日北野別当僧正慈順挙状をしたため、⑥の泰禅申状を後宇多上皇に奏聞してもらうべく、蔵人右衛門権佐藤原資冬に挙達した。

かくして、北野社側の言い分が認められ、翌月⑧徳治二年四月二十八日後宇多上皇院宣が慈順に宛てて下された。同院宣には「紅梅殿敷地事、当社進止不レ可レ有二異論一歟、早致二管領一、宛二催有限之地利一、可レ遂二行本末神事㆓之由、可㆘令㆓下知㆒給㆖」き旨が示されていた。北野社側が勝訴したのである。

しかし、地主たちがこのまま引き下がり、北野社の言いなりに神役を勤仕するはずはない。地主たちは翌月になって、逆に北野社公文所の「雅意譴責」を停止し、「安堵勅裁」を求める申状を王朝の法廷に提出した。それが⑨徳治二年五月日地主等申状である。この申状で地主たちは北野社の仕打ちに対し種々の反駁を行っているが、先の北野社側の主張と比較すれば、両者の論争点が明確になってくる。ひとまず、地主たちの声を聞いてみよう。

ちなみに、ここでいう地主等とは「綾小路以南、五条坊門以北、西洞院以東、町以西」の方四町に居住する領主たちである。これより三年後の延慶三年（一三一〇）八月日領主（地主）等申状では、彼等は「於㆓方四町領主等㆒者、爲㆓公家武家山門住侶等㆒、各別相伝」と主張しており、社会階層のうえでは、彼等は公家や武家の被官（御家人）、山門の住僧たちであったことが知られる。彼等は公家・武家・山門の権威を背景にして、洛中の当地に相伝の権益を種々培っていたものと察せられる。

地主たちの主張の骨子は次の様である。

(a)「菅大臣社敷地」は五条坊門西洞院北頬ロ七丈奥二十丈の地に限定される。そのことは「正応沙汰」（正応六年七月二十七日伏見天皇綸旨）の時、「官使職秀」[26]を派遣して「検知」したところで、確実である。

(b)去月「紅梅殿敷地居住之輩、可㆑宛㆓催有限地利㆒」という院宣（⑧）を受けた北野社公文所（泰禅）は、「四面一町」をもって紅梅殿敷地と称し、数輩の宮仕を地主等の住宅に「放付」けたり、使庁官人職直と結託して使庁下部をもって譴責を致すなど、種々の狼藉に及んだ（狼藉行為があったとすれば、同年五月はじめか）[27]。これはいいわれなきことである。

(c)⑧の院宣には紅梅殿敷地の範囲を「四面一町」とする文章は全くない。彼の社の敷地（ロ七丈奥二十丈）においては今もなんら異論はないが、「四面一町」を社領とすることについては、公家の裁許が下ったためしはない。当の北野社が「進止之亀鏡」、つまりその証拠となる公験を所持していないではないか。

(d)菅大臣社（紅梅殿社）の社殿が破壊しても、「北野之沙汰」に及ばず、「敬神」の志篤き地主たちが微力を励まして、その都度修理してきたところである。このように、菅大臣社敷地に対する北野社の口入は往古よりなかった。いわんや、「四面一町」から地利を徴収する根拠があるわけがない。

以上から明らかなように、北野社と地主等の間の最も本源的な論争点は紅梅殿跡の丈数、つまり面積であった。北野社は紅梅殿社の所在した「四面一町」を主張し、その居住人から地子を徴収しようとすれば、一方の居住人（地主）たちは、殿跡は「口七丈奥廿丈」だけだとし、地子の納入を拒むのみならず、紅梅殿社敷地に対する北野社支配に由緒なきことを主張、両者は正面から対決の姿勢を崩さなかった。「口七丈奥廿丈」の面積は「四面一町」の十分の一以下であり、両者の主張する面積は大きく懸け離れていた。

さて、⑨を受けた（端書に「依二地主等訴一」とあり）王朝の法廷からは、これに対する北野社側の言い分を聞くべく別当僧正慈順に宛てて⑩（徳治二年）六月二十九日後宇多上皇院宣が発せられた。慈順は⑪同年七月五日請文を担当奉行に提出し、社家に対して尋ね下す意思を伝えた。このとき北野社側が準備したのが⑫同年七月十六日公文所泰禅陳状である。同陳状の⑨に対する反論を個々の点に即しながらみておく。

(イ)(a)に対して……「正応沙汰」は社家の預かり知らぬ「非分輩与二地百姓等一対論」であり、今問題外である。官使職秀は在地人が押領していることを知らずに検知し、「領知由緒相伝居住輩」を現状のままに報告したのだろう。正応六年（一二九三）の伏見天皇綸旨で紅梅殿跡が「社敷地」と「領内」とに分けて表記されているのは、紅梅殿跡が「社敷地」に限られないことの証拠だ。

(ロ)(c)に対して……⑧の院宣に「四面一丁之文章」がないからというのは「姧濫」だ。すでに紅梅殿敷地を管領せよと仰せ下されているのだから、社敷地に限られないのは勿論だ。紅梅殿敷地が四面一町であることは「延喜式左京図」に分明であり、社家の進止は当然のことである。

天下の摂籙で、「皇子之祖」（道真女が皇子を生んだことをいう）でもある菅原道真公が、「口七丈奥廿丈」といった狭い敷地に御所を立てられるはずがない。旧跡が「四面一町」であることは明白だ。かの旧跡は在地人の進退という由緒があるのなら、提示せよ。

四面一町を菅大臣社領として認める「鳳綸」（綸旨）が下されず、北野社は「進止之亀鏡」を備進しないというが、当地は「天神御在地世之霊跡」であるからことさら「鳳綸」を下すといったことをしないのだ。北野社と紅梅殿社との本末関係はずっと続いているから、それをあらたに立証するには及ばない。

(ハ)(b)に対して……例えば、祇園大政所小将井敷地のように仮殿跡は狭少であっても、神社が方四町を管領し、地百姓等は社役を対捍しないケースもあり、それが当たり前だ。その上「洛中院町」「武家没収之地」では、相伝とか売得とかいって甲乙人が領知していても、いざという場合は、勝手気ままな土地の進退を停廃し、占拠人を追い立てるのは「定法」だ（先般の強制執行を、地主たちは譴責・狼藉というが、あれは正当で法にかなった措置だ）。

(d)に対する反駁は、右の(ロ)の後段に若干含められているようだが、正面切ってのものではない。この泰禅陳状では、いまひとつ注目すべき点がある。客観的な証拠書類にかけるところがあったためか、同地の「霊跡」としての神聖さをことのほか強調した点である。「天神長女尼神為二寛平女御一皇子降誕之地候、又紅梅自二此所一飛二海西一候畢、神瑞最前之霊跡」というくだりがそれであるが、信仰の力を駆使しようとした北野社公文所泰禅の苦心のほどがうかがわれる。

この泰禅陳状は、⑬徳治二年（一三〇七）七月十七日北野別当慈順挙状によって、担当奉行蔵人右衛門権佐藤原資冬に挙達された。社家側の訴訟への対応はここまでは順調にいった。しかしこのあと、思わぬハプニングが起こる。⑫の泰禅陳状の末尾に以下の注記がある。

社家陳状幷御挙状等、付ヲ進右衛門権佐殿（資冬）ニ之処、依ニ赤斑瘡之身一、数日不レ能ニ　奏聞一、剰ゝ被他界畢、其上依ニ女院御事一、無ニ　奏事一之間、旁送ニ日数一畢、

社家陳状（⑫）と挙状（⑬）とを付された担当奉行の五位蔵人藤原資冬が「赤斑瘡」に倒れ、奏聞不能の事態に陥ったあげく他界したのである。その上、後宇多上皇の皇后遊義門院姈子も没して、奏事はしばし停止された。[28]寵妃姈子の逝去を機に、後宇多上皇は出家、真言密教に深く傾斜していった。

担当奉行の急逝と奏事停止に北野社はしばし当惑した。しかし担当奉行の交替に際して実にすばやく手を打っている。泰禅に宛てられた⑭徳治二年八月十四日法橋道澄書状は、先奉行に提出した「社家陳状等」を新たに前もって用意しておき、政務が開始されたら急ぎ新しい担当奉行（奉行職事）に付け進めるよう指示する内容である。道澄は前述⑤の北野別当僧正慈順御教書を奉じているから、慈順近侍の僧とみられる。政務開始と共に、一件は新任[29]の五位蔵人・左衛門権佐藤原光経の担当するところとなった。

かくして、一件の裁許が待たれたが、徳治二年も押し詰まったころ、一見奇妙な現象がおこっている。同年十二月二十七日付で二通の後宇多上皇院宣が北野別当僧正慈順に宛てて下された。そのうちの一通は、紅梅殿敷地を先度勅裁に任せて、社家が進止し、神用を全うせよと令したもので（⑮）、いま一通は、紅梅殿跡丈数のことにつき「地主等重申状」を示し、北野社側の言い分を申すようにとの内容（⑯）である。同日付けで、しかも実質的には同じ案件に関して、一方は裁許の院宣、他方はあくまで訴訟手続き上の院宣なのである。⑯の院宣が出された背景には、⑫の泰禅陳状が当時の訴訟手続きに従って相手側の地主等に伝達され、地主等が「重申状」を提出していた事実がある。この地主等の「重申状」は残っておらず、その内容も知られない。こちらの方の訴訟進

行の一過程として⑯が下されたのである。

このような錯乱がなぜ起こったか、知る由もない。しかしこの裁許者側の不首尾は後の訴陳状での論戦に小さからぬ影響を及ぼした。後に述べるように、地主側は⑯の院宣を有効とし、これを根拠にして⑮の院宣の無効のみならず、北野社勝訴の⑧徳治二年四月二十八日後宇多上皇院宣の無効までも言い出しているのである。

翌徳治三年八月の後二条天皇急逝とともに、後宇多上皇の院政は終わる。当件についての王朝法廷の処置は以上のように、混沌として決着のつかぬままに、次の治世に持ち越された。花園天皇の即位とともに、伏見上皇が院政を開始、一件訴訟はこの伏見院政下の法廷に係属したのである。

要するに、第一次後宇多上皇院政下での紅梅殿跡をめぐる訴訟はその丈数、つまり範囲についての論争に明け暮れ、ついに決着を見ぬままに次代に持ち越された。その過程で下された裁許の院宣も訴訟を終結させるどころか、自らの矛盾によって、論争を一層複雑なものとし、抗争を激化させることになった。

(2)泥土に投げ捨てられた院宣——刃傷狼藉——

徳治二年（一三〇七）十二月に後宇多上皇院宣二通が出されて後、しばらくの間本件関係の史料は見られなくなり、再び登場するのは延慶三年（一三一〇）七月より以降である。居住人等が「宮寺於二前御代一者、依レ失二陳方一令レ遁二避三答状一送レ年畢」（延慶三年八月日領主等申状[30]）と北野社側を論難しているから、多分北野社側の事情で訴訟の進行が停滞したのであろう。

これより以降、紅梅殿跡をめぐる抗争は次の段階に入る。抗争は俄然エスカレートし、ついに両者は武力衝突し、流血事件を引き起こした。居住人による「打擲刃傷」は六波羅探題に訴えられ、六波羅探題は事件の調査に乗り出す。延慶三年・応長元年・正和元年（一三一〇〜一二）段階の訴訟・抗争の特質はこの点にあると言ってよい。しかし、六波羅探題の関与はあくまでも「打擲刃傷」に限定されており、紅梅殿跡敷地をめぐる訴訟は従来どおり王朝の法廷で行われていることは見落とせない。

さて、後宇多上皇のあとを受け継いだ伏見上皇院政下で当該訴訟はどのように展開したかをざっとみておこう。まず「紅梅殿社記録」の地の文に「延慶三年七月十六日御挙状并社解等、付㆓進蔵人右小（少）弁長隆㆒畢、同廿一日所㆑被㆑下㆓　院宣㆒也」と見える。「社解」とは⑰延慶三年七月日北野宮寺祠官等申状であり、「御挙状」とはこれを担当奉行・蔵人右少弁藤原長隆に挙達（史料表現は「付進」）した北野別当僧正慈順の挙状であろう。挙状の原文は残っていない。ちなみに、⑱（延慶三年）七月十六日法印泰禅書状は末尾のわずかな部分しか残っていないが、これは慈順近侍の僧に宛てられているから、⑰の申状を慈順に進めるための文書と考えられる。

かくして、まもなく⑲延慶三年（付年号）七月二十一日伏見上皇院宣が慈順宛てに下された。以下に示そう。のちに述べるように、住人によって泥土に投げ捨てられたのはこの院宣であった。

紅梅殿敷地間事、奏聞候之処、度々　勅裁之上者、厳密可㆑致㆓其沙汰㆒之由、可㆘令㆓下知㆒給㆖之旨、院宣所㆑候也、仍執達如㆑件、

延慶三年
七月廿一日　　右少弁長隆（葉室）

謹上　北野別当僧正（慈順）御房

一見して分かるように、北野社側の勝訴だった。勢い付いた社家側はこの院宣をふりかざして実力行使に出たのである。乱闘の生起は十分予想されるところであった。「紅梅殿社記録」の地の文は次のように言う。

就㆓此院宣㆒、連々差㆓下宮仕等㆒、致㆓催促㆒之処、八月十五日為㆓念阿并子後藤次吉広等之結構㆒、擲㆓捨　院宣於泥土㆒、令㆑打㆓擲宮仕等㆒畢、仍及㆓奏聞㆒也、

文中の「此院宣」とはむろん⑲の伏見上皇院宣である。北野社側がこの院宣に依拠して宮仕等を差遣し神用催

促をかけたところ、八月十五日紅梅殿跡住人念阿・子息後藤次吉広等はこの院宣を泥土に投げ捨て[31]（史料表現は「擲捨」「投捨」）るばかりか、宮仕等に対して打擲に及んだのである（これは北野社側の言）。

この衝突事件の直後、同時に両方から申状が王朝の法廷に提出された。北野社からのは⑳延慶三年八月日北野宮寺祠官等申状、他方居住人等からのは㉑同月日領主等申状。両者はそれまでの自己の主張を再確認・補強する陳弁を披瀝しているが、こと先の刃傷事件についての言い分は大きく食い違っている。北野社側は「（在地人たちは）結局去十五日以二数多之人勢一、被レ籠二催促公人（宮仕のこと）等一、令二打擲刃傷一」という「希代之悪業・未曽有之弥《（ママ）》事」を犯したのだから「早於二住宅一者、速被レ加二検封一、至二于其身一者、可レ被レ処二重科一者哉」と訴えるのに対し、居住人たちは「去十二・十五両日白中不レ憚二厳密之御制一、以二数多宮仕法師等一無二是非一致二追捕狼藉一、剰及二打擲刃傷一之間、保篝召二取下手人等一、宮仕法師被レ渡二六波羅検断一畢、前代未聞之悪行既絶二常篇一者也」と、逆に北野社の宮仕を非難しているのである。真相は明確ではないが、双方に被害があったのだろう。

この領主等申状における彼等の主張で今ひとつ注意されるのは、先述の⑯の院宣の下付をもって「云二彼五月　勅裁一、云二同十二月　院宣一、共以被二棄捐一之条勿論」とし、それらは棄破されたものであるから依拠するに足りない（史料表現は「非二指南之限一」）と述べている点である。「彼五月勅裁」とは前出の⑧徳治二年四月二十八日後宇多上皇院宣、[32]また「同十二月院宣」とは前出⑮徳治二年（一三〇七、付年号）十二月二十七日後宇多上皇院宣を指している。

ここに至って、北野社と在地人との間には従来の紅梅殿跡敷地の範囲をめぐるいわば民事訴訟の他に、「刃傷狼藉」をめぐるいわば刑事関係の争いが加わることになった。⑳の北野宮寺祠官等申状は㉒延慶三年（一三一〇、付年号）八月十七日権大僧都有助書状によって別当僧正慈順に進められ、慈順は㉓同年八月十八日挙状を発し担当奉行・蔵人権大進藤原頼定（冷泉）に関係文書を付け進めた。かくして、㉔同都九月三日伏見上皇院宣が慈順宛てに下った。その内容は紅梅殿敷地役のことにつき「地主等申状」（㉑のこと）を示し、北野社の主張する丈数四町の根拠となる証文の提出を命ずるものであった。

北野社公文所泰禅は㉕同年九月二十日請文をしたため、㉑の申状に反論した。骨子は宮仕に対して刃傷を働いた者の「断罪」、および紅梅殿敷地＝「ロ七丈奥廿丈」とする在地人側の主張の論破であった。しかし特に、後者についていえば、泰禅は「以二四面一町一可レ弁二地利一之由、証拠何事哉」（㉑の申状）という在地人の質問にも、伏見上皇の証文提出命令（㉔の院宣）にも答えず、「ロ七丈奥廿丈之由、被レ定二何代一候哉、早可レ備二進所見一候歟」と逃げた。もっとも「云二延喜宮城指図一、云二名所之記一、諸家不レ可レ有二其隠一候」として自己の主張を補強しているが、そんな漠然とした絵図の類がどれほど証拠として役立ったか知れたものではない。その他いくつか論拠を提示してはいるが、ほとんど前出の⑫で出尽くしたものの繰り返しであり、訴える力は弱い。ただ、在地人が殿社破損を修理してきたことを論拠の一つとしている（⑨に見える）のに対して⑫では正面から反論していなかったが、ここでたとえ「便宜之修理」を加えることがあっても、神領を奪われる法はないと述べている点、それに『漢書』の「犯レ神者有二疾夭之禍一」という言葉を引き、神威を借りて脅している点など注意される。双方の訴陳がいつまでも平行線をたどり、最終的な決着が付かなかったのは、双方とも自己の主張を裏付ける決定的な証拠文書を持っていなかったからであろう。

かくして㉖延慶三年十一月四日伏見上皇院宣が慈順に下された。判決たる「勅裁院宣」である。以下に示そう。

紅梅殿敷地間事、延喜以来ロ七丈奥廿丈外非二彼敷地一之由、在地人等不レ帯二証文一之上者、且停二止甲乙人之濫訴一、且任二先度　勅裁一、社家致二管領一、可レ全二本末両社神事一之旨、可下令二下知一給上之由、院御気色所レ候也、

仍上啓如レ件、

延慶三年十一月四日　　兵部権大輔（冷泉）頼定

謹上　北野別当僧正御房

伏見上皇が下した二度目の北野社勝訴の勅裁院宣である。一度目は去る七月二十一日付⑲であったが、前述のように在地人によって泥土に投げ捨てられた。勝訴の理由についてみれば、前回は単に「度々勅裁之上者」であったのが、今回は「在地人等不レ帯二証文一」（これが主）および「先度勅裁」（これは従。⑲）である。北野社の全面勝利だった。在地人の訴訟停止、（四面一町の）北野社管領、在地人の神役勤仕が下知された。

この後、紅梅殿敷地役をめぐる訴訟はしばらく史料の上から姿を消す。しかし決して在地人等がこの判決に承服したのではなかった。翌応長元年（一三一一）七月、紅梅殿跡地主（在地人）が文殿に越訴するに至り、訴訟は再開される。そのことには後で触れる。

四　「打擲刃傷」と六波羅探題

㉖の勅裁院宣が出たのち、北野社と紅梅殿跡地主との間の民事訴訟はしばし姿をひそめるが、実は他のやっかいな問題をめぐって両者は依然として抗争していた。その問題とはすでに述べた延慶三年（一三一〇）八月十五日に起きた衝突事件に伴う「打擲刃傷」の処置である。被害の詳細は明確でないが、この刑事訴訟は地主を相手どって北野社から提訴された。

北野社の提訴の仕方で注意を要するのは、まず京都の治安維持や警察の任務を担う検非違使庁に対して訴えていることである。㉗延慶三年十一月日北野宮寺祠官等申状の事書は、以下のようにしるされている。

欲下早被レ申二別当殿一被上レ召二禁其身一、紅梅殿敷地百姓念阿・後藤次以下輩違二背数度　院宣一、剰令レ打二擲刃傷社家公人等一罪科不レ軽子細事、

ここには、数度の院宣に違背し、「社家公人」（前述の宮仕のこと）を「打擲刃傷」せしめた紅梅殿敷地百姓の

念阿・後藤次以下の輩（「違勅狼藉輩」）を拘禁するよう「別当殿」に上申してほしいとしるされている。本文中に「早被レ召二出其身於庁底一」とみえ、この「庁底」は検非違使庁の法廷と思われることから、事書の「別当」とは検非違使庁の別当（使別当）と見るべきである。当時の使別当は権中納言藤原（大宮）季衡であった。[34] 当該事件のような場合、まず所轄官庁の検非違使庁に提訴するのがふつうだった。[33]

しかし約半年後、北野社は一転して、「違勅狼藉輩」を断罪せんがため六波羅探題の力に頼ろうとし、㉘延慶四年四月日申状を伏見上皇のもとに提出して、一件を六波羅探題に移管するための院宣を得ようとした。同申状中の「被レ下二厳重之院宣於武家一」の文言はそういった場合の決まり文句である。「武家」とはむろん六波羅探題である。公家より武家に案件を移管するときはそのような手続きを踏む必要があった。申状は㉙（同年）四月四日法印泰禅書状によって「度々勅裁院宣案」を添えて慈順に進覧され、慈順はそれらを担当奉行・蔵人権大輔（藤原頼定）に付け進めた。㉚（同年）四月十日慈順挙状には「所詮違　勅輩可二誡沙汰一之由、被レ仰二下武家一之様、可下令二申沙汰一給上」と、「武家」（六波羅探題）への移管が要請されていた。果して伏見上皇は㉛（同年）四月二十七日院宣を発してこのことを六波羅探題に移管するための手続きをとった。

(1)関東申次の係わり

この伏見上皇院宣を以下に示そう。

被成武家　院宣

北野宮寺申紅梅殿在地人等狼藉事、慈順僧正状副二申状具書一如レ此、子細見二于状一候歟、可二誡沙汰一之旨、可レ被レ仰二遣武家一之由、　院御気色所レ候也、以二此旨一可下令二洩申一給上、仍執達如レ件、頼定誠恐頓首謹言、

延慶四
四月廿七日　　　　兵部権大輔頼定奉

進上　伊豆守殿

この院宣は、㉘申状・具書を副えて㉚慈順申状を、関東申次西園寺公衡（時に前左大臣・従一位）に伝達したもので、宛所の「伊豆守」は公衡の家司と考えられる。狼藉を犯した在地人を「誡沙汰」するように六波羅探題に依頼する内容である。

関東申次の沿革についてはすでに述べたので（本書第一章）ここではくりかえさないが、公家社会（寺家も含む）で生起した刑事事件を鎌倉幕府の訴訟制度に移管するとき、関東申次の仲介を必要とし、その旨を指示する院宣（親政の場合は綸旨）が出されたことは公武間の訴訟手続き上特筆されよう。同院宣に注記された「被レ成二武家一院宣」とはそのことを意味している。

これを受けて、㉜西園寺公衡消息が六波羅探題に宛てて出された。家司による奉書という文書形式をとっている。以下に示す。

常盤井殿御施行案

北野宮寺申、紅梅殿在地人等狼藉事、蔵人兵部権大輔奉書副二具書一如レ此、子細見レ状候歟由、前左大臣殿（西園寺公衡）可レ申之旨候也、恐々謹言、

同（延慶四）四月廿九日　　沙弥玄証奉

謹上　右馬権頭殿（北条貞顕）

この文書の肩に「常盤井殿御施行案」と注記されているように、勅裁（「蔵人兵部権大輔〈頼定〉奉書」＝㉛伏見上皇院宣）を六波羅探題に対して施行する機能を果している。いわば、公家の政治機構と武家のそれとを繋ぐ役割を担ったのが関東申次だった。右記のケースは公家↓武家の方向への伝達であるが、のちに述べるように、武家↓公家の場合も同様に関東申次の関与するところであった。公家（王朝）にとって鎌倉幕府との交渉がその存続を

左右するほどの高度の政治性と重要性を増してきていた当時、関東申次の職務を媒介にして西園寺氏が廟堂に卓越した権勢を築きあげ得たことは容易に推測できよう。

また、本件をめぐる交渉は王朝—関東申次—六波羅探題の間にとどまり、鎌倉幕府がかかわっていない点も注意される。本件の内容的性格から理解すべきことである。

(2) 六波羅探題下での訴訟進行

こうして「打擲刃傷」にかかる刑事訴訟は六波羅探題の管轄に委ねられた。その後の六波羅探題下での訴訟の進行過程を示した興味深い記事が「紅梅殿社記録」に載せられている。以下引用する。ちなみに延慶四年（一三一一）四月二十八日に応長と改元。

(応長元年)五月三日、付二縫殿頭一畢、同六日、渡二斎藤左近□□一、同十二日、逢二一番評定一云々、

六月二日、重逢二評定一畢、同三日朝禅(カ)[35]相二尋奉行一之処申云、可レ給二交名一之由、為二　奏聞一神沢五郎左衛門

与基夏可レ参二申常盤井殿一之由承レ之、仍可レ参云々、両御使同十七日参申入云々、

六波羅探題移管の本訴訟は、延慶四年五月三日「縫殿頭」長井貞重[36]（六波羅賦奉行）によって受理された。同六日になって奉行人斎藤某の担当と決まり、同月十二日と翌六月二日の二度にわたって一番評定にかけられた。ここで、北野社から狼藉人の「交名」（リスト）を提出させることが必要だということになった。

そのことを北野社に伝達するためには先の六波羅への提訴手続きを逆にたどらねばならなかった。まず六波羅探題から伏見上皇への奏聞を依頼するため関東申次のもとに神沢秀政・斎藤基夏両名の奉行人が派遣されることになり、両使は同十七日に参入した。この日関東申次西園寺公衡の邸を訪れた両使は、以下に示す[33]六波羅探題書状を持参した。

北野宮寺申、紅梅殿在地人等狼藉事、子細以二秀政・基夏一言上候、可レ有二尋御披露一候、恐惶謹言、

（応長元年）六月五日

越後守平時敦在裏判

右馬権頭平貞顕在裏判

進上　左京権大夫入道殿

署名者の二人は当時の六波羅南北両探題（貞顕が北方）であり、宛所の左京権大夫入道は西園寺家の家司の一人と考えられる。両探題は裏花押を据え、文面もすこぶる厚礼である。これは六波羅探題から関東申次家に宛てた文書の好サンプルである。(37)

文中に「子細以二秀政・基夏一言上候」と見えるが、秀政・基夏は両使の実名。またその「言上」の内容は㉞応長元年（一三一一）六月十七日六波羅探題両使（神沢秀政・斎藤基夏）申詞によってうかがうことができる。使者は関東申次に対し、狼藉人の「交名」が提出されないのはどうしたことかと疑義を呈し、またそのうち「重経」においてはこれを閣くべきことを含ませた(38)（この二ヵ条のうち後者については詳細不明）。

かくして、関東申次西園寺公衡は㉞を副えて㉝を担当奉行・蔵人兵部権大輔（藤原頼資）に伝達するための㉟（同年）六月十七日施行状を発し、奏聞を指示した。前述の㉜の六波羅探題宛ての文書が西園寺家司の奉書形式であったのに対し、㉟が西園寺公衡の直状である点は注意される。

「交名」提出の件は関係文書を副えて伏見上皇に奏聞され、裁可された。そこで北野別当僧正慈順に宛てて、㊱（同年）六月二十二日伏見上皇院宣が出た。伏見上皇は「前左苻（府）状」（㉟）と「武家状・申詞」（㉝・㉞）を慈順に示し、急ぎ「交名」を注進すべきことを令した。ここにいたって、やっと「交名」提出のことが北野社に伝わった。北野社は急遽これを作成した。㊲（同年）六月日紅梅殿在地人等違勅狼藉人交名である。一紙にしたためられたリストには「町面」「綾小路面」「五条坊門面」（各々の末尾の文字について『古記録』では「西」と読まれてい

るが「面」がよいと思われる）の三つのグループに分けて、計十人の狼藉人と目された在地人の名が載せられている。かれらの中には武士らしき者たちに混じって「堂僧」といった僧形の者、また商人らしき者もいる。かれらは前述の㉑の申状においては「公家武家山門住侶等」と自ら称している。

この交名が折り返し社家から六波羅探題へと、それまでとは逆のコースをたどって伝達されたことはいうまでもない。交名を次々と伝達する役目を果たしたのは、㊳（同年）六月二十四日法印泰禅請文、㊴同日慈順挙状（蔵人兵部権大輔〈頼定〉宛て）、㊵（同年）六月二十八日伏見上皇院宣（藤原頼定奉、伊豆守〈西園寺家司〉宛て。六波羅探題への伝達）、㊶（同年）六月二十九日西園寺公衡消息（沙弥玄証〈西園寺家司〉奉、越後前司〈六波羅探題北条貞顕〉宛て）、以上四通の文書であった。

交名が六波羅探題に届いたあと翌応長二年二月までしばらく本件関係の事実はとだえている。同年二月十七日、北条貞顕と同時敦は連署形式で六波羅御教書を海老名和泉弥五郎と加地宝丸両人に別個に発し（㊷・㊸）、法に任せて「交名輩」を召進することを命じた。二人の使節のうち、海老名弥五郎には「四条大宮篝屋也」、また加地宝丸には「六条大宮篝屋也」との注記が施されており、これによって篝屋役勤仕の御家人が六波羅探題の命を受けて強制執行の任務を負っていたことが知られる。ちなみに加地宝丸は㊹（同年）二月二十六日請文を六波羅探題に提出し、幼少たるによりその任に耐えないと申し出、(39)代わって富樫介入道が勤めることになった。㊺正和元年（一三一二）四月十日六波羅御教書はその旨を命ずるものである。「紅梅殿社記録」にはこれ以降の史料がなく、「打擲刃傷」をめぐる問題がどうなったかを知ることはできない。

五　紅梅殿敷地訴訟と文殿庭中

そもそも「打擲刃傷」問題＝刑事訴訟は紅梅殿敷地をめぐる民事訴訟から派生したものであったが、すでに述べたように刑事関係は六波羅探題に移管され、民事関係から切り離された。従って、もう一方の民事関係の訴訟がその後どうなったか、一応みとどけておかねばなるまい。北野社勝訴の前述⑲の伏見上皇院宣が延慶三年（一三一〇）十一月四日に出されたのちしばらく何ら動きは見られないが、翌応長元年（一三一一）七月になって紅梅殿敷地をめぐる訴訟は再燃する。「紅梅殿社記録」に以下の記載がある。やや長文にわたるが引用する。

一、応長二(元カ)年七月三日、紅梅殿地主□(之代カ)於二文殿一越訴庭中云々、爰同月被レ下二院□(宣カ)□御坊一云、

㊻職事施行案

紅梅殿敷地事、院宣如レ此、忩可下令レ下二知社家一給上候歟、仍上啓如レ件、

応長元
七月七日　　兵部権大輔頼定

謹上　北野別当僧正御房

㊼院宣

紅梅殿敷地事、猶可レ被レ尋二究子細等一候、帯二文書一、忩可レ参二決文殿一之由、可下令レ下二知北野宮寺一給上之旨、所レ被二仰下一也、仍執達如レ件、

応長元
七月七日　　雅俊

蔵人兵部権大輔殿(頼定)

就レ之文殿廻文到来之間、社家評定之処、祠官等文殿参決事未レ聞二其例一、□雖レ申二子細一、所詮為レ達二神訴一、八月廿三日社家令レ烈二参文殿一畢、雖レ然地百姓□与二社家一□　□対論、各別文殿衆問答云々、依レ為二訴人一□　□三人或山僧、或御家人参二文殿之縁(カ)一、退出之後、社家臨二文殿之庭上一、雑掌□時者山僧着二縁上一云々、烈参之時者在(カ)二庭上一云々、加レ之祇園執行等又立二庭上一云々、彼社僧令レ着レ縁云々地主者雖レ捧二十六通之証文一、皆以百年以後手継也、社家者雖レ不レ帯二一紙之状一、以二延喜式左京図一具申二所存一之上、雖レ為二延喜以前之証文一不レ可レ用レ之、況於二其以後文書一哉之由申レ之、二問二答

　之後社家退出了、副二左京図一付二開闔一畢、

文書二通、一見して双方とも伏見上皇院宣といいたいところだが、よく見ると前者には「職事施行案」、後者には「院宣」という注記が付いている。これを踏まえ、かつ宛所に留意しつつ両者の関係を考えれば、後者が伏見上皇院宣、前者はこれを施行する職事蔵人藤原頼定施行状ということになる。院宣の奉者藤原雅俊の名はすでに正応六年（一二九三）七月二十七日伏見天皇綸旨[40]の奉者として登場しているが、応長元年当時、前参議・従二位の彼はおそらく伏見上皇院政下の評定衆・伝奏の一員で、評定会議における担当奉行だったと思われる。史料に見るように、紅梅殿敷地の地主たちが院の文殿に「越訴庭中」を提起したため、文殿において「猶可レ被レ尋二究子細等一候」ということになり、文書を帯び文殿へ参決すべきことが北野社に命ぜられたのである。

近年、公家庭中に関する研究がいくつか発表された。それまでの「文殿庭中は着座公卿と文殿衆によって構成される、院文殿に開設された法廷と規定し得るであろう[41]」という理解が一歩進められ、「公家庭中も、幕府の庭中と同様に〈奉行をこえた直訴〉であり、担当奉行の緩怠等による審理・判決の遅滞を、庭中番の上卿を通して〈治天の君〉に訴えるための制度であった[42]」と規定されるに至った。庭中の直訴としての側面が明らかにされたわけである。そのような先行研究を踏まえて、右の記事を検討すればどんなことが言えるか。

まず押さえておかなければならないのは、本件訴訟は書面審理のみに終始し、当事者同士が一堂に会して対決を遂げるという場面はついぞ見られず、㉖延慶三年十一月四日伏見上皇院宣が出され、北野社の勝訴となったこと、その後、紅梅殿地主が文殿において「越訴庭中」を申し立てたことによって、初めて文殿審理の運びとなったことである。㊻と㊼の宛所を見れば明らかなように、文殿法廷の開催は評定衆・伝奏藤原雅俊の側から発起されており、職事奉行藤原頼定は北野社に対し召喚状を出すよう命じられた。このことは本件が職事奉行をとびこした直訴という形で提起されたことを示唆している。

その進行過程の概略をのべておこう。開廷のことは「文殿廻文」によって北野社に触れられた。北野社の祠官たちにとって「文殿参決」は初めてのことで抵抗もあったが、「神訴」を達せんがため、開廷日の（応長元年）八月二十三日に祠官たちは文殿に「烈参」した。しかしながら、地百姓（紅梅殿地主）と社家と「対論」はなく（「対論」の前は二、三字破損して読めないが、文脈からみれば、直前の一字は「不」だろう）、別々に文殿衆が尋問した。地百姓は訴人であったから、かれらのうち山僧や御家人たち三人が「文殿之縁（カ）」に参じた。かれらが退出してのち、祠官たちは「文殿之庭上」に臨み、地百姓と相対した。ここで（文殿衆をはさんで）問答があり、社家側は「延喜式左京図」に依拠して所存を述べ、地百姓側の提出した「十六通之証文」が新しいものであって証拠とするに足りないことを主張するなど、二問二答の後退出した。「延喜式左京図」は文殿開闔（文殿衆の筆頭）に付した。

このように見てくれば、文殿庭中はこの当時一般的な法廷として広く門戸を開いていたのではなかったことが知られる。また開廷の理由として㊼に「猶可㆑被㆑尋㆓究子細等㆒候」と見えるように、「越訴庭中」は前判決の全面的見直しを前提にするのではなく、あくまで審理の不備を補うという点にその眼目があったと思われる。

かくして二ヵ月の後判決が下る。㊽（応長元年）十月二十八日伏見上皇院宣である。紅梅殿敷地は北野社が管領し、毎年地利を地主たちから徴収して神事を興行すべしと令せられた。またもや北野社の完全勝利だった。地主たちが課役を負担すべき理由として、従来の「任㆓度々　勅裁㆒」に加えて「以㆓敬神之儀㆒」という文言が登場している点は興味深い。

この院宣は職事奉行藤原頼定の奉ずるところである。奉行をとびこした直訴たる文殿庭中を経由した判決も、その当事者への伝達を奉行の役割に負っていたのである。文殿庭中が職事奉行の係わりを完全には排除できていなかったことを示している。

おわりに

最後に「紅梅殿社記録」の作成の事情について若干の推測をのべて、しめくくりとしたい。本記録自体にはその作成の目的など一切しるされていないし、全部で何冊であったかも明確でない。しかし、写しとられた各文書がほとんど北野社側のもの（提出したものと受けたもの）であることから見れば、これが北野社で作られたものであることは動かない。しかも各文書の筆跡はすべて同じであり、表紙にしるされた「紅梅殿社　上」の文字も同じであることから、紅梅殿敷地訴訟にとって何らかの記念すべき時に、北野社関係の一人の手によって関係文書が一括書写されて、本記録が成立したものと考えられる。その記念すべき時とはおそらく当該訴訟における北野社の勝訴が最終的に確定したときではあるまいか。

北野社側では訴訟の行程において回覧されてきた文書もたくみに写しとった。記録にはそんなものもきちんと収録されている。加えて㊷・㊸・㊹・㊺のごときは六波羅探題と在京御家人の間の文書であるのに、このような文書も含めた関係文書収集の徹底ぶりには驚かされる。

（1）記録原本を閲覧するに、この記録の形状はもとは冊子（墨付四十四丁）であったが、現在綴じ紐が切れて、前後錯乱の状態になっている。以下本文でふれる紅梅殿跡訴訟関係の文書は反故となった文書の裏に写されている。つまり本記録は紙背文書を有するものである（紙背文書も同史料にて翻刻）。紙背文書は記録自体の成立時期を推定するてがかりを与えるが、その紙背の文書はほとんどすべて漢字・仮名混じりの書状である。多くは年号不明であるけれども、なかには「永仁三」「嘉元三」「延慶四」（あとの二つは付年号）といった鎌倉期の年号を有するものもある。いま俄かに本記録の成立時期を明言することはできないが、字体はかなり古いと思われる。紙背文書の年代も勘案すれば、早ければ鎌倉末期、おそくとも南北朝期を下るまいと現時点では密かに考えている。

（2）『北野天満宮史料　古記録』では、「後世の綴じ改めの際に乱丁となっ」た冊子の翻刻にあたって、「本来の配列を復元してその丁数を平ゴチで丁数番号の右肩に」（同史料一頁）、かつ丁変わりに」印を付すという手当てを施した上で、現状の乱丁のまま印刷されている。

なお、桃裕行氏にはこの史料を踏まえて「延喜式付図」について論じた短文がある。『歴史地理』七五—二所収の「延喜式附圖に就て」がそれである。氏の所論の中で、以下本文で述べる「延喜式左京図」が「法的根拠のあるものと認められた事実があ」るとの指摘は検討の余地がある。この論稿の存在については、井上満郎氏の御教示を得た。

（3）同氏『天満宮』（日本歴史叢書19、吉川弘文館、昭和四十三年）一〇八〜一一三頁。

（4）「増訂故実叢書」第十一回（四〇二頁）、吉川弘文館、昭和三年。

（5）『京都坊目誌・下京』（「新修京都叢書」一六巻、二六七頁、光彩社、昭和四十三年）。

（6）林屋辰三郎氏他編、平凡社、昭和五十四年、八七五頁。

（7）吉川弘文館、昭和六十年、四八八頁（黒板伸夫氏執筆）。同辞典には「鎌倉時代末、この地に祀られた菅大臣社に関し北野社と紅梅殿敷地住人との紛争があり」との記述があり、これは「紅梅殿社記録」を踏まえたものと考えられる。

（8）「紅梅殿社記録」（以下「記録」と略称することあり）所収、嘉元四年十二月十一日北野公文所法印泰禅書状（『北野天満宮史料　古記録』〈以下『古記録』と略称〉二頁）に、「当社（北野社＝筆者注）文書等天福回禄之時、少々紛失候□（了カ）、彼社記禄（ママ）同紛失候」とみえる。こういったこともその理由の一つである。北野社回禄については、『大日本史料』天福二年（文暦元年）二月十四日、二十一日条（五—九、五一七〜九頁、五二四〜七頁）参照。

（9）現在、京都市下京区仏光寺通新町西入ル菅大臣町に跡地がある。仏光寺通（旧五条坊門小路）に面して「菅家邸址紅梅殿」（正面）と刻された尖頭四角柱の石碑（右面に「昭和十三年三月建之　京都市教育会」と陰刻あり）が立てられ、四十メートルほど奥へ入った突き当りに、「紅梅殿」の扁額のかかった社が建てられている。一方、仏光寺通を挟んで南側には、西向きに菅大臣神社がある。

（10）「記録」所収、延慶三年八月日綾小路以南・五条坊門以北・西洞院以東・町以西領主等申状（『古記録』一九頁）。

（11）「記録」所収、嘉元四年十月日北野宮寺祠官等申状（『古記録』二〇頁）。延慶三年九月二十日公文所法印泰禅請文（同、二三頁）には「紅梅殿者、依レ為二当社御在世之御旧跡一、村上御宇天暦元年為二勅願一御勧請之時、以二紅梅殿一、為二第一末社一畢」とやや詳しく述べられている。

（12）『吾妻鏡』建保六年十月二十二日条に、「祇園・北野以下（山門の）末寺末社」とみえる。北野社はこの当時、祇園社と同様、比叡山の末社であった。

(13) 注(8)所出。

(14) 嘉元四年（付年号）十月十三日、北野社公文所法印泰禅挙状（『古記録』一頁）。

(15) 注(11)所出。

(16) 『古記録』一三頁。

(17) 「官底」については、さしあたり棚橋光男氏『中世成立期の法と国家』（塙書房、昭和五十八年）八〇〜一一七頁、下向井龍彦氏「官底」（『ことばの文化史』中世四所収、平凡社、平成元年）参照。

(18) 『古記録』一〇、一四頁。

(19) 『古記録』七頁。

(20) 『古記録』二、一一〜二頁。

(21) 北野宮寺等申状はふつうの場合、北野別当僧正慈順の挙状でもって担当奉行（蔵人）に宛てて挙達された。しかし、このケースは注記に示されているように、慈順が「依二御禁忌一、不レ致二御挙状一」という事情があり、泰禅は公文としての立場から同申状を挙達したのであった。このような場合、担当奉行に直接宛てることができなかったものと解される。

(22) 「近衛」の号や「職」という通字を見て想起するのは近衛（中原）職政である。職政はすでに延慶四年二月には「修理右宮城使主典左衛門大志」でみえ、（「広義門院御産愚記」〈延慶四年〉、『公衡公記』第三別記、二三〇頁）、鎌倉末期の元亨年間に使庁の諸官評定文の署名者の一人としてあらわれ、また建武新政下では雑訴決断所・記録所・恩賞方など重要官衙の職員として登場する（拙著『南北朝期公武関係史の研究』参照、文献出版、昭和五十九年）。

そこで、中原氏系図をひもとけば、この職政の父が当の職直で、しかも「従五下」の位階を持っていたことが知られる（今江広道氏「法家中原氏系図考証」〈『書陵部紀要』二七、昭和五十一年〉二一、三三頁参照）。

(23) 注(22)で述べたように、近衛職政が鎌倉時代末期に使庁官人であった事実は、その父職直も使庁官人であった可能性を示唆しよう。もっとも、徳治二年五月日地主等申状（『古記録』一二頁）に「官人職直」（『古記録』は「宮人」と読むが、「官人」が正しかろう）と見えるが、そのことはこの「官人」が使庁官人であることを立証してくれる。

(24) 注(23)参照。

(25) 佐藤氏「室町幕府論」三三頁（岩波講座『日本歴史』7・中世3、昭和三十八年、のち同氏『日本中世史論集』に収録、岩波書店、平成二年）。
(26) 「官使職秀」の系譜・事績は不明であるが、おそらく先述の近衛職直の近親者と思われる。
(27) 「紅梅殿社記録」（『古記録』一一頁）の地の文に見える「無二是非一振二神木於四面一町一、放二付北野社公文所公人幷官人職直数輩下部等一、令レ追二捕住宅一之間、且追捕物注文一通令二備進一畢矣」の文章はこの時の様子を示すものである。
(28) 「職事補任」（『群書類従』補任部）では、資冬の没は「徳治二七廿九（イ五）」と見えている。また、姈子の没は徳治二年七月二十四日である。
(29) 「職事補任」によれば、藤原光経は徳治二年十一月一日に五位蔵人に補されている。
(30) 『古記録』四頁。
(31) 院宣・綸旨を「泥中」に踏み入れて破棄する行為は、勅裁に対する抗議としてある種特別の意味を持ったらしい。筆者はかねてよりこの点に関心を寄せ、たまたま目に付いたものを集めてきた。以下本文で述べる例を除けば、三例にすぎないが、参考までに記しておく。①正応四年七月日覚照重申状案（宮内庁書陵部編『九条家文書』二、一九四頁）に「……結句踏二入　院宣於泥土一……」とみえる。②正応五年八月日覚照申状（「兼仲卿記紙背文書」『鎌倉遺文』二三巻一七九九四号）に「……結句踏二入泥土　院宣一……」とみえる。③年欠造酒正中原師邦申状（内閣文庫所蔵「押小路文書」第八十）に「……結句引級綸旨・別当宣、踏二入□(泥)土一……」とみえる。この字句が現れる状況は共通しているし、表現の仕方も似通っている。その中に込められた精神・思想については後考に期したい。
(32) 『古記録』四頁では「勅裁」に（後二条天皇）とのルビを付すが、この勅裁は同文書中に見えている「北野公文所可レ宛二催地利一」という内容の「前御代徳治二年五月廿八日」院宣でなくてはつじつまが合わない。すなわち、この院宣は先述⑧と同一なのであり、「四月」と「五月」のいずれかが誤写ということになる。
(33) 他の箇所では、後藤次は名を吉広といい、念阿の子と見える（本文中の引用史料参照）。
(34) 『新訂増補国史大系　公卿補任　二』、四一〇頁。
(35) 「□禅」の箇所は『古記録』三〇頁では「□経」と読まれているが、筆者は下の文字を「禅」と読むことにしたい。おそらく北野社の寺官の一人と思われる。
(36) 長井貞重ら延慶四年の六波羅探題奉行人については、森幸夫氏「六波羅探題職員ノート」（『三浦古文化』四二、昭和六十二年）三四頁参照。

（37）本書二九八〜三〇〇頁参照。

（38）『古記録』三二頁では「次此中於重経者可□之由」となっているが、原本を閲覧したところ「□」は「閣」と読めるように思われる。

（39）加地宝丸は「依レ為ニ幼少一不レ能ニ加判一候之間、無判之起請文其恐不レ少候之上」と辞退理由を述べている。判形に対する当時の人々の考え方をうかがうための一材料となろう。

（40）『古記録』一三頁。

（41）橋本義彦氏「院評定制について」（『日本歴史』二六一、昭和四十五年、一七頁。のち同氏『平安貴族社会の研究』に収録、吉川弘文館、昭和五十一年）。

（42）藤原良章氏「公家庭中の成立と奉行——中世公家訴訟制に関する基礎的考察——」（『史学雑誌』九四—一一、昭和六十年）二五頁。

第三節　申状の世界——『兼仲卿記』紙背に見る訴訟——

はじめに

日野家一門の勘解由小路《かでのこうじ》兼仲(1)の日記である『兼仲卿記』(2)(別名『勘仲記』)は質量ともに鎌倉時代の公家日記を代表するもので、近年まで東京都文京区の東洋文庫に所蔵されていたが、現在は国立歴史民俗博物館の収蔵するところとなっている。

『兼仲卿記』は、時期的にみれば十三世紀の最後の四半世紀をカバーしており(3)、いわば日本の中世社会の大きな転換期を具体的に考えるための絶好の素材である。蒙古襲来をめぐる公武の動きはもちろんのこと、当時の宮廷政治や訴訟制度の実態、寺社権門や宗教者(叡尊など)の動向、広く公武関係など、この日記なくしては語れないことがらは多い。同記の鎌倉時代史料としての持ち味はここにある。

同時に『兼仲卿記』はその紙背に実に多くの文書を残すことでも著名である。それらの文書の多くは記主兼仲の職務との関係で手元に集積されたものであるから(兄兼頼のものも含まれる)、紙背文書によって逆に兼仲の職務内容をうかがうことが可能となり、また職務上受理した公文書が反故と化し、日記の料紙に用いられた点に着目すれば、難解な文書の効力や機能の問題を考える糸口がつかめよう。しかも、本日記の紙背文書は正文が多く、そのうえ伝来の素性が比較的明確な良質の文書群であり、内容的にも豊かなものを持つだけに興味は尽きない。紙背文書には表の日記の記事と関連する内容のものもあり、本史料から得られる知見は多い。

史料の刊行状況について一言すれば、日記本文については『増補史料大成』中の三冊をあてて翻刻された『勘仲記』（臨川書店、昭和十一年。底本は東大史料編纂所所蔵九条家本謄写本）が、紙背文書については現在刊行中の『鎌倉遺文』がこれを収めている。しかしながら両者とも問題が多く、[4]いまさらながら『兼仲卿記』表裏双方の正確なテキスト作りが切望される。

さて、近年、紙背文書は木簡とともに研究者の関心を集めているが、[5]その魅力は、ひとまず網野善彦氏の言葉を借りれば「そこに選択の意志がはたらいていないだけに、通常のかたちで伝来する文書の限界を見きわめるうえに、まことに貴重であり、これまであまり知られなかった意外な世界を、われわれの前にひらいてくれる」[6]点にある。

当の『兼仲卿記』の紙背文書についての専論はまだ出ていないようで、ただ簡単な概要や部分的な史料紹介を兼ねた文章が目につく程度である。[7]

『兼仲卿記』紙背に即しての筆者の関心は目下、㈠同記紙背にどのような文書が「選択の意志がはたらいていない」形で残存しているか、そこにどのような人々の動きや政治・社会の様相を垣間みることができるか、㈡記主兼仲はどのような職務を通して、これらの文書を自分の日記の料紙として使用することができたか、つまり官人の職務と文書の集積との関係はどうか、といった点にある。本節はこのうち㈠についての素描である。

一　申状

『兼仲卿記』の料紙に用いられている文書は全部で何点か、また何故それだけの文書が残ったか、それは兼仲が受理・譲得したすべての文書のうちどの程度の割合を占めるか、などのことがらについては直ちに解答を出すのはむずかしいが、紙背に最も多く残っている文書の種類が申状であることは確かである。申状とは訴訟の際の上申文書で、[8]厳密にいえば訴状と陳状とがある。申状は訴訟文書であるだけに、当事者の利害関係、これを調停する上部機関の対応の仕方などを介して当該期の社会状況を直接的に表現している。人々のさまざまな動きや声を最も生の形で写し出すのである。先掲の㈠を考えるてだてとしてまず申状を取り上げようとする所以である。

(1)一通の申状の復原

一体、『兼仲卿記』紙背の申状はどのような格好で伝存しているのであろうか。いまこころみに、一通の申状を組み立てて、復原してみよう。結論からいえば、文書名は正応五年三月日讃岐国善通寺衆徒重申状（後掲表A―73。以下同様に表示する）であるが、三つの巻子にはなればなれとなった四つの部分がもとは同じ一通の申状を構成していたとは容易には知られまい。なお史料の掲出においては、叙述の都合上、料紙一枚分の記事ごとに(A)～(D)の符号を付し、文章の行替りは」で示した。(A)の中の副進文書の目録には①～④の番号も付けた。[9]

(A)讃岐国善通寺衆徒重誠惶誠恐謹言、

請特蒙　天裁、当寺領同国良田郷地頭太郎左衛門尉」仲泰抑留」後嵯峨法皇御菩提料仏聖人供已下巨多年貢、違背六波羅」裁許、号土居田押領公田間、於武家致訴訟処、爲阿曾播磨」幸憲奉行、送五箇年春秋、不令遂年貢結解、不被召出公田」押領一度陳状間、供燈已闕如、勅願殆擬退転間、経」奏聞、雖申付　綸旨於当奉行、猶以不事行上者、可被経急速□（御）」沙汰由、重被成下厳密　綸旨於武家子細事、」

副進

一①通　宣旨案奉為」先皇御菩提、以当郷被寄附金堂法花両堂由事、先進畢、」弘安四年八月廿八日

一②通　御室御挙状案

一③通　綸旨案正応五年二月七日

一④通　西薗寺殿御施行案

□（地頭太郎カ）左衛門尉仲泰□

（以下欠）

(B)　（前欠）

□後嵯峨法皇御菩提料仏聖人供已下巨多年貢、違背六波羅裁許、」□（号カ）土居田押領公田之間、行法者、愍雖勤伽藍清浄恵場、供料者、鎮□」□用地頭猛悪欲心之間、於武家頻雖経訴訟、為阿曾播磨房幸□（憲）」奉行、送五箇年春秋、不令遂年貢結解、不召出公田押領一度陳状□（之カ）」間、厳重　勅願殆擬退転之条、歎而有余者乎、仍衆徒一同経」奏聞之処、依旅空鸛声、達　鴻門、遠州羊歩、臨　鳳闕、忝」下賜　綸旨、雖申付当奉行、猶以不事行之上者、重被成下厳□（密カ）」綸旨於武家、欲被経急速沙汰、仍衆徒重勒状、誠惶誠恐謹言、

正応五年三月　日　　　法印隆証

(C)善通寺々僧申状副具書」如此、子細見状候歟、可令」申沙汰之由、御室」御消息所候也、恐々」謹言、

（同筆）「正応五年」

二月三日（勘解由小路兼仲）

謹上　頭春宮亮殿

(D)讃岐国善通寺寺僧訴申」良田郷地頭抑留仏聖供等事、」仁和寺宮御消息副具書如此、可尋沙汰之由、可被仰遣

武家之」旨、」天気所候也、以此旨可令洩申」上給、兼仲頓首謹言、

（同筆）「正応五年」
二月七日　　　　　　　　　　（勘解由小路）春宮亮兼仲奉

進上　弾正大弼殿

筆跡をみれば(A)と(B)、また(C)と(D)は同筆である。前者は楷書体、後者は行書体でしたためられており、すべて同筆と直ちに断定するわけにもゆかないが、内容的にみれば讃岐国善通寺領同国良田郷（多度郡にあり）についての訴訟関係文書という点で一致している。

このようにみれば、(A)と(B)はもとは一通の申状であり（中間の一紙ほどが欠落）、(C)と(D)はこの申状に貼り継がれた具書の残存分であるということが知られる。さらにこの正応五年（一二九二）三月日申状の原形について考えよう。申状に記載された副進文書の目録と具書とを対応させれば、②の「御室御挙状案」が(C)に、③の「綸旨案正応五年二月七日」が(D)に相当することが知られる。②の日付が（正応五年）二月三日であること、③の綸旨とは伏見天皇の綸旨であることがわかる。

つまり、この正応五年三月日讃岐国善通寺衆徒重申状には本来①から④の順で各々の具書が貼り継がれていたが、やがて反故紙として日記の料紙に用いられたとき、冒頭の申状の中間部分、①の弘安四年（一二八一）八月二十八日の宣旨案、[10] それに④の西園寺施行状案（これは③の綸旨を六波羅探題に対して伝達した関東申次西園寺実兼の施行状であること明白）が散逸してしまったわけである。

これら一連の訴訟文書については、最後にこの申状が正文か案文か、ということにふれておかねばなるまい。結論からいえば、正文とみるべきだろう。伝存の経緯からみても案文とするべき理由はないし、別に残っている（正応五年）三月二十一日付御室挙状[11]（頭春宮亮＝兼仲宛て）の存在も正文説を支えよう。

右に示したのは『兼仲卿記』紙背に残った申状の一例にすぎないが、もと一通の文書が日記の料紙として再利用されたとき、継目から剝離した一紙一紙があちこちへ行き別れとなった様子をよく示している。(12)

(2)申状の形態――紙型と日付――

同記紙背に申状がどういう形で残っているか、その一端がわかったから、次に肝心の全申状の概要を示しておくのが手順というものだろう。かなりの数にのぼる同記紙背の文書の中から、断簡を接合したり、内容を検討したりして、全部で一五一通の申状を拾い上げた。採否の基準は訴訟文書たることを原則としたが、考え方によっては、この数字はわずかに動くかもしれないけれども、さほど大きな異同はあるまい。それらの申状および紙型と日付の有無といった形態的要素に即して分類すれば、以下のように区分される。

(A)日付を備えた申状　八十一通
(B)日付のない申状　三十通
(C)後欠などのため日付の有無が不明の申状　四十通

右の(A)〜(C)の各々について、内容を要約し形態を注記した一覧表を作成し、本節末尾に収めた。適宜御参照頂きたい。

さて、鎌倉時代の申状の形態について考えようとするとき、真先に想起するのが笠松宏至氏の著名な論稿『日付のない訴陳状』考」(13)である。折紙という文書形態と訴陳とのかかわりあいを、訴訟制度の生起の問題にまで掘り下げて論じ、興味深い指摘をいくつも提示された同氏は、その所論の導入部ともいうべき箇所で「中世の訴陳状を、用紙の形態および日付の有無という観点から分類」(14)して、

Ⅰ　竪紙で日付をもつもの

Ⅱ　竪紙で日付をもたぬもの
Ⅲ　折紙で日付をもつもの
Ⅳ　折紙で日付をもたぬもの

の四種の組合せを示された。同氏は右のうちⅠを「ノーマル」な、そしてⅡ・Ⅲ・Ⅳを「いわばアブノーマルな訴陳状」とみなしたうえで、「斉民要術」紙背、「探玄記、第二義決抄」紙背、それに中山法華経寺の聖教紙背の訴陳状に即して、双方の量的比較を試みられた。そこで「ノーマル」と「アブノーマル」の比がそれぞれ一対四（比較可能な事例数五通。日付有無不明のものを除く。以下同じ）、一対七（同八通）、ほぼ一対五（同一一通）と算出され、紙背文書の世界における『意外な世界』の存在」を浮かび上がらせた。[15]

笠松氏の示されたデータそのものは尊重すべきものと思われるが、あえて難をいえば比較可能な事例数が少ないこと、同氏のデータは時期的に鎌倉中期ころのものであること、公武のちがいや地域的な差違などを考慮に入れなくてよいか、などの点に一抹の不安も残る。そこで、笠松氏自身が「鎌倉時代の紙背文書中、量的に一、二を争う」とされつつも、「断簡多く計数に煩しいため」[16]に分析の対象から外された、当の『兼仲卿記』に即してみればどうなるのだろうか。同記紙背の申状のうちで年次明確な上限は建治元年（一二七五）十二月、下限は正応六年（一二九三）七月であるから、これについての検討は先の笠松氏の示されたデータの時期以降を考える重要な手がかりとなることとまちがいない。一五一通という事例数の豊富さはもとより（申状のほとんどは正文とみられる）、その事例数の分布が偏っていないので、分析素材としては恰好のものといえる。

まず、料紙の形態と日付の有無に着目して分類・整理してみた。別表のとおりである。これによってみれば、㈠圧倒的に日付を持つ竪紙申状が多いこと、㈡折紙申状の場合は日付を持たぬものの方が多いこと、㈢竪紙申状のなかでも、日付を持たぬものがあり、その割合は無視できないこと、㈣最も少数派は日付を持つ折紙申状であること、などのことがらを読みとることができる。

次に笠松氏の「ノーマル」「アブノーマル」についてみよう。日付の有無が明確な申状全一一一通のうち、Iが七十六通、IIが十六通、IIIが五通、そしてIVが十四通である。従って「ノーマル」と「アブノーマル」の事例数はそれぞれ七十六通、三十五通となり、比の形で表わすとほぼ二対一となる。さらに日付有無不明分についてみれば、全四十通のうち竪紙が三十六通、折紙が四通である。折紙四通は「アブノーマル」の中に含めることにして、問題は三十六通の竪紙申状の処理である。このうち何通が日付を持つかはわからない。しかしかりに上掲表の竪紙申状における比率を適用すれば、三十六通のうち日付あり三十通、日付なし六通という数字が出てくる。つまり、推定値を含みながらも、全体としてみれば、「ノーマル」が一〇六、「アブノーマル」が四五となり、両者の比は二・三対一と算出される。

料紙の形態と日付の有無との関係

日付表記＼点数			有無が明確	有無が不明	計
竪紙申状	日付あり	年　月　日	13（5）	36	128
		年　月	63		
		月　日	0		
	日　付　な　し		16		
折紙申状	日付あり	年　月	3（1）	4	23
		月　日	2		
	日　付　な　し		14		
計	――――		111（6）	40	151

注：（　）内は差出書を有する点数

笠松氏の所説を建治～正応期の申状に即して敷衍することができるであろうと予想しつつ行った『兼仲卿記』紙背申状についての検討は、思いがけない結果となった。その理由についてとりあえず推測するに、おそらく当時の政治・社会状況から多分の影響を受けて変貌した訴陳状の世界を想定しなくてはなるまい。つまり「音声や記憶の代用物として、それ自体は客体も時間もない」「折紙の本質的な性格[17]」が次第に弱められ、後退させられてゆく趨勢をうかがうことができるのではあるまいか。

申状の形態面だけでも、まだ考えねばならぬ点も多い。たとえば前掲表で知られるように、一口に日付といっても、年月日のフル表記、年月　日と日数を記入しないもの（数の上ではこれが主流）、さらに月日のみで年次を欠くものが混在しているし、また差出書を有するものもわずかながら登場している。これらのことがらは文書様式の発展史のうえから今後究明してゆかねばなるまい。

(3)申状の提出先

建治〜正応期の申状がこのような形で『兼仲卿記』紙背に残ったのはむろん兼仲の職務内容と深く関連している。兼仲の職務と文書集積との関係については「はじめに」で述べた㈡を考察する第四節にゆずり、ここでは『兼仲卿記』紙背の申状がどこに提出されたかを概略みておきたい。申状の提出先はその訴訟一件の受理機関であり、このことを考えることは申状自体の性格を知るうえでも重要なことである。念のためにいっておけば、これらの申状が兼仲の手元に集まったのは、兼仲が摂関家の家司や王朝の蔵人・弁官の職にあり、諸種の奉行に任ぜられ、ために訴を受理する窓口の役目をつとめ、同時に案件処理に深くかかわったことと密接な関係を有している。

多くの申状の中には、その提出先について一考を要するものや現時点では不明として措かざるをえないものも含まれるが、おおまかにみれば、㈠摂関家の法廷、㈡王朝の法廷、㈢蔵人所、㈣六波羅探題、の四つに分けることができよう。それぞれが当該件の当座の所轄機関ということになるわけであるが、その提出先ごとの事例数を数量的に処理することはむずかしい。あえて傾向性をうかがうならば、㈠と㈡がともに多いこと、㈢・㈣はわずかであることぐらいは知られる。

㈠の摂関家への申状提出は、たとえば、後欠鬼熊丸重申状(18)（表C—25）にみえる「就中中峯寺申南都　長者御進止之上者、任□有御成敗事」や、（弘安九年）十月十九日良忠書状(19)にみえる「（多武峯の）院主職者、必蒙　摂録（マヽ）御成敗歟」などといった文言に端的にうかがわれるように、大和多武峯寺や南都興福寺の管轄権は藤氏長者に握られていたことによる。『兼仲卿記』紙背に多武峯寺や興福寺関係の申状は特に多い。摂関家関係の申状の残存数は院・天皇関係のそれに比肩している。そこには往時に比べればやや見劣りこそすれ、広大な藤原氏勢力圏（興福寺・法成寺・平等院・多武峯寺など藤原氏ゆかりの寺院などをも含む）の頂点に立つ摂関家の力の大きさをあらためて思い知らされる。

㈠の院・天皇関係については、国家公権の保持者ということと、皇室領経営の主宰者であることとによると思われる。

㈢の蔵人所が含まれるのは、種々の官司に属し、供御を備進して内廷経済を支えた供御人たちの特権を保証したのが蔵人所だったからである。

最後の㈣の六波羅探題についていえば、濫妨・狼藉人の追捕には、えてして六波羅探題の武力を必要としたこと、またそのような六波羅への提訴の道が開かれていたことによろう。

二　蒙古襲来前後の訴訟とその周辺

『兼仲卿記』紙背に残る申状は当時生起した訴訟全般を網羅するものではない。先述したようにあくまで兼仲が公務としてかかわった範囲を超えるものではない。そのような限定付きではあるが、次に当該期の訴訟とその周辺のことがらを、同記紙背の申状に即して概観してみよう。

(1)摂関家の法廷

摂関家の法廷に持ち込まれた訴訟は、藤原鎌足の廟所＝大和多武峯寺の衆徒・墓守関係(20)、「公家・関東御祈禱之霊所(21)」「尊崇　藤家御氏神(22)」とたたえられた常陸鹿島社関係、それに藤原氏に縁の深い平等院・法成寺・東北院関係のものが目立っている。

抜群に多いのは多武峯関係であり、十三世紀後半期の同寺の歴史はこの史料なしには語れまい。(23) 社会全体の大きな転換期というべきこの時期に多武峯寺の衆徒・墓守はめざましい活動を訴訟関係史料の上に刻している。すでに網野善彦氏が指摘されたように、(24) ①建治二年（一二七六）四月、檜前地主多武峯寺僧幷御墓守がこの地に対する興福寺権別当光明院法印の乱妨を訴えている、②弘安二年（一二七九）に入ると、峯寺の「承仕法師大和男」（網野氏は墓守の一人とみなしておられる）が山田寺の宗覚なる者に殺害された事件で、墓守たちは峯寺衆徒たちに働きかけて、殺害場所を墓所として獲得するための訴訟を展開した（これに対し山田寺側は墓守たちが墓所に立てた神木を抜くべきことを訴えた）、③大和国磯野村住人が墓守の威を借りて、同国平田庄を押妨、(25) 訴えられた峯寺側はかえって攻勢に転じた、④弘安のはじめころ、墓守たちは蒟若（蒟蒻《こんにゃく》）を交易しながら供御を備進しないと、御厨子所番衆等から訴えられている、(26) ⑤弘安四年興福寺が峯領弘福寺に土打役を賦課したことが契機となって、またもや多武峯寺と興福寺とが衝突、争いは長期化かつ深刻化し、弘安七年になっても解決しなかった、(27) などの動きがそれである。

このほか、多武峯寺は大道寺保(28)や西興田庄(29)など大和国内の庄園と抗争している。

以上多武峯の対外的抗争をみたが、次には内部紛争の面もみおとすことはできない。訴状によって確認されるのは、弘安九年段階の多武峯寺九品院院主栄範と同寺僧良忠との間の、院主職および南淵庄内塔堂・千川両名の支配権をめぐる争いである。ことのおこりは九品院院主良賀法印の舎弟良性が「□永《文カ》四年冬比」悪党（弘安九年の栄範重申状(30)〈表A—60〉では「院主殺害之悪党栄範」と相手方の申状の文章を引用している）に殺害されたことに端を発した。九品院院主職と両名は「良性之舎弟良算」によって継承されたが、良忠は良算より両名を買得した。しかるに殺害人とされた栄範が「此四五年之程」、九品院に移住し押領した。そこで良忠は南淵庄の領主たる一乗院家に訴え、両名安堵の成敗を得た。そこで今度は摂関家に対して「師弟之由緒」（これは前院主良算との関係をいうのであろう）により、栄範の院主職を止め、自分を院主に補すよう訴えたわけである。(31) これに対し栄範も一々反駁している。果して良忠の願いがかなったかは明らかでない。多武峯寺のめざましい対外活動の背後には、他の寺社同様、深刻な内部紛争が存したのである。

このほか、常陸鹿島社関係では神主職や大禰宜職をめぐる社家同士の訴訟が摂関家の法廷に提出されているし、藤原道長ゆかりの法成寺、道長や子息頼通ゆかりの平等院関係では寺領経営上の問題も摂関家の法廷にもちこまれた。

摂関家関係でいま一つ付け加えておきたいのは法成寺に所属した猿楽の既得権侵害や殺害事件をめぐる提訴である。具体的事例が二つある。一つは、法成寺猿楽長者亀王丸が、(32) 住吉神領猿楽夜叉冠者の新儀濫妨を停止し、楽頭職や出仕を安堵してくれるように申請した日付のない重申状(33)（表B―2）、おそらく建治二、三年、もしくは弘安元年のものと推察される。(34) 他の一つは、御堂後戸猿楽弥石丸が、法成寺猿楽大和国人石王丸を「□条烏丸之路次」において殺害した法勝寺猿楽摂津国河尻寺住人春若丸とその与党人（および統率者としての法勝寺猿楽長者）の処罰を求めた申状(35)（表B―21）。日付はないが、弘安四年閏七月のものと推定される。(36) 形状はいずれも折紙。

問題となるのはどこに提訴されたかである。上記二史料に着目され、猿楽の芸能民としての性格を考察された網野善彦氏は「これらの訴訟は摂関家の法廷でとりあげられた」(37) とされる。同氏は判断の根拠を示しておられないが、弘安四年と推定される後者の申状は後（同年）七月十四日権律師成□挙状(38)によって治部少輔（兼仲）に挙達されたこと、そのとき兼仲は関白家の家司ではあったが、まだ蔵人や弁官として朝務に関与できる立場にいなかったこと、などから考えて、摂関家で扱われたとみてよいし、そのことから逆に推測すれば、内容上の関連から、前者の申状も同様にみてよいであろう。網野説に賛同する。このことは摂関家と法成寺、および同寺猿楽の統属関係を考える上で重要である。

(2)王朝の法廷

院・天皇の主催する王朝の法廷にもちこまれる訴訟案件は多岐にわたる。いま詳しく述べる余裕がないので、いくつかを挙げよう。

まず、伊勢神宮の神職や神宮領経営をめぐる訴訟が多々行われている。関係文書が『兼仲卿記』紙背に残ったことと、兼仲が神宮奉行をつとめたこととは表裏の関係にある。

官司所属の供御人の訴訟については、のちにも述べるが、蔵人所に宛てて提出されるもののほかに、勅裁（院宣・綸旨）の下付を申請して王朝の法廷に持ちこまれるものもあった[39]。

またすでに史料全文を掲出した讃岐国善通寺衆徒重申状（表A—73）や七条院法花堂領筑前国殖木庄雑掌重申状[40]（表C—38）のように、御家人に寺領を侵害されたケースでは、六波羅探題に移管してくれという文言付きの申状を王朝の法廷に提出した。

いま一つ、弘安十年十一月日武蔵国大河土御厨・伊勢国桑名神戸地頭・雑掌申状[41]（表A—66）について付言しよう。この申状では両御厨が関東御祈禱料所である点に特徴がある。大河土御厨は「長日御幣紙幷神明法楽大般若経転読及□饗役等之料所」、一方の桑名神戸地頭職は「毎月朔日千度御祓勤行料□（所カ）」として、いずれも鎌倉幕府から寄進された神領であった[42]（『吾妻鏡』建久三年〈一一九二〉十二月二十八日条に、「伊勢大神宮領武蔵国大河土御厨」とみえる）。この神領を大中臣隆直が「存外非分競望」を成し、掠め申したため、これを止めんがために院宣の下付を求めたのである。他の関係史料[43]によれば、この争いの当事者は大中臣隆直—同定世といういとこ同士なのである[44]。関東御祈禱料所をめぐるこの係争は院宣によって処置されたと推察される。

(3)蔵　人　所

天皇家の家政機関の中枢として内廷庶務に大きな役割を果した蔵人所へ提出されたと目される、供御人関係の申状が数点ある。(45)

第一は弘安八年三月日桂上下供御人等申状(46)（表A―50）で、「桂上下供御人等上」の差出書を有する。内容は、桂供御人等が内膳狩取のために宇治野飼場を追い出されて二ヵ月もたち、供御を備進することができない、ついては院宣に任せて救済のための「御牒」、つまり蔵人所牒を出してくれというもの。桂供御人の所属官司は御厨子所である。

第二は、弘安のはじめと目される御厨子所番衆等申状(47)（表B―4）。多武峯墓守たちが荀若（蒟蒻）を交易しながら供御を備進しないことを訴えている(四二九頁でもふれた)。

第三は、弘安の中ごろとみられる図書寮等重申状(48)（表B―17）。尭真なる者の「雲母新儀」を訴え、「蔵人所問注」を遁れたという理由で尭真の所職を止めるよう申し立てている。この史料によって蔵人所の法廷の存在が知られる。実はこの図書寮等重申状に対する反撃が院御方御細工唐紙師僧尭真申状(49)（表C―35）である。尭真は逆に所帯の扇紙売買職を押妨されたとして図書寮宗弘・安成等を訴えて、院宣の下付を求めている。この史料では、案件が雲母商売をめぐる争いである点、尭真の扇紙売買職はもと「新日吉社十三座御幣神人惣兄部成仏重代之所帯」であった点など興味深いが、ここではこれ以上深入りしない。

第四、第五は鋳物師伊岐得久重申状(50)（表C―29・31）。得久は蔵人所左方幷東大寺燈爐供御人兼住吉大明神社御修理鋳物師崛郷住人と称している。内容はいずれも左近将監助時が「任雅意、止鉄屋」めたことを訴えるものである。

以上、第一から第五までの五通の申状はいずれも蔵人所へ提出されたと考えられるが、料紙がすべて折紙である点も注意すべきであろう。

実は鋳物師の申状としてはいま一つ、播磨国福泊島での勧進点定をめぐる蔵人所左方燈爐供御人兼東大寺鋳物師等重申状[51]（後欠。表C—36）がある。内容自体はすこぶる興味をひくが、綸旨の下付を求めた竪紙申状であることから、蔵人所へ提出された申状ではあるまい。

(4)文殿注進状の出現

鎌倉期の公家訴訟制度の整備過程を考えるとき、文永・弘安から正応にかけての時期は画期をなしている。この時期に政権を担当した亀山・伏見両院はことに政道の興行に意を用い、施政の基盤としての訴訟制度の整備・拡充に熱意を傾けた。その一つの具体的方法が訴陳状の審理や対決といった訴訟進行過程で、基礎的部分を担当する文殿衆の役割・機能を強化し、もって的確な裁許を下そうという試みであった。それまで訴訟案件について個別に意見を聴され勘文を提出してきた文殿衆が、ある時点から彼らの法曹吏僚としての総意を一通の注進状にまとめあげるようになるのは、以上のような政治的背景を有していた。実はその変り目に生まれたと察せられる、興味深い文殿注進状が『兼仲卿記』紙背に収まっている。[52]

まず、摂津国座摩《いかすり》社神主清原康重重申状[53]（表B—24）をみよう。竪紙であるが、日付は持たない。相論の相手は住吉神主津守国平・国助であり、康重は「代々　勅裁」に任せ、「問注遁避」に就いて、住吉神主側の新儀濫妨を停止し、もとのごとく社務執行すべきことを主張している。両者間の相論の由来や展開について詳論する余裕はないが、要するに、座摩社と住吉神社の間の本末関係[54]に端を発する抗争のようである。康重の重申状はおそらく弘安七年のものであろう。

さて、当の興味深い文殿注進状とは、この案件に関して作成されたものである。『兼仲卿記』紙背に五つの部分に寸断されて残っているが、それらを接合することによって、それが弘安七年六月二十八日付のものであることが判るのである。この文殿注進状の残存全文はすでに掲出しているので（本書三五八〜九頁）、ここでは挙げない。この文書には欠落部分があって、文意をつぶさにとることはできないが、結論的には座摩社は住吉社の末社だという国平の主張を是とするもののようである。注目すべきはその内容構成、つまり師顕・師冬・章澄・明盛・章長五名の国平支持の多数意見と、これに異議を唱える師宗の少数意見とが両論併記の形となっている点、および「可被仰下と申」なる文言で書き止められている点である。

実は『兼仲卿記』弘安七年六月二十八日条にはこの注進状が作成されるいきさつを示す記事がある。それによれば、同日、相論の当事者は文殿で対決を遂げ、一決の後、文殿衆は是非を勘決し、奉行中原師顕は「問注記幷勘決状等」を兼仲に付している。

一件がこの後どのように処置されたかについて深入りする必要はない。ここでは院政期訴訟制度の基礎を担い南北朝時代まで存続した院の文殿の注進状[55]が弘安七年ころにすでに産声をあげていること、そのうまれたての文殿注進状のおそらく唯一の実例が『兼仲卿記』紙背にみえるということを指摘しておけばよい。とくに「可被仰下と申」という書き止め文言は、本文書が従来の個別勘文から一通の注進状へという移行過程の真只中にあることを表わしているように思える。

(5)鎌倉幕府の関与

『兼仲卿記』紙背の申状からも王朝や摂関家の訴訟にしのびよる鎌倉幕府の影をはっきりと認めることができる。御家人武士による濫妨・狼藉である場合や、殺害人の追捕・処罰など大犯にかかわる武力行使の必要な場合など、訴訟は幕府の力に依存する形で提起された。たとえば、弘安八年九月日遠江国浜名神戸司大江助長申状[56]

（表A—52）は出羽五郎家親の神戸内大谷大崎への乱入狼藉を停止するための「安堵之院宣」を請うものであるが、この事件に随伴した助長所従馬允吉宗殺害については関東（鎌倉幕府）において沙汰あるべしとしている。(57)

しかし京都に本拠を置く公家社会にとって最もかかわりの深い武家権力が六波羅探題であったことはいうまでもない。文永十年（一二七三）ころには多武峯九品院住僧良算の提訴により、六波羅北方探題北条義宗が強盗・殺害・放火以下の狼藉人の検挙について摂関家と接触している。(58)弘安二年八月日大和国平田庄々官名主等申状(59)（表A—34）は、多武峯墓守の権威をかさに着た同国磯野村住人の狼藉を処罰せんことを請うたものであるが、その提出先が六波羅探題と考えられることについてはすでに述べた（二九四〜六頁参照）。

右のように直接に訴を六波羅に起こすことも行われたが、他方「重被成下厳□（密カ）綸旨於武家、欲被経急速沙汰」(60)や「欲申下　綸旨於武家」(61)などといった文言を伴って、六波羅探題への移管を要請する申状が王朝法廷に提出されている。かかる方式がいつから始まるか明言することはむずかしいが、弘安のはじめころのものと考えられる多武峯九品院良算重申状(62)（表B—10）に、

□慶敏以下交名悪党人等去文永之比、爲強盗打入同寺（多武峯寺）九品院□□令殺害良性之後、盗取若干米銭以下資材等之間、依訴申被□（経カ）　奏聞、可尋究犯否之由、就被下　院宣於武家、被召交名之輩之□□（以下略）

とみえ、良性殺害の「文永之比」とは文永四年冬(63)であることから推測すれば、勅裁（院宣）を六波羅に発して「尋究犯否」を命ずる方式はすでに文永年間の半ばには行われていたことになる。

ここで見落してはならぬのは、そのような六波羅や関東への訴の移管が当事者本人の意向であり、幕府側が強制的にこれを行っているのではないことである。

おわりに

世に名高い『兼仲卿記』の紙背にはどのような文書が料紙として用いられ、またどのような内容がしるされているのか、といった素朴な疑問のもとに、特に申状を素材にして、中世社会の転換期といわれる当時の政治・訴訟状況の一端を垣間みた。その結果、兼仲のみごとな筆でつづられた日記は、当時の社会の奥底からわきあがるさまざまの深刻な問題を映し出した申状の紙背に多く書きつけられていることが明らかとなった。

表裏双方の有機的活用が同日記そのものの理解のために不可欠であることはいうまでもない。その作業は今後、多くの新知見をもたらすであろう。

(1)　『新訂増補国史大系　公卿補任　二』三九七頁によれば、延慶元年正月二十日六十五歳で没。したがって生年は寛元二年となる。

(2)　乾元二年の「昭訓門院御産愚記」にはすでに「建治二年兼仲卿記」の記事が引勘されており、本日記が当時「兼仲卿記」と称されていたことが知られる（『史料纂集　公衡公記　三』七〇頁）。

(3)　昭和九年東洋文庫編纂・発行の『岩崎文庫和漢書目録』（四六四〜七一頁）によれば、『兼仲卿記』自筆原本の現存分は、「自文永五年十月四日至十一月十六日巻」より「自永仁二年三月一日至十九日巻」までの全七十九軸、および「自文永十一年正月一日至十二月三十日巻」より「自正安二年正月五日至七日巻」までの暦記五軸から成る。しかしこのうち劈頭の文永五年十・十一月巻は兼仲の日記でなく、父経光のそれ（『経光卿記』、別称『民経記』）の一部であるから、要するに『兼仲卿記』は文永十一年より正安二年に至る二十六年間（兼仲の年齢でいえば三十一〜五十七歳）の日記ということになるが、弘安八年・正応三年それに永仁三年〜正安元年分を中心に、かなりの部分が散逸している。また「自弘安元年七月一日至九月二十九日巻」については、昭和六十年三月の時点で欠本とのことであった。

ちなみに、『兼仲卿記』原本は正安二年正月七日分で途切れるが、活字本（『増補史料大成』所収、後述）では同年正月八日〜同年三月二十九日の分も収録している。これについて校訂者矢野太郎氏は昭和十年冬の時点で「右、正安二年春の記一冊、之を内閣文庫に得たり。熟検するに勘仲記なること疑なし。付箋によるに明治卅一年内田氏の写さしめたるものなるも、其原本何処にあるや知る可からず」と注記している（『増補史料大成』36、二五〇頁）。本記原本が散逸した様子がうかがえる。

（4）史料大成本は刊行当時の事情によって原本を底本とすることができず、ために誤字・脱字のみならず、大幅な記事の脱落も多々みうけられる。他方『鎌倉遺文』所収の活字本はマイクロフィルムの焼付からの翻刻であるから読み取り上の限界をまぬがれず、また編年体での文書配列の誤り（いうまでもなく同記の紙背文書は無日付や断簡も多い）もみすごせない。

ちなみに、筆者は昭和五十八〜五十九年にかけて東洋文庫で原本を閲覧させて頂き、不十分ながらも、紙背文書を書きとる作業を行った。その後、写真版を入手した。写真では読みづらい箇所が出るけれども、文字の筆跡によって、剝離して他の巻に収まっている文書との比較・接合が行いやすいという利点がある。本節執筆に際してはそれらを活用して正確さを期した。このため『鎌倉遺文』の係年や読みとは相違するところがある。

（5）紙背文書の概略については田中稔氏「紙背文書」（『日本古文書学講座』4、雄山閣出版、昭和五十五年）所収、参照。

（6）網野氏『蒙古襲来』（小学館・日本の歴史10、昭和四十九年）八八頁。

（7）同紙背に関する文章については本章第一節注(16)〈三七三頁〉で外題のみをあげている。

（8）申状は別個の挙状によって所轄機関へ挙達された。本日記紙背に挙状が少なからず残っているのはそのためである。

（9）(A)は「自永仁二年三月一日至十九日巻」紙背、(B)(C)がともに「自永仁元年十二月一日至三十日巻」紙背、そして(D)が「自永仁二年二月一日至六日巻」紙背に残存する。

ちなみに活字本たる『鎌倉遺文』所収文書との対応関係を示しておこう。(A)は二三巻一七八一九号に「讃岐善通寺衆徒申状」として、(B)は同巻一七八六五号に「某寺衆徒申状」として別々に収載され、同一文書の部分たる旨は示されていない。また(C)は同巻一七八一一号に「仁和寺御室性仁親王令旨」として、(D)は同巻一七八一八号に「伏見天皇綸旨」として収載されている。『鎌倉遺文』は(D)の日付を「二月十二日」とするが、本節本文中で示したとおり「二月七日」が正しい。(C)(D)が正文でなく案文であることはいうまでもない。

（10）『善通寺市史』一（善通寺市、昭和五十二年）所収の「善通寺文書」第一九号文書として、弘安四年八月二十八日官宣旨が収められており、①の宣旨はまさにこれに該当する。『鎌倉遺文』一九巻一四四三三号。ちなみに「善通寺文書」には『兼仲卿記』紙背にみる同寺関係の文書は案文や写の形でも収まっていない。

(11)「自永仁三年正月一日至十二月二十九日巻」(『暦記』)紙背。なお『鎌倉遺文』には二三巻一七八五二号に「仁和寺御室性仁法親王令旨」として収められている。

(12)本書二九〇〜一頁で組み立てた七条院法花堂領筑前国殖木庄雑掌重申状も同種の文書である。

(13)『論集中世の窓』(吉川弘文館、昭和五十二年)所収。のち同氏『日本中世法史論』(東京大学出版会、昭和五十四年)に再録。

(14)注(13)所引笠松氏著書、二九六頁。

(15)同右、二九六〜九頁。

(16)同右、二九八頁。

(17)同右、三〇六頁。

(18)「自弘安七年十二月一日至二十九日巻」紙背、『鎌倉遺文』一八巻一三七〇二号。

(19)「自正応元年八月十三日至二十八日巻」紙背、『鎌倉遺文』二一巻一六〇〇二号。

(20)多武峯寺の墓守の動向は網野善彦氏「多武峯の墓守について」(『年報中世史研究』一三、昭和六十三年)に詳しい。

(21)「自弘安七年四月一日至閏四月二十九日巻」紙背。鹿島社権禰宜中臣則景重申状。

(22)「自弘安七年十月一日至十一月三十日巻」紙背、鹿島社前大禰宜中臣頼親重申状、『鎌倉遺文』一八巻一三八一九号。

(23)多武峯の申状は同一人の手によって記されたことが筆跡によって知られる。

(24)注(20)所引網野氏論文。

(25)この申状は『演習古文書選』荘園編・上(吉川弘文館、昭和五十五年)八九頁に写真版が、一二八〜九頁に釈文と注解が示されている。

(26)同右書九〇頁に写真版が、一二九頁に釈文と注解がある。

(27)この件に関しては『兼仲卿記』弘安四年閏七月三日、同七年五月十三日、八月二十八日条などを参照。

(28)弘安二年九月十六日大和国大道寺保雑掌重申状、「自弘安六年十月一日至十二月二十日巻」紙背、『鎌倉遺文』一八巻一三六九九号。

(29)(弘安四年)閏七月十三日□(権カ)少僧都任守重申状(後欠)、「自弘安七年九月一日至二十九日巻」紙背、『鎌倉遺文』一九巻一四三九二号。

(30)「自正応元年十月一日至二十九日巻」紙背、『鎌倉遺文』二二巻一六〇一二号。

(31) 以上は弘安九年二月日良忠申状（「自正応元年七月一日至八月二十八日巻」紙背、『鎌倉遺文』二一巻一六〇〇九号）による。なお、良賀と良性の関係については、本申状に「良賀法印之□弟良性」とみえる。□は読めないがここではひとまず「舎」と考えておいた。もし「真」ならば良賀と良性は親子の関係となる。

(32) この部分、原本では上部切断のため「□寺」としか読めない。この文書に着目された網野氏は、注(6)所引書三五六頁で「法勝寺（?）猿楽」とされた。しかし七月三日成□挙状（「自弘安六年七月一日至九月四日巻」紙背、『鎌倉遺文』一八巻一三三五一号）に「法成寺猿楽長者亀王丸」とみえることにより「法成寺」とすべきである。

(33) 「自弘安元年十月一日至十二月七日巻」紙背、『鎌倉遺文』一八巻一三三四九号。

(34) 注(32)で示した成□挙状の宛て名は「右大弁殿」となっている。この右大弁とは、建治元年十二月二十六日に右大弁となり（同三年十月三日よりは頭・右大弁）、弘安三年二月六日に没した兼頼（兼仲の兄）と考えられることによる。

(35) 「自弘安七年九月一日至二十九日巻」紙背、『鎌倉遺文』一九巻一四三九七号。

(36) この申状にも後七月十四日権律師成□挙状（「弘安七年九月一日至二十九日巻」紙背、『鎌倉遺文』一九巻一四三九八号）が伴っており、これによって、弘安四年ということが判明する。注(6)所引網野氏著書三五六頁に示されたとおりである。なおこの文書については丹生谷哲一氏『検非違使』（平凡社選書102、昭和六十一年）二二〇～一頁にふれられたところがある。

(37) 注(6)所引網野氏著書、三五六頁。

(38) 注(36)参照。なおこの挙状は前者の申状を挙達した七月三日成□挙状（注32参照）と同筆跡であり、差出人の「権律師成□」と「成□」とは同一人とみられる。権律師成□は法成寺の僧で、同寺猿楽を統轄する立場にいたのであろう。

(39) （後欠）蔵人所左方燈爐供御人兼東大寺鋳物師等重申状（「自永仁元年十二月一日至三十日巻」紙背、『鎌倉遺文』二三巻一六六八二号）。なお、（後欠）院御方御細工唐紙師僧堯真申状（「自永仁元年十月一日至十一月二十九日巻」紙背、『鎌倉遺文』二四巻一八二八五号）および弘安元年八月日蔵人所供御人永用等申状（「自弘安四年十月十三日至十二月二十三日巻」紙背、『鎌倉遺文』一七巻一三一六〇号）。弘安二年四月十一日蔵人所供御人等申状（「自弘安四年十月十三日至十二月二十三日巻」紙背、『鎌倉遺文』一八巻一三五五一号）もこれに準じて考えてよかろう。

(40) 本書二九〇～一頁、四二二～三頁参照。

(41) 「自正応二年四月十三日至五月五日巻」紙背、『鎌倉遺文』二二巻一六〇四九号。

(42) 寄進の時期についてみれば、大河土御厨は「関東　右大将家」＝源頼朝のときとされ、他方、桑名神戸地頭職は「建治元□□《(年関)》東御寄進」とされている。「自正応元年九月一日至二十九日巻」紙背の建治元年十月二十一日相模守北条時宗寄進状案（『鎌倉遺文』一六巻一二〇六五号）はこの訴訟の際に提出された具書の一つであろう。

(43) 「自正応元年九月一日至二十九日巻」および「自正応元年十月一日至二十九日巻」に隆直のものと思われる文書断簡が各一紙分ずつ残っており（あるいは同一文書かもしれない）、一方「自正応元年七月一日至八月二十八日巻」紙背には相手方のと思われる文書（後欠）が残っている。

(44) 『尊卑分脈』四、八五～六頁。

(45) 以下のおおよそについてはすでに網野善彦氏『日本中世の非農業民と天皇』（岩波書店、昭和五十九年）八九～九二、四〇八、四七三～五頁などで適切な指摘がなされている。適宜参照されたい。

(46) 「自弘安九年四月一日至五月二十九日巻」紙背、『鎌倉遺文』二〇巻一五四九八号。なおこの文書は注(45)所引網野氏著書四二七頁にも、注(87)として紹介されている。

(47) 「自弘安六年正月一日至三月二十九日巻」紙背、『鎌倉遺文』一八巻一三六五一号。

(48) 「自弘安七年四月一日至閏四月二十九日巻」紙背、『鎌倉遺文』二〇巻一五一三八号。

(49) 「自永仁元年十月一日至十一月二十九日巻」紙背、『鎌倉遺文』二四巻一八二八五号。

(50) 「自正応元年八月十三日至二十八日巻」紙背、「自正応元年十月一日至二十九日巻」紙背、『鎌倉遺文』二二巻一六六八〇・一六六八一号。なお『中世鋳物師史料』（名古屋大学文学部国史研究室編、昭和五十七年）二一一～二頁にも載せる。

(51) 「自永仁元年十二月一日至三十日巻」紙背、『鎌倉遺文』二二巻一六六八二号。なお『中世鋳物師史料』二二二～三頁にも載せる。

(52) 以下に示す文殿注進状についての言及はすでに本章第一節で行った。ちなみに稲葉伸道氏「中世の訴訟と裁判」（『日本の社会史』5所収、昭和六十二年）二五三～五頁には、このことにふれた記述がある。同氏は「弘安九年十一月八日の文殿勘状（「大徳寺文書」＝筆者注）は、新しい様式の勘状の現存する初見史料である」（同論文二五四頁）とされる。

(53) 「自弘安十年五月一日至二十九日巻」紙背、『鎌倉遺文』二〇巻一五二二七号。

(54) 『百錬抄』天仁元年四月十三日条に「住吉末社座摩社」とみえる。

(55) 南北朝期の文殿注進状については拙著『南北朝期公武関係史の研究』（文献出版、昭和五十九年）一七三～七頁参照。

(56) 「自弘安十年二月一日至二十九日巻」紙背、『鎌倉遺文』二〇巻一五七〇二号。

(57) このことは遠江が東国に所属することを証している。

(58) 七月九日民部卿（勘解由小路経光）宛て六波羅探題北条義宗書状案（「自弘安七年九月一日至二十九日巻」紙背、『鎌倉遺文』一九巻一四四七七号）、十二月十一日陸奥左近大夫将監（義宗カ）宛て前欠殿下御教書案（同巻紙背、同二〇巻一五二九五号。『鎌倉遺文』の係年および関白名比定はおそらく誤り）。

(59) 「自弘安六年正月一日至三月二十九日巻」紙背、『鎌倉遺文』一八巻一三六九一号。

(60) 本文中で掲げた正応五年三月日讃岐国善通寺衆徒重申状。

(61) 本書二九〇～一頁でふれた筑前国殖木庄雑掌重申状。

(62) 「自弘安六年十月一日至十二月二十日巻」紙背、『鎌倉遺文』一八巻一三六八四号。

(63) 弘安九年二月日多武峯寺僧良忠申状（「自正応元年七月一日至八月二十八日巻」紙背、『鎌倉遺文』二一巻一六〇〇九号）。

表A　日付を備えた申状

	年月日	文書名	内容	提出先	所収巻	『鎌倉遺文』	備考
1	建治　元・一二・	興福寺伝燈大法師位静盛解状	山田本庄ニオケル栄能ノ押領ヲ停止サレンコトヲ請フ	摂関家カ	弘安三・正・一〜二・一六	一二一八五	竪紙
2	二・二・	□庭庄案主大膳進仲原清房息女重申状	□庭庄案主職ノ安堵御成敗ヲ請フ	同	弘安二・七・一〜九・三〇		折紙
3	二・閏三・	妙意申状	東北院御領讃岐国里海庄ノ領掌ヲ安堵セシメラレンコトヲ請フ	同	弘安七・三・一〜二九	一二三一五 一五一〇〇	竪紙
4	二・四・	桧前地主多武峯寺僧并御墓守等申状	早ク沙汰ヲ経、「殿下政所」ニ申シテ、興福寺権別当光明院法印ノ妨ヲ止メンコトヲ請フ	摂関家	建治二・一一・一〜一二・二六	一二三三三	同
5	二・六・	大神宮権禰宜大中臣邦房申状	当宮前一禰宜氏彦闕替職ノコト	院カ	弘安七・二・一〜三〇	一二三八六	同
6	二・六・	某申状（前欠）	同	同	弘安元・一〇・一〜一二・七	一二三四〇	同
7	二・六・	契禅等申状（前欠）	源仁ノ非分競望ヲ停止シ、契禅等ニ恒例神役ヲ勤仕セシメラレンコトヲ請フ		弘安七・三・一〜二九	一二三八六	同
8	二・七・	某申状（前欠）	秀行申状ニ駁シ、数代旧領ノ理ニ任セテ、裁下セラレンコトヲ請フ		弘安元・一〇・一〜一二・七	一二四三三	同
9	二・七・	某申状（前欠）	未分ノ地タル上ハ、氏女ノ押領ヲ停止シ、上裁ヲ仰ガンコトヲ欲ス		同	一二四三四	同
10	三・五・	神祇権少副大中臣隆有申状	泉兵衛入道是心ノ伊勢国朝明郡内千与田納所年貢納米ヲ対捍スルヲ訴フ	院カ	弘安四・八・一〜九・二九	一二七四二	同

11	三・八・	神祇権少副大中臣公行申状	大中臣忠光ノ非拠無道ノ濫訴ニ駁ス	同	弘安四・八・一～九・二九 弘安四・七・一〇～閏七・三〇	一四四七六 一二八四〇	同
12	三・九・	伊勢国中浜御厨焼出領主沙弥成願重申状	永用領雑掌政氏ノ、勅定ニ背キ、恣ニ官使実検ヲ遁避セシコトヲ訴フ	同	弘安七・一〇・一～一一・三〇	一二八七六	同
13	弘安元・五・	大中臣薬師丸申状(前欠)	豪運ノ妨ヲ止メラレンコトヲ請フ	同	弘安六・正・一～三・二九		同
14	元・八・	尾張国新神戸雑掌重申状	権律師守雅ノ非分濫妨ヲ止メラレンコトヲ訴フ	同	弘安四・八・一～九・二九	一三一六二 一四四七四	同
15	元・八・	某申状(前欠)	相伝ノ道理ニ任セ、理不尽ノ改易ヲ止メ、名主職ニ還補サレンコトヲ請フ		弘安六・正・一～三・二九	一三一六二	同
16	元・八・	伊勢国橘行正遺財田畠伝得領主蔵人所供御人永用等申状	前々院宣・次第公判等ノ旨ニ任セ、無道濫訴ヲ停止セラレンコトヲ請フ	院カ	弘安四・一〇・一三～一二・二三	一三一六〇	同
17	元・九・	妙阿申状	妙阿、伊勢国安東郡橋羽村住人恒吉等一類五人ノ、主従敵対スルヲ訴ヘ、元ノ如ク進退タラシメンコトヲ請フ	院	弘安四・七・一〇～閏七・三〇	一四三六四 一三一九〇	同
18	元・九・	千手寺別当大中臣薬師丸代能快重申状	豪遍ノ自由無道ヲ停止セラレンコトヲ請フ	院カ	正応元・二・一～三〇	一三一八九	同
19	元・一〇・	□□神戸并近江小泉保雑掌重申状	汁谷宮ノ非分押領ヲ止メ、神役・祈禱ヲ専ラニセンコトヲ請フ	院	正応元・二・一～三〇	一三三一六	同

20	二・二・	静守申状(前欠)	早ク公澄ノ非分競望ヲ停止シ、静守ニ安堵院宣ヲ申シ下サレンコトヲ請フ	院	弘安七・九・一〜二九	一三四七八	同
21	二・三・	左衛門尉藤原能兼申状(中欠)	早ク相伝道理ニ任セ、重ネテ長者宣ヲ下シテ、宿院稲吉名ニ対スル妨ヲ止メラレンコトヲ請フ	摂関家	弘安七・七・一〜八・三〇 弘安六・一〇・一〜一二・二〇	一五二四〇 一三五三四	同
22	二・四・一一	蔵人所供御人等申状	早ク殺害謀実ニ任セ、狼藉人ヲ処罰セラレンコトヲ請フ	院ヵ	弘安四・一〇・一三〜一二・二三	一三五五一	同
23	二ヵ・四ヵ・	平安延重申状	利長ノ非分所職ヲ停止シ、安延ヲ以テ、□□庄内則弘名々主・押領使職ニ補任セラレンコトヲ請フ	摂関家ヵ	弘安七・一〇・一〜一一・三〇	一五三二〇	同
24	二・六・	□□重真申状	利末・浄秀ノ御炭山ヘノ濫妨ヲ止メ、重科ニ処サレンコトヲ請フ	同	弘安三・五・一〜六・二七	一三六二三	折紙
25	二・六・	八幡宮御馬副神人沙弥西道申状	重代相伝ノ九条殿御領赤目御庄下司職并ビニ名田畠等ノ返付ノ訴訟ノタメ、本所宮司ノ御沙汰ヲ請フ	本所宮司	弘安七・一〇・一〜一一・三〇	一三六二一	竪紙
26	二・六・	尾張国愛智郡小鍋村本主僧頼禅代藤原広範申状	備後次郎左衛門尉仲高ノ非分違乱ヲ停止シ、相伝道理ニ任セテ、御成敗ヲ蒙ランコトヲ請フ		弘安六・一〇・一〜一二・二〇	一三六二四	同
27	二・六・	神祇権少副大中臣永盛申状	円爾聖人ノ質馬ヲ奪ヒ取リ、伊勢国安濃東郡河道寺ニ於テ新儀濫妨スルヲ停止セラレンコトヲ請フ		弘安六・一一・一〇〜一二・二〇	一三六二〇	同
28	二・七・二九	多武峯寺衆徒等重申状	御墓守ノ愁吟ニ任セ、山田寺ニ処分ヲ加ヘラレンコトヲ請フ	摂関家ヵ	弘安七・一〇・一〜一一・三〇	一三六四六	同

29	二・七・	□□社領和泉国山直郷内観音寺領中村新庄領主弥姉子申状	狼藉人等ノ非分乱妨ヲ停止シ、進退領掌ノタメノ院宣・長者宣ノ下付ヲ請フ	院・摂関家	弘安六・一一・一〇～一二・二〇	一三六五二	同
30	二・七・	□(一ヵ)乗院御領池尻御庄雑掌重申状	鬼熊ノ非分濫訴ヲ停止シ、東門院ノ当知行ヲ安堵セシムル長者宣ノ下付ヲ請フ	摂関家	弘安六・一〇・一～一二・二〇 弘安七・一〇・一～一一・三〇	一三六五〇 一三七〇三	同
31	二・八・五	禰宜度会神主爲亂重申状	買得旧領見田窪三段ニ対スル違乱ヲ止メンコトヲ請フ		弘安七・一二・一～一九	一三八二二	同
32	二・八・八	成願重申状	若松濫妨ノコトヲ直チニ祭主ニ指示セラレンコトヲ請フ	院ヵ	弘安四・一〇・一三～一二・二三	一三六六七	同
33	二・八・二五	大膳職申状	大膳職領上総国墨田保ノ別相伝ノ儀ヲ止メラルルカ、公役ヲ省増セラレンコトヲ請フ	同	弘安七・四・一～閏四・二九	一三六八〇	同
34	二・八・	大和国平田庄官名主等申状	大和国磯野村住人ノ、多武峯墓守ノ威ヲ借リテノ狼藉ヲ処罰セラレンコトヲ請フ	六波羅探題	弘安六・正・一～三・二九	一三六九一	同
35	二・八・	寂蓮申状(ヵ)(前欠)	重継ノ濫訴ヲ停止シ、追捕物ヲ糺返シ、罪科ニ行ハレンコトヲ請フ		弘安七・四・一～閏四・二九	一三六九二	同
36	二・八・	神祇権大副大中臣清継重申状	所従橘行正遺領作人中字金石一類ノ狼藉ヲ訴へ、処分ヲ請フ		弘安七・七・一～八・三〇	一三六九〇	同
37	二・八・	某申状(前欠)	雑掌ノ濫訴ヲ停止シ、謀書罪科ヲ糺行ヒ、当納所ニ於テハ□林寺ノ進退領掌タルベキ由、仰セ下サレンコトヲ請フ		弘安七・一〇・一～一一・三〇	一三六八九	同

38	二・九・一六	大和国大道寺保雑掌重申状	多武峯ノ大道寺保ヲ押領スルヲ停止シ、検校・三綱等ヲ罪科ニ処シ、件ノ保ニ対スル成敗ヲ請フ	摂関家カ	弘安六・一〇・一〜一二・二〇	一三六九九	同
39	二・九・一七	鬼熊丸重申状	大和国池尻庄ノコトニツキ、南都一乗院ニ駁ス	同	弘安六・正・一〜三・二九	一三七〇一	同
40	二・一〇・	伊勢国西方寺別当行兼重申状	丹嶋御厨ニ於ケル守護代泰隆并ビニ光吉・地頭代定生・氏忠法師ノ悪行狼藉ヲ武家(六波羅探題)ニ触仰サレンコトヲ請フ	院カ	弘安六・一〇・一〜一二・二〇	一三七五三	同
41	二・一〇・	某申状(前欠)	上蓮ノ謀訴ニ駁ス	摂関家カ	弘安七・七・一〜八・三〇	一三七五二	同
42	二・一一・三	平等院所司等重申状	平等院領備中国橋本庄官ヲ召シ上ゲ、寺用抑留ノコトヲ明ラメ申サンガタメ、「厳密御教書」ノ下付ヲ請フ	同	弘安七・四・一〜閏四・二九	一三七五八	同(差出書ニ「所司等」トアリ)
43	二・一二・	鹿嶋大神宮前大禰宜中臣頼親重申状	実則ノ自由散状ニツキ、沙汰ノ延引セルヲ嘆キ、直チニ「厳密御教書」ニ預ランコトヲ請フ	摂関家	弘安七・一〇・一〜一一・三〇	一三八一九	同
44	三・三・	東北院御領摂津国新屋庄雑掌申状	当庄官・百姓等ノ寺用ヲ抑留スルニツキ、政所御使ヲ差下シ、処置セラレンコトヲ請フ	同	弘安七・六・一〜三〇	一三八九九	同
45	三・四・	幸成等申状	弟幸信・幸増等ノタメニ、寺参・寺用等ノコトニツキ請フ		弘安七・六・一〜三〇	一三九四〇	同

46	四・五・二八	嘉祥寺御領和泉国日根御庄番頭百姓等重申状	当預所ノ庄務ヲ停止センガタメ、成敗ヲ請フ	本家ヵ	弘安七・一〇・一～一一・三〇	一四三二九	同（差出書ニ「日根御庄百姓等」）
47	四・六・	東北院領河内国朝妻御庄雑掌申状	当庄公田ノ内行弘名ニ対スル三箇寺山臥ノ新儀ヲ停止シ、本ノ如ク耕作ヲ遂グベキコトヲ三山検校宮ニ申シ入レンコトヲ請フ	同	弘安七・九・一～二九	一四三四〇	同
48	四・七・	鹿嶋大神宮権祝三田久守申状	当社神主則幹ノ下知違背・悪口狼藉ヲ訴ヘ、久守ノ弘富名田畠・屋敷領掌ノタメノ重テノ下知ヲ請フ	摂関家	同	一四三七八	同
49	四・八・三	平等院寺官等申状	寺官職ノ安堵ニツキ申シ入レルトコロアリ	同	弘安七・二・一～三〇	一四四一六	同（寺官等ノ署名アリ）
50	八・三・	桂上下供御人等申状	当供御人、内膳狩取ノタメニ宇治野飼場ヲ追出サル。ヨリテ、供御備進ノタメニ、先例・院宣ニ任セ、御牒ヲ下サレンコトヲ請フ	蔵人所	弘安九・四・一～五・二九	一五四九八	折紙（差出書ニ「桂上下供御人等」トアリ）
51	八・八・	伊勢国岸江御厨内別相伝領主僧幸祐等重申状	当御厨内神宮上分所ニ於ケル兵部少輔ノ押妨ヲ停止シ、幸祐等ノ知行ヲ全ウセンガタメノ院宣ノ下付ヲ請フ	院	正応元・八・一三～二八	一五六八五	竪紙
52	八・九・	遠江国浜名神戸司大江助長申状	出羽五郎家親、当神戸内大谷大崎ニ乱入シ、馬允吉宗ヲ殺害ス。助長、家親ノ乱入・狼藉ヲ停止センガタメ、「安堵院宣」ヲ請フ	同	弘安一〇・二・一～二九	一五七〇二	同

53	八・一一・一八	某申状(前欠)	但馬国ニ於ケル點野郷民等ノ濫妨ヲ訴フ	院カ	弘安一〇・八・一～三〇	一五七四一	同
54	八・一一・	興福寺末寺永楽寺別当証尊重申状	弘成・定尊ノ濫妨ヲ停止シ、其ノ身ヲ断罪セラレンコトヲ祭主ニ仰スベク訴フ	摂関家カ	弘安一〇・三・一～四・三〇	一五七四八	同
55	九・二・	多武峯僧良忠申状	当寺僧永範ノ大和国稲淵庄内二名ヲ濫妨スルニヨリ、永範ノ同寺九品院々主職ヲ改易シ、良忠ヲ以テ、補任セラレンコトヲ請フ	摂関家	正応元・七・一～八・二八	一六〇〇九	同
56	九・三・一〇	□(衛カ)府重申状	衛府下部・駕輿丁宗正法師ノ摂津国菅井神田村所役ヲ抑留スルヲ訴ヘ、宗正ヲ断罪ニ処サレンコトヲ請フ	院カ	弘安一〇・八・一～三〇	一五八四〇	同
57	九・三・	前大宮司神祇権少副大中臣公行重申状	公行、大中臣長藤ト功労ノ深浅ヲ争フ	院	弘安一〇・九・一～一〇・三〇	一五八六九	同
58	九・六・	多武峯九品院々主栄範重申状	栄範、良忠ノ訴ニ駁ス	摂関家	正応元・八・一三～二八	一五九三二	同
59	九・七・	(前欠)多武峯僧良忠申状	栄範ノ悪行ヲ止メ、良忠ヲ九品院々主職ニ補セラレンコトヲ訴フ	同	正応元・七・一～八・二八	一五九五六	同
60	九・□・	多武峯九品院々主栄範申状	栄範、良忠ノ訴ニ駁ス	同	正応元・一〇・一～二九	一六〇一二	同
61	九・一〇・	多武峯九品院々主栄範重申状(前欠)	同	同	正応二・四・一三～五・五	一六〇一一	同

62	九・一一・	大宮司従五位下大中臣長藤申状(前欠)	忠光以下ノ非拠濫訴ヲ停止シ、重任宣旨ニ預ランコトヲ請フ	院	正応二・七・一〜一三	一六〇五六	同
63	一〇・八・	某申状(前欠)	当山住侶良海・長全ノ自由狼藉ヲ止メ、公家・武家御祈禱ヲ致サンガタメ、院宣ノ下付ヲ請フ	同	正応二・正・一〜二・二八	一五九七二	同
64	一〇・九・	永富名内木本合賀島雑掌沙弥実意申状	伊勢国木本合賀島御厨ニ於ケル甲乙百姓ノ年貢抑留ヲ止メンガタメ、院宣ヲ祭主ニ下付セラレンコトヲ請フ	同	正応元・八・一三〜二八	一六三五二	同
65	一〇・一一・	□□御厨内和田・田村・桑谷三ケ村領家幸寿丸重申状	松殿前宰相中将家息若宮御前ノ非分濫妨ヲ止メ、三ケ村領家職ヲ安堵セシムル院宣ノ下付ヲ請フ	同	正応元・一〇・一〜一九	一六四〇五	同
66	一〇・一一・	関東御祈禱料所武蔵国大河土御厨・伊勢国桑名神戸地頭雑掌申状	大中臣隆直ノ濫妨ヲ止メンガタメ、院宣ノ下付ヲ請フ	同	正応二・四・一三〜五・五	一六〇四九	同
67	一〇・一二・	正親正兼重王申状	伊勢国牛庭御厨ヲ惣領兼重ニ付シ、領掌センガタメノ仰セヲ請フ	院ヵ	正応元・一〇・一〜一九	一六三八五	同
68	正応 二・七・	実高重申状	神事(香取社関係ヵ)ヲ勤行スベキコトヲ神主ニ仰セツケラレンコトヲ請フ	摂関家ヵ	正応二・九・一〜一〇・三〇	一七〇八六	同
69	二・一一・	平等院千手供双厳房後房人等申状	当年安孫子供米ヲ後房ニ付サルベキコトヲ請フ	同	正応四・一〇・一〜三	一七二二一	同

70	三・五・二三	多武峯寺申状	多武峯寺衆徒、玉殿造替ニツキ不満ヲ申シ、蜂起・嗷訴ニ及バントスルヲ言上ス	摂関家	正応四・正・一〜一四	一七三五五	同（検校英尊以下四名ノ署名裏判）
71	三・六・二	□（法カ）成寺所司等解状	寺領唐橋大宮小物商人兼惣社神人等ニ対スル□□家御細工所播磨守ノ濫妨ヲ止メンコトヲ請フ	摂関家カ	正応四・正・一〜一四	一七五一五	同（差出書ニ「所司等」トアリ）
72	四・一二・	如意寺所司等重申状	宮政所ノ陳状難渋ニヨリ、当寺領近江国音羽・比良両庄ヲ返付サレンコトヲ請フ	天皇	永仁二・二・一〜六	一七七八八	同
73	五・三・	讃岐国善通寺衆徒重申状	当寺領同国良田郷地頭太郎左衛門尉仲泰ノ、後嵯峨法皇御菩提料仏聖人供已下ノ年貢ヲ抑留スルヲ武家（六波羅探題）ニ訴フル綸旨ノ下付ヲ請フ	天皇	永仁二・三・一〜一九 永仁元・一二・一〜三〇	一七八一九 一七八六五	同
74	五・三・	摂津国榎坂村五十名間田雑掌重申状	清康ノ謀書・寄沙汰・夜討・刃傷已下ノコトニツキ、不日召決サレンコトヲ請フ	天皇カ	永仁二・六・二六〜一二・二九 永仁二・正・一〜一二・二九	一七八六三	同
75	五・三・	某申状（前欠）	質券売買ニツキ、御成敗ヲ請フ	同	永仁二・六・二六〜一二・二九	一七八六四	同

76	五・八・	覚照申状(前欠)	勅裁ノ旨ニ任セ、播磨国田原庄内西光寺院主職ヲ付与セラルカ、本領摂津国生嶋庄(関東御口入地)返付セラレンコトヲ請フ	同	永仁二・三・一〜一九	一七九九四	同
77	五・一〇・	左衛門少尉佐伯俊宗重申状	俊宗、咎ナクシテ勅勘ヲ蒙リ、罪ナクシテ衾宣旨ヲ下サルコトヲ歎キ、赦免ヲ請フ	同	永仁二・六・二六〜一二・二九 永仁元・一〇・一〜一一・二九	一八一五九 一八〇四二	同
78	六・七・	前大宮司大中臣景幸申状	重科露顕ノ則幹ヲ退ケ、景幸ニ本職ヲ安堵セシメンガタメノ「殿下政所御裁」ヲ請フ	摂関家	永仁元・一〇・一〜一一・二九 永仁二・正・一〜三〇	一八二七四 一八二七五	同
79	□・四・	播磨房念生子息沙弥円性申状	河内国高安郡山林ニツイテノ、刑部大輔永成ノ非分謀訴ヲ停止セラレンコトヲ請フ	天皇カ	永仁二・正・一〜三〇	一六六三五	同
80	(年次不明)九・九	右史生中原久景等申状	伊勢国中浜御厨焼出□□主ト永用御厨雑掌トノ相論		弘安三・五・一〜六・二七	一二八四九	折紙
81	(弘安四)閏七・一三	□(権カ)少僧都任守重申状	大和国西興田庄ヲメグル多武峯トノ相論決着セザルニヨリ、当年収納ヲ中ニ置カレンコトヲ請フ		弘安七・九・一〜二九	一四三九二	同

表B　日付のない申状

	文書名	内容	提出先	所収巻	『鎌倉遺文』	備考
1	親時重申状	親時、宿院御領□□名主職ノコトニツキ、得業ノ陳状提出ヲ促サレンコトヲ請フ		建治二・一一・一〜一二・二六（にじみ写り）		折紙
2	法成寺猿楽長者亀王丸重申状	亀王丸、住吉神領猿楽夜叉冠者ノ新儀濫妨ヲ停止シ、堀□合楽頭職及ビ出仕等ヲ安堵セシメラレンコトヲ請フ	摂関家	弘安元・一〇・一〜一一・七	一三三四九	同
3	法成寺公文所重申状	法成寺公文所、五大堂御修法結願仏布施五・伴僧布施十三ニ預ラザルヲ訴へ、不日其ノ沙汰ヲ致スベキコトヲ仰セ下サレンコトヲ請フ		弘安三・正・一〜二・一六		同
4	御厨子所番衆等申状	御厨子所番衆等、多武峯墓守ノ濫妨ヲ停止シ、蒟若（蒟蒻＝こんにゃく）供御人ノ同所進止タルベキ由ヲ仰セ下サレンコトヲ請フ	蔵人所ヵ	弘安六・正・一〜三・二九	一三六五一	同
5	近衛府生下毛野武清申状	武清、来ル二月十一日ノ内大臣殿御春日詣舞人役勤仕ヲ命ゼラル。所領草苅散所ニ対スル天王寺々官幸順ノ押領ヲ止メズシテハ参勤シガタキヲ言上ス		同	一四二三一	同
6	夜部庄公文僧頼源重申状	僧頼源、□院官等ノ非理ノ訴ニ対シ、重ネテ陳弁ス		同	一四八三〇	同
7	大和国山田寺雑掌申状	殺害人宗覚ヲ追却スレドモ、多武峯ノ神木ヲ抜カザルニヨリ、山田寺、雑掌・居飼ヲ申シ下シ、彼ノ神木ヲ抜カレンコトヲ請フ	摂関家	弘安六・四・一〜六・二〇	一三七一三	竪紙

8	□賢妙阿猶子隆全等申状	隆全等、遺跡相論ノ沙汰未断ニツキ、両方所勘ニ随フベカラズト仰セ下サレシモ、猶子氏女ノ之ヲ叙用セズ、濫妨ニ及ブヲ訴へ、氏女ヲ処罰サレンコトヲ請フ	摂関家カ	同	一二三六二	同
9	大和国槻本庄雑掌申状	先預所法眼重舜ノ自由濫妨ヲ停止シ、道理ニ任セ、当庄券契以下ノ文書等ヲ糺返スベキコトヲ請フ	同	弘安六・七・一〜九・四	一五〇四五	同
10	大和国多武峯九品院々主良算重申状	良算、早ク先度ノ沙汰ニ任セ、九品院ニ打チ入リ、強盗・殺害・放火・刃傷ヲ働キシ交名人ノ処罰ヲ武家(六波羅探題)ニ仰セ付ケラレンコトヲ請フ	院	弘安六・一〇・一〜一二・二〇	一三六八四	同（弘安初カ）
11	安芸国飯室村雑掌申状	当村地頭遠藤内ノ種々非法・年貢抑留ヲ停止シ、抑留物ヲ糺返セラレンコトヲ請フ	六波羅探題カ	同	一四九六二	折紙
12	大和国山田寺雑掌重申状	多武峯衆徒ノ立テシ神木ヲ抜カレンコトヲ請フ	摂関家	弘安七・三・一〜二九	一五〇九四	同
13	□□寺別当良心重申状	菅原庄百姓等ノ自由対捍ヲ停止シ、良心所勘ニ随フベキコトヲ一乗院家ニ仰セ下サレンコトヲ請フ	摂関家カ	同	一二三四一	竪紙
14	□衛門少尉藤原章致申状	明心法師ノ非分領知ヲ停止シ、藤原章致ヲシテ、重代相伝ノ理ニ任セ、東北院領和泉国長瀧庄内弥富名下司・公文職ニ還補サレンコトヲ請フ	同	同	一五一〇一	折紙
15	印専申状(前欠)	琳豪ノ無道知行ヲ止メ、元ノ如ク印専ヲ庄別当・極楽寺別当ニ補セラルベキ由ヲ、長者宣ヲ以テ寺家ニ仰ラレンコトヲ請フ	摂関家	弘安七・四・一〜閏四・二九	一五一三五	竪紙
16	多武峯満寺申状	大和国大道寺保五十余町ヲ多武峯寺ニ安堵セシメ、小田原住僧蓮済以下ノ悪党ニツイテハ、罪科ニ行ハレンコトヲ請フ	摂関家カ	同	一四二二八	同

17	図書寮等重申状	図書寮等、尭真ノ雲母新儀ニツキ、蔵人所ニ訴フ。尭真ノ蔵人所問注ヲ遁申スニヨリ、先例ニ任セ、尭真ノ□井職ヲ停止セラレンコトヲ請フ	蔵人所	同	一五一三八	折紙
18	公文従儀師幸成重申状	幸成、舎弟幸信・幸増・幸永等ニ寺参ヲ聴サレ、寺用以下ヲ下行サレンコトヲ請フ	摂関家カ	弘安七・六・一〜三〇	一三九四一	竪紙
19	□北御牧沙汰人等申状	御牧沙汰人、梶原寺雑掌ノ謀訴ニ対シ陳弁ス		弘安七・七・一〜八・三〇	一三三五七	折紙
20	法成寺公文所申状	法成寺公文所、御布施法ノ旨ニ任セ、御八講結願御布施ヲ引進ムベキコトヲ請フ		同	一五二三六	同
21	御堂後戸猿楽長者弥石丸申状	法勝寺猿楽摂津国河尻寺住人春若丸、数千人ノ悪党ト語ラヒ、法成寺猿楽大和国人石王丸ヲ殺害ス。ヨリテ、弥石丸、悪党人等交名ヲ副ヘ進メ、其ノ処罰ヲ請フ	摂関家	弘安七・九・一〜二九	一四三九七	同（弘安四・閏七カ）
22	平等院末寺伊勢国極楽寺領沙汰人等申状	極楽寺沙汰人等、同寺領田畠ヲ興行センガタメ、施入案文ヲ平等院宝蔵所納ノ正文ト比校シ、御教書ヲ副ヘ下サレンコトヲ請フ	同	弘安七・一二・一〜二九		竪紙
23	正親正兼重王申状	兼重、伊勢国牛庭御厨以下ノ訴訟ニツキ、論人景朝并ビニ成恩寺所司ノ非理ヲ論ジ、其ノ進退領掌ノタメノ裁下ヲ請フ	院カ	同		同
24	座摩社神主散位清原康重重申状	清原康重、代々勅裁ニ任セ、住吉神主ノ新儀濫妨ヲ停止シ、座摩社社務ヲ執行センガタメノ裁許ヲ請フ	院	弘安一〇・五・一〜二九	一五二二七	同
25	庁頭府生惟宗景直重申状	惟宗景直、摂津国菅井神田村駕輿丁宗正法師（景直重代ノ下人）ノ濫妨ヲ停止シ、武家（六波羅探題）ニ付シテ、罪科ニ処セラレンコトヲ請フ	院カ	弘安一〇・八・一〜三〇	一五八四一	同

26	同	宗正法師ヲ治罰センガタメ、武家ニ触レ訴ヘ、又、大理ニ申シテ、別当宣ヲ以テ下部ニ遣ハシ、其ノ身ヲ召シ上ゲラレンコトヲ請フ	同	同	一五八四二	折紙
27	大中臣薬師丸申状ヵ（前欠）	先度勅裁ニ任セ、本領主安頼等ノ起請ノ旨ニ依リ、買得作人等ノ謀訴ヲ停止シ、寺領ヲ全ウセンガタメノ御成敗ヲ請フ		正応元・二・一〜三〇		竪紙
28	御祈願所成恩院末寺伊勢国常光寺雑掌申状	本願起請文ニ任セ、寺役ヲ勤メザル給主ノ寺領散在田畠等ニツイテハ、之ヲ寺家ニ糺シ付クベキ旨ノ院宣ヲ下サレンコトヲ請フ	院	同	一六五〇〇	同
29	多武峯寺僧良忠重申状	良忠、南淵庄塔堂・千川両名乃貢ニツキ相論ス。既ニ三問三答ノ訴陳ヲ召サルレドモ、未ダ上裁下ラズ。ヨリテ、良忠、之ヲ愁ヒ申ス	摂関家ヵ	正応二・正・一〜二・二八	一六〇一三	同
30	小法師丸申状	小法師丸、大和国秋吉庄内称金峯山寺領四町一段田畠ノコトニツキ、三箇条ヲ金峯山ニ仰セ下サレンコトヲ請フ		永仁二・二・一〜六		同

表C　後欠などのため日付の有無が不明の申状

	文書名	内容	提出先	所収巻	『鎌倉遺文』	備考
1	阿闍梨浄成申状	数代相伝道理ニ任セ、元ノ如ク、播磨国滝野高島庄領主職ヲ知行領掌セシムベキ由ノ御裁許ヲ蒙ランコトヲ請フ	摂関家ヵ	弘安一・一〇・一〜一二・七	一二三二九	竪紙
2	某申状	早ク条々謀訴ヲ停止セラレ、御成敗ヲ蒙ランコトヲ請フ		同	一二三六三	同

3	大中臣忠光重申状	早ク条々雑怠ヲ糺行ヒ、忠光ヲ以テ大宮司職ニ替補サレンコトヲ請フ	院カ	弘安三・五・一〜六・二七	一二八三九 一三五三一	同
4	伊勢国黒坂御薗貢御人息長真永申状	左衛門尉季実・正近女子千手子・三瀬三郎義直等ノ、真永相伝進止ノ四疋田村有司職・漑水奉行職ヲ濫妨スルヲ訴フ		弘安四・七・一〇〜閏七・三〇	一四三八〇	同
5	僧観宣申状	観宣、伊勢国安西郡住人藤原頼世ノ非分濫妨ヲ停止シ、角氏子遺状ニ任セテ、氏子遺領仏陀施入田畠ノ知行ヲ全シ、アハセテ頼世ノ罪科ヲ糺行フベキコトヲ請フ	院	弘安五・一〇・一〜一二・二九	一四七六七	同
6	加志尾・堺両御薗司藤原尚重重申状	藤原尚重、本領主良方起請置文ニ任セ、当御薗司ヲ進退領掌セシメ、武忠・友明等ノ非分濫訴ヲ停止センガタメ、奏聞ヲ経ンコトヲ請フ	同	同	一四七七一	同
7	藤原頼世申状	藤原頼世、去ル七日院宣・前々勅裁ニ任セ、亡妻角氏女遺領ヲ進退領掌スベシトノ宣下ヲ受ク。勅犯人観宣等ヲ所当罪科ニ処サレンコトヲ請フ	同	弘安六・一・一〜三・二九	一四七六八	同
8	首楞厳院真言堂・極楽寺所司等重申状	所司等、越前国方上庄沙汰人百姓ノ自由謀言ヲ停止シ、道理ニ任セテ、寺用ヲ進済セシメンガタメ、関白ノ裁許ヲ請フ	関白殿下	同	一三七五〇	同
9	道月重申状	道月、□貴寺御庄北方□井田ノコトニツキ、未ダ裁許ヲ蒙ラズ。ヨリテ、子細ヲ申ス		弘安六・四・一〜六・三〇（にじみ写り）		折紙
10	浄成（?）申状	園城寺門人浄成、讃州二郷ノ返付ニツキ申シ入レルトコロアリ	摂関家	弘安六・七・一〜九・四		竪紙

11	祝部成顕重申状	祝部成顕、殺害犯科人タルニヨリ成貫ノ祠官職ヲ放チ、傍例ニ任セテ、亡父成材遺領讃州祚田□□別納以下遺跡屋敷等ヲ進退領掌センガタメノ聖断ヲ請フ	院	弘安六・一〇・一〜一二・二〇	一四九六三	同
12	藤原経子申状	藤原経子、猶子大法師経観ヲ以テ、天台賢聖院領近江国明見庄ヲ領知セシメ、堂舎造営・僧徒供料ニ充テ、以テ顕密ノ祈禱ヲ致サシメンガタメ、聖断ヲ蒙ラント欲ス	同	同	一四八三一	同
13	□□(鹿島カ)社権禰宜中臣則景重申状	中臣則景、当社大禰宜実則ヲ罷メ、自ラヲ当職ニ補セラレンコトヲ請フ	摂関家	同 弘安七・四・一〜閏四・二九	一四六〇一	同
14	□(尊カ)行重申状	□(尊カ)行、彦継等ノ無道押領ヲ停止シ、証文ニ任セテ、吉永名ヲ安堵セシメラレンガタメ、長者宣ノ下付ヲ請フ(大和国悪党ハ武家ニヨリ断罪)	同	弘安六・一一・一〇〜一二・二〇	一四九六六 一四九六七	同
15	□尾寺申状	伊勢国福永御厨ノ知行ヲ安堵セシムル聖断ヲ謂ヒ、召シ置カル文書正文ノ返還ヲ請フ	院	弘安七・四・一〜閏四・二九	一五一三六	折紙
16	某申状	定仏法師等ト争フ	院カ	同	一五一三九	竪紙
17	尼信戒申状	信戒、孫子兼益ヲ以テ告言罪科ニ行ハレ、乙訓郡名田一町九段ハ信戒ノ知行領掌タルベキ上裁ヲ請フ		弘安七・七・一〜八・三〇	一五二四一	同
18	鹿島大神宮前大宮司中臣則光重申状	中臣則光、神主則幹ノ神宝盗失・□□刃傷・謀書以下ノ罪科ヲ明メンガタメノ「召文長者宣」ヲ請ヒ、則幹ノ神主ヲ改易セラレンコトヲ請フ	摂関家	弘安七・九・一〜二九	一四三七九	同
19	日根庄(和泉国)雑掌申状	雑掌、日根庄百姓等ノ濫訴ニ陳弁ス	同	弘安七・一〇・一〜一一・三〇	一四三三一	同

20	同　百姓申状	百姓等、雑掌ノ申状ニ駁ス	同	同	一四三三二	同
21	多武峯寺衆徒等重申状	多武峯衆徒等、墓守等申状ヲ副ヘ進メ、同寺承仕法師(大和男)ノ殺害サレシ場所ヲ墓所トシテ点定知行セシメンコトヲ請フ	摂関家ヵ	同	一三七一二	同
22	石清水八幡宮護国寺所司等申状	護国寺所司等、興福寺領大隅庄民ノ無道狼藉ヲ停止シ、山水ヲ薪園ニ付サレ、殺害人ヲ断罪ニ処サレンガタメ、天裁ヲ請フ	院	同	一四一四五	同
23	伊勢国牛庭御厨并常光寺領等雑掌申状	雑掌、忠恵律師ノ虚奏ヲ停止シ、伊勢国牛庭御厨并常光寺ヲ管領センガタメノ院宣ノ下付ヲ請フ	同	同	一三六八七	同
24	河内国高木庄本領主源頼基申状	高木庄本領主源頼基、同庄ヲ進退センガタメ、長者宣ヲ下サレンコトヲ請フ	摂関家	同	一五三一九	同
25	鬼熊丸重申状	鬼熊丸、某庄(大和国池尻庄ヵ)領家職ニツキ、成敗ヲ蒙ラント欲ス	同	弘安七・一二・一～二九	一三七〇二	同
26	□氏申状	齋部親顕、非分濫訴ヲ致シナガラ、度々ノ召喚ニ応ゼズ。ヨリテ、角氏子ノ伊勢国□□国本跡部納所ノ領掌ヲ安堵セシメラレンコトヲ請フ	院	正応元・二・一～三〇	一三一八九	同
27	大中臣薬師丸重申状	薬師丸、作人為胤以下ノ寺領ニツイテノ謀訴ヲ停止センガタメ、上裁ヲ請フ	院ヵ	同	一四四八一	同
28	多武峯寺九品院々主栄範重申状	栄範、良忠ノ申状ニ駁ス	摂関家	正応元・七・一～八・二八	一六〇一〇	同
29	鋳物師伊岐得久重申状	蔵人所左方并東大寺燈爐供御人兼住吉大明神社御修理鋳物師崛郷住人伊岐得久、左近将監助時ノ自由張行ヲ停止センガタメ、御成敗ヲ請フ	蔵人所ヵ	正応元・八・一三～二八	一六六八〇	折紙

30	感神院所司等重申状	所司等、稲荷社ノ稲荷祭使用途トシテ、祇園社領芹町・苽(菰)町両保敷地ニ乱入シ質物ヲ責取ルヲ訴ヘ、糺返セラレンコトヲ請フ	院	同	一六六〇八	竪紙
31	鋳物師伊岐得久重申状	29に同じ	蔵人所ヵ	正応元・一〇・一〜二九	一六六八一	折紙
32	豊受大神宮神主申状	大神宮神主、内膳司秋信并重科犯人斎宮前大允宗清等ノ神宮領麻生浦御厨ニ対スル押領ヲ止メンガタメ注進シ、上奏ヲ経ント欲ス	院	正応二・四・一三〜五・五 正応元・七・一〜八・二八	一六五〇三 (弘安一〇ころヵ)	竪紙
33	神祇権少副斎部尚孝申状	斎部尚孝、度々ノ宣旨・院宣・殿下御教書・六波羅請文・代々祭主下文・重代手継証文ニ任セテ、伊勢国安濃郡長岡御厨ニ対スル興善寺ノ押領ヲ停止シ、領掌ヲ安堵セラレンコトヲ請フ	同	正応二・四・一三〜五・五	一六一四〇 (弘安九ヵ)	同
34	永圓阿闍梨申状案	井家庄預所職ノ安堵ヲ請フ	院ヵ	正応二・九・一〜一〇・三〇	一六七九七 (正応元ヵ)	同
35	院御方御細工唐紙師僧尭真申状	尭真、図書寮宗広・安成等ノタメニ所帯ノ扇紙売買職ヲ押妨サルルコトヲ訴ヘ、追捕物・奪取扇紙ヲ糺返シ、宗弘等ヲ罪科ニ行ハレンコトヲ請フ	院	永仁元・一〇・一〜一一・二九	一八二八五 (正応四ヵ)	同
36	蔵人所左方燈爐供御人兼東大寺鋳物師等重申状	鋳物師等、播磨国福泊島勧進行円上人御坊契約ニ任セ、艘別津料ニツイテノ過分沙汰ヲ停止シ、点定物ヲ糺返センガタメノ綸旨ヲ請フ	天皇	永仁元・一二・一〜三〇	一六六八二	同
37	某申状	摂津国御家人宗氏ノ訴ニ駁ス		永仁二・正・一〜三〇	一八一六三	同

38	七条院法花堂領筑前国殖木庄雑掌重申状	筑前国殖木庄雑掌、肥前国御家人納塚掃部左衛門尉定俊・同国守護代野尻入道・糸井左衛門尉茂能法師以下ノ濫妨狼藉ヲ停止センガタメ、武家(六波羅探題)ニ訴フル綸旨ノ下付ヲ請フ	天皇	永仁二・二・一〜六	一七七九六(正応五ヵ)	同
39	藤原氏女申状	藤原氏女、次第相伝ノ道理ニ依リ、代々裁許ノ旨ニ任セ、私領近江国栗太北郡兵主浮免三十町ノ知行ヲ安堵セシムルタメノ宣旨(綸旨)ノ下付ヲ請フ	同	永仁二・三・一〜一九	一八三一二	同
40	沙弥聖恵申状	沙弥聖恵、綸旨ヲ下シ賜ヒテ、座主宮御所ニ付ケ進メテ、行覚ノ譲ニ任セテ、其ノ遺跡内三分一遺財等ヲ進退領掌セシメラレンコトヲ請フ	同	〔暦記〕永仁二・正・一〜一二・二九		同

第四節　藤原兼仲の職務と紙背文書

はじめに

周知のとおり『兼仲卿記』（別名『勘仲記』）の紙背には、多くの文書が伝存している。一見するところ、年次表示のある〝文書〟のうち、最も早いものは建保六年（一二一八）の付年号をもつ六月三十日後鳥羽上皇院宣案二通、および同日住吉大神宮政所下文案、(1) 反対に最も遅いものは永仁元年（一二九三）八月日記録所廻文と思われる。(2) しかしその範囲内での分布の仕方は時間的に必ずしも均等ではなく、量的に多いのは建治〜弘安、それに正応年号の文書である。古い年号を持つ文書は比較的少なく、しかもその多くは案文である。このような紙背文書残存の特徴は、むろん記主藤原兼仲の職務的活動の特質と密接な関係を有していると言ってよい。

さて、『兼仲卿記』の紙背に残る文書の中で、特に訴訟関係の上申文書である申状に注目し、その特質については前節（第三節）で述べた。そこでは、主として申状の形態や内容に即した検討にとどめ、あえて記主兼仲の職務と紙背文書との相関関係についてはふれていない。特に、『兼仲卿記』の紙背文書の性格について考えるとき、兼仲の王朝および関白家における職務との関係を抜きにすることは到底できない。

一般的に言って、紙背文書についての研究は、原本に即しての調査の困難さも手伝って、なかなか思うようには進展していない。そのような現在の研究状況のなかで、初めて紙背文書についての概説とでもいうべきまとまった論稿を書かれた田中稔氏は、『兼仲卿記』にかかる箇所で、以下のように述べておられる。(3)

『勘仲記』紙背文書は、筆者広橋兼仲が神祇大副であったことから、神社関係文書が多く、とくに伊勢大神宮領関係文書は鎌倉時代の伊勢を研究する上での好史料がすくなくない。中世における神社関係文書で現存するものは寺院の文書に比較すると多くない。したがって『勘仲記』紙背文書はこの点でも重要なものである。

田中氏の指摘のように、『兼仲卿記』紙背には伊勢神宮関係文書はもとより、藤原摂関家の管轄下にあった常陸・鹿島社関係の文書も多く、祭主や神祇大副といった国の祭祀に携わる者たちの役割、神官内部のポストをめぐる抗争など、神社関係のことを究明するためのてがかりが多く含まれている。しかし、同記紙背に神社関係の文書が多いのは、のちにも述べるように、兼仲が伊勢神宮をはじめ諸神社の訴訟担当奉行人であったことに起因している。兼仲が神祇大副になった事実はない。(4)

けれども、同じ神社関係とは言っても、伊勢神宮と鹿島社とでは兼仲のかかわる立場は異なる。前者は王朝の奉行人としての立場からの関与、そして後者は摂関家の奉行人としてのそれであって、両者へのかかわりは性格の異なる別々の職務に基づいていたのである。

ここでは、そういった点に留意しつつ、兼仲の職務内容の性格と紙背文書との関係についての考察を通して、鎌倉時代にあって社会の大きな変わり目といってよい時期に生きた一人の文筆系実務官僚の足跡をあとづけてみたい。それは、当時の朝廷の訴訟制度の一端にふれることにもなろう。

一　兄兼頼のこと

兼仲の一門は、弁官・蔵人から身を起こし、重職にいたる典型的な文筆系官僚の家門である。(5)同時に摂関家の家司を輩出している。父経光、(6)兄兼頼、(7)そして本人、(8)いずれ劣らぬ有能な家司・事務官だったと察せられる。

兼仲の活動の初期は、兄兼頼のそれと幾分重なっているから、初めにこの兄兼頼について少し調べておこう。

『兼仲卿記』弘安三年（一二八〇）二月六日条（増補史料大成本には欠落）、兼仲は兄兼頼の没を次のように書き留めている。

　六日戊寅、（中略）、〇及晩、又向河東亥剋、頭右大弁兼頼朝臣入滅四十二歳、日来腫物、眼前之無常、心中之悲歎、無他事者也、予深更帰了、不混合、

これによって、兼頼の没は弘安三年二月六日亥の刻、享年四十二歳と確定される。逆算すれば、生年は延応元年（一二三九）ということになり、寛元二年（一二四四）生まれの兼仲にとって、兼頼は五歳年上の兄だったわけである。

『兼仲卿記』紙背に残る文書のうち、この兄兼頼の職務にかかわるものがかなりの数にのぼっている。しかも兼頼も、のちの兼仲同様、摂関家の家司と王朝の訴訟制度の担い手たる奉行人との両方の顔をあわせ持っているので、各々の関係文書は区別して考えねばならない。

まず摂関家の家司としての側面から見よう。兼頼がいつ摂関家の家司になったかは明確でないが、『鎌倉遺文』を検索すれば、文永六年（一二六九）正月二十一日付で関白鷹司基忠の命令を伝える形で書状を出しているから、(9)このころにはすでにその任についていたものとみられる。その後、文永八年二月～三月の二通の関白鷹司基忠家政所下文に(10)政所別当「右少弁藤原朝臣」として姿を見せている。

兼頼の摂関家の家司としての活動を裏付ける史料は、建治から弘安初年にかけて散見している。例えば、建治元年（一二七五）十一月七日には摂政鷹司兼平の命を受けて、同家の政所別当や侍所別当、それに法成寺・東北院・平等院などの別当・執行・上座・検校・執印といった藤原氏管轄下の寺官職に任命するための「令旨」[11]や、そのことを伝える直状形式の添状[12]、また修理所奉行や法成寺大仏師職に任命するための「御教書」[13]を発しているし、むろん「長者宣」[14]を奉じた例もある。

一方、兼頼に宛てられた文書について見れば、摂関家の所轄に属したと察せられる法成寺猿楽長者亀王丸の折紙申状を挙達した七月三日成□書状[15]、それに勧学院（藤原氏の大学別曹）領播磨国滝野高島庄[16]を係争地とする園城寺衆徒の重申状を挙達した四月二十九日前大僧正隆□書状[17]などが「左大弁」（兼頼）に宛てられている。このことから、兼頼が摂関家の所轄に属する訴訟の受理窓口を担当していたことが知られる。各々の申状は訴訟当事者の直属司の挙状に乗せられて、兼頼のもとに提出されたわけである。

続いて、兼頼の王朝の事務官としての側面について。兼頼は文永六年三月の任五位蔵人から弘安三年二月の没までの間に、蔵人・弁官を歴任した。[18]その職務遂行の史料上の初見は、主鷹司兼平が建治元年十月二十一日内覧宣旨・氏長者宣旨を受けるに当って、「左中弁藤原朝臣兼頼」が「伝宣」の役を勤めている事実である。[19]

亀山上皇院宣の奉者としての所見もある。弘安二年三月二十四日、祭主三位（大中臣隆蔭）に対して神祇権少副大中臣公行の雑怠についての弁申遅延を戒めた亀山上皇院宣[20]を奉じたのがそれであるが、これは次に述べる兼頼の神宮奉行の任務に関係すると考えられる。

のちの兼仲の活動との関連で、すこし注意しておくべきは兼頼の神宮奉行としての足跡である。この点についてはすでに藤原良章氏が指摘されたように[21]、兼頼は弘安二年頃、神宮奉行であったと考えられる。神宮関係訴訟の挙状が兼頼に宛てて出されている。[22]

兼頼の任務でいま一つ見落とせないのが「奏達」である。『兼仲卿記自弘安七年十月一日至十一月三十日巻』に次のような前欠の文書が収まっている。」は行変わり。

（前欠）「預□」訴陳状、忩可令　奏（達カ）□」給候、恐々謹言
（弘安元年）後十月十二日　　按察使（堀河高定）□
（藤原兼頼）頭弁殿

『鎌倉遺文』は按察使堀河高定書状(23)と命名しているが、本文の大半が欠けて肝心の訴訟の具体的内容は全く分からない。しかし、これは訴陳状を亀山上皇に奏覧するため、その「奏達」を蔵人頭・右大弁藤原兼頼に依頼する目的でしたためられたことだけははっきりしている。差出人の按察使とは『鎌倉遺文』の比定のとおり、前権中納言堀河高定と見てよい。おそらく高定は亀山上皇院政下の評定衆の一員で、評定会議における本件の担当奉行だったのではあるまいか(24)。そのように推測できるならば、兼頼は評定衆より訴陳状を上皇に「奏達」するよう託されていることになる。兼頼の職務の窓口は評定会議に向けても開かれていたのである。そのほか、僧侶の官職所望の申請が兼頼による「奏達」を経由した形跡もある(25)。

要するに兼仲の兄兼頼は、摂関家（特に鷹司家）の家司として家政機構の一端を担い、他方蔵人・弁官として王朝の政務機関を実務面で支えるのみならず、神宮関係訴訟担当奉行としての任を果たし、かつ「奏達」という院政の窓口事務を掌握していたのである。

以上のことがらを踏まえて、『兼仲卿記』紙背に残る文書について考えよう。個々の文書に即してそれが紙背に残ったわけをつきとめるのは困難であるが、紙背文書の中で中核をなす申状についてはある程度の推測が可能であろう。まずいえるのは、兼頼が没する弘安三年二月以前の日付を持つ院の法廷宛ての申状に対しては、兼仲はこれらに職務上かかわりを有していないこと。それでは、建治元年十二月の初見申状から弘安三年二月の間の

院に向けての申状がすべて兼頼に提出されたかというと、そうではない。

たとえば、建治三年五月日神祇権少副大中臣隆有申状[26]の提出先は、（建治三年）五月二十九日祭主神祇大副大中臣隆蔭挙状[27]によって頭弁吉田経長であることが知られ、兼頼でない。このケースの場合、蔵人頭・左大弁吉田経長は当時、神宮奉行であったろうこと、経長の後任として神宮奉行になったのが兼頼ではないか[28]ということが推測できよう。もしそうだとすれば、のちに神宮奉行となる兼仲の日記紙背には、前二代の神宮奉行の手元に残った文書が反故となって流入していることになる。兼仲が前任者から職務上引き継いだ文書と考えられる。

他方、弘安三年二月までに摂関家の法廷に提出された申状は、挙状といっしょに兼頼の窓口にもたらされたであろう。あるいは、弟兼仲の助けを借りるという場面もあったかもしれない。

二　摂関家の家司として

兄兼頼の没後、兼仲は日野一門勘解由小路家の当主となったが、兼仲もまた摂関家の家司であった。兼仲の動向を述べるにあたり、まずこの点から検討したい。

(イ)政所下文

摂関家の職員としての兼仲の初登場は、政所下文においてである。兼仲が摂関家政所の別当、すなわち家司として署判を加えた政所下文を、文永八年（一二七一）から正応三年（一二九〇）にかけて六例探しだすことができた[29]。そのうち文永八年二月日付のもの（「香取大禰宜家文書」）には、兼頼・兼仲兄弟の別当としての署判が並んでいる。

『兼仲卿記』紙背文書との関連でいえば、弘安四年（一二八一）七月日鹿島大神宮権祝三田久守申状[30]は、久守が当社神主則幹による「種々悪口狼藉」（具体的には弘富名に対する濫妨行為）を摂関家に訴えたものであるが、この申状の中の「去三月廿一日・廿五日□於政所召決両方、被糺明真偽之後、……」というくだりは摂関家政所における裁判の様子をうかがわせるし、また正応六年七月日□(鹿島社カ)前大宮司大中臣景幸申状[31]は同じく則幹の罪条を訴えるものであるが、このとき景幸が裁許文書としての「殿下政所御裁」の下付を申請している事実は、同政所の役割と機能とを端的に示している。しかし、兼仲自身が裁許者側の一人として両件の処置に直接かかわったか否かは明確でない。

(ロ)「内覧条々」

『兼仲卿記』紙背文書は使用済みの反故紙のかたまりであるだけに、日の当るところに残りにくい珍しい文書をいくつか含んでいる。その一つが『同自弘安三年正月一日至二月十六日巻』のなかの一紙にしるされた次のものである。[32] 行替わりは」で示した。

建治二年後三月十日爲方申　兼仲

祇園社触穢事

仰、件穢所二間可被造替歟、此趣重可　奏聞、

賀茂祭条々

近衛使事

仰、大炊御門大納言(信嗣)申訴訟事、依勤使節蒙　勅裁之条、爲向後傍輩誡」難治歟、大方所申非無其謂、且又爲奉公之仁、

先無爲勤仕之後、雖爲翌日」可申入歟之由、猶可被仰歟、

馬寮使事

仰、祇候之輩中可然之仁難得歟、然而可被相尋、且又差其仁、被仰下之」条、可宜歟、

内蔵寮使事

仰、近年大略寮頭沙汰也、猶可沙汰渡之由、可被懸仰雅憲歟、

山城使事

（以下、継ぎ目より剝離）

右文書は筆跡が同じであることから、全部同一人の手によってしたためられたものと見られる。第一行目下方に「兼仲」の文字が見えるけれども、筆跡は兼仲のものではない。

実は、『兼仲卿記』紙背にはもう一点同種の文書が収まっている。それは『同〔自弘安七年三月一日至廿九日〕巻』紙背の一紙(33)であるが、前欠の記事に続けて「建治二年六月十一日俊定申　兼仲」と書き出され、「外宮禰宜事」以下八ヶ条にわたる上申項目と、これに対する指示内容が記されている。こちらも全部同筆であるが、右にあげた文書の筆跡とは異なる。

さて、この種の文書はどのような性格のものであろうか。まず想起されるのは奏事目録(34)であり、現に『鎌倉遺文』は「亀山上皇仰」という文書名を付けている。上申相手、および仰の主体を当時の「治天の君」亀山上皇とみての命名である。確かに内容が一権門の所轄権を越えた王朝の裁許事項である点は注意されるが、しかし、「爲方奏」でなく「爲方申」である点、それに蔵人や弁官といった王朝の官職にまだ就いていない摂関家の家司藤原兼仲が案件の上申に重要なかかわりを持っているらしい点など、合点のゆかないところもある。為方は五位蔵人である。

右のことを考える上で次の史料は参考になる。『兼仲卿記』弘安元年五月六日条には、関白家の執事兼仲が「鹿島社訴訟三ヶ条」を関白鷹司兼平に申し入れたことが記されているが、兼仲は「殿中執事奏事目録書様」を「五位職事所爲」の如しとした上で、自分で書いて提出した以下のような目録を書き付けている。

弘安元年五月六日兼仲申、

鹿島社条々

神主則幹中弘富名幷久守屋敷事

仰、久守今存乎否事、先相尋之後、可尋讓之実否於久守、

先の「建治二年後三月十日爲方申」で始まる文書と比較しよう。文書の形式は双方酷似しているが、案件の内容について見ると、後者は鹿島社という摂関家の所轄に属する神社の訴訟問題にかかる点で前者とは性格が異なっている。しかし摂関家の執事兼仲が書き記した「殿中執事奏事目録」の書き様が、五位職事（蔵人）の「所爲」のようだと言っている点は注目すべきであろう。以上のことを踏まえて、先の奏事目録について考えれば、これは五位蔵人藤原為方がおそらく関白へ上奏した際に作成した奏事目録ということになるのではあるまいか。兼仲は為方の奏事を関白へ取り次いでいるわけで、それはちょうど伝奏のような役割である。ふつう奏事目録の場合は第一行目下方に担当伝奏名が銘されるが、本目録ではその場所に兼仲の名が記されたのはそのような理由からであろう。為方が作成した案文のうちの一通が兼仲に渡されたので、彼の日記の紙背に残ることとなったものと考えられる。上申者が目録の中で「奏」でなく「申」の文字を使用して、相手の地位に即した書式をとった点も見落とせない。筆者はこれを関白の内覧関係の文書と考えている。『兼仲卿記』弘安七年六月十七日条に見える「参殿下、内覧条々事」の関連記事も同様に考えてよいと思われる。(35)

(ハ)殿下（摂政・関白）御教書、長者宣

『兼仲卿記』本文および紙背には、数通の兼仲が奉じた殿下（摂政・関白）御教書、および長者宣が残されている。まず、殿下御教書についてその概要を示そう。

『兼仲卿記』の中の兼仲奉殿下御教書

	日付	内容	書き止め文言	差出書	宛所	出典
1	(建治二カ)七・一三	法成寺領紀伊国吉仲庄下司職ハ一向預所成敗タルベシ	依殿下御気色、執達如件	治部少輔(花押)	欠	自弘安元年十月一日至十二月七日　巻紙背『鎌』一二四〇五
2	(建治二)九・二六	学侶ノ訴ニツキ、堯弘ノ処罰ノコトヲ伝ヘ、不日門戸ヲ開キ、仏神事ヲ遂行スベキコトヲ命ズ	殿下御気色如此、仍執達如件	治部少輔兼仲	興福寺別当法印(性誉)	建治二年九月二十六日条『鎌』一二四七四
3	(建治二)一一・一一	弁尹・舜長・宗円等ヲ召シ進メ、所領ニ於テハ悉ク没収スベキコトヲ寺家ニ仰セ遣ハシム	依殿下御気色、執啓如件	同右	(葉室定藤)右中弁	建治二年十一月十一日条『鎌』一二五四五
4	(弘安元)一一・六	春日詣ノタメノ禄料織物掛一重ノ調進ヲ命ズ	仰旨如此、悉之、以状	同右	尾張守	弘安元年十一月六日条『鎌』一三二四九
5	(弘安六)三・二三	興福寺ト多武峯寺トノ抗争ニツキ、摂関家ノ処置ヲ寺家(興福寺)ニ仰セ遣ハシム	殿下御気色所候也、仍執啓如件	同右	(藤原経頼)権弁	弘安六年三月二十二日条『鎌』一四八一〇
6	七・一八	佐保殿領二柳名ノ事、宗英ノ去文ニ任セテ、六町ニ於テハ進退領掌スベシ	依殿下御気色、執達如件	治部少輔□	東門院法印	自弘安七年七月一日至八月三十日　巻紙背
7	正応二・四・二五	法印院瑜ヲ以テ法成寺大仏師職ニ任ジ、播磨国緋田庄・紀伊国吉仲庄等ヲ知行セシム由ヲ下知セシム	依関白殿御気色、執達如件	右中弁兼仲	御堂執行阿闍梨	正応二年四月二十五日条『鎌』一六九八一
8	(正応二)四・二五	前刑部権少輔ヲ細工所奉行ニ任ズ	同右	同右	前刑部権少輔	同右『鎌』一六九八二
9	(正応二)七・二四	越前国方上庄ニ対スル前下司等ノ濫妨ニツキ、武家(六波羅探題)ニ仰セテ尋沙汰セシム	関白殿御気色所候也、仍執達如件	右中弁兼仲	(平仲兼)左中弁	自正応五年九月一日至三十日　巻紙背『鎌』一七九六九

右表のうち、2〜5、それに7・8は『兼仲卿記』本文中に書き記されたもの。残りの三通は紙背の反故文書、しかもすべて兼仲自筆である。なかでも1は、差出者兼仲の官途だけでなく花押もすえられている。

摂政関白家の御教書が殿下の御教書と呼ばれていたことはすでに佐藤進一氏の指摘されたところである。[36]兼仲が殿下御教書を執筆したことは、彼が摂関家の家司であったことからして別段不自然ではない。しかしその正文が反故になっている点は少し意外である。

次に、藤氏長者宣は「摂関家藤原氏がとくに藤原氏の長者として一家一門のことに関して発する御教書[37]」とされているが、兼仲が奉じた長者宣が『兼仲卿記』本文に四通検出される。そのうち、弘安元年十月十一日付、同七年十月十二日付、同九年十月十二日付の三通[38]は研学竪義奉仕の僧を任命する「研学竪義長者宣」であり、いずれも「勅使弁」に宛てられている。残りの一通は弘安六年三月二十一条に収める同日付、多武峯執行上座房（慶鑑）宛てのもので、多武峯と興福寺の間の抗争を調停するための長者宣である。[39]

実はその翌日（二十二日）条には、本件に関して兼仲が「権弁」、つまり権右中弁・造興福寺長官の「南曹弁」藤原経頼に対して、「且又可為如何様哉之由、具[40]可相触衆徒之旨、可仰遣寺家之由」を命じた殿下御教書が収まっている。ともに兼仲が奉じた長者宣と殿下御教書とが同一件に関して発給されているわけであり、両者を比較すれば文書としての機能の相違がはっきりしてくる。

つまり、南都の寺家に対する藤氏長者の指令は特に南曹弁の奉ずる長者宣によってなされたこと、そして右の兼仲が奉じた殿下御教書はこれを引き出すための手続き文書であったことが知られる。

もう一例。『兼仲卿記』弘安七年九月十五日条には、興福寺と多武峯との合戦の次第を長者宣に載せて関東（鎌倉幕府）に仰せ遣わすべしという「長者之仰」を受けた南曹弁藤原経頼は、「衆徒之威」を恐れて長者宣の「書進」を固辞し非難の声を浴びたことがしるされているが、[41]この所見も南都関係の長者宣は南曹弁によって書き遣わされるという方式の存在を指し示している。

㈡氏長者令旨

兼仲の兄兼頼が建治元年（一二七五）十一月七日付で、摂政鷹司兼平の命を受けて法成寺や平等院など藤原氏系列の寺院の寺官を任命する「令旨」を発したことはすでに述べた。『兼仲卿記』正応二年（一二八九）四月二十五日条によれば、兼仲も同様に同日付で、関白近衛家基の仰せを受けて平等院・法成寺・東北院などの寺院の執行・執印・検校などの官職を補するための「令旨」を発している。その文書が当該の寺院名や職名を冠して「法成寺・東北院令旨」「執行令旨」などと称されているのも、兼頼の場合と同様である。

この種の文書は藤原氏長者の交替直後に一括して出されており、しかも新氏長者の持つ任免権に基づいて出されるものと考えられるから、これらは氏長者令旨と称するのが妥当ではあるまいか。兼仲が添状を発して、それらの令旨を関係部局へ伝達していることも注意される。

㈭申状提出の窓口

摂関家の家政機構内で処理されるべき案件についての申状は、当然ながら摂関家の受理窓口に提出された。兼仲の兄兼頼もそのような窓口事務を担当していたが、そのことについてはすでに述べた。

兼仲の摂関家における立場を考えても、その日記に多くの同家関係の申状が残っている点からみても、兼仲が兄兼頼と同様の職務を担当したことは疑いない。兼頼が没する弘安三年二月以降の日付の摂関家に提出された申状は、兼仲の手によって受理されたものと察せられる。その申状が挙状によって挙達されたのも兼頼のときと同様であったろう。

いまひとつ、次の史料を見よう。『兼仲卿記自建治二年十一月一日至十二月廿六日一巻』紙背にある。行替わりは」で示した。

先日申状御　奏聞候哉、聊□」候之上、老後之所望此事候、云□」流例、云多年之労効、旁不被弃

□」何可及予議《マヽ》候哉、便宜之次、□」内々可令申入給候也、恐々謹言、

五月十三日　　　　左大史□

治部少輔殿

右史料についてまず言えるのは、この文書が少なくとも建治二年以前のもので、従って宛て名の「治部少輔」（兼仲）はまだ蔵人や弁官に任ぜられていないこと、つまり摂関家の家司たる兼仲に宛てられたものであること。差出人の左大史某は、すでに提出した申状（任官の希望か）を奏聞してくれたか、まだならば便宜のときに申し入れてほしいと要請している。奏聞先はおそらく関白鷹司兼平であろうから、(42)兼仲はかかる申状を申請者から受けとり、関白に取り次ぐ役目も果たしていたことになる。

三　王朝の奉行人として

兼仲が五位蔵人に任ぜられ、王朝政務機構の一端を担う資格を得たのは弘安七年（一二八四）正月十三日のことであった。このとき兼仲四十一歳。むろん摂関家の家司であることには変わりなかった。これより永仁七年（一二九九）四月の叙従二位までの十五年間の兼仲の官歴を表示すれば、次表のようになる（典拠史料は『弁官補任』『職事補任』『公卿補任』）。

(イ)担当奉行——申状の受理——

鎌倉時代中期以降の公家訴訟制度における担当奉行制について考察を加えられた藤原良章氏(43)は、藤原兼仲が弘安七年・正応元・二年当時いくつかの奉行職を兼任していたことを指摘された。

まず第一に、神宮奉行である。藤原氏は弘安七年三月にはすでに兼仲の神宮奉行としての活動所見があること、同年六月二十九日、頭大蔵卿坊門忠世と交替したが、同年九月五日には賀茂社奉行を忠世と交替するかわりに、

藤原兼仲の官歴

年月日	事項	年齢	
弘安 七・一・一三	五位蔵人に任ず	四一	亀山院政
一〇・一〇・二一	五位蔵人に任ず	四四	後深草院政
一〇・一二・一〇	右少弁に任ず、蔵人を去る		
正応 元・一〇・二七	左少弁に転ず	四五	
一一・八	従四位下に叙す		
二・一・一三	右中弁に転じ、従四位上に叙す	四六	
二・二四	右宮城使に任ず		
六・二	正四位下に叙す		
一〇・一八	左中弁に転ず		
閏一〇・一四	造興福寺長官・左宮城使に任ず		
三・一・一三	備前権守(装束使兼国)となる	四七	
六・八	右大弁に転ず、春宮亮を兼ねる		伏見親政
一一・二一	左大弁に転ず		
四・一・六	正四位上に叙す	四八	
七・二九	蔵人頭に任ず、大弁を去る、亮元の如し		
八・二	禁色を聴さる		
五・一・五	参議に任ず、蔵人頭・春宮亮を去る	四九	
六・二・一八	右大弁を兼ねる	五〇	
三・一四	従三位に叙す		
六・一	記録所庭中奉行・雑訴評定衆として見ゆ		
永仁 元・一二・一三	権中納言に任ず(大弁労による)		伏見院政
二・一二・二四	正三位に叙す、権中納言を辞す	五一	
七・四・一二	従二位に叙す	五六	
(延慶 元・一・二〇)	(薨去)	六五	

兼仲が神宮奉行に復任したこと、などを指摘されたうえで[44]、同奉行の兼仲は「神宮に対する公家政権の窓口になっていた」[45]と述べておられる。『兼仲卿記』紙背には、弘安八～十年ころの神宮および神宮領関係の申状が数通残存しているが[46]、それは兼仲の神宮奉行在任と不可分の関係にあると言ってよい。なお、弘安七年以前の神宮関係の反故文書については、おそらく同奉行を経歴した兄兼頼のもとより流入したのではないかとすでに推測した。

第二は、石清水八幡宮奉行である。藤原氏は『兼仲卿記』弘安七年八月十二、十三日の記事によって、当時兼仲は八幡奉行の任にあったことを指摘された。

他方、『同自弘安七年十月一日至十一月三十日巻』紙背には、

石清水八幡宮護国寺所司等謹解　申　請　天裁事、

請殊蒙　天裁、且被付山水於薪園、且被断罪殺害人興□□(福寺)領大隅庄民等無道狼藉子細状、

という文言で書き出された後欠（従って年次不明）の八幡護国寺所司等解状、(47)およびこの件に関連して「重所司解一通副神人申状」を「治部少輔」に宛てて挙達した八月十八日権大僧都某挙状(48)が収められている。両文書はともに年未詳である。『鎌倉遺文』は後者の年次を弘安三年と推定し、前者の後欠解状とともに同年条に配列しているが、この根拠は明らかではない。しかし、大体その頃のものであることは間違いない。ちなみに、両文書が同一件に係わることは明らかだが、後者を前者の挙状と見なすことは、後者が「重所司解」を挙達する文書である点からして多少難がある。

後者の挙状の宛所「治部少輔」は兼仲である。挙状を宛てられた兼仲は弘安三年ころにはまだ蔵人になっておらず、摂関家の家司にとどまってるのに、解状の事書には「天裁」の文字が見えている。この辺の事情をどう理解すべきか即断できないが、この時期の朝政に対する摂関家の深い係わりを垣間みせている。

このほか、兼仲は賀茂社・住吉社・坐摩社・祇園社、それに六勝寺担当の奉行を歴任した。(49)『兼仲卿記自弘安十年五月一日至廿九日巻』紙背に、住吉神主の新儀濫妨を訴えた坐摩社神主清原康重申状(50)が、また『同自正応元年八月十三日至廿八日巻』紙背に、稲荷社の濫妨行為を訴えた感神院所司等重申状(51)が残っているのも、そうした理由からである。

以上が兼仲の歴任した担当奉行のうち主だったものであるが、もとよりこれだけにとどまるまい。

(ロ)宣旨・綸旨・院宣の奉者

兼仲は蔵人や弁官に補されたので、上意を奉じて、宣旨・綸旨・院宣を発給することもできた。その事例は『兼仲卿記』の本文中に多数写し取られ、枚挙に遑ない。この種の文書は紙背文書には一点も見えない。

(ハ)中文の受理

申文とは、一言でいえば官位申請のための文書であるが、[52] 申請書は公家に限られず、僧侶・神官も含まれる。『兼仲卿記』紙背にはこの申文がかなりたくさん残っている。申状と同様に、弘安八・九年、それに正応年間のものが最も多い。むろん正文と見られる。

このことは兼仲が申文の受理をも公務の一つとしていたことによる。申文もふつうの申状と同様、別個の挙状によって挙達された。

『兼仲卿記』紙背の申文の中には「正四位上度会神主邦房解　申請　申文事」と書き出された弘安十年七月日度会神主邦房申文[53]のように、申文本来の形態を留めているものもある。

『兼仲卿記』紙背には、建治二年から正応五年にわたる、実に多くの竪紙申文・折紙申文が含まれており、申文を古文書学的に細かく検討するうえで絶好の素材であると言えるが、本題からはずれるためここでは立ち入らない。

おわりに

以上、『兼仲卿記』紙背の文書群と兼仲の職務との関係をあらあら述べてみた。その結果、日記に使用された反故文書は兼仲自身の摂関家の家司としての役割および王朝の奉行人としての職務内容と密接な関係を有し、逆にそれらの文書は兼仲の職務を具体的に検討するうえで貴重な史料だということが分かった。

加えて、本文では触れなかったが、兼仲は室町院（暉子内親王）の家司としての顔も持ち、『兼仲卿記』紙背にいくらかの関係文書を残している。

このように『兼仲卿記』の紙背文書は、当時の典型的な中流文筆系公家の公務とその活動の跡をつぶさにうかがわせてくれる。

最後に以下の二点について付言して、擱筆することにしたい。

第一は、申状が提出されてから日記の料紙に使用されるまでの時間、つまり申状が反故文書と化すのに要する時間である。むろん、個々の訴訟はそれぞれに特質を持ち、要する時間もそれぞれ違うし、訴陳状の提出も回を重ねて行くから、いちがいには論じられないが、『兼仲卿記』紙背の申状群からなにか考える手がかりを得ることはできないものか。

『兼仲卿記』紙背の申状の年紀とその真裏の日記の日付とを比べれば、少なくとも申状が裁判所に提出されてから、反故となって担当裁判官の日記の料紙に使用されるまでのおおよその時間が知られる。しかし、申状には年紀がなかったり、欠落したものも少なくないので、すべてについて分かるわけではない。

『兼仲卿記』紙背に見える日付を持つ申状（筆者の調査では、建治元年十二月日付より(54)正応六年七月日付までの(55)八十一通。第三節末尾付表A参照）を編年式に並べると、弘安四年以前の約五十通と弘安八年以降の約三十通との大きく二つのグループに分かれるが、前者に属する申状では真裏の日記の日付との時間的へだたりは最も短いもので一年、長いもので九年半だが、三〜五年ぐらいがふつうである。このグループの申状の中には他人から譲得した反故紙もふくまれていよう。一方、後者に属する申状について見れば、ぐっと時間的へだたりが縮まり、短いものは三カ月、長いものでも三年、ふつうで一〜二年となっている。

第二は、申状正本が公家日記の料紙に使用されたこと、換言すれば申状が当事者に返却されていないことの意味である。申状が当事者のもとに戻らない理由はさまざまあろうが、しかし実際戻ったケースもあると思われるので、この点検討の余地がある。

要するに、これからの中世の広く訴訟に関する研究では、以上のような訴訟文書の有効期間、一件落着後の関係文書の取扱い、などの点にも留意する必要があると考える。

（1）『兼仲卿記自正応二年九月一日至十月三十日巻』紙背、『同自正応元年十月一日至廿九日巻』紙背。これらは一連の案文である。もっとも『同自建治二年正月一日至二月廿六日巻』紙背に「忌夜行日御拝賀例　知足院殿　長治二年十二月廿五日戊子関白御拝賀」と記された折紙の一紙があるが、これは注進内容に付された年紀であるから採れない。

（2）『兼仲卿記自永仁二年正月一日至十二月廿九日巻』紙背、『鎌倉遺文』二四巻一八三三八号。なお『鎌倉遺文』二四巻は召文とするが、日付の「永仁元年八月四日」は誤植を含んでおり、「永仁四年八月日」が正しい。同記紙背にはいま一通、「永仁元年八月日」の日付を持つ折紙の文書がある。『鎌倉遺文』では二四巻一八三五五号の僧都親誉挙状がそれであるが、これを挙状と称してよいかちょっと疑問が残る。

（3）田中稔氏「紙背文書」（『日本古文書学講座』4所収、雄山閣出版、昭和五十五年）二七〇頁。

（4）田中氏は、同記紙背に神社関係文書が多いのは、兼仲が神祇大副であったからとされたが、神祇大副のポストは代々大中臣氏に世襲されており、兼仲がこれに任ぜられた形跡はない。当該期の神祇大副の補任状況を『公卿補任』により検索すれば（ただし、神祇権大副を除く）、文応元年六月十四日より弘安二年十二月二十一日までの約二十年間大中臣隆蔭、永仁二年十一月二十四日より同五年十二月十三日までの間大中臣定世がこれに補されている。両人の間は大副は未補。

（5）鎌倉・南北朝時代の日野一門の動向の概略については、拙稿「日野家の群像――南北朝期を中心として――」（『高校通信　東書　日本史世界史』一五六号、平成元年）参照。

（6）経光の日記『民経記』安貞元年八月十四日条裏書（『大日本古記録民経記　一』一七五頁）によれば、同年八月十三日夜に関白藤原（近衛）家実の「家司」に初めて補されたことが分かる。一方『新訂増補国史大系　尊卑分脈　二』二五二頁では、「嘉禄二十、関白家執事」とある。家司と執事で差異があるのか否か明確ではないが、家司について、井原今朝男氏は「政所別当のみを家司、知家事・案主・従・書吏を下家司と呼んでその身分序列を明確にしている」（同氏「摂関家政所下文の研究」一〇頁、『歴史学研究』四九一号、昭和五十六年）と指摘されている。

（7）兼頼も後述のように家司となっている。しかし、その任命の時期については明確でない。

（8）兼仲の家司としての動向も後述する。なお、『尊卑分脈』に「弘安元、（鷹司兼平）、関白家執事」「同年（正応四）四十三関白（近衛家基）家執事」などという記事も見えている。

（9）『鎌倉遺文』一四巻一〇三五九号。『中臣祐賢記』文永六年正月二十一日条。なお『鎌倉遺文』一四巻一〇三六一・一〇三六三号も参照。

(10)『香取旧大禰宜家文書』文永八年二月日関白家政所下文、および『香取文書纂』二、同年三月日同前。『鎌倉遺文』では一四巻一〇七九〇・一〇八〇五号。

(11)『兼仲卿記』建治元年十一月七日条。『鎌倉遺文』一六巻一二二〇四・一二二〇五・一二二〇八〜一二二一二・一二二一六・一二二一七号。

(12)『鎌倉遺文』一六巻一二二一三・一二二一八号。

(13)『鎌倉遺文』一六巻一二二一四・一二二一五・一二二一九号。

(14)『鎌倉遺文』一六巻一二二二〇・一七巻一二六五二号。

(15)『兼仲卿記自弘安六年七月一日至九月四日巻』紙背、『鎌倉遺文』一八巻一三三五一号。なお、成□は(弘安四年)後七月一四日権律師成□挙状(『鎌倉遺文』一九巻一四三九八号)の発給者と同一人と思われる。

(16)『兼仲卿記自弘安元年十月一日至十二月七日巻』紙背、阿闍梨浄成申状(後欠、『鎌倉遺文』一六巻一二三三九号)に「彼滝野高島庄者、雖為勧学院領、本領主陰陽頭家栄□爲先祖開発之地……」と見える。

(17)『兼仲卿記自弘安元年十月一日至十二月七日巻』紙背、(建治二年カ)四月二十九日前大僧正隆□書状(『鎌倉遺文』一六巻一二三三八号)。同遺文の宛所「左大弁」の「左」は「右」の誤植。

(18)文永六年三月七日任五位蔵人、同七年正月二十一日兼右少弁、同二月一日去蔵人、文永八年十一月二十九日転左少弁、同十一年四月五日転右中弁、同九月十日転左中弁、同十二年十二月二十六日転右大弁、建治三年九月十三日任蔵人頭(以上、『弁官補任』『職事補任』による)。

(19)『兼仲卿記』建治元年十月二十一日条所載、同日付後宇多天皇宣旨二通。『鎌倉遺文』一六巻一二〇六三・一二〇六四号。

(20)『弘安二年内宮仮殿遷宮日記』、『鎌倉遺文』一八巻一三五一七号。

(21)同氏「公家庭中の成立と奉行」(『史学雑誌』九四―一一、昭和六十年)九頁。

(22)『鎌倉遺文』一八巻一三七〇八号(ただし、宛所「頭右大弁」の比定は藤原経長ではなく、藤原兼頼とすべき)。同一九巻一四四七〇、一四四七五号(宛所の比定は藤原良章氏の指摘のように、いずれも兼頼とすべき)。

(23)『鎌倉遺文』一七巻一三三二四号。

(24)『兼仲卿記自弘安十年八月一日至三十日巻』紙背に収める(弘安元年カ)四月二十九日権少僧都某挙状(『鎌倉遺文』は二一巻一五八

八三号として収め、書状とする）は、日吉社領近江国八坂庄の訴について権少僧某が「重庁解副具書」を按察使に挙達したものである。按察使は評定衆の葉室頼親（前権中納言）と考えられ（『中世史ハンドブック』、近藤出版社、昭和四十八年「院政重職一覧」〈橋本義彦氏の作成〉参照）、このように解状（申状）を挙状によって院の評定衆に付すという提訴の仕方があったことが知られる。

（25）『兼仲卿記自弘安四年十月十三日至十二月廿三日巻』紙背、（弘安元年）十月十二日権少僧都棟真申状（『鎌倉遺文』一七巻一三二二六号）。

（26）『兼仲卿記自弘安四年八月一日至九月廿九日巻』紙背、『鎌倉遺文』一七巻一二七四二号。

（27）同右紙背、『鎌倉遺文』一七巻一二七四三号。

（28）その交替の時期は、吉田経長が参議に昇進し、替わって右大弁兼頼が蔵人頭に補された建治三年九月十三日をさほど下らぬ頃であろう。

（29）具体的には以下の通り。①文永八年二月日関白前左大臣鷹司基忠家政所下文（「香取旧禰宜家文書」、『鎌倉遺文』一四巻一〇七九〇号）②同十年三月日同上（「近衛家文書」、『鎌倉遺文』一五巻一一二二一号）③弘安五年十月日関白前太政大臣鷹司兼平家政所下文（「香取神宮古文書纂」、『鎌倉遺文』一九巻一四七三〇号）④弘安七年九月日同上（「鹿島社文書」、内閣文庫影印叢刊『楓軒文書纂』中　三五頁）⑤正応二年四月二十九日関白右大臣近衛家基家政所下文（『兼仲卿記』正応二年四月二十九日条。『鎌倉遺文』二二巻一六九八七号）⑥正応三年十二月日関白前右大臣同上家政所下文（「鹿島大禰宜家文書」、『鎌倉遺文』二三巻一七五〇七号）。なお、注(6)所引井原氏論文に摂関家政所下文など摂関家家政機関の発給文書の一覧表が載せられている。

（30）『兼仲卿記自弘安七年九月一日至廿九日巻』紙背、『鎌倉遺文』一九巻一四三七八号。

（31）『兼仲卿記自永仁元年十月一日至十一月廿九日巻』『同自永仁二年正月一日至三十日巻』紙背。『鎌倉遺文』二四巻一八二七四・一八二七五号。両者はつながる。

（32）『鎌倉遺文』一六巻一二一九九号。

（33）『鎌倉遺文』一六巻一二三五七号。『鎌倉遺文』は文書名を「亀山上皇仰書」とする。

（34）奏事目録についての専論は見当らないが、『鎌倉遺文』月報22（昭和五十七年四月）に載せられた橋本義彦氏「日記に貼り継がれた文書」、本郷和人氏「鎌倉時代の朝廷訴訟に関する一考察」（石井進氏編『中世の人と政治』所収、吉川弘文館、昭和六十三年）。同氏「亀山院と鷹司兼平」（『古文書研究』三二、平成二年）が参考になる。

ところで、宮内庁書陵部所蔵「勧修寺経顕奏事目録」（活字本では『皇室制度史料』太上天皇三、昭和五十五年、二八〇～四頁）は、勧修寺経顕の伝奏にかかる正慶元年十月から同十二月の間の奏状四通を収める。いまこの例に即して見よう。これらの奏事目録は「正慶元年十月二日経顕奏」などと書き出され、銘はない。これらはどうも伝奏勧修寺経顕の自筆と思われる。そのことは、この奏事目録の筆跡が（応安四年）後三月九日付の経顕自筆書状（東京国立博物館保管。『大日本史料』六―三六、三一七～八頁に写真版あり）のそれと同一と察せられることによる。本件は伝奏経顕の自奏するところであったと見られる。

（35）「内覧」については米田雄介氏「内覧について――補任を中心として――」（『書陵部紀要』三五、昭和五十九年）、『皇室制度史料』摂政、第四章第二節参照。

（36）同氏『古文書学入門』（法政大学出版局、昭和四十六年）一一三頁。

（37）同右、一一五頁。

（38）『兼仲卿記』各日条。なお、このうち最初の長者宣の日付を史料大成本が「十一月十一日」とするのは「十月十一日」の誤りであることは明らか。

（39）兼仲が奉じた長者宣は『兼仲卿記』表裏に見る以上の四通のほか、春日神社関係の史料にも収まっている。参考までにこれを整理しておく（出典欄の『鎌』は『鎌倉遺文』のこと）。

『兼仲卿記』以外にみえる兼仲奉藤氏長者宣

	日付	内容	書き止め文言	差出書	宛所	出典
1	（弘安元）六・一〇	神人上洛間ノ事ニツキ仰ス（「長者宣案文」トアリ）	被仰下之状如件	治部少輔	（中臣祐賢）若宮神主館	中臣祐賢記弘安六年六月十日条『鎌』一三〇七八
2	（弘安二）一二・一九	春日祭ノコトニツキ仰ストコロアリ	同右	同右	春日神主館	同記弘安三年正月六日条『鎌』一三八〇一

3	(正応三)四・一七	大和国山口庄々官ノ年貢抑留ノコトニツキ尋沙汰セシム	依長者宣、執達如件	左中弁兼仲	別当僧正	古簡雑纂七『鎌』一七三一七
4	(正応三)四・一七	春日社見在神人ノ交名ヲ注進スベキ旨ノ院宣ヲ神主・正預・若宮神主三方ニ下知セシム	長者宣所候也、仍執達如件	同右	同右	中臣祐春記正応三年四月十九日条『鎌』一七三一八
5	(正応三)四・二七	神人光春・国永・春千世等ノ恩免ヲ下知セシム	依長者宣、執啓如件	同右	同右	同記正応三年五月一日条『鎌』一七三三一
6	(正応三)五・一七	異国御祈ニツイテノ院宣ヲ示シ、下知セシム	長者宣所候也、仍執啓如件	同右	同右	春日神社文書『鎌』一七三五二
7	(正応三)六・九	大和国山口庄ノコトニツキ尋沙汰セシム	仍執達如件	右大弁兼仲	同右	古簡雑纂七『鎌』一七三六一
8	(正応三)八・八	大和国山口庄ノコトニツキ下知セシム	同右	同右	同右	同右『鎌』一七四〇九
9	(正応三)一一・三	大和国山口庄ノコトニツキ「親基朝臣奉書」ヲ示ス	同右	同右	同右	同右『鎌』一七四七六
10	(正応三)一二・二三*	大和国山口庄ノコトニツキ仰セ下サルノ旨ヲ示シ、忩ギ陳弁セシム	執達如件	左大弁兼仲	同右	同右『鎌』一七五〇四

*『鎌倉遺文』二三巻一七五〇四号は「十二月廿七日」とするが、宮内庁書陵部所蔵「大和国山口庄文書」(原題は「庄園事鷹司殿等御下知」函号二五五―三八)での表記に従い、「十二月廿三日」とした。

(40)「可」の文字は史料大成本に脱落しているが、原本によってこれを補う。

(41) この件については、いまひとつ注意すべきことがある。同日条には南曹弁藤原経頼が長者宣の「書進」を一旦固辞したことに続いて、「仍内々有御奏聞、乍居其職申子細、不可然之由有勅答、仍厳密被仰下之間、可書進之由、今日申領状云々」と見え、経頼がしぶしぶこれを承諾したことがしるされているが、この場合の「御奏聞」「勅答」は亀山上皇のそれと見るより、関白鷹司兼平のそれと見たほうが自然なのではあるまいか。なお、注(6)所引井原氏論文、二一頁参照。

(42)「奏聞」の文言を関白に対して使用することについては注(41)参照。

(43)同氏「公家庭中の成立と奉行――中世公家訴訟制に関する基礎的考察――」(『史学雑誌』九四―一一、昭和六十年)。

(44)注(43)所引藤原氏論文、七〜八・一一頁。

(45)同右、八頁。

(46)『鎌倉遺文』二〇巻一五六八五、二一巻一五八六九・一六〇四九・一六〇五六・一六三五二号など。

(47)『鎌倉遺文』一九巻一四一四五号。

(48)『鎌倉遺文』一九巻一四一四四号。

(49)注(43)所引藤原氏論文、二一〜四頁。

(50)『鎌倉遺文』二〇巻一五三三七号。なお、本書三五八〜九頁で組み立てた弘安七年六月二十八日文殿注進状も関係文書である。

(51)『鎌倉遺文』二三巻一六六〇八号。

(52)注(36)所引佐藤氏著書、一九五頁。

(53)『鎌倉遺文』二一巻一六三二〇号。

(54)『鎌倉遺文』一六巻一二一八五号。

(55)『鎌倉遺文』二四巻一八二七四・一八二七五号。

【成稿一覧】（掲載以外は全て新稿）

⦿第一章⦿

第三節　『金沢文庫研究』二七三号（昭和五十九年九月）に「鎌倉期の公武交渉関係文書について——朝廷から幕府へ——」の題で発表。本書収録に際して補訂。

⦿第二章⦿

第一節　川添昭二先生還暦記念『日本中世史論攷』（文献出版、昭和六十二年三月）に「東使考——鎌倉期の公武交渉の一側面——」として発表。

第三節　田村圓澄先生古稀記念『東アジアと日本　歴史編』（吉川弘文館、昭和六十二年十二月）に「『恒明親王立坊事書案』について」の題で発表。本書収録に際して補訂。

⦿第三章⦿

第一節　『日本歴史』四七七号（昭和六十三年二月）に「公武交渉における六波羅探題の役割——『洛中警固』とその周辺——」の題で発表。本書収録に際して補訂。

第二節　『古文書研究』二八号（昭和六十二年十二月）に「公武交渉における六波羅探題の役割——『西国成敗』とその周辺——」の題で発表。本書収録に際して補訂。

⦿第四章⦿

第一節　時野谷滋博士還暦記念『制度史論集』（同刊行会、昭和六十一年十二月）に同題にて発表。本書収録に際して補訂。

付　録　『国書逸文研究』一九号（昭和六十二年六月）に同題にて発表。本書収録に際して補訂。

第二節　『史学雑誌』九九編一〇号（平成二年十月）に同題にて発表。本書収録に際して補訂。

第三節　『日本歴史』四九九号（平成元年十二月）に「『兼仲卿記』の紙背文書について——申状を中心にして——」の題で発表。本書収録に際して補訂。

◎源・九条・西園寺・土御門・坊門・一条各家の縁戚関係◎

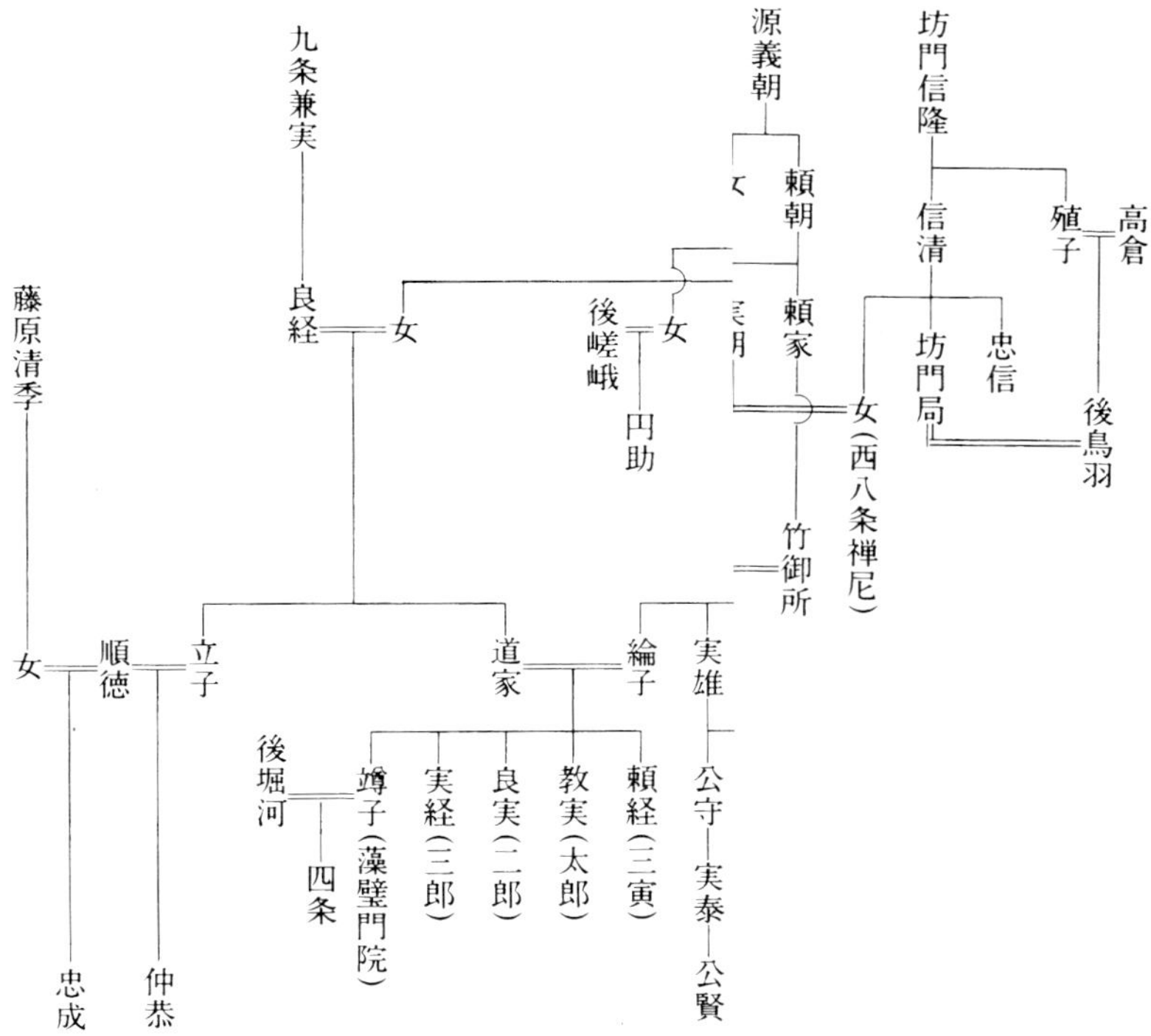

あとがき

私はこの十五年来、日本中世の公家と武家、もっと限定していえば、朝廷と幕府との関係を具体的に追跡することを通して、中世国家の構造と特質を究明することを自らの主たる研究課題の一つとしてきた。その辺の研究があまりにも貧弱で、中世国家論の議論は盛んだが、その議論のための重要な柱が欠如しているように思えたからである。

そのような考えから、まず南北朝時代に即して『南北朝期 公武関係史の研究』(文献出版、昭和五十九年六月)をまとめたのは、東京での喧噪のさなかだった。

それ以来、できるだけ早く、鎌倉時代に即したものをまとめようと念じてきたが、本書に収めた既発表論文のうち、最も古いものは昭和五十九年九月の『金沢文庫研究』二七三号に載せてもらったもの(第一章第三節)だから、それより六年かけて、やっとここにたどり着いたわけである。この間、中世の公武関係、朝幕関係にも研究者の関心があつまるようになり、近年では近世のそれについても研究が進められている。いずれ、中世と近世とを通した、公武関係史・朝幕関係史が叙述される日が到来することを期待したい。

私の鎌倉時代朝幕関係史の勉強は、すでに東京にいたころから始まっていたが、本格的に取り組んだのは、東京を脱出し、京都に移った昭和六十年四月以降である。

京都での生活は、もう六年目に入った。地縁も血縁もない場所だが、勤務校の先生たちは老若さまざまで、もちろん専攻領域・分野も違うが、学問的・人間的に啓発されることは多い。京都で書いたものを京都の出版社から出して頂けることも嬉しい。

大学勤務に復帰して、有り難いことの一つは、科学研究費の恩恵に一層浴することができるようになったことである。昭和六十二年度に頂いた科学研究費補助金（奨励研究A）の課題は「鎌倉時代における朝廷と幕府の関係についての研究」であって、その研究成果として著した論文は本書に収めている。

史料の収集にあたっては、いつものことながら、宮内庁書陵部・東京大学史料編纂所・国立公文書館内閣文庫・東洋文庫・尊経閣文庫・国立国会図書館のお世話になった。口絵写真の掲載にあたっては、宮内庁書陵部の御許可をいただいた。あわせて心から、お礼を申し上げる。

まだまだやりたいことは山ほどある。この数年間、関心を持ち続けてきた鎌倉時代の朝幕関係研究には、この辺で一応のケリをつけて、また新たな課題に立ち向かいたいと思っている。

学生時代以来、種々お世話になった懐かしい先生方はほぼ退官されたが、依然としてお元気に、研究・教育生活を送っておられる。ますますのご健勝を祈る次第である。

本書の出版を快諾された思文閣出版には深く感謝する次第である。同社の林秀樹氏は本書を「思文閣史学叢書」の一冊に加えて下さったし、林氏とともに本書の編集の労をとられた同社の中村美紀さんにも、たいへんお世話になった。記して、謝意を表したい。

平成三年四月より、山口に移ることになった。まったく予期しないことだったが、本書は私の六年におよぶ京都時代の勉強のまとめとなった。ご厚情をたまわった方々にあらためて深く感謝する次第である。

最後に、郷里で病床の母に本書を捧げたいという私事を、一つだけ付記するのをお許し願いたい。

平成三年四月十七日

著者しるす

復刊あとがき

本書の初版は、平成三年（一九九一）六月、思文閣出版より刊行された。今から四半世紀まえのことである。本書に先立って、私は昭和五九年（一九八四）六月に、南北朝時代を対象にした『南北朝期公武関係史の研究』（文献出版。平成二〇年、思文閣出版より増補改訂版を刊行）を刊行していたので、本書はこれに続く鎌倉時代編であった。

私の公武関係史への関心は建武政権の研究から起こったものである。建武政権に続く公家政権＝北朝の研究のためには武家政権との関係についての検討が不可欠と考えたからである。この当時、日本中世史における公武関係史への一般の関心はさほど高いものとはいえなかったので、昨今の中世公武関係史研究の隆盛を思うとき、隔世の感を禁じえない。

以降の幾多の研究によって、武家政権論（幕府論）・公家政権論はもとより、双方の関係に重点をおく公武関係（朝幕関係）の研究は、ひところにくらべて格段の進歩をとげた。

私は本書初版の「あとがき」で、「いずれ、中世と近世とを通した、公武関係史・朝幕関係史が叙述される日が到来することを期待したい」と書いた。果たして今日の当該研究についてみると、中世では水野智之『室町時代公武関係の研究』（吉川弘文館、平成一七年一二月）をはじめとする多くの研究成果が公表され、さらに近世についても朝幕関係に関する論著が陸続と登場している状況にある。さきに「隔世の感」と述べたのはこれである。

本書復刊の要領について一言述べておきたい。本書初版を刊行したのち二五年も経つと、遺漏はもとより新史料の発掘・紹介によって旧著に追補すべき事例やことがらが生起するし、誤記を含めて研究の進展によって補訂すべき点も当然出てくる。けれども今回の復刊では、そうした手直しすれば大がかりになるようなケースについてはもとのままとし、訂正は軽微な誤記・誤植にとどめた。

最後になったが、専門書の出版事情がきわめて厳しい今日、本書元版の復刊をお勧めいただいた思文閣出版に対し、深く感謝するところである。とくに日頃からいろいろお世話いただいている同社出版部長原宏一氏にはとくに記して感謝のしるしとしたい。

平成二十八年九月九日

著者

索　　引

注１）本索引は，原則として本文所出の名辞を拾い，これを並べて作成したものである。従って，引用史料・一覧表および注は対象外なので，適宜本文とあわせて参照されたい。
２）本索引において掲出する名辞は，比較的重要と思われるものに限定した。
３）人名索引中の女子名については，便宜上，音よみにしたがって配列した。
４）特に頻出する名辞(例えば関東申次・六波羅探題など)は，これを拾わなかった。

【事　項】

あ

い

う

え

お

か

き

く

【人　名】

け

こ

さ

ち

つ

て

と

な

に

ね

の

は

ひ

ふ

ほ

ま

み

【地名・庄園名・寺社名】

た

ち

つ

て

と

な

に

の

は

ひ

ふ

ほ

ま

み

む

や

ゆ

よ

【史料名・書名】

た

つ

て

と

な

に

は

ひ

ふ

へ

ほ

ま

み

め

も

や

【研究者名】

ら 行

森　茂暁（もり　しげあき）

1949年（昭和24）長崎県に生まれる。72年，九州大学文学部国史学科卒業。75年同大学院文学研究科博士課程退学。九州大学文学部助手・京都産業大学教養部助教授などを経て，現在，山口大学教養部助教授。文学博士。専攻，日本中世史。

著書『建武政権』（教育社歴史新書　1980年）
『南北朝期公武関係史の研究』（文献出版　1984年）
『皇子たちの南北朝』（中央公論社　中公新書　1988年）

思文閣史学叢書

鎌倉時代《かまくらじだい》の朝幕関係《ちょうばくかんけい》

一九九一年六月一日　発行

著　者　森　茂暁

発行者　田　中　周　二

発行所　株式会社　思文閣出版
京都市左京区田中関田町二ー七
電話（〇七五）七五一ー一七八一（代）

印刷　同朋舎　製本　大日本製本紙工

ISBN4-7842-0648-5 C3021

森　茂暁（もり　しげあき）…福岡大学人文学部教授

鎌倉時代《かまくらじだい》の朝幕関係《ちょうばくかんけい》（オンデマンド版）

2016年10月31日　発行

著　者　　森　茂暁
発行者　　田中　大
発行所　　株式会社 思文閣出版
〒605-0089　京都市東山区元町355
TEL　075-533-6860　FAX　075-531-0009
URL　http://www.shibunkaku.co.jp/

装　幀　　上野かおる（鷺草デザイン事務所）
印刷・製本　株式会社 デジタルパブリッシングサービス
URL　http://www.d-pub.co.jp/

AJ806

ISBN978-4-7842-7022-4　C3021　Printed in Japan